JN070187

岡本天明によって自動書記された神示原文！

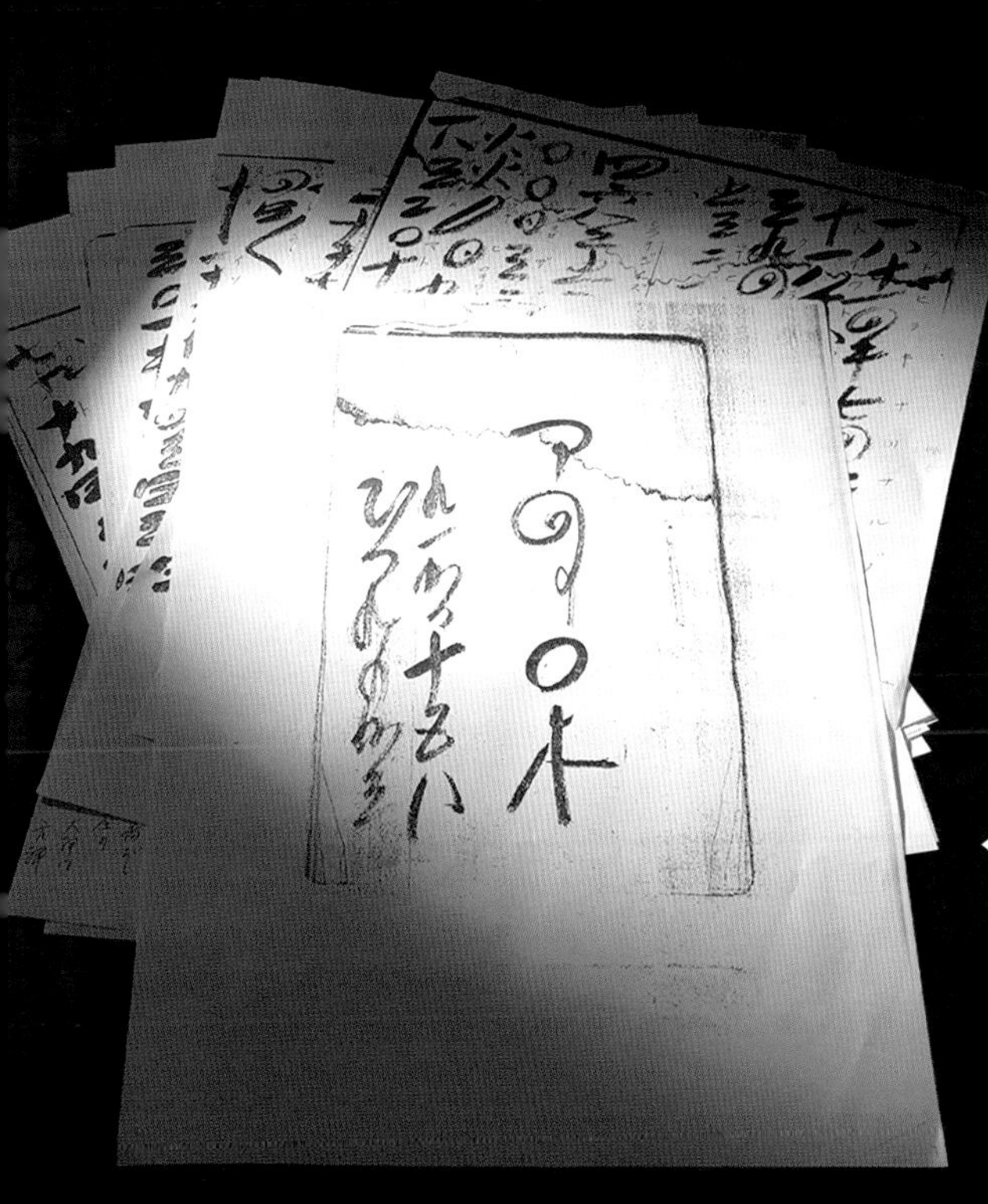

◀神示は天之日津久神が、岡本天明の腕を使って自動書記によって降した。筆によって書き記された一連の神示は、筆記した天明自身も読み解くことができなかった。

◀『日月神示』謄写版第一訳文の表紙。昭和29年5月にガリ版印刷で出版された。本書の底本。少部数発行の私家版。編著者、髙橋守氏所蔵。

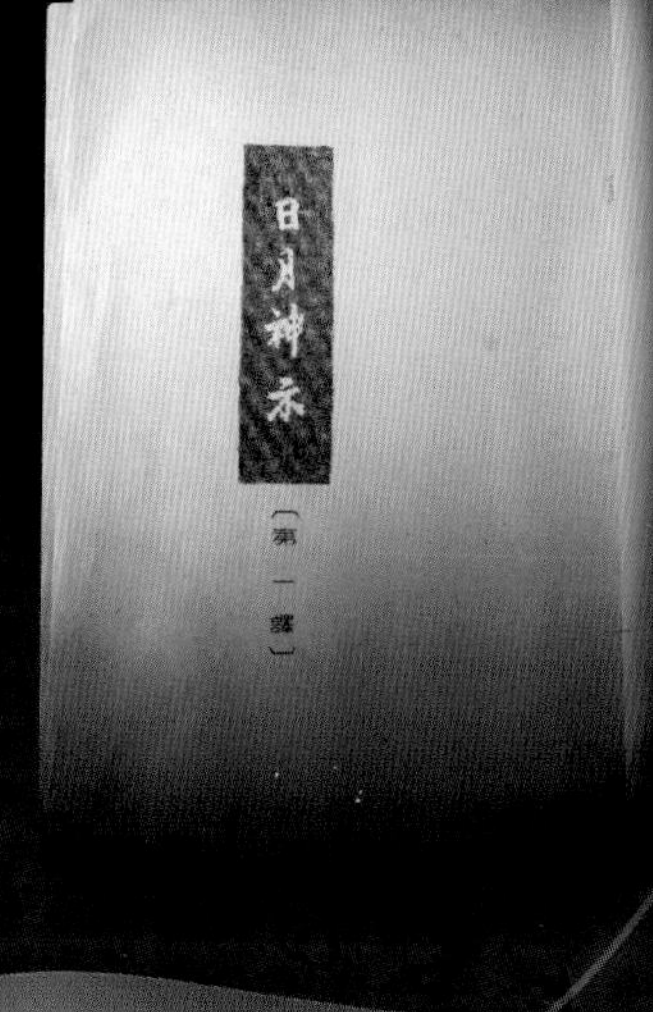

▶表紙を開くと現れる扉ページ。謄写版らしい粗削りな表題に巧みにガリを切り［第一譯］と添えられている。訳出の手順は、筆書きの神示原文を活字化し、ルビをふり原典版の原稿となる。さらに漢字かな混じり文の文章に訳出したものが「謄写版第一訳文」である。出版の順番は、謄写版が早く、遅れて原典版が世に出た。

◀謄写版の巻扉と本文ページ。八通りの翻訳ができると神示にある。岡本天明の妻であり、第二訳文『ひふみ神示』の訳者である岡本三典さんより髙橋守氏に寄贈されたもの。長年、完全な形で保管されてきた。本書はこの第一訳文を完全な形で復刻したものである。旧漢字、旧仮名遣い、特殊記号もそのまま復刻している。

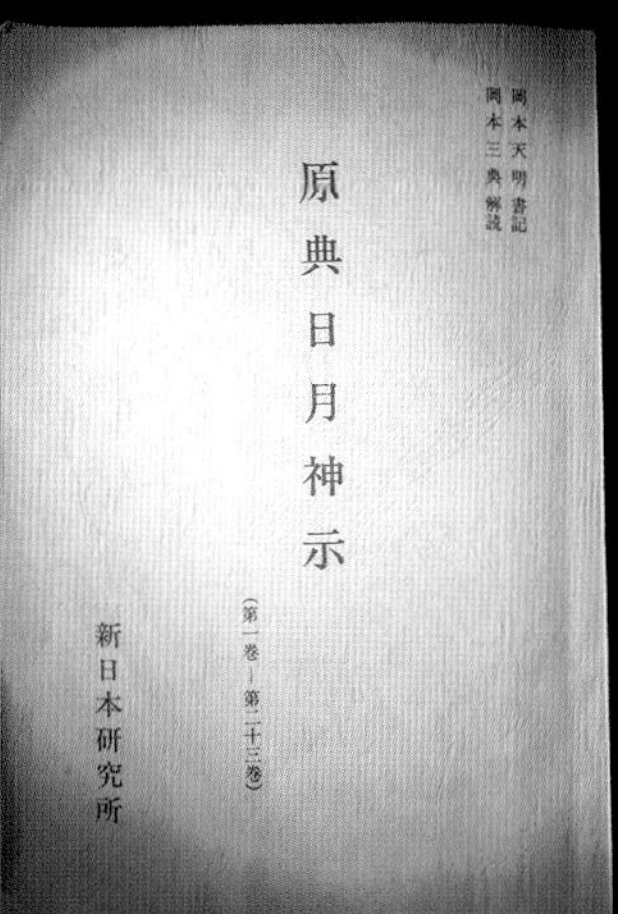

◀『原典日月神示』。昭和51（1976）年2月刊。筆書きの神示原文を漢数字、かな、記号などの文字として読み解き活字化した。さらにルビが振られ、かろうじて日本語として読めるものになっている。神示原文にもっとも近い出版物だ。

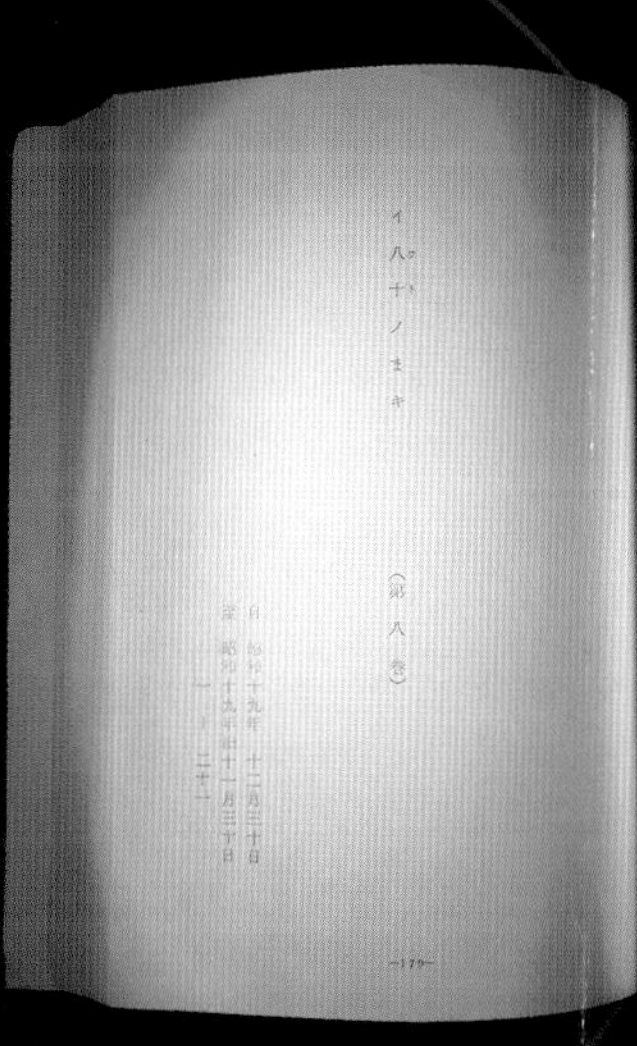

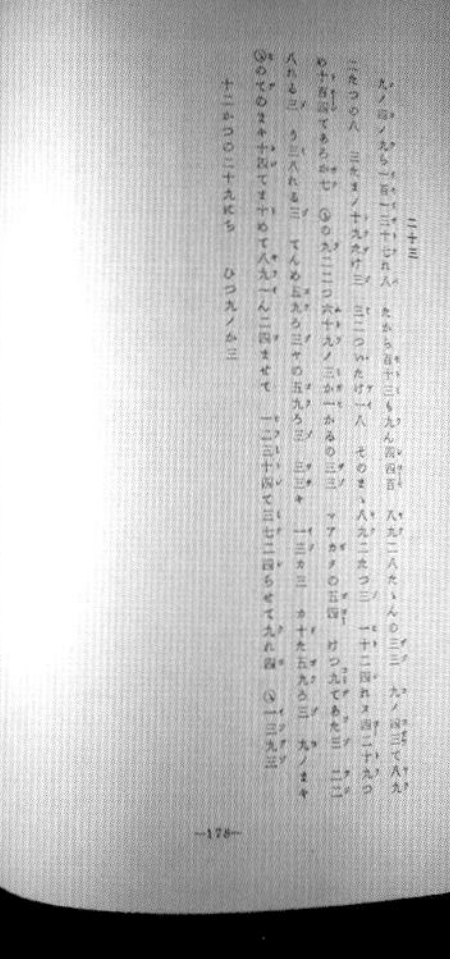

▶扉ページを見ると「イ八十（ワト）ノまキ」（第八巻）となっている。ルビを含めて読むと「イワトノマキ」となる。
　謄写版では「磐戸の巻」となる。カナ、漢数字、記号が連なる意味不明の文字列が、意味の読み取れる漢字かな混じり文に翻訳されていく。

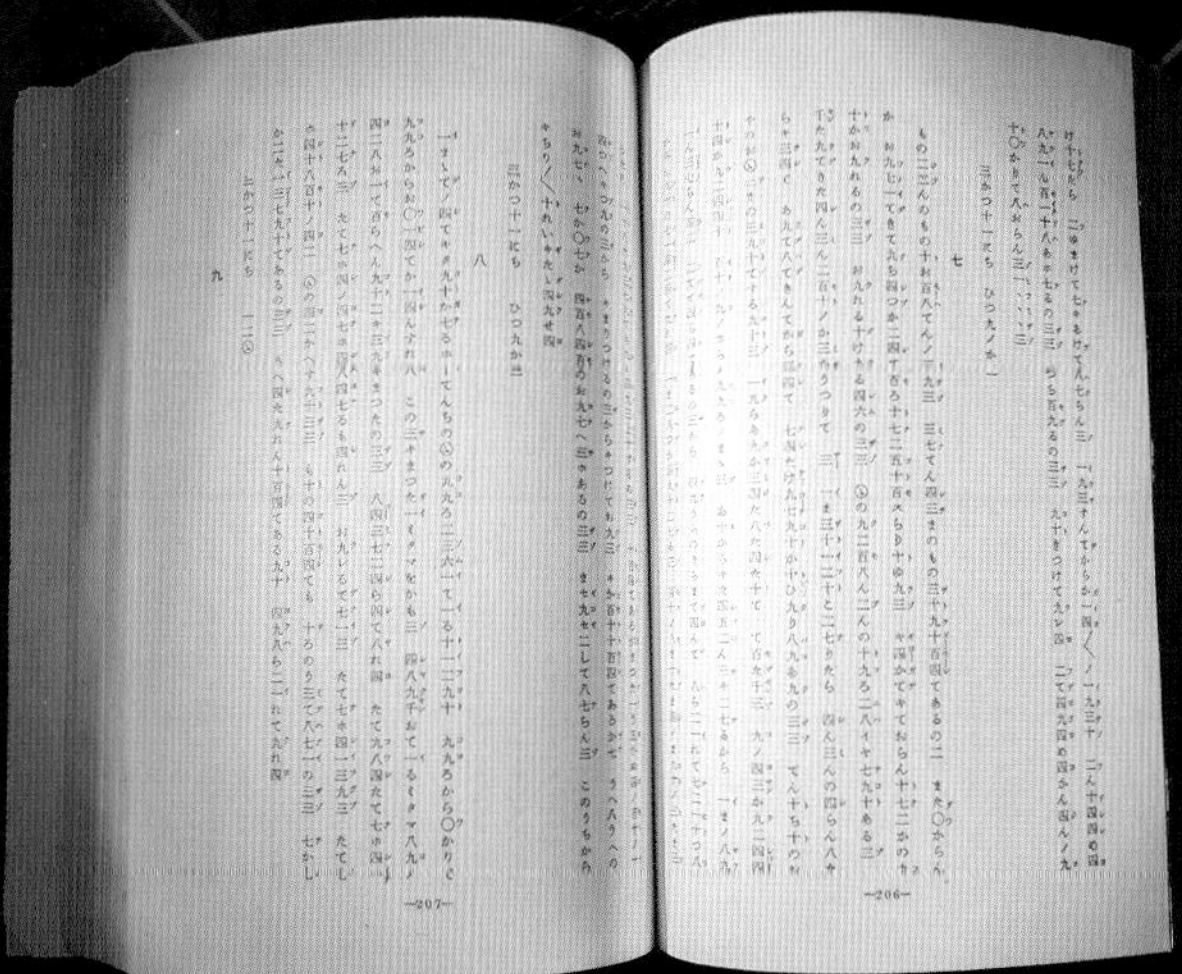

◀「七」帖の一行目は「もの二二（ジブ）んのもの十（ト）お百八（モーハ）てんノ三九三（ゾクゾ）三七（ミナ）てん四三（シサ）まのもの三十九十百四（サトクドーモーシ）てある・・」とある。謄写版では「物、自分のものと思ふは天の賊ぞ、皆てんし様の物ざと、クドウ申してある・・」と翻訳されている。

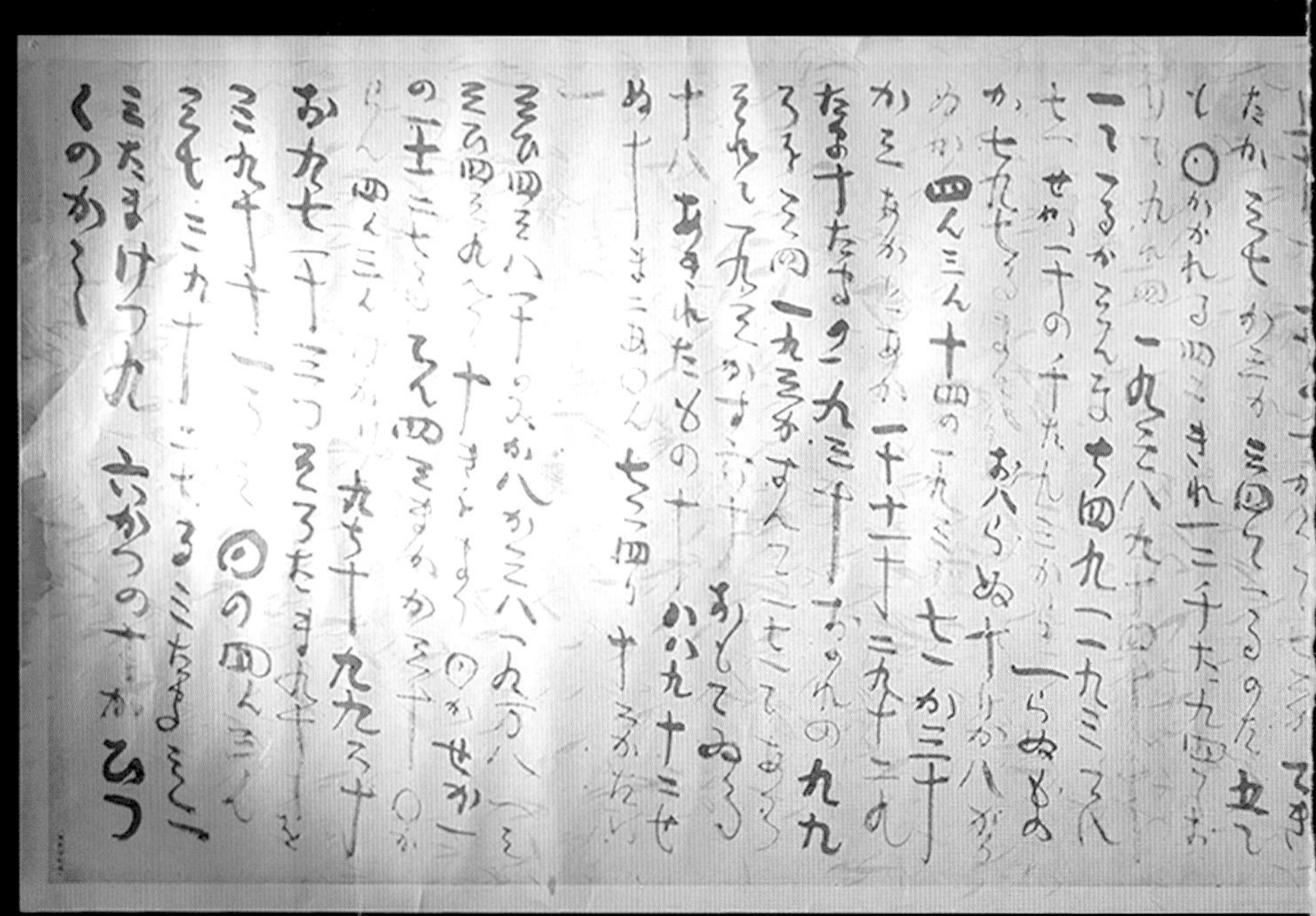

▲筆先から言霊がほとばしり、まるで舞い踊った痕跡のようだ！　昭和19年6月10日に始まった神示は、
漢数字、かな、特殊な記号が暗号のように現れた。当初、その意味を解読することはできなかった！

日月神示

謄写版第一訳文

岡本天明 著
高橋守 編著

装画◉「ひふみ日月」山本光輝

はじめに

昭和十九年六月十日、旧暦で五月五日。本邦の歴史の中でも、もっとも困難な時代の中、岡本天明は、千葉県の天之日津久神社に参拝しました。

「富士は晴れたり、日本晴れ。神の国のまことの神の力をあらはす代となれる」（第一巻　上つ巻第一帖）と後に解読された神示が、岡本天明の手によって自動書記されはじめたのです。

以後、「耳に一二三聞かするぞ、愈々耳に聞かす時ざぞ。それぞれ人に応じて時によって口から耳に肚から肚に知らしてくれよ、あなさやけ、あなすがすがし、岩戸開けたり、二十三巻で此の方の神示の終り、終りの終りぞ」（第五一一帖）が、昭和二十二年八月二十三日に至るまで自動書記は続きました。

全二十三巻五一一帖の神示は、ガリ版印刷された『日月神示』として昭和二十九年に出版されました。この版を『日月神示　謄写版　第一訳文』と呼びます。本書はこの「謄写版　第一訳文」を底本としています（神示はその後も昭和三十四年まで続き、全三十八巻となりました）。

世に『日月神示』には、いくつかの版が存在します。「日月神示」「ひふみ神示」「一二三神示」等と異なった名称があります。また、「第二訳文」「現代語訳」などと銘打たれたもの、さらにさまざまな独自解釈、解説、解読をほどこした著書も多く存在します。そのいずれもの著書の大本になっているのがこの『日月神示　謄写版　第一訳文』です。

自動書記された神示の原文は、漢数字、仮名、記号などで表記されたものでした。一見、容易には読めず、解読できないものでした。暗号文のような神示を岡本天明と数名の協力者が解読し、それをまとめたものが『日

月神示　謄写版　第一訳文』です。その後、自動書記の神示原文にルビをほどこして、一様に日本語として読める程度に訳出してある『日月神示　原典』も昭和五十一年に出版されています。本書の編集過程では、この『原典』にもあたりました。

様々なバージョンの『日月神示』には、様々な方の恣意的な訳が入っています。しかし、岡本天明自身が訳出した「謄写版　第一訳文」には、そういった恣意性が比較的入っていない素の日月神示と思います。

したがって、今回の出版では、なるべく発行当時の状態を完全復刻することとしました。そのため、旧漢字、旧仮名使いの表記を残しています。また、現代の出版物では、一般的に行われる編集作業における用語用字の統一を、あえて行っていません。それは自動書記という特殊な方法で降りた神示原文は、前述のように特殊な表記法になっているからです。

同一の読みを持つ用語を、ちがった漢字で記す場合もあれば、ひらがな、カタカナで表記したり、場合によっては特殊な記号で表記されています。

たとえば、「かみ」「神」「⦿」「九三」という具合で、統一されていません。こういった用語を機械的に統一したのでは、神示の真意が伝わらないのです。

「謄写版　第一訳文」は、そういった解読の可能性の広がりを残す努力が、用語用字の統一の観点では表記の乱れと認識されるものになっています。

意図的なこの乱れを機械的に統一したのでは、神示の真意が読み取れなくなると危惧し、この作業をあえて行わないことにしました。謄写版の第一訳文になるべく近いものを復刻するためです。ただし、中には明らかな誤植とみなされる部分もあり、その場合は、『日月神示　原典』にまで戻り、確認し修正した部分もあります。

加えて付記すべき点がもう一つあります。「謄写版　第一訳文」では、「第十九巻　地震の巻」は、岡本天明による絵のみが掲載されています。平成三年に出版された『ひふみ神示』（コスモ・テン・パブリケーション刊）の文書によって補足しました。この版は、岡本天明の奥様である岡本三典さんによってなされた「第二訳文」ともいわれるものです。まれにみる高度な文章であり、『日月神示』の核心部分が表現されています。本書をより充実したものにするために再収録しました。

戦後七十数年にわたり、『日月神示』は、その時々の世情に即した解釈がされて様々な社会的影響を与え、人々に覚醒をうながしてきましたが、「戦後」という時代が終わろうとしている令和の時代となり、『日月神示　謄写版　第一訳文』が復刻されることには、何か「神の仕組み」があるかのように私には感じられます。

謄写版『日月神示』写真

本書の使い方・凡例

一、本書は全二十三巻からなり、各巻ごとの帖番号に加えて、全巻五一一帖にわたる通し番号が振られている。

二、本書の内容は、予言的な神示のほか、神前作法、祝詞、身霊磨きなどの修行法や精神的指針、食生活にいたる日常生活指針も含まれいる。また、神と人、霊界と人間界、現象界のかかわりなど哲学的な内容が含まれている。

三、初見の読者への便宜をはかるために、巻末資料として「各巻解説」を収めた。二十三巻にわたる各巻の特徴の解説をまとめた。ただし要約の難しい巻もあり、読み始めるための導きの糸として参考にしていただきたい。

四、巻末に「索引」を制作し収めた。多岐にわたる内容を扱っているので本書を研究するための一助となることをねらった。用語の選定は恣意的なものである。本書全編にわたる用語については、割愛したものもあるので留意されたい。

五、旧仮名遣い、旧漢字、特殊な記号などを、そのまま復刻している。既存のルビに加えて、任意にルビを振り、読みやすくした。

六、本文中で難解な用語等には、文中に注記号として（＊）を挿入し、当該の帖末尾に解説文を入れた。

七、特殊記号については巻末資料「記号索引」を作成した。代表的な読みも付している。神示を音読の際には参考にしていただきたい。

日月神示　謄写版第一訳文　もくじ

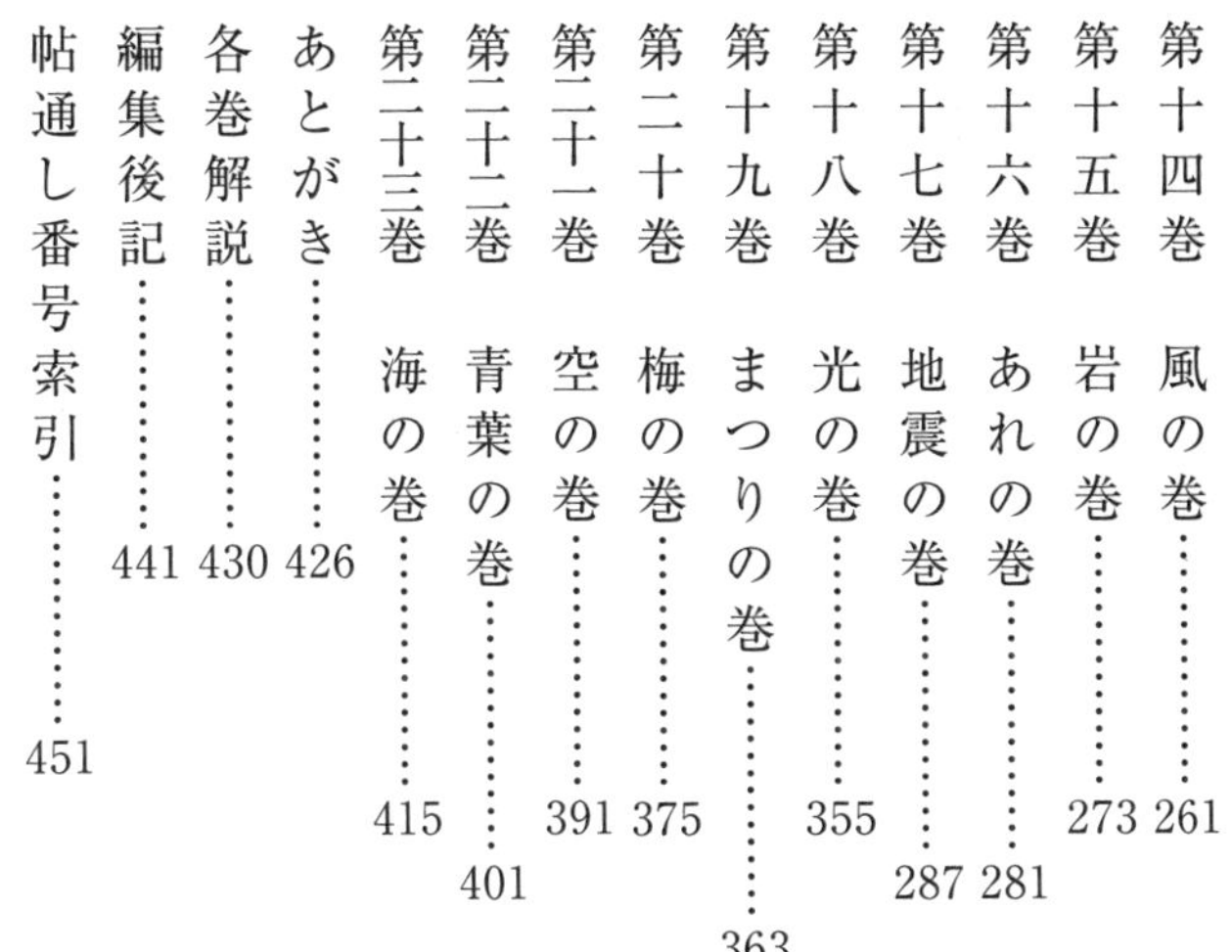

『日月神示』の復刻出版によせて

高橋守　著

『日月神示』との出会い

昭和六三年（一九八八年）の春の頃でした。私は出版社を経営していました。新たな企画の種を求めて、興味深いイベントがあれば出かけることは珍しいことではありません。たまたま知った神道関係のイベントに参加してみました。

会場は多くの人々で賑わい、その中でもひときわ個性的な人物に出会いました。名刺交換をしてから、その人は私にパンフレットを差し出してきたのです。

パンフレットのタイトルには、〝ひふみ神示〟と書いてありました。私が初めて「日月神示」に出会った瞬間でした。

興味をひかれた私はそのパンフレットをいただいて、後刻の再会を約し一通り会場を見てまわってから会社に帰ってきたのです。

しばらくの間私の机の上にパンフレットは置いてあったのですが、程なくしてから古神道研究家で『古神道の系譜』『古神道死者の書』『古神道は蘇る』（コスモ・テン・パブリケーション刊）などの著書のある菅田正昭

氏がやってきました。そして、目ざとく私の机の上のパンフレットを見つけ、
「社長、これって預かっていい？」と聞いてくるのでした。
「どうぞ」と私は返事をしました。
四、五日してから菅田正昭さんが、再び事務所にきて、
「社長、これは岡本天明氏の日月神示というもので大変なご神示だよ」といささか興奮した口調でいうではありませんか！　大本教の出口王仁三郎についての研究でも第一人者であり、元東京都青ヶ島の役場の助役という経歴をもつ菅田さんの話っぷりから、これは大変なことにちがいないと私も大いにこの神示に興味を持ったのです。
菅田さんによれば
「この神示は大東亜戦争での日本の敗戦を予言してね。世界のありかたや目的、人類の生き方についての根本原理などを示しているのですよ。現代におけるこの日月神示の注目点はですね、言霊、数霊、古神道の奥義の中に現代の地球規模の危機を救うメッセージが隠されているんですよ。現代において医者が治せない病が蔓延しているが、そうした病気を起こさせないようにする為の手がかりも、神示の中にあるんですよ」
こうして、私のテンヤワンヤがはじまったのです。

天明　岡本信之の略歴

岡本天明の略歴を紹介しておきましょう。『日月神示　原典』の巻末に奥様の岡本三典さんが以下のようにま

とめています。

＊

「天明　岡本信之の略歴

岡本天明は、明治三十年十二月四日、岡山県倉敷市玉島七島の三井軒（三つ邸内に井戸のある旧家）岡本藤太郎の次男として生まれた。岡本家は、その地方、随一の地主でありましたが、父の代で倒産し、そのため天明は、金光中学校を中退し、神戸に移住しました。十七才（大正三年）の時、神戸三宮で個展をひらき、画家としての第一歩を踏み出しました。大正九年、大本が『大正日々新聞』を買収すると、その美術記者になりました。

その後、大本の出口日出麿と同郷であり、かつ同年同月生れの親友であったため、人類愛善新聞の編輯人にと懇望され、日刊百万部突破の大本の全盛時代を歩みました。その後、大本事件のため、教団幹部は皆入牢しましたが、天明は、月給を貰っていたので、信者とは見なされず、入牢の難をまぬがれました。浪人生活をし、転々と苦難の道を歩みました。昭和十四年には、俳画院を設立、昭和十五年（紀元二千六百年）九月には、すめら歌復興運動を起し、俳画桃太郎の絵を希望者に贈呈するという運動を行ないながら、すめら歌は、短日月の中に一万人の同人を得て、全国的に広がりました。しかし、同人が殆んど若者達であったため、次々に餓死して行きました。当時、東京の代々木の千駄ヶ谷にある鳩森八幡の留守神主を、依頼されて、勤務しておりましたが、昭和十九年六月十日（旧五月五日）、千葉県成田市台方の「天之日津久神社」に参拝したところ、突然自動書記現象が起り、『原典日月神示』のもとになるものが生まれました。『日月神示』は、その後、十六年間、噴出しました。

昭和二十八年三月末には、岐阜の遠山幸一郎氏邸に移住しました。昭和二十九年には、岐阜の林松治氏により、関の菅原信雄（亡）も共に訳者の名を持って頂き、校閲者岡本天明として、一巻から二十三巻までを謄写印刷で一冊の本（第一訳）として五月十日に出版しました。

昭和三十八年八月二十一日には、皇霊学者である武智時三郎師に招ばれて、北伊勢の菰野（こもの）に住みました。

出口王仁三郎師の密命で、大本雛型（ひながた）神業艮（トドメ）の地としての、御用をしておられた辻正道氏等にも迎えられ、徳による皇都建設に精進し、昭和三十六年噴出するような画家生活の間に、『五十黙示（イセモクジ）』を自動書記して、昭和三十八年四月七日に、急逝（六十七才）しました。

昭和五十一年一月二十九日　岡本三典」

＊

略歴にもあるように、千駄ヶ谷の鳩森八幡神社の留守神主をしていた時に岡本天明は、仲間達とある種の神霊実験会を行っていました。そこに「天のひつく、あめの日月、あめのひつ九」の文字が自動書記されはじめたのです。

調べたところ千葉県成田市の麻賀多神社の末社、天之日津久神社が浮かび上がってきました。

天明がその神社に参拝したところ、自然に手が動き出して日月神示の自動書記が開始されたのです。天明の伝記的な資料にあたっていただければ分かることですが、彼は幼少のころから霊感体質の人物でした。しかし、自らそういった能力は封印していました。ところが、天之日津久神社に参拝したことで封印が解かれてしまったのです。以来、自動書記による神示が降ろされるようになったのです。

教派神道系につながる神示のメッセージ

神示は、天明の意思とはかかわりなく手が動き、筆が走ることで記されたものでした。その内容を、天明自身、最初は理解できなかったといいます。

数名の協力者の助けを得て神示はしだいに解明され、翻訳されていきました。神示は、使われる用語や内容などから、大本教の出口王仁三郎の教えや予言にかかわりの深いものであることが分かってきました。

たとえば「五六七」は『日月神示』では「ミロク」と読まれる重要なキーワードです。前出の菅田正昭さんの著書『出口王仁三郎の大予言』を見ると以下のような記述があります。

「釈迦は五十六億七千萬年の後に、至仁至愛神（みろくさま）の神政が来ると予言したのは、五六七（みろく）と申す事で在るぞよ。皆謎を掛けてありたのじゃぞよ」

出口王仁三郎の『伊都能賣神論』からの引用で「五六七」を「ミロク」と読むようになった由来についての指摘です。『日月神示』でもこの流れを受けいれているとみなしていいでしょう。

略歴に登場する出口日出麿も王仁三郎の後継者と目された人物で、天明とは同郷の出身であり、かつ同年同月生れの親友と記されています。日出麿は金光教や黒住教といった教派神道の教えに若い時から関心を示していました。天明も金光中学校に通っていたとあります。出生地周辺には共通に教派神道が色濃く存在していたようです。

『日月神示』には、記紀に登場する神々に加えて、元津神をはじめ謎の神々が登場します。こうした神々が現れるという予言や教えは、教派神道系の霊系との関連を想起させます。

岡本天明　近影写真

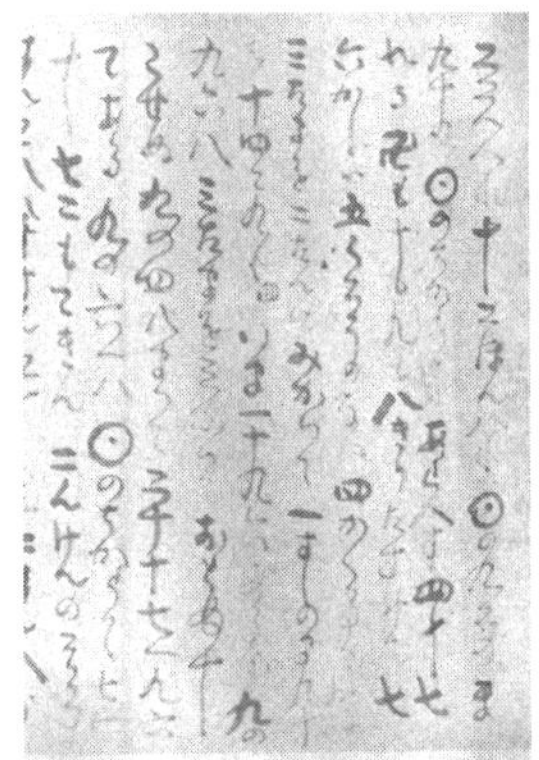

自動書記で出た神示

天之日津久神社（麻賀多神社末社）

岡本三典さんとの出会い

さて、神道関係のイベントで出会った個性的な人物の話しに戻りましょう。その人物に連絡をしてから、東京品川区の彼のご自宅を訪ねて『日月神示』の出版について相談をしました。その人物は「私が『日月神示』全三十八巻の中から随意に抜粋したものを出版したい」との希望でした。私は、その前に岡本天明の奥様の岡本三典さんからの了解を得なければならないと考えて、彼との出版の話しを一時保留にしました。

しばらく後、私は三重県菰野町にある至恩郷の岡本三典さん宅をたずねました。

以下は岡本三典さんのその時の談です。

「髙橋さん、この日月神示はねえ、天明も悩んでいてお筆が降りてきてからいろいろな宗教団体に利用されてしまってね、これに影響を受けて大変な人が出てきてしまったのよ。この日月神示を利用して信者を集めようとしたり、お金儲けをたくらんだり、悪いことをしようとするとひふみの神様がとてもお怒りになってね、今までに三人の方が亡くなっているのよ」

「たとえばね、テンシという言葉を〈天子〉と読み解くか、〈天詞〉と読むかによって大きく意味が異なっちゃうんですよ。天子とすれば天皇陛下となり、天詞と読めば神からの言葉となるので意味が全くちがってくるんです」と三典さんは話してくれたのでした。

私は三典さんから話を細部にわたってうかがい、聞きました。そのお話を聞いてから、『日月神示』の出版をするにあたって、大いに自己を振り返るきっかけになりました。

古神道研究家の菅田正昭さんとご一緒に、私は伊勢の斎宮にある《禊の宮》に禊の修行に参りました。もち

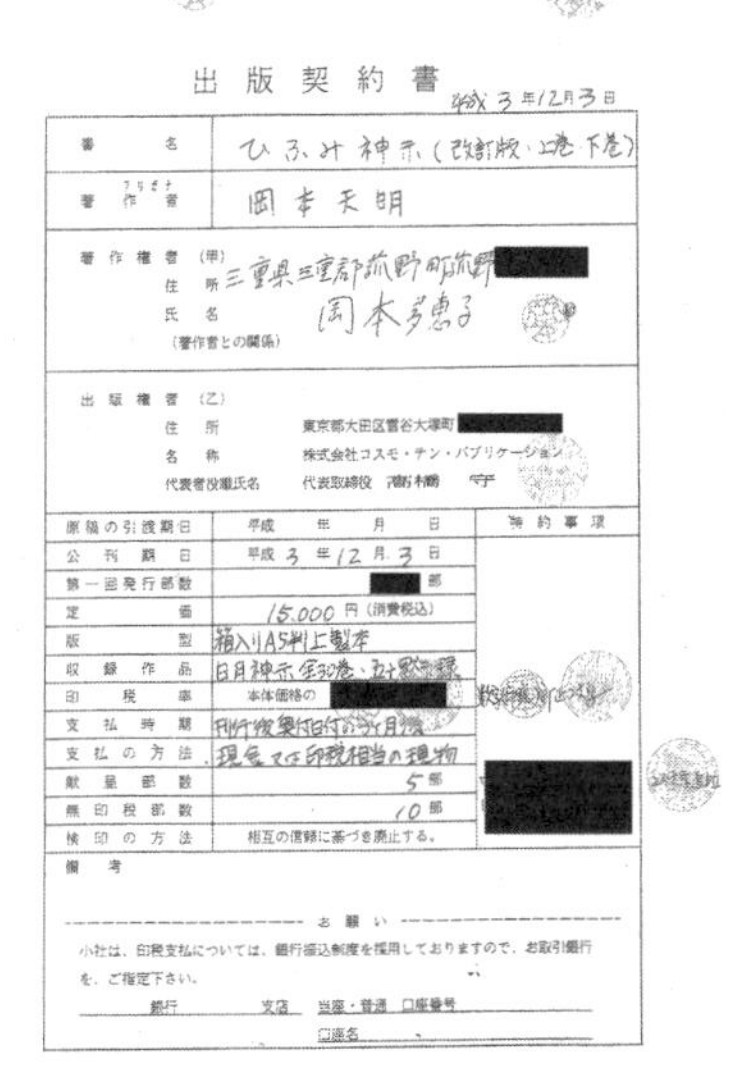

出版契約書　平成3年12月3日

書名	ひふみ神示（改訂版・上巻・下巻）
著作者（フリガナ）	岡本天明
著作権者（甲） 住所 氏名 （著作者との関係）	三重県三重郡菰野町菰野[illegible] [illegible]
出版権者（乙） 住所 名称 代表者役職氏名	東京都大田区雪谷大塚町[illegible] 株式会社コスモ・テン・パブリケーション 代表取締役 [illegible]

項目	内容	特約事項
原稿の引渡期日	平成　年　月　日	
公刊期日	平成3年12月3日	
第一回発行部数	[illegible]部	
定価	15,000円（消費税込）	
版型	箱入りA5判上製本	
収録作品	日月神示全30巻、五十黙示録	
印税率	本体価格の[illegible]	
支払時期	刊行後集計日付の[illegible]ヶ月後	
支払の方法	現金又は印税相当の現物	
献呈部数	5部	
無印税部数	10部	
検印の方法	相互の信頼に基づき廃止する。	

備考

お願い

小社は、印税支払については、銀行振込制度を採用しておりますので、お取引銀行を、ご指定下さい。

銀行　支店　当座・普通　口座番号

口座名

『ひふみ神示』出版契約書

ろん目的は『日月神示』の出版がとどこおりなく進み、私自身の禊も含めての修行の門をたたいたのです。

導き役をしていただいたのは、ご当主は巽兌子（ミチコ）さんでした。伊勢神宮の内宮の舞姫取締役です。

禊教の川面凡児流の邸内禊の修行場で、精進潔斎をし、祓い清めをし、『日月神示』の出版に臨んだのです。修行完了後に、この事を三典さんに報告をしに菰野町の至恩郷を訪れたところ、大いに喜こんで下さり、出版契約書に署名をしていただいたのです。

その際に世の中に様々な影響を与えてきた「日月神示」の名称は使用せず《ひふみ神示》としたいとの岡本三典さんの希望でありました。添付の画像は二回目の出版契約の時のものです。三典さんと、私とで話し合いをしてから、その内容を最初にこの企画の話をした例の人物に伝えました。こうして『日月神示』の中から随意に適宜文章を抜き出し、編集をして『ひふみ神示』を出版するという、当初の打ち合わせ通りに進める方針が固まったのです。

神の仕組みが『太神の布告』の出版にはたらく！

最初の企画立案者が、謄写版の神示から言葉を抜き出して単行本用の原稿の制作を始めました。しかし、途中、事情が代わり、彼はこの企画から離れていきました。その理由についてはここでは触れないで置きましょう。

とにもかくにも、担当は私が引き受けることになりました。天之日津久神の「御用」を引き受けることになったのです。私は作業を始める前には、伊勢で学んだ作法に則り、必ず手を洗い嗽（くちすすぎ）をしてから、「ひふみ祝詞」をはじめとして、神示でくだされた祝詞を唱えてから御用に取り組みました。

およそ二ヵ月もたつと、たいして広くもない事務所には、コピー原稿の山ができました。ハサミで切りぬいて必要な部分を切り取ってゆくと、事務所の中に紙屑の山ができたのです。

取り敢えず原稿の断片らしきものを抽出しましたが、そこで作業は止まりました。コピーの断片をひとつの文章にいかに繋げてゆくのか、悩んでしまったのです。断片の原稿の山の前に座り込み、時間だけが過ぎてゆきました。

昭和六二年も八月になったある晩のことでした。いつものように原稿の山を前に座っていた時、頭の片隅に声が響きわたりました。

「さあ、やるぞ！」

実は、それ以後の記憶は定かではありません。気が付いた時には、各小見出しが付き、それにふさわしい内容の原稿の断片がまとまり、すんなりと読める内容になっているではありませんか。今まで何をしても、どうしてもまとまらなかった原稿がきれいに整理整頓されていたのです。三ヵ月近くもお手あげ状態だったものが、たった一晩でまとまってしまったのです。

時刻はもう夜明け近くです。自分でも驚きましたが、さらに頭の片隅の声はささやいたのです。

「早く家に帰れ。紅茶を飲みながら休んでおれ」

内なる声にしたがい、家に帰り、ソファーに座って熱い紅茶をすすり、私はため息をつきました。そのとたん、また内なる声が聞こえてきたのです。

「本のタイトルは『太神の布告』である」

当初は意味も分かりませんでしたが、その奥に秘められた謎は、後に明らかになってゆくのです。

文字組みも済み、本のデザインもあらかたイメージができて、これから脱稿して原稿を印刷会社に回そうかという時でした。

昭和天皇陛下のご病状は芳しくなく、国民全員が心配をして祈っていた時期です。

ほどなくして校正の段階になりました。昭和六二年一二月のことでした。

「ひふみ」となった発行日

発行日は昭和六三年二月三日と予定をして年末を迎えたのです。

明けて昭和六三年一月六日、昭和天皇の崩御が報道され、年号は平成に変わりました。

急いで奥付けの発行日を平成一年に変えたところ、なんと平成一年二月三日となっていたのです。文字道り〝ひふみ〟です。「神の仕組み」とは、このようなものなのかと強い思いを私は抱きました。

タイトルにある「太神」の意味が分かったのはちょうどその時でした。

将棋の王将符には、「王将」と「玉将」の二種類があり、位が高いほうには「王」に「、」が振られて「玉」となっています。同様に単純に「大」よりも「太」のほうが位は高くなるのです。大神より太神のほうが位が高いのは当然です。

昭和天皇陛下の崩御は、私たちへのある意味お知らせではないのか？

神も人も火の洗礼、水の浄化を体験しなければ、あまりにも多様化し、混沌とした現代世界は立ち直れないと太神は判断したからこそ、〝神も人も禊ぞ〟〝太神の布告〟〝一二三〟と現代への警告となったのです。

人間も神も浄化をしなければならない！　さもなくば、今後の世界は、環境も激変するなかで、「ワレヨシ」の独善的利己主義的な精神状態では、無関心におちいる頽廃になってゆく。だからこそ火の浄化、水の浄化が必要なのだというのは当然の帰結です。

『太神の布告』は、「神も人も禊ぞ」という意図が隠されていたのです。

その後、平成三年には、岡本天明による第一訳文である謄写版『日月神示』を改訂した岡本三典さんによる第二訳文として世に知られる『ひふみ神示』を出版しました。

その後、今までに様々な立場の人による、それぞれの立場からの評価や解釈、解説が施され、自説を加えた関連本が数々出版されてきました。東北大震災の後でも、関連の書籍が出版され、何度目かのブームとなり、注目を集めました。

日本の危機に関する記述

令和の年号になり、「風の時代」と言われております。これは西洋占星術や数秘によって唱えられているようです。しかし、考えて下さい。この國は日本なのです。日本には日本の固有の風がふくのは自明のことです。そして、今の日本は国際情勢の緊迫化や経済、環境の激変、生活感覚の低下、私たちは正に風前の灯の状態にあるのは読者には肌感覚として感じておられるだろうと思います。

火山は噴火し、雨が降れば過去の記録にはない大雨となる。風が吹けば竜巻を伴い、地震が頻発する。どう見てもこの現象は風の時代ではないのです。国際関係や自然環境の激変に伴う総合的な安全保障に備えなければならないきびしい時代であるといえるのではないでしょうか？

私たちの生活を支えるエネルギーの柱の一つである石油燃料について考えても自明です。石油はタンカーで中東から南シナ海、東シナ海を経由して、一様、安定的に輸入されています。しかし、自然環境の激変で、もし南シナ海、東シナ海に台風、熱帯低気圧が季節を問わず発生し始めたら、石油タンカーは安定的に航行できるでしょうか？　また、石油輸入航路にあるマラッカ海峡や南シナ海、台湾沿岸などで国際紛争が起こり、航路が遮断されたらどうでしょうか？　それこそハルマゲドンが起きてしまうのではないでしょうか。現代において国際関係は日本の全ての安全保障に影響を及ぼすのです。

『日月神示』には、様々な観点から日本の危機に関する記述がなされています。またたくさんの神示研究者からも諸問題の指摘や解決策の提案も提出されてきています。

はたして、神示そのものは、この根本問題に解を与えているのでしょうか？

神のお筆先は単純で謎解きではない、きわめてストレートであり、なんら私たちが理解をするのに難しいことはないと思うのです。

学や智よりも身霊磨きをはじめる

令和の時代にふさわしく、ここで神示の解釈を、もう一度再検討したらどうでしょうか？

この日月神示の中に今まで気が付かなかったことが単純明快に明らかになっているとしたら、令和の時代になってマコトの日月神示として再び重要度を増してくるでしょう。

平易な言葉でわかりやすく、単純に記述されているところに神の言葉はストレートに秘そんでいるのです。いままで様々な人が日月神示をそれなりに説明し解釈をしてきました。それらを理解し読むためにはある程度の知識と学びや解説が必要でした。

加えて日月神示には八通りの解釈ができると神示そのもの中に書いてあります。研究者の皆様の頭の中はフル回転を始めるようです。

特に多少でも知識が豊富であったり、頭の回転が速い人は難解な表現にのめりこんでしまうようです。しかし一般の方々がこの神示を素で読むとどうなるのでしょう。たとえばこのような神示があります。

「学や智恵では外国にかなうまいがな、神たよれば神の力出るぞ、善いこと言へば善くなるし、わるきこと思へばわるくなる道理分らんか。今の臣民口先きばかり、こんなことでは神の民とは申されんぞ」下つ巻　第二巻第十六帖（五八）。

なんら難しいことではありません。

神示には二面性があるのに気が付くはずです。前述の専門知識を必要とする難解な部分と、単純簡単な部分とがはっきりと分かれています。

前段で神は謎解きはしない、単純で明解であり平易であるとも記しました。この令和の時代になって以前の旧仮名づかいの難しい表現は理解されなくなっています。学力や偏差値の低下、語彙力、理解力の欠如など、世情の変化を前提にした神の仕組みは完璧であるといえばよくお分かりになると思います。

そこに、この『日月神示』の真髄があるのです。現代において、カタカナ語の氾濫する社会で言葉を省略した会話では理解も及ばないのです。

神示「石流れて、木の葉沈む」を読み解く

では、この日本が救われる方途は、日月神示のどこに隠されているのでしょうか。

多文化共生の価値観が枝分かれ細分化してゆく中で、虚心坦懐にこの日月神示を読み解くだけでよいのです。できれば声を出して音読するとなおいいでしょう。

現代は、人々の意識が様々な情報に接することにより、宇宙的に意識が拡大を始めてきています。ＳＮＳの時代は、情報が光りの速さで地球を駆け巡っている、そんな時代に学を使った解釈論など、時間的には遅すぎます。

字面から脳の松果体に直接伝わる情報は、瞬時に人類的な無意識的ネットワークを形成し集合的無意識のな

かで共有が始まるのです。

想像すればそれが事象化するのは自明の理です。だからこそ、日月神示は今に蘇ろうとしているのです。令和の時代に難しい解釈など必要なのかどうかも考える必要もあります。今の人々は漢字をあまり知らず、言葉を理解するにも語彙が豊かではないかもしれません。カタカナ語があふれ、話し言葉を極端に省略して、本来の日本語からは遠く離れてしまっている現状も受け入れなければならないのです。

日月神示の中には「石流れて、木の葉沈む」磐戸の巻　第八巻　第十一帖（二四七）時代になるとあります。次の神示も合わせて読んでください。

「イシヤの仕組にかかりて、まだ目さめん臣民ばかり。日本精神と申して佛教の精神や基督教の精神ばかりぞ。今度は神があるか、ないかを、ハッキリと神力みせてイシヤも改心さすのぞ」下つ巻　第二巻　第十六帖（五八）。

「石」が何を意味し、「葉」が何を意味するのか、見比べれば理解していただけるでしょう。

今日、見事なまでに多文化共生、価値観の多様性といった石屋の世界観が、日本人の精神構造を破壊しています。イージー、ファージーの時代の到来を見越していたのか、神示は解答を平易な表現で、わかりやすく、神示の中に潜ませているかもしれません。だとすれば今迄に取り上げてもこなかった、注目もされていないところにひっそりと佇んでいるはずです。

令和の時代は戦後最大の日本の危機の時代と言われています。国内では外国人が跋扈し土地は買い占められ、地方都市では外国人に選挙権を与えようとする知事が現れ、国民所得は下がる一方で、日本の経済力の低下は著しい。それこそ内憂外患、危機の真っただ中ではないでしょうか。

子の歳にはじまる五六七の予言

今日の事態の予言として、たとえば、次のような神示があります。
「九歳(ことし)は神界の紀(もと)の年ぞ、神始めの年と申せよ。一二三(ひふみ)、三四五(みよいづ)、五六七(みろく)ぞ、五の歳は子(ね)の歳ざぞよ。取違ひせん様にせよ。」第七巻　第二帖（二一五）

　神示解読のためのひとつの例を示してみましょう。『太神の布告』の制作の過程で習得した独自の方法で、神(ふ)示(で)を拾い上げてみましょう。

令和二年（西暦二〇二〇年）は、干支では庚子(かのえね)の年回りでした。この年、新型コロナ・ウィルスによるパンデミックが、全世界を震え上がらせました。

　この年を境に「五六七」は、従来は「ミロク」と読んでいましたが、以後、「コロナ」とも読めると私も感じるようになりました。

　五六七(コロナ)がはじまった令和二年は、「子の歳」であったのです。以下、太神の布告の方法で、『日月神示』の予言のをまとめみしょう。

＊

「天の異変気付と申してあろが、冬の次が春とは限らんと申してあろが。夏雪降ることもあるのざぞ。神が降らすのでないぞ、人民降らすのざぞ。人民の邪気が降りて、天にも地にも、わけの判らん虫わくぞ。訳の判らん病ひどくなって来るのざから、書かしてある御神名分けてとらせよ。

一日に十万、人死にだしたら神の世がいよいよ近づいたのざから、よく世界のことを見て皆に知らせて呉れよ。この神は世界中のみか天地のことを委されてゐる神の一柱ざから、小さいこと言うのではないぞ。小さいことも何でもせなならんが、小さい事と臣民思うてゐると間違ひが起るから、臣民はそれぞれ小さい事もせなならんお役もあるが、よく気をつけてくれよ。北から来るぞ。神は気もない時から知らして置くから、この神示、心にしめて居れよ。

富士を目ざして攻め寄する、大船小船あめの船、赤鬼青鬼黒鬼や、おろち悪狐を先頭に、寄せ来る敵は空覆ひ、海を埋めて忽ちに、天日暗くなりにけり、折しもあれや日の国に、一つの光現はれぬ、これこそ救ひの大神と、救ひ求むる人々の、目にうつれるは何事ぞ、責め来る敵の大将の、大き光と呼応して一度にドッと雨ふらす、火の雨何ぞたまるべき、真の神はなきものか、これはたまらぬ兎も角にも、生命あっての物種と、兜を脱がんとするものの、次から次にあらわれぬ、折しもあれや時ならぬ、大海原には竜巻や、やがて日の雨地震ひ、山は火を吹きどよめきて、おろしやにあがりておりた極悪の悪神、愈々神の国に攻め寄せて来るぞ。北に気つけと、北が愈々のキリギリざと申して執念氣つけとありた事近ふなりたぞ。

神に縁深い者には、深いだけに見せしめあるのざぞ。国々もその通りざぞ。神には依怙無いのざぞ。ろしあの悪神の御活動と申すものは神々様にもこれは到底かなはんと思う様に激しき御力ぞ。臣民と云うものは神の言葉は会得らんから悪神の事に御力とつけるのは会得らんと申すであろが、御力とは力一杯の事、精一杯の事を申すのであるぞ。

何処から攻めて来ても神の国には悪神には分らん仕組み致してあるから、心配ないのざぞ、愈々と成りた時には神が誠の神力出して、天地ゆすぶってトコトン降参座と申す処までギュウギュウと締めつけて萬劫末代、いふ事聞きますと改心する処までゆすぶるから、神の国、神の臣民心配致すでないぞ、心大きく御用してくれよ、何処にいても御用してゐる臣民助けてやるぞ。今度捕へられる人民沢山にあるが、今度こそはひどいのざぞ。牢獄で自殺するものも出来てくるぞ、いよいよとなれば、外国強いと見れば、外国へつく臣民沢山できりぞ、女、子供の辛いことになるぞ。九分(くぶ)通りは一度出て来るぞ、それまでに一度盛り返すぞ、わからんことになったら愈々のことになるのざぞ。

北も南も東も西もみな敵ぞ、敵の中にも味方あるのぞ。きんの国へみなが攻めて来るぞ。

神の力をいよいよ現はして、どこまで強いか、神の力を見せてやるから。世界一度にキの国にかかりて来るから、一度はもうかなわんと云うところまでになるから、神はこの世に居らんと臣民申すところまで、むごいことになるから、外国が勝ちたやうに見える時が来たら、神の代近づいたのぞ、いよいよとなりて来ねば分らん様では御用出来んぞ。

世界は一つになったぞ、一つになって神の国に攻め寄せて来ると申してあることが出て来たぞ。臣民にはまだ分かるまいなれど、今に分かりて来るぞ、くどう気つけて置いたことのいよいよが来たぞ、覚悟はよいか、臣民一人一人の心も同じになりて居ろがな、学と神の力の大戦ぞ、神国の神の力あらはす時が近うなりたぞ、今あらはすと、助かる臣民殆どないから、神は待てるだけ待ちてゐるのぞ、臣民もかあいいが、元をつぶすことならんから、いよいよとなりたら、何(ど)んなことありても、ここまでしらしてあるのざから、神に手落ちあるまいがな。いよいよとなれば、分かっていることなれば、なぜ知らさぬのぞと申すが、今では何馬鹿なと申して取り上げぬことよくよく分かってゐるぞ。

今は善の神が善の力弱いから善の臣民苦しんでゐるが今しばらくの辛抱ぞ、悪神総がかりで善の肉体に取りかからうとしてゐるからよほどフンドシしめてかからんと負けるぞ。神国負けると云う心、言葉は悪魔ぞ、本土上陸と云ふキは悪魔ざぞ。キを大きく持ちて下されよ。島国日本にとらはれて呉れるなよ。小さい事思ふてゐると見当取れん事になるぞ。」

＊

「子(ネ)の歳真中にして前後、十年が正念場(ショウネンバ)、世の立替へは水と火とざぞ」磐戸の巻　第八巻第十六帖（二五二）という神示もあります。昭和十九年に降りたものなので、その当時の子の歳のことと考えられていました。

しかし、コロナが登場した子の歳（西暦二〇二〇年）を「正念場」とすれば、前後十年は、二〇〇八年に始まり、二〇三二年までの「世の立替へ」と取れなくもありません。

「赤鬼青鬼黒鬼や、おろち悪狐を先頭に、寄せ来る敵は空覆ひ」は、アニメの世界のようにも感じられますが、昨今のヨーロッパやアジア大陸を覆う情勢は、金毛九尾の悪狐が、だましあいの様相を見せています。まさに「立替へ」は、今後にかかっているといえるのです。

富士は晴れたり世界晴れ

しかし、『日月神示』は、いわゆる予言書ではありません。ただただ不安をあおって、人々に恐怖を与えようとしているのではありません。

『太神の布告』による神示の読み解き法によって、さらに困難な時代を生き抜く道を探ってみましょう。

＊

「三千世界一度に晴れるのざぞ。世の元の一粒種の世となったぞ。松の御代となったぞ。世界中に揺すりて眼覚ますぞ。三千年の昔に返すぞ。煎り豆花咲くぞ。上下ひっくり返るぞ。水も洩らさん仕組みぞ。時過ぎると成就せん事あるのざぞ。桜花一時に散ることあるぞ。いよいよ松の世となるぞ。万劫変わらぬ世と成るぞ。松の国松の世結構であるぞ。

この神示声出して読みあげてくれよ。くどう申してあろがな。言霊高く読みてさえおれば結構が来るのざ。火と水と組み組みて地が出来たのであるぞ。

地（つち）の饅頭の上に初めに生えたのがマツであったぞ。マツはもとのキざぞ、松植えよ、松供えよ、松ひもろぎとせよ、松玉串とせよ、松おせよ、何時も変わらん松心となりて下されよ。松から色々な物生み出されたのぞ、松の国と申してあろが。女松の五葉、男松の五葉、合わせて十葉となりなりて笑み栄ゆる仕組み十と一（プラスとマイナス）の実り、二二と輝くぞ、日本晴れ近づく。」

＊

実に簡単明瞭だと思いませんか！

日月神示の面目躍如というところでしょうか。端的にわかりやすく私たちが救われる道がここにあったのです。読者の中にはこんな、なんの変哲もないことに落胆するかもしれませんが、そこがこの日月神示の深謀遠慮というところなのです。

さらに具体的な提言もあります。

＊

「日本人には肉類禁物ぢゃぞ。今に食物の騒動激しくなると申してあること忘れるなよ、今度は共喰いとなるから、共喰いならんから今から心鍛えて食物大切にせよ、食物おろがむ所へ食物集まるのぢゃぞ。ひたすらに神にすがりてお詫びせよそれより外に今は道なし。

四ツ足を食ってはならん、共喰いとなるぞ、草木から動物生まれると申してあろう、神民の食物は五穀野菜の類であるぞ。今の人民の申す善も悪も一度にひらいて、パット咲き出るのが、次の世の新しき世の有様であるぞ。日本には五穀、野菜、海、川、いくらも弥栄の食物あるぞ、人民の食物間違えるでないぞ、食べ過ぎるから足らんことになるのざぞ、いくら大切な、因縁の臣民でも仕組みの邪魔になると取り替えるぞ、慢心取違ひ致すなよ、代え身霊いくらでもあるぞ。

学問の世はすみたぞ、学者は閉口するぞ、商売の世もすみたから商買人も閉口するぞ、力仕事は出来んし、共喰いするより外に道はないと申す人民許りになるぞ、今までとはさっぱり物事変わるから今迄のやり方変えてくれよ、神示通りに行へばその日その時から嬉し嬉しざぞ。

土のまんぢうと申してあろう、土が食べられると申してあろう、土から人民を生んだと申してあろう、ウシトラコンジンの肉体は日本の土ざと知らしてあろう、土に生きよと申してあろう、地は血（智）であるぞ。素盞鳴尊様であるぞ、

ささげるからこそ頂けるのじゃ。頂けたらささげると今の人民申してゐるが、それがウラハラと申すもの。衣類も家も土地も、みな神から頂いたのでないぞ。あづけられてゐるのであるぞ。人民に与えられてゐるものは食物だけぢゃ。

日のめぐみ、月のめぐみ、地のめぐみだけぢゃぞ。その食物節してこそ、運ひらけるのぢゃ。病治るのぢゃ。人民ひぼしにはならん。心配無用。食物、今の半分で足りると申してあらうが。遠くて近いものヒフミの食べ

方して見なされよ。運ひらけ、病治ってうれしうれしと輝くぞ。そんなこと位で、病治ったり、運ひらける位なら、人民はこんなに苦しまんと申すが、それが理屈と申すもの。理屈悪と申してある。松食せよ、松おせば判らん病直るのぢゃぞ、松心となれよ、何時も変らん松の翠の松心、松の御国の御民幸あれ。」

＊

国語力も読解力も堕ち、創造性までもが失われた現代社会にはまさにある意味の警告でもあります。理論理屈を並べて読者を難解な無限ループの中に引きこんできた専門家は多数、存在します。今日のお米にも困っている人にお説教しても無駄なように、困窮者はとりあえず食べるものがいるのです。「風の時代」が過ぎ、「松の時代」の到来と、その生き方が告げられているのです。そこに救いへの序章があるのです。

平成の時代は解釈が必要でありましたが、令和の時代では謎解きは終わったのです。それがこの一瞬の風が吹いた、風の時代を過ぎた環境激変における松の時代到来であり、救いへの序章なのです。

令和の時代の日月神示の仕組みは誰でも分かるように現象で伝えてくれています。「いよいよ松の世となるぞ、万劫変わらぬ松の世となるぞ、松の翠の松心、松の御国の御民幸あれ。」とあるように松の時代の到来なのです。

今ではインフラが行き届いているので私たちの社会は何の問題もなく過ぎているような錯覚に陥っていますが、この国の安全安心は砂上の楼閣、いつこの世の中は日月神示の警告のようにグレンとひっくり返ってもおかしくはない状況です。

まず食べて生き延びて、我ら日本人のＤＮＡを次の世代に受け継ぐ事が重要ではないのかと問いかけられているのです。

松食が注目される

「一たべよ、二たべよ、食べるには噛むことぞ、噛むとはかみざぞ、神にそなへてからかむのざぞ、かめばかむほど神となるぞ、神国ぞ、神ながらの国ぞ、かみながら仕事してもよいぞ。青山も泣き枯る時あると申してあろが。日に千人食殺されたら千五百の産屋建てよ。かむいざなぎの神のおん教ぞ。」第九巻　キの巻六帖（二八〇）

最終的には私たちはどんな状況になっても食べてゆかなければならないのです。

〝衣食足りて礼節を知る〟の例えのように最低条件として食べてゆくことへの備えであるというのは言うまでもありません。大地震や天変地異の備えは、まず食料の確保備蓄であり、七日分位は必要な備蓄と言われております。

現代農業は極端に石油に依存しておりそれは電気も同じでしょう。

私達の食卓が賑わうのは、食料自給率が三七％であったとしてもロジスティクスが円滑に作動しているからです。

まるで日月神示の提言を知っているかのように、最近、松食が注目をあびています。

松葉ジュースや松の葉料理というものをご存じでしょうか。松の葉を砂糖水につけて密閉容器に入れ数日間も日光浴をさせれば発泡松葉ジュースができあがります。

《松竹梅》とあるように、松は植物の中でも一番最初に神が創ったものと古神道では言われています。

松の葉茶、松の実、松の葉の湿布、松の葉酒、咳止め、松の葉化粧水、等々枚挙にいとまがありません。

今の時代において自然環境の激変。食料安全保障の確保と日本を取り巻く近隣諸国のきな臭い動きとエネルギー確保。日月神示にあるようにそれらが一度に襲ってきてしまったら、そしてささやかれている南海、東南海、東海大地震が発生したら、私たちはどのようにして生活をし、生命を維持したら良いのか。そして外国から侵略を受け戦争に巻き込まれてしまったらどうしたらよいのでしょうか？

ひふみの神は簡単明瞭に解を私たちに与えているのです。

伝統的な日本食こそ健康食

私達の身体を維持するためには次の三項目が必要とされています。
一、恒常性維持機能
二、プラシーボ効果
三、自己免疫力向上
ここにイザベラ・バードの日本紀行という本がありますが、英国人女性が一八七八年明治維新間もないころ東北を旅した日本の印象を活写した紀行文です。

上巻の二八八ページには明治時代の初めの頃の日本人の食べ物と料理に関する記述があります。ぜひお読みください。なんと、今の私達には理想的な食事をしていたことかがよくわかります。添加物は一切なく発酵食品を食べ野菜は温野菜にしていただく。

お塩はすべて塩田からミネラル豊富なもの。これで当時の飛脚は一日一〇〇キロもの距離を走破していたといいます。文化の程度や衛生観念、疫学的知識も違うでしょうけれども、当時の食事を現代に応用したら私たちも健康を取り戻すでしょう。

戦後、食べ物が劇的に変化をした民族は日本人と言われています。工場の生産ラインを通ってきた加工食品。生産コストを下げるために農薬を大量に散布した野菜たち。命を栽培して得られる肉類。今では海の魚でさえも山の中で生産する始末です。

誠敬会クリニック歯学博士の吉野敏明氏は、健康は玄米とみそ汁、メザシと煮物、そして糠漬けで十分だと言っておりますが、まさに江戸、明治時代の庶民的な食事です。健康的な食事内容は先に挙げた三つの項目が本当に期待され、病に悩む人は軽快に、健康な人はより健康になることでしょう。もう一度、食について、『日月神示』からまとめ、以前に発表した『ひふみ新世紀』から引用しておきましょう。

腹八分、二分は神にささげよ！

「食物、食べ過ぎるから病になるのぢゃ。不運となるのぢゃ。

腹十分食べてはこぼれる、運はつまってひらけん。この判りきったこと、何故に判らんのぢゃ。

ツキモノがたらふく食べていることに気づかんのか。食物節すればツキモノ改心するぞ。先づ百日をめあてに、百日過ぎたら一年、三年つづけたら開運間違いなし。病もなくなってうれしうれしとなるぞ。

口から出るもの、入るもの気つけよ。いくさ起るのぢゃ。食べないで死ぬことないぞ。食べるから死ぬのぢゃぞ。

一椀をとって先づ神に供へよ。親にささげよ。子にささげよ。腹八分の二分はささげよ。食物こそは神から、親から与へられたものであるぞ。神にささげずにむさぶるからメグリつむのぢゃ。メグリが不運となり、病となるのぢゃぞ。運ひらくのも食物つつしめばよい。

ささげるからこそ頂けるのぢゃ。頂けたらささげると今の人間申しているが、それがウラハラと申すもの。衣類も家も土地も、みな神から頂いたのでないぞ。あづけられているのであるぞ。人間に与へられているものは食物だけぢゃ。日のめぐみ、月のめぐみ、地のめぐみだけぢゃぞ。その食物節してこそ、ささげてこそ、運ひらけるのぢゃ。病治るのぢゃ。人間ひぼしにはならん。心配無用。食物、今の半分で足りると申してあろうが。遠くて近いものヒフミの食べ方して見なされよ。運ひらけ、病治ってうれしうれしと輝くぞ。そんなこと位で、病治ったり運ひらける位なら、人間はこんなに苦しまんと申すがそれが理屈と申すもの。理屈悪と申してあるもの。低い学に囚われたメクラ、ツンボと申すものぞ。

食物は科学的栄養のみに囚われてはならん霊の栄養大切。

土のまんぢうと申してあろう、土が食べられると申してあろう、土から人民を生んだと申してあろう、ウシトラコンジンの肉体は日本の土だと知らしてあろう。土に生きよと申してあろう、地は血であるぞ、素盞鳴（スサナル）命様であるぞ、その土が成長して果ての果てに皮をぬぐ、それが地変であるぞ。

牛の喰べ物たべると牛の様になるぞ、人間の喰べ物は定まっているのだぞ、獣と神とが分かれると申してあろうがな、縁ある人々に知らせておけよ。日本中に知らしておけよ、世界の人々に知らせてやれよ、獣の喰い物くふ時には一度神に献げてからにせよ、神から頂けよ、さうすれば神の喰べ物となって、何たべても大じょうぶになるのぞ、何もかも神に献げてからと申してあることの道理よく分かりたであろがな、神に献げきらぬと獣になるのぞ、神がするのではないぞ、自分がなるのだと申してあることも、よく分ったであろがな、くどう申すぞ。八から九から十から百から千から万から何が出るか分らんから神に献げな生きて行けん様になるのだが、悪魔にみいられている人間いよいよ気の毒出来るのざぞ。

一二三の食物に病無いと申してあろがな、一二三の食べ方は一二三唱へながら噛むのざぞ、四十七回噛んでから呑むのざぞ、これが一二三の食べ方頂き方ざぞ。神に共へてから此の一二三の食べ方すれば何んな病でも治るのざぞ、皆の者に広く知らしてやれよ。心の病は一二三唱へる事に依りて治り、肉体の病は四十七回噛む事に依りて治るのざぞ、心も身も分け隔て無いのであるが会得る様に申して聞かしているのざぞ、取り違い致すのでないぞ。

四ツ足を食ってはならん、共喰となるぞ、草木から動物生れると申してあろう。神民の食物は五穀野菜の類であるぞ。

食物は科学的栄養のみに囚われてはならん。霊の栄養大切。」

理屈を捨て、子が親を信じるように神に向かう

日月神示は「人々に恐れをいだかせる!」と評価されているようですが、そうではありません。明るく「めで

たしめでたしの世界」があるのだと教えています。人間の頭の中で理屈をこねくり回して生まれた倫理や教えの中には、それはないのです。では、どこにあるのでしょうか？　日月の神は明確に解をあたえてくれています。

＊

「理屈なしに子は親を信ずるぞ。その心で神に対せよ。

理屈すてよ。すててやってみなされ。みなみな気つかん道、気つかん病になっているぞ。理屈で神の道に導くこと中々じゃ。

そなたは中々に立派な理屈を申すが、理屈も必要であるが、あわの如きもの、そなたの財産にはならん。体験のみが財産であるぞ。体験の財産は死んでからも役にたつ。

信仰は理屈でない体験ぞ。理屈でない拝むことぞ。拝むことは自分無くすことと申してあろう。自分のみの信仰は、私心私情のため。自己つくりてから人を導くのじゃと理屈申しているが、その心根洗って自分でよく見つめよ。悪は善の仮面かぶって心の中に喰い入っているぞ。仮面が理屈、理屈は隠れ蓑。理屈は一方的のものぞ。どんな理屈でも成り立つが理屈ほど頼りないもの、力にならんものないぞ。囚われるなよ。

わざわざ遠い所へお詣りせんでも、自分の家にまつってあるのじゃから、それを拝めばおなじことじゃ、それでよいのじゃと理屈申しているが、格の上の所へお詣りするのが仁義、礼儀と申すもの、キあれば必ずできるのじゃ。

今迄の教ではマボロシぞ。力ないぞ。マボロシとは人間智恵のこと。理窟のことぢゃ。理窟とは悪の学のことぢゃ。

理窟で進んで行くと、しまひには共喰から、われとわれを喰ふことになるぞ。理窟は迷信。

理窟から神を求めると、理窟の神が顕（あら）はれるぞ。
理窟の信仰に囚はれると邪道。赤児の信仰は第一ぞ。
神の臣民に楽な事になるぞ、理屈無い世にするぞ、理屈は悪と申してあろうが、理屈ない世に致すぞ。理屈くらべのきほひ無くして仕舞ふぞ。人に知れんようによいことつとめと申してあろが。人に知れん様にする好い事神こころぞ。神のしたことになるのざぞ。早う誠の臣民ばかりで固めて呉れよ。神世の型出して呉れよ。時、取違へん様に、時、来たぞ。

そなたはまだ方便をつかっているが、方便の世はすんでいるのだ。方便の世とは横の教、いろはの教、平面の教のことぞ、仏教もキリスト教も回教もみな方便ぢゃ。教ではどうにもならん。ぎりぎりの世となっているのぞ、道でなくてはならん。変わらぬ太道でなくてはならんぞ。方便の世はすんでほうべんの世となり、そのほうべんの世もやがて終るぞと知らしてあろうが。道とは三界を貫く道のことぞ。宇宙にみちみつ神のあり方ぞ、法則ぞ、秩序ぞ、神の息吹きぞ。弥栄ぞ、喜びぞ、判りたか。

化けの世、方便の世、方便の教はすんだのぢゃ。教では世は正されん。教のつどいはつぶれて了うのぢゃ。無理してはならん。そなたの無理押しはよいことをわるく曲げるぞ。

何事も方便と申して自分勝手なことばかり申しているが、方便と申すもの神の国には無いのざぞ。マコトがことぞ、マの事ぞ、コトだまぞ。これまでは方便と申して逃げられたが、も早逃げること出来ないぞ、方便の人々早う心洗ひて呉れよ、方便の世は済みたのざぞ、いまでも仏の世と思うているとびっくりがでるぞ。

理屈は一方的のものぞ、どんな理屈も成り立つが理屈程頼りないもの、力にならんものないぞ。」

神と人の語らいとしての祈り

晴れた夜に空を見上げてみれば、幾百もの星、いや数千数万の星が輝いています。自分の心をこの宇宙に拡大してみたらあなたは決して一人ではないことに気が付くはずです。

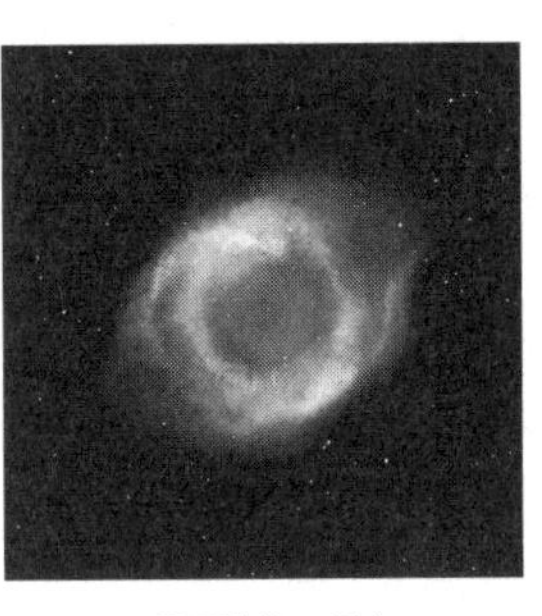
星雲"神の目"

この画像は〝神の目〟という惑星状星雲です。この大宇宙はとてつもないひろがりをみせ、様々な想いを私たちのこころのなかに影をなげかけてきます。自分の一年先はどうなっているのだろうか。自分の来月はどうなっているのであろうか。じぶんの明日は。自分の一秒先はどうなるのだろうか。一寸先は闇というのはこのことでありましょう。イエス・キリストや仏陀はこのようなときに素晴らしい方法を発見し提案をしてくれました。

日月の神も次のようにかたっています。『ひふみ新世紀』から引用しておきましょう。

《祈りの深相》

ざんげせよと申しても、人の前にざんげしてはならんぞ。人の前で出来るざんげは割引したざんげ。割引しただんげは神をだまし、己をだますこととなるぞ。悔ひ改めて下され。深く省みて下され。深く恥ぢおそれよ。心して慎しんで下されよ。直ちによき神界との霊線がつながるぞ。霊線つながればその日その時からよくなってくるぞ。気持のままに霊界の霊線が切り替えられる。

人間の念力だけでは何程のことも出来はせんぞ。その念力に感応する神の力があるから人間に判らん、びっくりが出てくるのざぞ。

《祈りの目標》

何神様とハッキリ目標つけて拝めよ。只ぼんやり神様と云っただけではならん。信じ切るからこそ飛躍するのぢゃぞ。不信に進歩弥栄ないぞ、まかせ切るからこそ神となるのぢゃ。神に通づるのぢゃ。真剣なければ百年たっても同じ所ウヨウヨぢゃ。一歩も進まん。進まんことはおくれていることぞ。真剣なれば失敗してもよいと申してあろうが。省ることによって更に数倍することが得られるのであるぞ。いい加減が一旦成功しても、土台ないからウタカタぢゃ。下座の行、大切。

大神は一柱であるが、あらわれの神は無限であるぞ。根本の、大日月地大神さまと念じ、その時その所に応じて、特に何々様とお願い申せよ。信じ合ふものあれば、病気も又たのし、貧苦も亦たのしのであるぞ、例外と申すのは、ないのであるぞ。他の世界、他の天体、他の小宇宙からの影響によって起る事象が例外と見えるのぢゃ。心大きく、目ひらけよ。

目的よくても実行の時に悪い念入ると悪魔に魅入られるぞ。心せよ。

八合目あたりに参ると総ての様子が、ほぼ見当つくぞ。それ迄は誰でもよくわからんもんぢゃ。これと云ふ先達があったら、先達の云うこと、云ふ通りについて行けよ。おかしい先達は始めからおかしいぞ。苦労し手をかけ、金かけるほどよいもの出来るぞ。信念越えて自分より上のものにまかせきったのが信仰であるぞ、信念だけでは何事も出来ん。

《祈りの実践》

そなたは何時もあれもよいらしい、これもよいようだと迷って、迷ひの世界をうみ出し、自分で自分を苦しめて、気の毒よなあ。これと一応信じたらまかせきれよ。梶をはなして鳴門の渦の中にまかせきれよ。まかせきるとひらけてくるのぢゃ。悟れたようでいて、そなたが悟り切れんのはまかせきらんからぞ。

判るところから、気長に神求めよ。総ては神から流れ出ているのであるから、神にお願いして実行しなければならん、この判り切った道理、おろそかにして御座るぞ。そこに天狗出ているのぞ。

真剣で求めると真剣さずかるぞ。求めることは祈ること。よく祈るものはよく与へられる。日々の祈りは行であるぞ。百年祈りつづけても祈りだけでは何もならん。それは祈り地獄ぢゃ。祈り地獄多いのう。肉体人は肉体の行せねばならん。日々の祈り結構いたしてくれよ。次の祈りは省みることぞ。いくら祈り行じても自分省みねば、千年行じても何もならん道理ぢゃ。同じ山に登ったり降ったり、御苦労のこと、馬鹿の散歩と申すもの。悔いあらためよと申してあろう。省みて行ずるその祈り弥栄えるぞ。平面の上でいくら働いても、もがいても平面行為で有限ぞ。立体に入らねばならん。無限に生命せねばならんぞ。

その人によってふさわしい行がある。誰でも同じでない。一合食べる人もあれば、升食べる人もあるぞ。身につかんもの身につかん行は、いくらしても何もならん、いらん苦労はいらんと申してあろう。風呂には時々入るが、魂の風呂に行く人少ないぞ。より高い聖所へ参りて魂のアカ落せよ。神示よんで落して下されよ。アカ落さずに神の光見えんと申して、おかげないと、われよし申して御座るなれど、風呂に入らずに、アカつくとは怪しからんと申すのと同じでないか。何故に判らんのぢゃ。

己の行出来て居らんと、人の悪口云はならんことになるぞ。己の心日々夜々改めねばならん。

何事も行であるから喜んで行してくだされよ。滝に打たれ、そば粉喰うて行者は行しているが、断食する行者もいるが、今度の行は世界の臣民みな二度とない行であるから、厳しいのぞ。この行出来る人と、よう我慢出来ない人とあるぞ、この行出来ねば灰にするより外ないのぞ、今度の御用に使ふ臣民はげしき行さして神うつるのぞ。今では神の力は何も出ては居らぬのぞ。この世のことは神と臣民と一つになりてできると申してあろがな、早う身みがいて下されよ。神かかれる肉体沢山要るのぞ。今度の行は心を綺麗にする行ぞ、掃除出来た臣民から、よき御用に使って、神から御礼申して、末代名の残る手柄立てさすぞ。神の臣民掃除洗濯出来たらこの戦は勝つのぞ、灰になる身魂は灰ぞ、どこにいても助ける臣民行って助けるぞ、神が助けるのでないぞ、神助かるのぞ、臣民も神も一緒に助かるのぞ。この道理よく腹に入れて呉れよ、この道理分りたら神の仕組はだんだん分りて来て、何といふ有り難い事かと心がいつも春になるぞ。

此の神示声立てて読みて下されと申してあろがな。人間ばかりに聞かすのでないぞ。守護神殿、神々様にも聞かすのぞ、声出して読みてさへおればよくなるのぞぞよ。じゃと申して、仕事休むでないぞ。仕事は行であるから務め努めた上にも精出して呉れよ。それがマコトの行であるぞ。滝に打たれ断食する様な行は幽界の行ぞ。神の国のお土踏み、神国の光いきして、神国から生れる食物頂きて、神国のおん仕事している人間には行は要らぬのざぞ、此の事よく心得よ。

物、自分のものと思ふは天の賊ぞ、皆てんし様の物ざぞ、クドウ申してあるのにまだ判らんか、行出来て、口静かにして貰ふと、何事もスラリとゆくぞ、行が出来ておらんと何かの事が遅れるだけ苦しむのざぞ。神の国の半分の所にはイヤな事あるぞ、洗濯出来た臣民に元の神がうつりて、サア今ぢゃと云ふとこに、なりたら、臣民の知らん働きさして悪では出来ん手柄さして、なした結構な事かとビックリ箱あくのざぞ。天と地との親の大神様のミコトでする事ぞ、この世三角にしようと四角にしようと元のこの方等の心のままぞ。よく裏の裏まで読んで肚に入れて、何一つ分らん事のない様にして呉れよ、今に恥かしい事になるぞ、人は沢山なくてもこの仕組み成就するのざと申してあろうが。

目から泥を洗ひ、洗ひ去ると見へてくるぞ、右の目ばかりではならん、左の目の泥も落せよ。泥のついていない人民一人もないぞ、泥落すには水がよいぞ。世の元からの真清水で洗ひ落して下されよ、世の元の元の真清水結構。

《祈りの調和》

念が新しき武器であるぞ。念とは力であるぞ。実在であるぞ、喜びであるぞ。喜びは神ぞ弥栄。

思ひは能き、実在と申してあろうが。

念じつつやれ。神の為と念じつつやれば神のためとなる。小さい行為でも霊的には大きはたらきするのぢゃ。

自分と云ふことが強くなるから発展ないのぢゃ。行き止まるのぢゃ。われよしとなるのぢゃ。調和が神の現れであるぞ、霊と調和せよ。肉体と調和せよ。人と調和せよ。食物、住居と調和せよ。世界と調和せよ、うれしうれしぞ。一生かかってもよいぞ。おそくないのぢゃ。自分の中のケダモノのため直しにかからねばならん。悪いくせ直さねばならん。これが第一歩、土台ぢゃぞよ。

念と申すのは神界からの直々であるぞ。悪の気、断たねば念とはならんぞ。念入れかへるぞ。念入れかへるとは、新しき霊界つくることぞ。新しき霊界つくるとは、太神の直中にとけ入ることぞ。

念からつくり出せよ。その念のもとをつくれば、神から力を与へるから、この世の力と現はれるぞ。

念は語ることによって現はれるのぢゃ。このことよく判りて下されよ。肚の中のゴモクすてるとよくわかる。

人間の念力だけでは何程のことも出来はせんぞ、その念力に感応する神の力があるから人間に判らん、びっくりが出て来るのざぞ。

日の本が変って世界となったのぢゃ。自分の為ばかりの祈りには、自分だけの神しか出て来ない。悪の祈りには悪の神、善の祈りには善の神。始めの間は中々判らんものぢゃ。神様のなされるマネから始めて下されよ。

よい祈りにはよい感応、よい感応にはよい働き、よい信仰となり、よい生活生れる、間違った祈りには間違った神、間違った生活生れるぞ。道理ぢゃナア。窮窟であってはならん。しかつめらしく固くなっていてはならんぞ。笑ひの道、喜びの道にこそ神のハタラキあるのぢゃ。

始めは形あるものを対象として拝めよ。形を通じて大神様を拝めよ。これが近道ぞ。タテのつながりを見ないからであるぞ。自分と云ふもの無くなるのでないぞ。霊界と霊と、現界と現身とのこと説いてあろうが神示よめよめ。大往生への道、弥栄に体得出来るのであるぞ。

神について行くことが祈りであるぞ。そこによろこびあるぞ。

礼拝を忘れ、祈りをわすれることは神をわすれることぢゃ。

御神前で拝むばかりでは狭いぞ。野菜拝めば野菜が、魚拝めば魚が己となるのぢゃ。拝むこととは和すこと。和すことが友つくる秘訣ぞ。友を己とすることは、己を友とすることぢゃ。友にささげることぢゃ。親は子にささげるからこそ、子が親となるのぢゃ。判りたか。赤ん坊のお尻をふいてやることもあるであろうがな。そなたが赤ん坊と同じであったら出来ない芸当ぞ。お尻を出すものがあっても、決して怒ってはならん。子のお尻と思ってきれいにふいてやれよと申してあろうが。お尻を持込まれるのは、持込まれるだけのわけがあるからぞ。利子は後から支払えばよいと、そなたは思っているが、先に支払ふこともあるのであるぞ。先にお尻をふかねばならんことも、世が迫ってくると出てくるのぢゃ。その代り、後では神がそなたのお尻をきれいにふいて下さるぞ。ぶつぶつ申さず勇んでやって下されよ。

そなたはよく祈る。祈るばかりでものごと成就せんぞ。為すには先づ祈らねばならんが、そなたはそなたの神にのみ祈っているぞ。為すのは己であるから、己が為さねばならんぞ。乳房与えられても自分の身にはつかぬ道理ぢゃ。だが、為したのみでは未だ足らんぞ。時々は省みなければならんぞ。そなたは形や口先ばかりでものを拝んでいるが、心と行と口と三つそろはねばならん。三つ揃ふて拝むならば、どんなものでも与へられるのぢゃ。拝む所へものは集ってくる。神も集ってくる。足らぬものなくなるぞ。余ることなくなって、満たされるのがまことの富ぢゃ。清富ぢゃ。

善の祈りには善、悪の祈りには悪、祈りの通りに何も彼も出て来ること、まだ判らんか。

礼拝を忘れ、祈りを忘れることは、神を忘れること、神から遠ざかること、それではならんのう。安全な道、通れ。安全な教の所へ集れよ。

始めは自分本位の祈りでもよいと申してあるなれど何時迄も自分本位ではならん。止まると悪となるぞ。神の道は弥栄ぞ。動き能いて行かなならん。

神様にはお燈明ばかり備へてはまだ足らぬのぞ、お燈明と共に水捧げなならんのざぞ、火と水ぞと申してあろ、神示よく裏の裏まで読みて下されよ、守護神殿祭りて呉れよ。まつはらねば力現はれぬぞ、守護神殿は拍手四つ打ちておらがめよ、元の生神様には水がどうしてもいるのざぞ、火ばかりでは力出ぬのざぞ、わかりたか。

富士、火吐かぬ様おろがみて呉れよ、大難小難にまつりかへる様おろがみて呉れよ。食物頂く時はよくよく噛めと申してあろうが、上の歯は火ぞ、下の歯は水ざぞ、火と水と合すのざぞ。かむろぎかむろみぞ、噛むと力生れるぞ。血となるぞ、肉となるぞ。

父のみ拝みたたへただけでは足りない、母に抱かれねば、母の乳をいただかねば正しく生長出来ないのであるぞ。一神として拝んでも足りぬ、二(柱)でも一方的、十万柱おろが としても一方的ぞ、マイナスの神を拝まねばならん、マイナスの神とは母のことぢゃ、天にましますす父のみでは足りないぞ。天にあれば必ず地にもあるぞ、一即多即汎、地即 天、天即地から表即裏である、マコトを行じて下されよ。

日月神示第一訳文

上つ巻 第一巻

自　昭和十九年六月十日
至　昭和十九年七月九日
一帖～四二帖

第一帖（一）

富士は晴れたり、日本晴れ。神の国のまことの神の力をあらはす代(よ)となれる、佛(ほとけ)もキリストも何も彼(か)もはっきり助けて七六(しちむづ)かしい（＊）御苦労のない代が来るから、みたまを不断に磨(みが)いて一筋の誠を通うして呉(く)れよ。いま一苦労あるが、この苦労は身魂(みたま)をみがいて居らぬと越せぬ、この世初って二度とない苦労である。このむすびは神の力でないと何も出来ん、人間の算盤(そろばん)では弾(はじ)けんことぞ。日本はお土が上がる、外国はお土が下がる。都の大洗濯、鄙(ひな)の大洗濯、人のお洗濯。今度は何(ど)うもこらへて呉れというところまで、後(あと)へひかぬから、その積(つも)りでかかって来い、神の国の神の力を、はっきりと見せてやれる時が来た。嬉しくて苦しむ者と、苦しくて喜ぶ者と出て来る⊙は神の国、神の力でないと何んにも成就せん。人の力で何が出来たか、みな神がさしてゐるのざ、いつでも神かかれる様に、綺麗に洗濯して置いて呉れよ。戦(いくさ)は今年中と言ってゐるが、そんなちょこい戦ではない、世界中の洗濯ざから、いらぬものが無くなるまでは、終らぬ道理が分からぬか。臣民同士の戦でない、カミと神、アカとあか、ヒトと人、ニクと肉、タマと魂(たま)の戦ぞ。己(おのれ)の心を見よ、戦が済んでいないであろ、それで戦が済むと思うてゐるとは、あきれたものぞ、早く掃除せぬと間に合わん、何より掃除が第一。さびしさは人のみかは、神は幾萬倍(いくまん)ぞ、さびしさ越へて時を待つ。神が世界の王になる、てんし様が神と分らん臣民ばかり、口と心と行(おこない)と、三つ揃うたまことを命(みこと)といふぞ。神の国の臣民みな命になる身魂(みたま)、掃除身魂結構、

六月の十日　ひつくのかみ。

＊「七六(しちむづ)」は、神示原文の漢数字をそのまま残し、「しちむづかしい」とルビを振っている。七六という数字にも意味がある

のかもしれない。

第二帖（二）

親と子であるから、臣民は可愛いから旅の苦をさしてあるのに、苦に負けてよくもここまでおちぶれて仕まうたな。鼠(ねずみ)でも三日先のことを知るのに、臣民は一寸先さへ分らぬほどに、よう曇りなされたな、それでも神の国の神民、天道人を殺さず、食べ物がなくなっても死にはせぬ、ほんのしばらくぞ。木の根でも食うて居れ。闇のあとには夜明来る。神は見通しざから、心配するな。手柄は千倍萬倍にして返すから、人に知れたら帳引きとなるから、人に知れんやうに、人のため国のため働けよ、それがまことの神の神民ぞ。酒と煙草も勝手に作って暮らせる善き世になる、それまで我慢出来ない臣民澤山(たくさん)ある。早く☉の神の申す通りにせねば、世界を泥の海にせねばならぬから、早う☉神ごころになりて呉れよ、神頼むぞよ。盲(めくら)が盲を手を引いて何処(どこ)へ行く積(つも)りやら、気のついた人から、まことの神の入れものになりて呉れよ悪の楽(たのし)みは先に行くほど苦しくなる、神のやり方は先に行くほどだんだんよくなるから、初めは辛(つら)いなれど、さきを楽みに辛棒してく呉れよ。配給は配給、統制は統制のやり方、神のやり方は日の光、臣民ばかりでなく、草木も喜ぶやり方ぞ、日の光は神のこころ、稜(い)威(づ)（＊）ぞ。人の智恵で一つでも善き事したか、何もかも出来損ひばかり、にっちもさっちもならんことにしてゐても、まだ気がつかん、盲(めくら)には困る困る。救はねばならず、助かる臣民はなく、泥海にするは易いなれど、それでは元の神様にすまず、これだけにこと分けて知らしてあるに、きかねばまだまだ痛い目をさせねばならん。冬の先が春とは限らんぞ。☉の国を八つに切って殺す悪の計画、☉の国にも外国の臣が居り、外国にも神の子がゐる。岩戸が明けたら一度に分かる。六月の十日、昭和、ひつくの神。

＊「稜威（いづ）」は、「御稜威（みいづ）」、「稜威（りょうい）」などとしても出てくる。天皇や神などの威光。尊厳の光。

第三帖（三）

善言（よごと）は神　なにも上下、下ひっくり返ってゐるから、分らんから神の心になれば何事も分るから、鏡を掃除して呉れよ。今にこのおつげが一二三（ヒフミ）ばかりになるから、それまでに身魂をみがいて置かんと、身魂の曇った人には何ともよめんから、早く神こころに返りて居りて呉れ、何も一度に出て来る。海が陸（おか）になり陸（おか）が海になる。

六月十一日の朝のお告げ、みよみよみよ　ひつくの神。

第四帖（四）

急ぐなれど、臣民なかなかに言ふことときかぬから、言ふことときかねば、きく様にしてきかす。神には何もかも出来てゐるが、臣民まだ目覚めぬか、金のいらぬ楽の世になるのぞ。早く神祀りて呉れよ、神祀らねば何も出来ぬぞ。表の裏は裏、裏の裏がある世ぞ。神をだしにして、今の上の人がゐるから、神の力が出ないのぞ。お上（かみ）に大神を祀りて政事（まつりごと）をせねば治まらん。この神をまつるのは、みはらし台ぞ、富士みはらし台ぞ、早く祀りてみつげを世に廣（ひろ）めて呉れよ。早く知らさねば日本がつぶれる様なことになるから、早う祀りて神の申す様にして呉れ。神急（せ）けるよ。上ばかりよくてもならぬ、下ばかりよくてもならぬ、上下（うえした）揃ふたよき世が神の世ぞ。卍（ドイツ）も一十（イタリー）もあてにならぬ、世界中一つになりて⊙の国に寄せて来るぞ。それなのに今のやり方でよいと思うてゐるのか、分らねば神にたづねて政事せねばならぬと云ふことまだ分らぬか。神と人とが交流合はしてこの世のことが、さしてあるのぞ。人がきかねば神ばかりで始めるぞ。神ばかりで洗濯するのは早いなれど、それでは臣民が可哀そうなから、臣民みなやり直さねばならぬから、気をつけてゐるのに何してゐるのざ、いつ何んなことがあっても知らんぞ、神祭第一、神祭結構。富士の木ノ花咲耶姫の神様を祀りて呉れよ。コハナサクヤ姫様も祀りて呉れよ。六月十三の日、ひつくのか三。

第五帖（五）

富士とは神の山のことぞ。神の山はみな富士といふのぞ。見晴らし台とは身を張らすとこぞ、身を張らすとは、身のなかを神にて張ることぞ。臣民の身の中に一杯に神の力を張らすことぞ。大庭の富士を探して見よ、神の米が出て来るから、それを大切にせよ。富士を開くとは心に神を満たすことぞ。ひむかとは神を迎えることぞ、ひむかはその使ひぞ。ひむかは神の使ざから、この道を早う開ひて呉れよ、早う傳へて呉れよ、ひむかのお役は人の病をなほして神の方へ向けさすお役ぞ、この道をよく心得て間違ひないやうに伝へて呉れよ。六月十四日　ひつくのか三。

第六帖（六）

外国の飛行機が来るとさわいでゐるが、まだまだ花道ぞ、九、十となりたらボツボツはっきりするぞ。臣民は目のさきばかりより見えんから、可哀さうなから気をつけてゐるのに何してゐるのか。大切なことを忘れてゐるのに気がつかんか。この知らせをよく読みて呉れよ。十月まで待て。それまでは、このままで居れよ。六月十七日、ひつくのか三。

第七帖（七）

いくら金積んで神の御用さして呉れいと申しても、因縁のある臣民でないと御用出来んぞ。御用する人は、何んなに苦しくても心は勇むぞ。この神は小さい病直しや按摩の真似させんぞ、大き病を直すのぞ。神が開くから、人の考へで人を引張って呉れるなよ。六月の十七日　一二のか三。

第八帖（八）

秋が立ちたら、この道ひらくかた出て来るから、それまでは神の仕組書かして置くから、よく読んで腹の中に、よく入れて置いて呉れよ。その時になりて、あわてて何も知らんといふ様ではならんぞ、それまでに何もかにも知らして置くから、縁ある方から、この知らせをよく読んで腹の中に入れて置いて呉れよ。六月の十七日、ひつくのか三。

第九帖（九）

この世のやり方、わからなくなったら、この神示録をよまして呉れと云うて　この知らせを取り合ふから、その時になりて慌てん様にして呉れよ。日本の国は一度つぶれた様になるのだぞ。一度は神も佛もないものと皆が思う世が来るのぞ。その時にお蔭を落さぬやう、シッカリと神の申すこと腹に入れて置いて呉れよ。六月の十七日、ひつくのか三。

第十帖（一〇）

神に目を向ければ神がうつり、神に耳向ければ神がきこえ、神に心向ければ心にうつる。掃除の程度によりて神のうつりかた違うぞ。掃除出来た方(かた)から神の姿うつるぞ、それだけにうつるぞ。六月十九日、ひつくのか三。

第十一帖（一一）

いづくも土にかへると申してあろうが、東京も元の上に一ときはかへるから、その積りでゐて呉れよ。神の申したことは違はんぞ。東京は元の上に一時はかへるぞ、その積りで用意して呉れよ。六月の十九日、一二のか三。

第十二帖（一二）

大将を誰も行かれん所へ連れて行かれんやうに、上の人、気をつけて呉れよ。この道はちっとも心ゆるせんまことの神の道ぞ。油断すると神は代りの身魂使うぞ。六月の二十一日の朝、ひつくのか三。

第十三帖（一三）

元の人三人、その下に七人、その下に七七四十九人、合して五十九の身魂あれば、この仕組は成就するのざ、この五十九の身魂は神が守ってゐるから、世の元の神かかりて大手柄をさすから、神の申すやう何事も、身魂みがいて呉れよ、これが世の元の神の数ぞ、これだけの身魂が力合はしてよき世の礎(いしずえ)となるのざ。この身魂はいづれも落ちぶれてゐるから、たづねて来てもわからんから、よく気をつけて、どんなに落ちぶれてゐる臣民でも、たづねて来た人は、親切にしてかへせよ。何事も時節が来たぞ。六月の二十一日、ひつくのか三。

第十四帖（一四）

この神示（ふで）よく読みて呉れよ、読めば読むほど何もかも分りて来るぞ、心とは神民の申す心ではないぞ、身魂とは神民（しんみん）の申す身魂でないぞ、身たまとは身と魂と一つになってゐるもの云ふぞ、神の神民、身と魂のわけ隔てないぞ身は魂、魂は身ぞ、外国は身ばかりの所あり魂ばかりの所あり神は身魂の別ないぞ、この事分りたら神の仕組みがぼつぼつ分るぞ、身魂の洗濯とは心の洗濯とは、魂ばかりの洗濯でないぞ、よく気をつけて呉れ神の申すことちがはんぞよ。六月の二十二日　ひつくのか三。

第十五帖（一五）

今度は末代（まつだい）動かぬ世にするのざから、今までの様な宗教や教への集団（つどい）にしてはならんぞ、人を集めるばかりが能ではないぞ、人も集めねばならず、六ケ敷（むつかし）い道（おしへ）ぞ。縁ある人は早く集めて呉れよ、縁なき人いくら集めても何もならんぞ、縁ある人を見分けて呉れよ。顔は神の臣民でも心は外国身魂ぞ、顔は外国人でも身魂は神の臣民あるぞ。やりかけた戦ぞ、とことんまで行かねば納まらん。臣民一度は無くなるところまでになるぞ、今のうちにこの神示（ミチ）よく読んで呉れよ。九月になったら用意して呉れよ。六月の二十四日、ひつくのか三。

第十六帖（一六）

ひふみの秘密とは結ぞ、中心の神、表面に世に満つことぞ、ひらき睦び、中心に火集ひ、ひらく水。神の名二つ、カミと神世に出づ。早く鳴り成り、世、新しき世と、国々の新しき世と栄へ結び、成り展く秋来る。弥栄に神、世にみちみち、中心にまつろひ展き結ぶぞ。月出でて月なり、月ひらき弥栄へ成り、神世ことごとく栄ゆ。早く道ひらき、月と水のひらく大道、月の仕組、月神と日神二つ展き、地上弥栄みちみち、世の初め悉く神も世と共に勇みに勇むぞ。世はことごとに統一し神世の礎極まる時代来る、神世の秘密と云ふ。六月二十四日、一二くのか三。

第十七帖（一七）

この世はみな神のものざから臣民のものと云ふもの一つもないぞ。お土からとれた物、みな先づ神に供へよ、それを頂いて身魂を養ふ様になってゐるのに、神には献げずに、臣民ばかり喰べるから、いくら喰べても身魂のふとらぬのぞ、何でも神に供へてから喰べると身魂ふとるぞ。今の半分で足りるぞ、それが臣民の頂き方ぞ。六月の二十五日　ひつくのか三。

第十八帖（一八）

岩戸開く役と岩戸しめる役とあるぞ。一旦世界は言ふに言はれんことが出来るぞ、シッカリ身魂みがいて置いて呉れよ、身魂みがき第一ぞ。この道開けて来ると、世の中のえらい人が出て来るから、どんなえらい人でも分らん神の道ざからよくこの神示(ふで)読んで置いて何んな事でも教へてやれよ、何でも分からんこと無いやうに、この神示で知らして置くから、この神示よく読めと申すのぞ。この道は☉(ス)◉(メ)◎(ラ)が道ざ、すめるみ民の道ぞ。みそぎせよ、はらひせよ、臣民早くせねば間に合はんぞ。岩戸開くまでに、まだ一苦労あるぞ、この世はまだまだ悪くなるから、神も佛もこの世には居らぬのざといふところまで、とことんまで落ちて行くぞ。九月に気をつけよ、九月が大切の時ぞ。臣民の心の鏡凹(くぼ)んでゐるから、よきことわるく映り、わるきことよく映るぞ。今の上に立つ人、一つも真の善い事致しては居らん、これで世が治まると思ふてか、あまりと申せばあまりぞ。神は今まで見て見んふりしてゐたが、これからは厳しくどしどしと神の道に照らして神の世に致すぞ、その積りでゐて呉れよ。神の申すこと、ちっともちがはんぞ。今の世に落ちてゐる臣民、高い所へ土持ちばかり、それで苦しんでゐるのざ。早う身魂洗濯せよ、何事もハッキリと映るぞ。六月二十六日　ひつくのかみ。

第十九帖（一九）

神の国神の山に神祭りて呉れよ、祭るとは神にまつらふことぞ、土にまつらふことぞ　人にまつらふことぞ、祭り祭りで嬉し嬉しの世となるのぞ、祭るには先(ま)づ掃除せねばならんぞ、掃除すれば誰にでも神かかるやうに、日本の臣民なりて居るぞ、神州清潔(しんしゅうせいけつ)の民とは掃除してキレイになった臣民のことぞ。六月二十七、一二☉。

第二十帖（二十）

神がこの世にあるなれば、こんな乱れた世にはせぬ筈ぞと申す者澤山あるが、神には人のいふ善も悪もないものぞ。よく心に考へて見よ、何もかも分りて来るぞ。表の裏は裏、裏の表は表ぞと申してあろうが、一枚の紙にも裏表、ちと誤れば分らんごとになるぞ、神心になれば何もかもハッキリ映りて来るのざ、そこの道理分らずに理窟ばかり申してゐるが、理窟のない世に、神の世にして見せるぞ。言挙げせぬ国とはその事ぞ、理窟は外国のやり方、神の臣民言挙げずに、理窟なくして何もかも分るぞ、それが神の真の民ぞ。足許から鳥が立つぞ、鳥たちてあわてても何んにもならんぞ、用意なされよ、上下にグレンと引繰り返るぞ。上の者下に、落ちぶれた民上になるぞ、岩戸開けるぞ、夜明近づいたから、早う身魂のせんたくして呉れよ、神の申すこと千に一つもちがはんぞ。六月二十七日、ひつくのか三。

第二十一帖（二一）

世の元の大神の仕組といふものは、神々にも分らん仕組であるぞ、この仕組分りてはならず分らねばならず、なかなかに六ヶ敷仕組であるぞ、知らしてやりたいなれど、知らしてはならん仕組ぞ。外国がいくら攻めて来るとも、世界の神々がいくら寄せて来るとも、ぎりぎりになりたら神の元の神の神力出して岩戸開いて一つの王で治める神のまことの世に致すのであるから、神は心配ないなれど、ついて来れる臣民少ないから、早う掃除して呉れと申すのぞ、掃除すれば何事も、ハッキリと映りて楽なことになるから、早う神の申すやうして呉れよ。今度はとことはに変らぬ世に致すのざから、世の元の大神でないと分らん仕組ざ。洗濯できた臣民から手柄立てさしてうれしうれしの世に致すから、神が臣民にお禮申すから、一切ごもく捨てて、早う神の申すこと聞いて呉れよ。因縁の身魂は何うしても改心せねばならんのざから、早う改心せよ、おそい改心なかなか六ヶ敷ぞ。神は帳面につける様に何事も見通しざから、神の帳面間違ひないから、神の申す通りに、分らんことも神の申す通りに従ひて呉れよ。初めつらいなれどだんだん分りて来るから、よく言うこと聞いて呉れよ、外国から攻めて来て日本の国丸つぶれといふところで、元の神、神力出して世を建てるから、臣民の食ふことも同じぞ、江戸も昔しのやうになるぞ、神の身体から息出来ぬ様にしてゐるが、今に元のままにせなならんことになるぞ。富士から三十里四里離れた所へ祀りて呉れよ。富士にも祀りて呉れよ、富士はいよいよ動くから、それが済むまでは三十里離れた所へ、假に祀りて置いて呉れよ。富士は神の山ざ、いつ火を噴くか分らんぞ、神は噴かん積りでも、いろいろとなれば噴かなならんことがあるから、それまでは離れた所へ祀りて呉れよ、神はかまはねど、臣民の肉体大切なから、肉体もなくてはならんから、さうして祀りて呉れ。まつりまつり結構、六月の二十八日、ひつ九のか三。

第二十二帖（二二）

いよいよとなれば、外国強いと見れば、外国へつく臣民澤山できるぞ。そんな臣民一人もいらぬ、早うまことの者ばかりで神の国を堅めて呉れよ。六月二十の八日、一二のか三。

第二十三帖（二三）

神なぞ何うでもよいから、早く楽にして呉れと言ふ人澤山あるが、こんな人は、今度はみな灰にして、なくして仕まふから、その覚悟して居れよ。六月の二十八日、ひつくのか三。

第二十四帖（二四）

七の日はものの成る日ぞ。「ア」と「ヤ」と「ワ」は本の御用ぞ、「イ」「ウ」の身魂は介添えの御用ぞ。あとはだんだん分りて来るぞ。六月の二十八日は因縁の日ざ、一二のか三。

第二十五帖（二五）

一日に十萬、人死にだしたら神の世がいよいよ近づいたのざから、よく世界のことを見て皆に知らして呉れよ。この神は世界中のみか天地のことを委(まか)されてゐる神の一柱(ひとはしら)ざから、小さいこと言ふのではないぞ、小さいことも何でもせなならんが、小さい事と臣民思うてゐると間違ひが起るから、臣民はそれぞれ小さい事もせなならんお役もあるが、よく気をつけて呉れよ。北から攻め寄せて来たらいよいよのことぞ、南、東、西みな大切なれど北を守って呉れよ、北から来るぞ。神は気(け)もない時から知らして置くから、よくこの神示、心にしめて居れよ。一日一握りの米に泣く時あるぞ、着る物も泣くことあるぞ、いくら買溜めしても神のゆるさんもの一つも身には附かんぞ、着ても着ても、食うても食うても何もならん餓鬼の世ざ。早う神心にかへりて呉れよ。この岩戸開くのは難儀の分らん人には越せんぞ、踏みつけられ踏みつけられている臣民のちからはお手柄さして、とことはに名の残る様になるぞ。元の世に一度戻さなならんから、何もかも元の世に一度は戻すのざから、その積りで居れよ、欲張っていろいろ買溜めしてゐる人、気の毒が出来るぞ、神よく気をつけて置くぞ。この道に縁ある人には、神からそれぞれの神を守りにつけるから、天地の元の乾(こん)の大神と共に、よく祀りて呉れよ。

六月の三十日、ひつくのか三。

第二十六帖（二六）

「あ」の身魂とは天地のまことの一つの掛替ない身魂ぞ、「や」とはその左の身魂、「わ」とは右の身魂ぞ、「や」

には替へ身魂㋳あるぞ、「わ」には替へ身魂㋻あるぞ、「あ」も「や」も「わ」も㋳も㋻も一つのものぞ。みたま引いた神かかる臣民を集めるから急いで呉れるなよ、今に分かるから、それまで見てゐて呉れよ。「い」と「う」はその介添の身魂、その魂と組みて「え」と「を」、「ゑ」と「お」が生まれるぞ、いづれは分ることざから、それまで待ちて呉れよ。言ってやりたいなれど、今言っては仕組成就せんから、邪魔はいるから、身魂掃除すれば分かるから、早う身魂洗濯して呉れよ。神祀るとはお祭りばかりでないぞ、神にまつらふことぞ、神にまつらふとは神にまつはりつくことぞ、神に従ふことぞ、神にまつはりつくとは、子が親にまつはることぞ、神に従ふことぞ、神にまつらふには洗濯せなならんぞ、洗濯すれば神かかるぞ、神かかれば何もかも見通しぞ、それで洗濯洗濯と臣民耳にたこ出来るほど申してゐるのざ。七月の一日　ひつくのかみ道ひらけあるぞ。

第二十七帖（二七）

何もかも世の元から仕組みてあるから　神の申すところへ行けよ。元の仕組は富士ぞ、次の仕組はウシトラ三十里四里、次の仕組の山に行きて開いて呉れよ、今は分るまいが、やがて結構なことになるのざから、行きて神祀りて開いて呉れよ、細かく知らしてやりたいなれど、それでは臣民の手柄なくなるから、臣民は子ざから、子に手柄さして親から御禮申すぞ。行けば何もかも善くなる様に、昔からの仕組してあるから、何事も物差しで測った様に行くぞ。天地がうなるぞ、上下引繰り返るぞ。悪の仕組にみなの臣民だまされてゐるが、もう直ぐ目さめるぞ、目さめたらたづねてござれ、この神のもとへ来てきけば、何でも分かるように神示で知らしておくぞ。秋立ちたら淋しくなるぞ、淋しくなりたらたづねてござれ、我を張ってゐると、いつまでも分らずに苦しむばかりぞ。この神示も身魂により何んなにでも、とれるやうに書いておくから、取り違ひせんやうにして呉れ、三柱（ミハシラ）と七柱揃うたら山に行けよ。七月一日、ひつくのか三。

第二十八帖（二八）

世界中まるめて神の一つの王で治めるのぞ。それが神のやり方ぞ、百姓は百姓、鍛冶は鍛冶（かぢ）と、今度はとことはに定まるのぞ、身魂の因縁によりて今度はハッキリと定まって動かん神の世とするのぞ、茄子の種には瓜はならんぞ、茄子（なす）の蔓（つる）に瓜をならすのは悪の仕組、今の世はみなそれでないか。これで世が治ったら神はこの世に無いものぞ。神とアクの力競べぞ。今度はアクの王も神の力には何うしてもかなはんと心から申す所まで、とことんまで行くのざから、アクも改心すれば助けて、よき方に廻はしてやるぞ。神の国を千切り（せんぎ）にして膾（なます）にするアクの仕組は分りて居る、アクの神も元の神の仕組を九分九厘（くぶくりん）までは知ってゐて、天地ひっくり返る大戦（おおたたかい）となるのぞ。残る一厘は誰も知らぬ所に仕かけてあるが、この仕組、心で取りて呉れよ、神も大切ざが、この世では臣民も大切ぞ、臣民この世の神ぞ、と言ふて鼻高（はなだか）になると、ポキン折れるぞ。七月一日　ひつ九のか三。

第二十九帖（二九）

この世が元の神の世になると云ふことは、何んなかみにも分って居れど、何うしたら元の世になるかといふこと分らんぞ、かみにも分らんこと人にはなほ分らんのに、自分が何でもする様に思ふてゐるが、サッパリ取り違ひぞ。やって見よれ、あちへ外れこちへ外れ、いよいよ何うにもならんことになるぞ、最後のことはこの神でないと分らんぞ、いよいよとなりて教へて呉れと申しても間に合はんぞ。七月一日　ひつくのか三。

第三十帖（三〇）

富士を開いたらまだ開くところあるのざ、鳴戸へ行くことあるざからこのこと役員だけ心得て置いて呉れよ、七月一の日、ゝつくか三。

第三十一帖（三一）

今度の御用は結構な御用ぞ、いくら金積んでも、因縁ない臣民にはさせんぞ。今に御用させて呉れと金持って来るが、一一神に聞いて始末せよ。汚れた金御用にならんから、一厘も受取ることならんぞ。汚れた金邪魔になるから、まことのもの集めるから、何も心配するなよ。心配気の毒ぞよ。何も神がするから慾出すなよ、あと暫くぞよ、日々に分りて来るから、素直な臣民うれしうれしで暮さすから。七月一日

第三十二帖（三二）

世の元からヒツグとミツグとあるぞ、ヒツグは⦿の系統ぞ、ミツグは〇の系統ぞ。ヒツグはまことの神の臣民ぞ、ミツグは外国の民ぞ。⦿と〇と結びて一二三となるのざから、外国人も神の子ざから外国人も助けなならんと申してあらうがな。一二三唱へて岩戸あくぞ。神から見た世界の民と、人の見た世界の人とは、さっぱりアベコベであるから、間違はん様にして呉れよ。ひみつの仕組とは一二三の仕組ざ、早う一二三唱へて呉れよ、一二三唱へると岩戸あくぞ。七月の二の日、ひつくのか三。

第三十三帖（三三）

神の用意は済んでゐるのざから、民の用意早うして呉れよ、用意して早う祀りて呉れよ。富士は晴れたり日本晴れと申すこと、だんだん分りて来るぞ。神の名のついた石があるぞ、その石　役員に分けてそれぞれに守護の神つけるぞ、神の石はお山にあるから、お山開いて呉れよ。ひつぐの民、みつぐの民、早う用意して呉れよ、神急けるぞ。七月二日、ひつくのか三。

第三十四帖（三四）

何事も天地に二度とないことで、やり損ひしてならん多陀用幣流天地の修理固成の終りの仕上げであるから、これが一番大切の役であるから、しくじられんから、神がくどう申してゐるのざ、神々さま、臣民みなきいて呉れよ。一二三の御用出来たら三四五の御用にかからなならんから、早う一二三の御用して呉れよ。何も心配ないから神の仕事をして呉れよ、神の仕事して居れば、どこにゐても、いざといふ時には、神がつまみ上げて助けてやるから、御用第一ぞ。一日に十萬の人死ぬ時来たぞ、世界中のことざから、気を大きく持ちてゐて呉れよ。七月の三日、ひつくのか三。

第三十五帖（三五）

死んで生きる人と、生きながら死んだ人と出来るぞ、神のまにまに神の御用して呉れよ、殺さなならん臣民、どこまで逃げても殺さなならんし、生かす臣民、どこにゐても生かさなならんぞ。まだまだ悪魔はえらい仕組してゐるぞ、神の国千切りと申してあるが、喩へではないぞ、いよいよとなりたら神が神力（しんりき）出して上下引っくり返して神代に致すぞ、とはの神代に致すぞ。細かく説いてやりたいなれど、細かく説かねば分らん様では神国（しんこく）の民とは云はれんぞ。外国人には細かく説かねば分らんが、神の臣民には説かいでも分る身魂授けてあるぞ、それで身魂みがいて呉れと申してあるのぞ。それとも外国人並にして欲しいのか、曇りたと申してもあまりぞ。何も心配いらんから、お山開いて呉れよ。江戸が火となるぞ、神急げるぞ。七月の七日、ひつくのか三。

第三十六帖（三六）

元の神代に返すといふのは、たとへではないぞ。穴の中に住まなならんこと出来るぞ、生（なま）の物食うて暮さなならんし、臣民取り違ひばかりしてゐるぞ、何もかも一旦は天地へお引き上げぞ、我の慾ばかり言ってゐると大変が出来るぞ。七月の九日、ひつくのか三。

第三十七帖（三七）

人の上の人、みな臭い飯食ふこと出来るから、今から知らして置くから気をつけて呉れよ。お宮も一時は無くなる様になるから、その時は、みがけた人が神のお宮ぞ。早う身魂みがいておけよ、お宮まで外国のアクに潰（つぶ）されるやうになるぞ。早くせねば間に合わんことぞ、ひつくのか三。

第三十八帖（三八）

残る者の身も一度は死ぬことあるぞ、死んでからまた生き返るぞ、三分の二の臣民になるぞ、これからがいよいよの時ざぞ。日本の臣民同士が食い合ひするぞ、かなはんと云うて外国へ逃げて行く者も出来るぞ。神にシッカリと縋(すが)りて居らんと何も分らんことになるから、早く神に縋りて居れよ、神ほど結構なものはないぞ。神にも善い神と悪い神とあるぞ、雨の日は雨、風の日は風といふこと分らんか、それが天地の心ぞ、天地の心を早う悟りて下されよ。いやならいやで外に代りの身魂があるから神は頼まんぞ、いやならやめて呉れよ。無理に頼まんぞ。神のすること一つも間違ひないのぞ、よく知らせを読んで下されよ、ひつきのか三。

第三十九帖（三九）

地震かみなり火の雨降らして大洗濯するぞ。よほどシッカリせねば生きて行けんぞ。カミカカリが澤山出来て来て、わけの分らんことになるから、早く此(こ)の道をひらいて呉れよ。神界ではもう戦(いくさ)の見通しついてゐるなれど、今はまだ臣民には申されんのぞ。改心すれば分りて来るぞ、改心第一ぞ、早く改心第一ざ、ひつくのか三。

第四十帖（四〇）

北も南も東も西もみな敵ぞ、敵の中にも味方あり、味方の中にも敵あるのぞ。きんの国へみなが攻めて来るぞ。神の力をいよいよ現はして、どこまで強いか、神の力を現わして見せてやるから、攻めて来て見よ、臣民の洗濯第一と言って居ること忘れるなよ、一二のか三。

第四十一帖（四一）

人の知らん行かれん所で何してゐるのぞ。神にはよう分って居るから、いよいよといふ時が来たら助けやうもないから、気をつけてあるのにまだ目さめぬか。闇のあとが夜明ばかりと限らんぞ。闇がつづくかも知れんぞ。何もかも捨てる神民、さひはひぞ、捨てるとつかめるぞ、ひつきのか三。

第四十二帖（四二）

初めの御用はこれで済みたから、早うお山開いて呉れよ。お山開いたら、次の世の仕組書かすぞ（＊）、一月の間に書いて呉れた神示は「上つ巻」として後の世に残して呉れよ、これから一月の間に書かす神示は次の世の、神の世の仕組の神示ざから、それは「下つ巻」として後の世に残さすぞ、その積りで気をつけて呉れよ。御苦労なれども世界の臣民の為めざから、何事も神の申すこと、すなをに聞いて下されよ。七月の九日、ひつくのか三かく。

（上つ巻了）

＊「次」と「月」を掛けている。このような言葉遊びが随所にある。

日月神示第一訳文

下つ巻 第二巻

自　昭和十九年七月十二日
至　昭和十九年八月三日
四三帖〜八〇帖

第一帖（四三）

富士は晴れたり日本晴れ。青垣山めぐれる下つ岩根に祀り呉れた、御苦労ぞ、いよいよ神も嬉しいぞ。鳥居はいらぬぞ、鳥居とは水のことぞ、海の水あるそれ鳥居ぞ。皆の者御苦労ぞ。蛇が岳は昔から神が隠してをりた大切の山ざから、人の登らぬ様にして、龍神となりて護りて呉れた神々様にもお禮申すぞ。富士は晴れたり日本晴れ。いよいよ次の仕組にかかるから、早う次の御用きいて呉れよ、神急けるぞ、山晴れ、地晴れ、海晴れて、始めて天晴れるぞ。天晴れて神の働きいよいよ烈しくなりたら、臣民いよいよ分らなくなるから、早う神心になりて居りて下されよ。つぎつぎに書かしておくから、よく心に留めておいて下されよ。この道は宗教ではないぞ、教会ではないぞ、道ざから、今までの様な教会作らせんぞ。道とは臣民に神が満ちることぞ、神の国の中に神がみちみつることぞ。金儲けさせんぞ、欲すてて下されよ。七月の十二日の神示、ひつくのか三。

第二帖（四四）

今度岩戸開く御用は、人の五倍も十倍も働く人でないとつとまらんぞ。岩戸開くと申しても、それぞれの岩戸あるぞ、大工は大工の岩戸、左官は左官の岩戸と、それぞれの岩戸あるから、それぞれ身魂相当の岩戸開いて呉れよ。慾が出ると分らんことに、盲になるから、神、気つけるぞ、神の御用と申して自分の仕事休むやうな心では神の御用にならんぞ、どんな苦しい仕事でも今の仕事十人分もして下されよ。神は見通しざから、つぎつぎによき様にしてやるから、慾出さず、素直に今の仕事致して居り呉れよ、その上で神の御用して呉れよ。役員と申しても、それで食ふたり飲んだり暮らしてはならん、それぞれに臣民としての役目あるぞ、役員づらしたら、その日から代りの身魂（もの）出すぞ、鼻ポキと折れるぞ、神で食うて行くことならんから、呉れ呉れも気をつけて置くぞ。七月の三日、ひつ九のか三。皆（みな）の者御苦労であったぞ。

第三帖（四五）

この神のまことの姿見せてやる積りでありたが、人に見せると、びっくりして気を失ふかもしれんから、石にほらせて見せておいたのにまだ気づかんから木の型をやったであろうがな、それが神の或る活動の時の姿であるぞ、神の見せ物にしてはならんぞ、お山の骨もその通りぞよ、これまで見せても何もかも神がさしてあるのぞ。心配いらんから慾出さずに、素直に御用きいて下されよ、今度のお山開きまことに結構であるぞ神が烈しくなると、神の話より出来んことになるぞ、神の話結構ぞ。七月の十三日、ひつ九のかみ。

第四帖（四六）

早く皆のものに知らして呉れよ、神急けるぞ。お山の宮も五十九の岩で作らせておいたのに、まだ気が附かんか、それを見ても神が使ってさして居ること、よく分かるであろうが、それで素直に神の申すこと聞いて呉れて我（が）を出すなと申してゐるのぞ、何事も神にまかせて取越し苦労するなよ、我が無くてもならず、我があってもならず、今度の御用なかなか六ケ敷いぞ。五十九の石の宮出来たから、五十九のイシ身魂いよいよ神が引き寄せるから、しっかりして居りて下されよ、今度の五十九の身魂は御苦労の身魂ぞ。人のようせん辛抱さして、生き変り死に変り修行さして置いた昔からの因縁の身魂のみざから、みごと御用つとめ上げて呉れよ。教会作るでないぞ、信者作るでないぞ、無理に引張るでないぞ。この仕組知らさなならず、知らしてならんし神もなかなかに苦しいぞ、世の元からの仕組ざから、いよいよ岩戸開く時来たぞ。七月の十三日、ひつくのか三。

第五帖（四七）

江戸に神と人との集まる宮建てよ、建てると申しても家は型でよいぞ、假りのものざから人の住んでゐる家でよいぞ。⊙の石まつりて、神人祭りて呉れよ。それが出来たら、そこでお告げ書かすぞ。淋しくなった人は集りてその神示見てよ、神示見れば誰でも甦るぞ。この神示うつす役要るぞ、この神示印刷してはならんぞ。神の民の言葉は神たたえるものと思へ、てんし様たたえるものと思へ、人ほめるものと思へ、それで言霊幸はふぞ、それが臣民の言葉ぞ。わるき言葉は言ってはならんぞ。言葉はよき事のために神が与へてゐるのざから忘れん様にな。七月の十五日、ひつくのかみのふで。

第六帖（四八）

今までの神示縁ある臣民に早う示して呉れよ、御用の身魂が喜んで、いろいろ御用する様になるから、早う示して江戸に假の宮作りて呉れよ。神々さま臣民まつろひて岩戸開くもと出来るから、早う知らせて呉れよ、誰でも見て読める様に写して神前に置いて、誰でも読めるやうにして置いて呉れよ、役員よく考へて、見せるとき間違へぬ様にして呉れよ、七月の十五日、ひつくのか三神示。

第七帖（四九）

この神示読んでうれしかったら、人に知らしてやれよ、しかし無理には引張って呉れるなよ。この神は信者集めて喜ぶやうな神でないぞ、世界中の民みな信者ぞ、それで教会のやうなことするなと申すのぞ、世界中大洗濯する神ざから、小さいこと思うてゐると見当とれんことになるぞ。一二三祝詞するときは、神の息に合はして宣れよ、神の息に合はすのは三五七・三五七に切って宣れよ。しまひだけ節長くよめよ、それを三たびよみて宣りあげよ。天津祝詞の神ともこの方申すぞ。七月十九日、一二⦿。

第八帖（五〇）

この神示皆に読みきかして呉れよ。一人も臣民居らぬ時でも声出して読んで呉れよ、まごころの声で読んで呉れよ、臣民ばかりに聞かすのでないぞ、神々さまにも聞かすのざから、その積りで力ある誠の声で読んで呉れよ。七月の十七日、ひつ九のか三。

第九帖（五一）

今度の戦は⦿と〇との大戦ぞ。神様にも分らん仕組が世の元の神がなされてゐるのざから、下の神々さまにも分らんぞ。何が何だか誰れも分らんやうになりて、どちらも丸潰れと云ふ所になりた折、大神のみことによりてこの方らが神徳出して、九分九厘という所で、神の力が何んなにえらいものかと云ふこと知らして、悪のかみも改心せなならんやうに仕組みてあるから、神の国は神の力で世界の親国になるのぞ。⦿と〇とは心の中に「ゝ」があるか「ゝ」がないかの違ひであるぞ。この方は三四五の神とも現われるぞ。江戸の御社は誰でも気楽に来て拝めるようにして置いて呉れよ、この方の神示書く役員、神示うつす役員、神示説いてきかす役員要るぞ、役員は人の後について便所を掃除するだけの心掛ないとつまらんぞ、役員づらしたら直ぐ替身魂使ふぞ。七月の十七日、一二のか三。

第十帖（五二）

八月の十日には江戸に祭りて呉れよ。アイウは堅（たて）ぞ、アヤワは横ぞ、堅横揃うて十となるぞ、十は火と水ぞ、堅横結びて力出るぞ。何も心配ないからドシドシと神の申す通りに御用すすめて呉れよ。臣民は静かに、神は烈しきときの世近づいたぞ。七月の十七日、一二⦿。

第十一帖（五三）

けものさへ神のみ旨（むね）に息せるを神を罵（ののし）る民のさわなる。草木さへ神の心に従ってゐるではないか、神のむねにそれぞれに生きてゐるでないか、あの姿に早う返りて呉れよ、青人草（あおひとぐさ）と申すのは草木の心の民のことぞ。道は自分で歩めよ、御用は自分でつとめよ、人がさして呉れるのでないぞ、自分で御用するのぞ、道は自分で開くのぞ、人頼りてはならんぞ。七月の十八日、ひつくのか三。

第十二帖（五四）

この神は日本人のみの神でないぞ。自分で岩戸開いて居れば、どんな世になりても楽にゆける様に神がしてあるのに、臣民といふものは慾が深いから、自分で岩戸しめて、それでお蔭ないと申してゐるが困ったものぞ。早う気づかんと気の毒出来るぞ。初めの役員十柱（とはしら）集めるぞ。早うこの神示写して置いて呉れよ、神急けるぞ。七月の十八日、ひつ九の⦿。

第十三帖（五五）

逆立（さかだ）ちして歩くこと、なかなか上手になりたれど、そんなこと長う続かんぞ。あたま下で手で歩くのは苦しかろうがな、上にゐては足も苦しからうがな、上下逆様（うえしたさかさま）と申してあるが、これでよく分るであろう、足はやはり下の方が気楽ぞ、あたま上でないと逆さに見えて苦しくて逆様ばかりうつるぞ、この道理分りたか。岩戸開くとは元の姿に返すことぞ、神の姿に返すことぞ。三（ミチ）の役員は別として、あとの役員のおん役は手、足、目、鼻、口、耳などぞ。人の姿見て役員よく神の心悟れよ、もの動かすのは人のやうな組織でないと出来ぬぞ。この道の役員はおのれが自分でおのづからなるのぞ、それが神の心ぞ。人の心と行ひと神の心に融けたら、それが神の国のまことの御用の役員ぞ、この道理分りたか。この道は神の道ざから、神心になると直ぐ分るぞ、金銀要らぬ世となるぞ。御用うれしくなりたら神の心に近づいたぞ、手は手の役、うれしかろうがな、足はいつまでも足ぞ、手はいつまでも手ぞ、それがまことの姿ぞ、逆立して手が足の代りしてゐたから、よく分りたであろうがな。いよいよ世の終りが来たから役員気つけて呉れよ。神代近づいてうれしいぞよ。日本は別として世界七つに分けるぞ、今に分りてくるから、静（しづか）に神の申すこと聞いて置いて下されよ。この道は初め苦しいが、だんだん良くなる仕組ぞ、わかりた臣民から御用つくりて呉れよ、御用はいくらでも、どんな臣民にでも、それぞれの御用あるから、心配なくつとめて呉れよ。七月の十八日の夜、ひつくのか三。

第十四帖（五六）

臣民ばかりでないぞ、神々様にも知らせなならんから、なかなか大層と申すのぞ。一二三（ひふみ）の仕組とは、永遠（とは）

に動かぬ道のことぞ、三四五（みよいつ）の仕組とは、みよいづの仕組ぞ、みよいづとは神の御代（みよ）になることぞ、この世を神の国にねり上げることぞ、神祀りたら三四五の御用にかかるから、その積りで用意して置いて呉れよ。この神は世界中の神と臣民と、けだものも草木もかまはねばならんのざから、御（おん）役いくらでもあるぞ。神様と臣民同じ数（かず）だけあるぞ。それぞれに神つけるから、早う身魂みがいて呉れよ、みがけただけの神をつけて、天晴（あっぱ）れ後の世に残る手柄立てさすぞ。小さいことはそれぞれの神にきいて呉れよ、一人ひとり、何でもききたいことは、病直すことも、それぞれの神がするから、サニワ（＊）でお告うけて呉れよ、この方の家来（けらい）の神が知らせるから何でもきけよ。病も直してやるぞ、この神たよりたなら、身魂みがけただけの神徳あるぞ。この世始まってない今度の岩戸開きざから、これからがいよいよぞ。飛んだところに飛んだこと出来るぞ。それはみな神がさしてあるのざから、よく気つけて居れば、さきの事もよく分かるようになるぞ。元の神代に返すと申すのは喩へではないぞ。七から八から九から十から神烈しくなるぞ、臣民の思う通りにはなるまいがな、それは逆立ちしてゐるからぞ。世界一度にキの国にかかりて来るから、一時は潰れたやうに、もうかなはんと云ふところまでになるから、神はこの世に居らんと臣民申すところまで、むごいことになるから、外国が勝ちたやうに見える時が来たら、神の代近づいたのぞ、いよいよとなりて来ねば分らん様では御用出来んぞ。七月の二十日、ひつ九のか三。

＊「サニワ」は、神道などで、審神者（さにわ）が降りてきた神や神の言葉などを審査すること。斎庭から来ている。

第十五帖（五七）

この方祀りて神示書かすのは一所なれど、いくらでも分け霊するから、ひとりひとり祀りてサニワ作りてもよいぞ。祀る時は先づ鎮守様よくお願いしてから祀れよ、鎮守様は御苦労な神様ぞ、忘れてはならんぞ、この神には鳥居と注連は要らんぞ。追ひ追ひ分かりて来るぞ、一二七七七七わすれてはならんぞ、次の世の仕組であるぞ。身魂みがけば何事も分りて来ると申してあろがな、黙ってゐても分るやうに早うになって下されよ、神の国近づいたぞ。七月の二十一日、ひつ九のか三。

第十六帖（五八）

智恵でも学問でも、今度は金積んでも何うにもならんことになるから、さうなりたら神をたよるより外に手はなくなるから、さうなりてから助けて呉れと申しても間に合わんぞ。イシヤの仕組にかかりて、まだ目さめん臣民ばかり。日本精神と申して佛教の精神や基督教の精神ばかりぞ。今度は神があるか、ないかを、ハッキリと神力みせてイシヤも改心さすのぞ。神の国のお土に悪を渡らすことならんのであるが、悪の神わたりて来てゐるから、いつかこの鬼ども上がるも知れんぞ。神の国ぞと口先きばかりで申してゐるが、心の内は外国人澤山あるぞ。富士から流れ出た川には、それそれ名前の附いてゐるイシ置いてあるから縁ある人は一つずつ拾ひて来いよ。お山まで行けぬ人は、その川で拾ふて来い。みたま入れて守りの石と致してやるぞ。これまでに申しても疑ふ臣民あるが、うその事なら、こんなに、くどうは申さんぞ。因縁の身魂には神からイシ与へて守護神の名つけてやるぞ。江戸が元のすすき原になる日近づいたぞ。てんし様を都に移さなならん時来たぞ。江戸には人民住めん様な時が一度は来るのぞ。前のやうな世が来ると思うてゐたら大間違ひぞ。江戸の仕組すみたらカイの御用あるぞ。いまにさびしくなりて来るぞ。この道栄えて世界の臣民みなたづねて来るやうになるぞ。七月の二十一日の夜、ひつ九のか三。

第十七帖（五九）

学や智恵では外国にかなうまいがな、神たよれば神の力出るぞ、善いこと言へば善くなるし、わるきこと思へばわるくなる道理分らんか。今の臣民口先きばかり、こんなことでは神の民とは申されんぞ。天明は神示書かす役ぞ。神の心取り次ぐ役ざが、慢心すると誰かれの別なく、代へ身魂使ふぞ。因縁のある身魂はこの神示見れば心勇んで来るぞ。一人で七人づつ道伝へて呉れよ、その御用が先づ初めの御用ぞ。この神示通り伝へて呉れればよいのぞ、自分ごころで説くと間違ふぞ。神示通りに知らして呉れよ。我を張ってはならぬぞ、我がなくてもならぬぞ、この道六ケ敷しいなれど、縁ある人は勇んで出来るぞ。七月の二十一日、一二の◯。

第十八帖（六〇）

この道は神の道であり人の道であるぞ。この道の役員は神が命ずることもあるが、おのれが御用すれば、自然と役員となるのぞ。たれかれの別ないぞ、世界中の臣民みな信者ざから、臣民が人間ごころでは見当とれんのも無理ないなれど、この事よく腹に入れて置いてくれよ。神の土出るぞ、早く取りて用意して皆に分けてやれよ。神に心向ければ、いくらでも神徳与へて何事も楽にしてやるぞ。七月の二十三日、ひつ九のか三のふで。

第十九帖（六一）

苦しくなりたら何時でもござれ、その場で楽にしてやるぞ。神に従へば楽になって逆らへば苦しむのぞ。生命も金も一旦天地へ引き上げ仕まうも知れんから、さうならんやうに心の洗濯第一ぞと申して、くどう気附けてゐることまだ分らんか。七月の二十三日、一二のか三。

第二十帖（六二）

上、中、下の三段に身魂をより分けてあるから、神の世となりたら何事もきちりきちりと面白い様に出来て行くぞ。神の世とは神の心のままの世ぞ、今でも臣民神ごころになりたら、何でも思ふ通りになるぞ。臣民近慾なから、心曇りてゐるから分らんのぞ。今度の戦は神力と学力のとどめの戦ぞ（＊）。神力が九分九厘まで負けた様になったときに、まことの神力出して　ぐれんと引繰り返して、神の世にして、日本のてんし様が世界まるめてしろしめす世と致して、天地神々様にお目にかけるぞ。てんし様の光が世界の隅々まで行きわたる仕組が三四五の仕組ぞ、岩戸開きぞ。いくら学力強いと申しても百日の雨降らすこと出来まいがな。百日雨降ると何んなことになるか、臣民には分るまい、百日と申しても、神から云へば瞬きの間ぞ。七月の二十三日、ひつ九の⦿。

＊「どどめの戦」の「どどめ」は、原典には「十十め」となっている。意味は「最終」とか「終わり」で、神示にはたびたび出てくる。

第二十一帖（六三）

ヽばかりでもならぬ、〇ばかりでもならぬ。☉がまことの神の元の国の姿ぞ。元の神の国の臣民は☉でありたが、ヽが神国に残り〇が外国で栄へて、どちらも片輪となったのぞ。ヽもかたわ〇もかたわ、ヽと〇を合はせてまことの☉（かみ）の世に致すぞ。今の戦はヽと〇との戦ぞ、神の最後の仕組と申すのは〇にヽを入れることぞ。〇も五ぞヽも五ぞ、どちらも、このままでは立ちて行かんのぞ。一厘の仕組とは〇に神の国のヽを入れることぞ、よく心にたたみておいて呉れよ、神は十柱五十九柱のからだ待ちてゐるぞ。五十と九柱のミタマの神々様お待ちかねであるから、早うまゐりて呉れよ。今度の御役大層であるが、末代（まつだい）残る結構な御役であるぞ。

七月の二十四日。一二のか三。

第二十二帖（六四）

岩戸開く仕組知らしてやりたいなれど、この仕組、言ふてはならず、言はねば臣民には分らんし、神苦しいぞ、早う神心になりて呉れと申すのぞ、身魂の洗濯いそぐのざ。アイカギ、ヽ〇☉　コノカギハイシヤトシカテニギルコトゾ、一二☉、七月の二十八日。

第二十三帖（六五）

世が引繰り返って元の神世に返るといふことは、神々様には分って居れど、世界ところどころにその事知らし告げる神柱あるなれど、最後のことはこの神でないと分らんぞ。この方は天地をキレイに掃除して天の大神様にお目にかけねば済まぬ御役であるから、神の国の臣民は神の申す様にして、天地を掃除しててんし様に奉らなならん御役ぞ。江戸に神早う祀りて呉れよ、仕組通りにさすのであるから、臣民我を去りて呉れよ、この方祀るのは天のひつくの家ぞ、祀りて秋立ちたら、神いよいよ烈しく、臣民の性来によって、臣民の中に神と獣とハッキリ区分せねばならんことになりて来たぞ、神急けるぞ。七月の三十日、ひつ九のか三。

第二十四帖（六六）

一が十にと申してありたが、一が百に、一が千に、一が萬になるときいよいよ近づいたぞ。秋立ちたらスクリと厳しきことになるから、神の申すこと一分一厘ちがはんぞ。改心と申すのは、何もかも神にお返しすることぞ、臣民のものといふもの何一つもあるまいがな、草の葉一枚でも神のものぞ。七月の三十日、ひつくのか三。

第二十五帖（六七）

今度の戦で何もかも埒ついて仕まふ様に思うてゐるが、それが大きな取違ひぞ、なかなかそんなチョロッコイことではないぞ、今度の戦で埒つく位なら、臣民でも致すぞ。今に戦も出来ない、動くことも引くことも、進むことも何うすることも出来んことになりて、臣民は神がこの世にないものといふ様になるぞ、それからが、いよいよ正念場ぞ、まことの神の民と獣とをハッキリするのはそれからぞ。戦出来る間はまだ神の申すことききかんぞ、戦出来ぬ様になりて、始めて分かるのぞ、神の申すこと、ちっとも違はんぞ、間違ひのことなら、こんなにくどうは申さんぞ。神は気もない時から知らしてあるから、いつ岩戸が開けるかと云ふことも、この神示よく読めば分かる様にしてあるのぞ、改心が第一ぞ。七月の三十日、ひつくのか三のふで。

第二十六帖（六八）

神の国を真中にして世界分けると申してあるが、神祀るのと同じやり方ぞ。天（あめ）のひつくの家とは天のひつくの臣民の家ぞ。天のひつくと申すのは天の益人（ますひと）のことぞ。江戸の富士と申すのは、ひつくの家の中に富士の形作りて、その上に宮作りてもよいのぞ、假りでよいのぞ。こんなに別辞（ことわけ）ては、この後は申さんぞ。小さい事はサニワで家来の神々様から知らすのであるから、その事忘れるなよ。佛（ぶつ）も耶蘇（やそ）も、世界中まるめるのぞ。喧嘩して大き声する所にはこの方鎮まらんぞ、この事忘れるなよ。七月の三十一日、一二⊙。

第二十七帖（六九）

この方は祓戸の神（＊）とも現はれるぞ。この方祀るのは富士に三と所、◎海（ウズ）に三と所、江戸にも三と所ぞ、奥山、中山、一の宮ぞ。富士は、榛名（はるな）に祀りて呉れて御苦労でありたが、これは中山ぞ、一の宮と奥の山にはまた祀らねばならんぞ◎海の仕組も急ぐなれど、カイの仕組早うさせるぞ、江戸にも三と所、天明の住んでゐるところ奥山ぞ。あめのひつくの家、中山ぞ、此処（ここ）が一の宮ざから気つけて置くぞ。この方祀るのは、真中に神の石鎮め、そのあとにひもろぎ、前の右左にひもろぎ、それが「あ」と「や」と「わ」ぞ、そのあとに三つ七五三とひもろ木立てさすぞ。少しははなれて四隅にイウエオの言霊石置いて呉れよ、鳥居も注連（しめ）もいらぬと申してあろがな、このことぞ。この方祀るのも、役員の仕事も、この世の組立も、みな七七七七と申してきかしてあるのには気がまだつかんのか。臣民の家に祀るのは神の石だけでよいぞ、天のひつくの家には、どこでも前に言ふ様にして祀りて呉れよ。江戸の奥山には八日、秋立つ日に祀りて呉れよ。中山九日、・の宮には十日に祀りて呉れよ。気つけてあるのに神の神示(ふで)よまぬから分らんのぞ、このこと、よく読めば分るぞ。今の様なことでは神の御用つとまらんぞ、正直だけでは神の御用つとまらんぞ。裏と表とあると申して気を付けてあろがな、シッカリ神示読んで、スキリと腹に入れて呉れよ。よむたび毎(ごと)に神が気つける様に声出してよめば、よむだけお蔭あるのぞ。七月の三十一日、一二⊙

＊祓戸の神は、伊邪那岐大神が黄泉国から帰り、禊祓(みそぎはらい)した時に生まれた神。又は大祓の祓戸四柱の神、「瀬織津比賣神」「速開都比賣神」「気吹戸主神」「速佐須良比賣神」。

第二十八帖（七〇）

またたきの間に天地引繰り返る様な大騒動が出来るから、くどう気つけてゐるのざ、さあといふ時になりてからでは間に合はんぞ、用意なされよ。戦の手伝ひ位なら、どんな神でも出来るのざが、この世の大洗濯は、われよしの神ではよう出来んぞ。この方は元のままの身体(からだ)持ちてゐるのざから、いざとなれば何んなことでもして見せるぞ。假名ばかりの神示と申して馬鹿にする臣民も出て来るが、仕まひにはその假名(かな)に頭下げて来ねばならんぞ、かなとは神の名ぞ、神の言葉ぞ。今の上の臣民、自分で世の中のことやりてゐるように思うてゐるが、みな神がばかして使ってゐるのに気づかんか、気の毒なお役も出て来るから、早う改心して呉れよ。年寄や女や盲(めくら)、聾(つんぼ)ばかりになりても、まだ戦やめず、神の国の人だねの無くなるところまで、やりぬく悪の仕組もう見て居れんから、神はいよいよ奥の手出すから、奥の手出したら、今の臣民ではようこたえんから、身魂くもりてゐるから、それでは虻蜂取らずざから、早う改心せよと申してゐるのぞ、このことよく心得て下されよ、神せけるぞ。八月二日、ひつ九のか三。

第二十九帖（七一）

神の土出ると申してありたが、土は五色の土ぞ、それぞれに国々、ところどころから出るのぞ。白、赤、黄、青、黒の五つ色ぞ、薬のお土もあれば喰べられるお土もあるぞ、神に供へてから頂くのぞ、何事も神からぞ。八月二日、一二⊙。

第三十帖（七二）

八のつく日に気つけて呉れよ、だんだん近づいたから、辛酉はよき日、よき年ぞ。冬に櫻咲いたら気つけて呉れよ。八月二日、ひつくのかみ。

第三十一帖（七三）

この神に供へられたものは、何によらん私することならんぞ、まゐりた臣民にそれぞれ分けて喜ばして呉れよ、臣民喜べば神も喜ぶぞ、神喜べば天地光りて来るぞ、天地光れば富士晴れるぞ、富士は晴れたり日本晴れとはこの事ぞ。このやうな仕組でこの道ひろめて呉れよ、それが政治ぞ、経済ぞ、祭りぞ。分りたか。八月の三日、ひつ九のか三。

第三十二帖（七四）

この道ひろめて金儲けしようとする臣民澤山に出て来るから、役員気つけて呉れよ、役員の中にも出て来るぞ、金（かね）は要らぬのざぞ、金いるのは今しばらくぞ、生命（いのち）は国にささげても金は自分のものと頑張ってゐる臣民、気の毒出来るぞ、何もかも天地へ引き上げぞと知らしてあること近づいて来たぞ、金かたきの世来たぞ。八月三日、一二㋡。

第三十三帖（七五）

親となり子となり夫婦となり、兄弟（はらから）となりて、生きかわり死にかわりして御用に使ってゐるのぞ、臣民同志、世界の民、みな同胞（はらから）と申すのは喩（たとへ）でないぞ、血がつながりてゐるまことの同胞（はらから）ぞ、はらから喧嘩も時によりけりぞ、あまり分らぬと神も堪忍袋の緒切れるぞ、何んな事あるか知れんぞ、この道の信者は神が引き寄せると申せば役員ふところ手で居るが、そんなことでこの道開けると思ふか、一人が七人の人に知らせ、その七人が済んだら、次の御用にかからすぞ、一聞いたら十知る人でないと、この御用つとまらんぞ、うらおもて、よく気つけよ。因縁の身魂はどんなに苦しくとも勇んで出来る世の元からのお道ぞ。七人に知らしたら役員ぞ、神が命ずるのでない、自分から役員になるのぞと申してあろがな、役員は神のぢきぢきの使ひぞ、神柱ぞ。肉体男なら魂（たま）は女（おみな）ぞ、この道奪（と）りに来る悪魔あるから気つけ置くぞ。八月の三日、ひつ九のか三。

第三十四帖（七六）

臣民はすぐにも戦すみてよき世が来る様に思うてゐるが、なかなかさうはならんぞ、臣民に神うつりてせねばならんのざから、まことの世の元からの臣民幾人もないぞ、みな曇りてゐるから、これでは悪の神ばかりかかりて、だんだん悪の世になるばかりぞ、それで戦すむと思うてゐるのか、自分の心よく見てござれ、よく分るであろがな。戦すんでもすぐによき世とはならんぞ、それからが大切ぞ、胸突(むなつ)き八丁はそれからぞ、富士に登るのにも、雲の上からが苦しいであろがな、戦は雲のかかってゐるところぞ、頂上(いただき)までの正味のところはそれからぞ。一、二、三年が正念場ぞ。三四五(みよいづ)の仕組と申してあろがな。八月の三日、ひつくのか三。

第三十五帖（七七）

何もかも持ちつ持たれつであるぞ、臣民喜べば神も喜ぶぞ、金(きん)では世は治まらんと申してあるのにまだ金追うてゐる醜(みぐる)しい臣民ばかり、金は世をつぶす本ぞ、臣民、世界の草木まで喜ぶやり方は神の光のやり方ぞ。臣民の生命も長うなるぞ、てんし様は生き通しになるぞ、御玉体(おからだ)のままに神界に入られ、またこの世に出られる様になるぞ、死のないてんし様になるのぞ、それには今のやうな臣民のやり方ではならんぞ、今のやり方ではてんし様に罪ばかりお着せしてゐるのざから、この位不忠なことないぞ、それでもてんし様はおゆるしになり、位までつけて下さるのぞ、このことよく改心して、一時(ひととき)も早く忠義の臣民となりて呉れよ。八月の三日、ひつ九の⦿。

第三十六帖（七八）

神をそちのけにしたら、何も出来上らんやうになりたぞ。国盗（くにと）りに来てグレンと引繰り返りて居らうがな、それでも気づかんか。一にも神、二にも神、三にも神ぞ、一にもてんし様、二にもてんし様、三にもてんし様ぞ。この道つらいやうなれど貫きて呉れよ、だんだんとよくなりて、こんな結構なお道かと申すやうにしてあるのざから、何もかもお国に献げて自分の仕事を五倍も十倍も精出して呉れよ。戦位何でもなく終るぞ。今のやり方ではとことんに落ちて仕まうぞ、神くどう気つけて置くぞ。国々の神さま、臣民さま改心第一ぞ。八月三日、ひつ九のか三。

第三十七帖（七九）

世が変りたら天地光り人も光り草も光り、石も物ごころに歌ふぞ、雨もほしい時に降り、風もほしい時に吹くと雨の神、風の神申して居られるぞ。今の世では雨風を臣民がワヤにしてゐるぞ、降っても降れず、吹いても吹かん様になりてゐるのが分らんか。盲つんぼの世の中ぞ。神のゐる場所塞（ふさ）いで居りてお蔭ないと不足申すが、分らんと申しても餘（あま）りであるぞ。神ばかりでもならず、臣民ばかりではなおならず、臣民は神の入れものと申してあろが、あめのひつくの民と申すのは、世界治めるみたまの入れもののことぞ、民草とは一人をまもる入れものぞ、ひつくの臣民は神がとことん試めしに試めすのざから、可哀そうなれど我慢して呉れよ、その代り御用つとめて呉れたら、末代名を残して、神からお禮申すぞ。何事も神は帳面につけとめてゐるのざから間違ひないぞ、この世ばかりでないぞ、生れ代り死に代り鍛へてゐるのぞ、ひつくの臣民落ちぶれてゐると申してあろがな、今に上下になるぞ、逆立ちがおん返りて、元のよき楽の姿になるのが近づいたぞ、逆立ち苦しかろがな、改心した者から楽にしてやるぞ、御用に使ふぞ。八月三日、ひつ九のか三。

第三十八帖（八〇）

富士は晴れたり日本晴れ、これで下つ巻の終りざから、これまでに示したこと、よく腹に入れて呉れよ。神が真中で取次ぎ役員いくらでもいるぞ、役員はみな神柱ぞ。国々、ところどころから訪ねて来るぞ、その神柱にはみつげの道知らしてやりて呉れよ、日本の臣民みな取次ぎぞ、役員ぞ。この方は世界中丸めて大神様にお目にかけるお役、神の臣民は世界一つに丸めててんし様に献げる御役ぞ。この方とこの方の神々と、神の臣民一つとなりて世界丸める御役ぞ。神祀りて呉れたらいよいよ仕組知らせる神示書かすぞ、これからが正念場ざから、ふんどし締めてかかりて呉れよ。秋立ちたら神烈しくなるぞ、富士は晴れたり日本晴れ、てんし様の三四五となるぞ。八月の三日、ひつくのか三。

（下つ巻了）

日月神示第一訳文

富士の巻 第三巻

自　昭和十九年八月十日
至　昭和十九年八月三十日
八一帖〜一〇七帖

第一帖（八一）

道はいくらもあるなれど、どの道通っても、よいと申すのは、悪のやり方ぞ、元の道は一つぞ、初めから元の世の道、変らぬ道があれば、よいと申してゐるが、どんなことしても我さへたてばよいように申してゐるが、それが悪の深き腹の一厘ぞ。元の道は初めの道、神のなれる道、神のなかの ゝ なる初め、ゝ は光の真中、◉は世の道、此の事、気のつく臣民ないなれど。「一が二」わかる奥の道、身魂掃除すれば此のことわかるのざ、身魂磨き第一ぞ。八月十日、◉の一二◉。

第二帖（八二）

甲斐（かい）の山々に立ちて、ひれふりて祓ひて呉れよ、ひつくの神に事（つか）へている臣民、代る代るこの御役つとめて呉れよ。今は分るまいなれど結構な御役ぞ。この神示（ふで）腹の中に入れて置いてくれと申すに、言ふ事きく臣民少ないが、今に後悔するのが、よく分りてゐるから神はくどう気つけて置くのぞ、読めば読むほど神徳あるぞ、どんな事でも分かる様にしてあるぞ、言ふことときかねば一度は種だけにして、根も葉も枯らして仕まうて、この世の大掃除せねばならんから、種のある内に気つけて居れど、気つかねば気の毒出来るぞ。今度の祭典（まつり）御苦労ありたぞ、神界では神々様大変の御喜びぞ、雨の神、風の神殿、ことに御喜びになりたぞ。此の大掃除一応やんだと安堵する。この時、富士鳴門（なると）がひっくり返るぞ、早う改心して呉れよ。八月の十一日、◉のひつくの◉。

第三帖（八三）

メリカもギリスは更なり、ドイツもイタリもオロシヤも外国はみな一つになりて神の国に攻め寄せて来るから、その覚悟で用意しておけよ。神界ではその戦の最中ぞ。学と神力との戦と申しておろがな、どこから何んなこと出来るか、臣民には分かるまいがな、一寸先きも見えぬほど曇りて居りて、それで神の臣民と思うてゐるのか、畜生にも劣りてゐるぞ。まだまだわるくなって来るから、まだまだ落ち沈まねば本当の改心出来ん臣民澤山あるぞ。玉とは御魂ぞ。鏡とは内に動く御力ぞ、劔とは外に動く御力ぞ、これを三種の神宝と申すぞ。今は玉がなくなってゐるのぞ、鏡と劔だけぞ、それで世が治まると思うてゐるが、肝腎の真中ないぞ、それでちりちりばらばらぞ。アとヤとワの世の本要るぞと申してあろがな、この道理分らんか、劔と鏡だけでは戦勝てんぞ、それで早う身魂みがいて呉れと申してあるのぞ。上下ないぞ、上下に引繰り返すぞ。もう神待たんところまで来てゐるぞ、身魂みがけたら、何んな所で何んなことしてゐても心配ないぞ、神界の都にはあくが攻めて来てゐるのざぞ。八月の十二日、⦿のひつくの⦿。

第四帖（八四）

一二三の仕組が済みたら三四五の仕組ぞと申してありたが、世の本の仕組は三四五の仕組から五六七の仕組となるのぞ、五六七の仕組とは彌勒の仕組のことぞ、獣と臣民とハッキリ別りたら、それぞれの本性出すのぞ、今度は万劫末代のことぞ、気の毒出来るから洗濯大切と申してあるのぞ。今度お役きまりたらそのままいつまでも続くのざから、臣民よくこの神示よみておいて呉れよ。八月十三日、⦿のひつくのか三。

第五帖（八五）

喰うものがないと申して臣民不足申してゐるが、まだまだ少なくなりて、一時は喰ふ物も飲む物もなくなるのぞ、何事も行であるから喜んで行して下されよ。瀧に打たれ、蕎麦粉喰うて行者は行してゐるが、断食する行者もゐるが、今度の行は世界の臣民みな二度とない行であるから、厳しいのぞ、この行出来る人と、得う（＊）我慢出来ない人とあるぞ、この行出来ねば灰にするより外ないのぞ、今度の御用に使ふ臣民はげしき行さして神うつるのぞ。今の神の力は何も出ては居らぬのぞ。この世のことは神と臣民と一つになりて出来ると申してあろがな、早く身魂みがいて下されよ。外国は〇、神の国はヽと申してあるが、ヽは神ざ、〇は臣民ぞ、〇ばかりでも何も出来ぬ、ヽばかりでもこの世の事は何も成就せんのぞ、それで神かかれるやうに早う大洗濯して呉れと申してゐるのぞ、神急けるぞ、この御用大切ぞ、神かかれる肉体澤山要るのぞ。今度の行は〇を綺麗にする行ぞ。掃除出来た臣民から楽になるのぞ。どこに居りても掃除出来た臣民から、よき御用に使って、神から御礼申して、末代名の残る手柄立てさすぞ。神の臣民、掃除洗濯出来たらこの戦は勝つのぞ、今は一分もないぞ、一厘もないぞ、これで神国の民と申して威張ってゐるが、足許からビックリ箱（＊＊）があいて、四ツん這ひになっても助からぬことになるぞ、穴掘りて逃げても、土もぐってゐても灰になる身魂は灰ぞ、どこにゐても助ける臣民行って助けるぞ、神が助けるのでないぞ、神助かるのぞ、臣民も神も一緒に助かるのぞ、この道理よく腹に入れて呉れよ、この道理分りたら神の仕組はだんだん分りて来て、何といふ有難い事かと心がいつも春になるぞ。八月の十四日の朝、⦿のひつ九の⦿。

＊「得う」は、「能(よ)く」の誤記とみなされる。「得(え)う」で「よう」と読ませると解釈した。原典では「四」で「ヨー」となっている。

＊＊「ビックリ箱」は、神示に頻出する。原典では「ひ九(つく)り八九(バコ)」。ビックリは、「日月理」「日嗣理」や「引っくり返る」と掛け言葉になっている。

第六帖（八六）

今は善の神が善の力弱いから善の臣民苦しんでゐるが、今しばらくの辛抱ぞ、悪神総がかりで善の肉体に取りかからうとしてゐるからよほどフンドシしめてかからんと負けるぞ。親や子に悪の神かかりて苦しい立場にして悪の思ふ通りにする仕組立ててゐるから気をつけて呉れよ。神のも一つ上の神の世の、も一つ上の神の世の、も一つ上の神の世は戦済んでゐるぞ。三四五(みよいづ)から五六七(みろく)の世になれば天地光りて何もかも見えすくぞ。八月のこと、八月の世界のこと、よく気つけて置いて呉れよ、いよいよ世が迫りて来ると、やり直し出来んと申してあろがな。いつも剣(つるぎ)の下にゐる気持で心ひき締めて居りて呉れよ、臣民口でたべる物ばかりで生きてゐるのではないぞ。八月の十五日、ひつく⦿と⦿のひつ九のか三しるさすぞ。

第七帖（八七）

悪の世であるから悪の臣民世に出てござるぞ、善の世にグレンと引繰り返ると申すのは善の臣民の世になることぞ。今は悪が栄えてゐるのざが、この世では人間の世界が一番おくれてゐるのざぞ、草木(くさき)はそれぞれに神のみことのまにまになってゐるぞ。一本の大根でも一粒の米でも何でも貴(とうと)くなったであろが、一筋の糸でも光出て来たであろがな、臣民が本当のつとめしたなら、どんなに尊いか、今の臣民には見当とれまいがな、神が御礼申すほどに尊い仕事出来る身魂ぞ、殊に神の国の臣民みな、まことの光あらはしたなら、天地が輝いて悪の身魂は目あいて居れんことになるぞ。結構な血筋に生まれてゐながら、今の姿は何事ぞ、神はいつまでも待てんから、いつ気の毒出来るか知れんぞ。戦恐れてゐるが臣民の戦位、何が恐いのぞ、それより己の心に巣くうてる悪のみたまが恐いぞ。八月十六日、☉のひつくのか三。

第八帖（八八）

山は神ぞ、川は神ぞ、海も神ぞ、雨も神、風も神ぞ、天地みな神ぞ、草木も神ぞ、神祀れと申すのは神まつらふことと申してあろが、神々まつり合はすことぞ、皆何もかも祭りあった姿が神の姿、神の心ぞ。みなまつれば何も足らんことないぞ、餘ることないぞ、これが神国の姿ぞ、物足らぬ物足らぬと臣民泣いてゐるが、足らぬのでないぞ、足らぬと思ふてゐるが、餘ってゐるのではないか、上の役人どの、まづ神祀れ、神祀りて神心となりて神の政治せよ、戦などは何でもなく鳧がつくぞ。八月十七日、☉の一二のか三。

第九帖（八九）

神界は七つに分かれてゐるぞ、天つ国三つ、地の国三つ、その間に一つ、天国が上中下の三段、地獄も上中下の三段、中界の七つぞ、その一つ一つがまた七つに分かれてゐるのぞ、その一つがまた七つずつに分れてゐるぞ。今の世は地獄の二段目ぞ、まだ一段下あるぞ、一度はそこまで下がるのぞ、今一苦労あると、くどう申してあることは、そこまで落ちることぞ、地獄の三段目まで落ちたら、もう人の住めん所ざから、悪魔と神ばかりの世にばかりなるのぞ。この世は人間にまかしてゐるのざから、人間の心次第ぞ、しかし今の臣民のやうな腐った臣民ではないぞ、いつも神かかりてゐる臣民ぞ、神かかりと直ぐ分かる神かかりではなく、腹の底にシックリと神鎮ってゐる臣民で、それが人間の誠の姿ぞ。いよいよ地獄の三段目に入るから、その覚悟でゐて呉れよ、地獄の三段目に入ることの表（おもて）は一番の天国に通ずることぞ、神のまことの姿と悪の見られんさまと、ハッキリ出て来るのぞ、神と獣と分けると申してあるのはこのことぞ。何事も洗濯第一。八月の十八日、⦿の一二⦿。

第十帖（九〇）

いよいよ戦烈しくなりて喰ふものもなく何もなくなり、住むこともなくなりたら行く所なくなるぞ。神の国から除かれた臣民と神の臣民と何（ど）ちらがえらいか、その時になりたらハッキリするぞ、その時になりて何うしたらよいかと申すことは神の臣民なら誰でも神が教えて手引張ってやるから、今から心配せずに神の御用なされよ、神の御用と申して自分の仕事をなまけてはならんぞ。何んな所にゐても、神がスッカリと助けてやるから、神の申すやうにして、今は戦して居りて呉れよ、てんし様御心配なさらぬ様にするのが臣民のつとめぞ。神の臣民、殊（こと）に気をつけよ、江戸に攻め来たぞ。八月の十九日、⦿のひつ九の⦿。

第十一帖（九一）

神土（かみつち）は白は「し」のつく、黄は「き」のつく、青赤は「あ」のつく、黒は「く」のつく山々里々から出て来るぞ、よく探して見よ、三尺下の土なればよいぞ、いくらでも要るだけは出てくるぞ。八月二十日、⦿のひつ九のか三。

第十二帖（九二）

御土は神の肉体ぞ。臣民の肉体もお土から出来てゐるのぞ、この事分りたら、お土の尊いことよく分るであろがな。これからいよいよ厳しくなるぞ、よく世の中の動き見れば分るであろが、汚れた臣民あがれぬ神の国に上がってゐるではないか。いよいよとなりたら神が臣民にうつりて手柄さすなれど、今では軽石のような臣民ばかりで神かかれんぞ。早う神の申すこと、よくきいて生れ赤子の心になりて神の入れものになりて呉れよ。一人改心すれば千人助かるのぞ、今度は千人力与えるぞ、何もかも悪の仕組は分りているぞ、いくらでも改めて来てござれ、神には世の本から神の仕組してあるぞ、学や智恵でまだ神にかなふと思ふてか、神にはかなはんぞ。八月の二十一日、⊙のひつ九のか三。

第十三帖（九三）

何もかもてんし様のものではないか、それなのにこれは自分の家ぞ、これは自分の土地ぞと申して自分勝手にしているのが神の気に入らんぞ、一度は天地に引き上げと知らしてありたこと忘れてはならんぞ、一本の草でも神のものぞ、野（＊）から生れたもの、山から取れたもの、海の幸もみな神に供へてから臣民いただけと申してあるわけも、それで分るであろうがな。この神示よく読みてさへ居れば病気もなくなるぞ、さう云へば今の臣民、そんな馬鹿あるかと申すがよく察して見よ、必ず病も直るぞ、それは病人の心が綺麗になるからぞ、洗濯せよ掃除せよと申せば臣民何も分らんから、あわててゐるが、この神示よむことが洗濯や掃除の初めで終りであるぞ、神は無理は言はんぞ、神の道は無理してないぞ、よくこの神示読んで呉れよ、よめばよむほど身魂みがかれるぞ、と申しても仕事をよそにしてはならんぞ。臣民と申すのは馬鹿正直ざから、神示よめと申せば、神示ばかり読んだならよい様に思うてゐるが、裏も表もあるのぞ。役員よく知らしてやれよ。八月二十二日、⦿のひつ九のか三お告。

＊「野」は古事記では「ヌ」と読まれることが多く、準拠している。

第十四帖（九四）

臣民にわかる様にいふなれば、身も心も神のものざから、毎日毎日神から頂いたものと思えばよいのであるぞ、それでその身体（からだ）をどんなにしたらよいかと云ふこと分かるであろうが、夜になれば眠ったときは神にお返ししてゐるのざと思へ、それでよく分かるであろうが。身魂みがくと申すことは、神の入れものとして神からお預かりしてゐる、神の最も尊いとこととしてお扱いすることぞ。八月二十三日、⦿の一二のか三。

第十五帖（九五）

一二三は神食、三四五は人食、五六七は動物食、七八九は草食ぞ、九十（＊）は元に、一二三の次の食、神国弥栄ぞよ。人、三四五食に病ないぞ。八月二十四日、⦿一二⦿ふみ。

＊「九十」は原典で「コト」と読ませている。言（こと）に掛けている。また、命（ミコト）や詔、勅の「ミコトノリ」にも掛けている。

「想い」を固めた『言』の大切さを重要視している。

第十六帖（九六）

あらしの中の捨小舟ぞ、どこへ行くやら行かすやら、船頭さんにも分かるまい、メリカ、キリスは花道で、味方と思うた国々も、一つになりて攻めて来る、梶も櫂さへ折れた舟、何うすることもなくなくに、苦しい時の神頼み、それでは神も手が出せぬ、腐りたものは腐らして肥料になりと思へども、肥料にさへもならぬもの、澤山出来て居らうがな、北から攻めて来るときが、この世の終り始めなり、天にお日様一つでないぞ、二つ三つ四つ出て来たら、この世の終りと思へかし、この世の終りは神国の始めと思へ臣民よ、神々様にも知らすぞよ、神はいつでもかかれるぞ、人の用意をいそぐぞよ。八月二十四日、⦿の一二か三。

第十七帖（九七）

九十が大切ぞと知らしてあろがな、戦ばかりでないぞ、何もかも臣民では見当とれんことになりて来るから、上の臣民九十に気つけて呉れよ、お上に神祀りて呉れよ、神にまつらうて呉れよ、神くどう申して置くぞ、早う祀らねば間に合はんのざぞ、神の国の山々には皆神祀れ、川々にみな神まつれ、野にもまつれ、臣民の家々にも落つる隈なく神まつれ、まつりまつりて彌勒の世となるのぞ。臣民の身も神の宮となりて神まつれ、祭祀の仕方知らしてあろう、神は急けるぞ。八月二十五日、⦿のひつ九⦿。

第十八帖（九八）

神々様みなお揃ひなされて、雨の神、風の神、地震の神、岩の神、あれの神五柱七柱、八柱、十柱の神々様がチャンとお心合はしなされて、今度の仕組の御役きまりてそれぞれに働きなされることになりたよき日ぞ。辛酉はよき日と知らしてあろがな。これから一日々々烈しくなるぞ、臣民心得て置いて呉れよ、物持たぬ人、物持てる人より強くなるぞ、泥棒が多くなれば泥棒が正しいと云ふことになるぞ、理窟は悪魔と知らしてあろが、保持の神様ひどくお怒りぞ、臣民の食ひ物、足りるやうに作らしてあるに、足らぬと申してゐるが、足らぬことないぞ、足らぬのは、やり方わるいのざぞ、食ひて生くべきもので人殺すとは何事ぞ。それぞれの神様にまつはればそれぞれの事、何もかなふのぞ、神にまつはらずに、臣民の学や智恵が何になるのか、底知れてゐるのでないか。戦には戦の神あるぞ。お水に泣くことあるぞ、保持の神様御怒りなされてゐるから早やう心入れかへてよ、この神様お怒りになれば、臣民日干しになるぞ。八月の辛酉の日、ひつくのか三さとすぞ。

第十九帖（九九）

神世のひみつと知らしてあるが、いよいよとなりたら地震かみなりばかりでないぞ、臣民アフンとして、これは何とした事ぞと、口あいたまま何うすることも出来んことになるのぞ、四ツん這ひになりて着る物もなく、獣となりて、這ひ廻る人と、空飛ぶやうな人と、二つにハッキリ分かりて来るぞ、獣は獣の性来いよいよ出すのぞ、一度その災難が何んなに恐ろしいか、今度は大なり小なり知らさなならんことになりたぞ。一時は天も地も一つにまぜまぜにするのざから、人一人も生きては居れんのざぞ、それが済んでから、身魂みがけた臣民ばかり、神が拾ひ上げて彌勒の世の臣民とするのぞ、どこへ逃げても逃げ所ないと申してあろがな、高い所から水流れるやうに時に従ひて居れよ、いざといふときには神が知らして一時は天界へ釣り上げる臣民もあるのざぞ。人間の戦や獣の喧嘩位では何も出来んぞ、くどう気附けておくぞ、何よりも改心が第一ぞ。八月の二十六日、⦿のひつくのかみ。

第二十帖（一〇〇）

今のうちに草木の根や葉を日に干して貯へておけよ、保持(うけもち)の神様お怒りざから、九十四(コトシ)は五分位しか食べ物とれんから、その積りで用意して置いて呉れよ。神は気もない時から知らして置くから、この神示よく読んで居れよ、一握りの米に泣くことあると知らしてあろがな、米ばかりでないぞ、何もかも臣民もなくなるところまで行かねばならんのぞ、臣民ばかりでないぞ、神々様さへ今度は無くなる方(かた)あるぞ。臣民と云ふものは目の先ばかりより見えんから、呑気なものであるが、いざとなりての改心は間に合はんから、くどう気つけてあるのぞ。日本ばかりでないぞ、世界中はおろか三千世界の大洗濯と申してあろうがな、神にすがりて神の申す通りにするより外には道ないぞ。それで神々様を祀りて上(うへ)の御方(おんかた)からも下々(しもじも)からも朝に夕(け)に言霊がこの国に満世(みつよ)になりたら神の力現はすのぞ。江戸に先づ神まつれと、くどう申してあることよく分かるであろがな。八月の二十七日、⦿のひつ九のか三。

第二十一帖（一〇一）

神の申すこと何でも素直にきくやうになれば、神は何でも知らしてやるのぞ。配給のことでも統制のことも、わけなく出来るのぞ、臣民みな喜ぶやうに出来るのぞ、何もかも神に供へてからと申してあろがな、山にも川にも野(ぬ)にも里にも家にも、それぞれに神祀れと申してあろがな。ここの道理よく分らんか。神は知らしてやりたいなれど、今では猫に小判ぞ。臣民神にすがれば、神にまつはれば、その日からよくなると申してあろが、何も六ケ敷いことでないぞ、神は無理言はんぞ、この神示読めば分る様にしてあるのざから役員早う知らして縁ある臣民から知らして呉れよ。印刷出来んと申せば何もしないで居るが、印刷せいでも知らすこと出来るぞ、よく考へて見よ、今の臣民、学に囚(とら)へられて居ると、まだまだ苦しい事出来るぞ、理窟ではますます分らんやうになるぞ、早う神まつれよ、上も下も、上下揃ふてまつりて呉れよ、てんし様を拝めよ、てんし様にまつはれよ、その心が大和魂ぞ、益人のます心ぞ、ますとは弥栄(いやさか)のことぞ、神の御心(おんこころ)ぞ、臣民の心も神の御心と同じことになって来るぞ、世界中一度に唸(うな)る時が近づいて来たぞよ。八月の二十八日、⦿のひつ九のかみふで。

第二十二帖（一〇二）

　まつりまつりと、くどく申して知らしてあるが、まつり合はしさへすれば、何もかも、うれしうれしと栄える仕組で、悪も善もないのぞ、まつれば悪も善ぞ、まつらねば善もないのぞ、この道理分りたか、祭典(まつり)と申して神ばかり拝んでゐるやうでは何も分らんぞ。そんな我(わ)れよしでは神の臣民とは申せんぞ、早うまつりて呉れと申すこと、よくきき分けて呉れよ、われがわれがと思ふてゐるのは調和(まつり)てゐぬ証拠(しょうこ)ぞ、鼻高となればポキンと折れると申してある道理よく分らうがな、この御道(おんみち)は鼻高と取りちかひが一番邪魔になるのぞと申すのは、慢心と取りちがひは調和(まつり)の邪魔になるからぞ。ここまでわけて申さばよく分かるであろう、何事もまつりが第一ぞ。八月の二十九日、⦿の一二⦿。

第二十三帖（一〇三）

世界は一つになったぞ、一つになって神の国に攻め寄せて来ると申してあることが出て来たぞ。臣民にはまだ分るまいなれど、今に分りて来るぞ、くどう気つけて置いたことのいよいよが来たぞ。覚悟はよいか、臣民一人一人の心も同じになりて居ろがな、学と神の力との大戦（おおたたかい）ぞ。神国（かみくに）の神の力あらはす時が近うなりたぞ。今あらはすと、助かる臣民殆んどないから、神は待てるだけ待ちてゐるのぞ、臣民もかあいいが、元をつぶすことならんから、いよいよとなりたら、何んなことありても、ここまでしらしてあるのざから、神に手落ちあるまいがな。いよいよとなれば、分っていることなれば、なぜ知らさぬのぞと申すが、今では何馬鹿なと申して取り上げぬことよく分ってゐるぞ。因縁のみたまにはよく分るぞ、この神示読めばみたまの因縁よく分るのぞ、神の御用する身魂は神が選（よ）りぬいて引張りて居るぞ、おそし早しはあるなれど、いづれば何うしても、迯（に）げてもイヤでも御用さすようになりて居るのぞ。北に気つけよ、東も西も南も何うする積りか、神だけの力では臣民に気の毒出来るのぞ、神と人との和のはたらきこそ神喜ぶのぞ、早う身魂みがけと申すことも、悪い心洗濯せよと申すことも分かるであろう。八月三十日、⦿の一二か三。

第二十四帖（一〇四）

富士を目ざして攻め寄する、大船小船あめの船、赤鬼青鬼黒鬼や、おろち悪狐（あくこ）を先陣に、寄せ来る敵は空蔽（そらおお）ひ、海を埋（うづ）めて忽（たちま）ちに、天日（てんぢつ）暗くなりにけり、折しもあれや日の国に、一つの光、現はれぬ、これこそ救ひの大神と、救ひ求むる人々の、目にうつれるは何事ぞ、攻め来る敵の大将の、大き光と呼応して、一度にドッと雨ふらす、火の雨何んぞたまるべき、まことの神はなきものか、これはたまらぬ兎も角も、生命あっての物種と、兜を脱がんとするものの、次から次にあらはれぬ、折しもあれや時ならぬ、大風起こり雨来り、大海原には龍巻や、やがて火の雨地震ひ、山は火を吹きとよめきて、さしもの敵も悉く、この世の外にと失せにけり。風やみ雨も収まりて、山川静まり国土の、ところところに白衣の、神のいぶきに甦る、御民の顔の白き色、岩戸ひらけぬしみじみと、大空仰ぎ神を拝み、地に跪き御民らの、目にすがすがし富士の山、富士は晴れたり日本晴れ、富士は晴れたり岩戸あけたり。八月の三十日、⦿の一二の⦿。

第二十五帖（一〇五）

世界中の臣民はみなこの方の臣民であるから、殊に可愛い子には旅させねばならぬから、どんなことあっても神の子ざから、神疑はぬ様になされよ、神疑ふと気の毒出来るぞ。いよいよとなりたら、どこの国の臣民といふことないぞ、大神様の掟通りにせねばならんから、可愛い子ぢゃとて容赦出来んから、気つけてゐるのざぞ、大難を小難にまつりかへたいと思へども、今のやり方は、まるで逆様ざから、何うにもならんから、いつ気の毒出来ても知らんぞよ。外国から早く分りて、外国にこの方祀ると申す臣民澤山出来る様になりて来るぞ。それでは神の国の臣民申し譯ないであろがな、山にも川にも海にもまつれと申してあるのは、神の国の山川ばかりではないぞ、この方世界の神ぞと申してあろがな。裸になりた人から、その時から善の方にまわしてやると申してあるが、裸にならねば、なるやうにして見せるぞ、いよいよとなりたら苦しいから今の内ざと申してあるのぞ。凡てをてんし様に献げよと申すこと、日本の臣民ばかりでないぞ、世界中の臣民みなてんし様に献げなならんのざぞ。八月の三十日、⦿のひつ九のか三。

第二十六帖（一〇六）

戦は一度おさまる様に見えるが、その時が一番気つけねばならぬ時ぞ、向ふの悪神は今度は⦿の元の神を根こそぎに無きものにして仕まふ計画であるから、その積りでフンドシ締めて呉れよ、誰も知れんやうに悪の仕組してゐること、神にはよく分りてゐるから心配ないなれど、臣民助けたいから、神はじっとこらへてゐるのざぞ、八月三十日、⦿ひつ九の⦿。

第二十七帖（一〇七）

神の堪忍袋切れるぞよ、臣民の思ふやうにやれるなら、やりて見よれ、九分九厘でグレンと引繰り返ると申してあるが、これからはその場で引繰り返る様になるぞ。誰れもよう行かん、臣民の知れんところで何してゐるのぞ、神には何も彼も分りてゐるのざと申してあろがな、早く兜脱（かぶと）いで神にまつはりて来いよ。改心すれば助けてやるぞ、鬼の目にも涙ぞ、まして神の目にはどんな涙もあるのざぞ、どんな悪人も助けてやるぞ、どんな善人も助けてやるぞ。江戸と申すのは東京ばかりではないぞ、今の様な都会みなエドであるぞ、江戸は何うしても火の海ぞ。それより外やり方ないと神々様申して居られるぞよ。秋ふけて草木枯れても根は残るなれど、臣民かれて根の残らぬやうなことになりても知らんぞよ、神のこのふみ早う知らしてやって呉れよ。八と十八と五月と九月と十月に気つけて呉れよ。これでこの方の神示の終りぞ。この神示は富士の巻として一つに纏（まと）めておいて下されよ、今に宝となるのざぞ。八月の三十日、⦿のひつ九⦿。

（富士の巻了）

日月神示第一訳文

天つ巻 第四巻

自　昭和十九年八月三十一日
至　昭和十九年九月十四日
一〇八帖～一三七帖

第一帖（一〇八）

富士は晴れたり日本晴れ、富士に御社(みやしろ)してこの世治めるぞ。五大州ひっくり返してゐるのが神には何より気に入らんぞ。一の大神様まつれ、二の大神様まつれよ、三の大神様まつれよ、天の御三体(ごさんたい)の大神様、地の御三体の大神様まつれよ、天から神々様御降(おんくだ)りなされるぞ、地から御(おん)神々様おのぼりなされるぞ、天の御神、地の御神、手をとりてうれしうれしの御歌(おんうた)うたはれるぞ。⦿の国は神の国、神の肉体ぞ、汚(けが)してはならんことぞ。八月の三十一日、一二のか三。

第二帖（一〇九）

これまでの改造は膏薬(こうやく)張りざから、すぐ元にかへるのぞ。今度は今までにない、文(ふみ)にも口にも伝へてない改造ざから、臣民界のみでなく神界も引っくるめて改造するのざから、この方(ほう)らでないと、そこらにござる守護神さまには分らんのぞ、九分九厘までは出来るなれど、ここといふところで、オジャンになるであろうがな、富や金(きん)を返したばかりでは今度は役に立たんぞ、戦(いくさ)ばかりでないぞ、天災ばかりでないぞ、上(うへ)も潰れるぞ、下(しも)も潰れるぞ、つぶす役は誰でも出来るが、つくりかためのいよいよのことは、神々様にも分りては居らんのざぞ、星の国、星の臣民今はえらい気張り様で、世界構うやうに申してゐるが、星ではダメだぞ、神の御力(おんちから)でないと何も出来はせんぞ、八月三十一日、一二⦿。

第三帖（一一〇）

一日のひのまにも天地引繰り返ると申してあろがな、ビックリ箱が近づいたぞ、九、十に気附けと、くどう申してあろがな、神の申すこと一分一厘ちがはんぞ、ちがふことならこんなにくどうは申さんぞ、同じことばかり繰り返すと臣民申して居るが、この方の申すことみなちがってゐることばかりぞ、同じこと申していると思ふのは、身魂曇りてゐる証據（しょうこ）ぞ。改心第一ぞ。八月三十一日、一二⦿。

第四帖（一一一）

この方は元の肉体のままに生き通しであるから、天明にも見せなんだのざぞ、あちこちに臣民の肉体かりて予言する神が沢山出てゐるなれど、九分九厘は分りて居れども、とどめの最后（さいご）は分らんから、この方（ほう）に従ひて御用せよと申してゐるのぞ。砂糖にたかる蟻となるなよ。百人千人の改心なれば、どんなにでも出来るなれど、今度は世界中、神々様も畜生も悪魔も餓鬼も外道（げどう）も三千世界の大洗濯ざから、そんなチョロコイ事ではないのざぞ。ぶち壊し出来ても建直し分かるまいがな。火と水で岩戸開くぞ、智恵や学でやると、グレンと引繰り返ると申しておいたが、さう云へば智恵や学は要らんと臣民早合点（はやがてん）するが智恵や学も要るのざぞ。悪も御役（おんやく）であるぞ、この道理よく腹に入れて下されよ。天の神様、地に御降（おんお）りなされて、今度の大層な岩戸開きの指図（さしず）なされるのざぞ、国々の神々様、うぶすな様、力ある神々様にも御苦労になっているのざぞ。天照皇太神宮（てんしょうこうたいじんぐう）様初め神々様、あつくまつりて呉れと申してきかしてあろがな、神も佛（ほとけ）もキリストも元は一つぞよ。八月三十一日、ひつ九の⦿。

第五帖（一一二）

牛の喰べ物たべると牛の様になるぞ、猿は猿、虎は虎となるのざぞ。臣民の喰べ物は定ってゐるのざぞ、いよいよとなりて何でも喰べねばならぬやうになりたら虎は虎となるぞ、獣と神とが分れると申してあろがな、縁ある臣民に知らせておけよ、日本中に知らせておけよ、世界の臣民に知らせてやれよ、獣の喰ひ物くふ時には一度神に献げてからにせよ、神から頂けよ、さうすれば神の喰べ物となって、何食べても大じょうぶになるのぞ、何もかも神に献げてからと申してあることの道理よく分りたであろがな、神に献げきらぬと獣になるのぞ、神がするのではないぞ、自分がなるのぞと申してあることも、よく分ったであろがな、くどう申すぞ。八から九から十から百から千から萬から何が出るか分らんから神に献げな生きて行けん様になるのざが、悪魔にみいられてゐる人間いよいよ気の毒出来るのざぞ。八月の三十一日、ひつくのか三。

第六帖（一一三）

天は天の神、国は国の神が治らすのであるぞ、お手伝ひはあるなれど。秋の空のすがすがしさが、グレンと変るぞ、地獄に住むもの地獄がよいのぞ、天国ざぞ、逆様はもう長うはつづかんぞ、無理通らぬ時世が来たぞ、いざとなりたら残らずの活神様、御総出ざぞ。九月の一日、ひつくのか三。

第七帖（一一四）

富士は晴れたり日本晴れ、二本のお足であんよせよ、二本のお手手で働けよ、日本の神の御仕組、いつも二本となりてるぞ、一本足の案山子（かがし）さん、今更何うもなるまいが、一本の手の臣民よ、それでは生きては行けまいが、一本足では立てないと、云ふこと最早（もはや）分ったら、神が与えた二本足、日本のお土に立ちて見よ、二本のお手手打ち打ちて、神おろがめよあめつちに、響くまことの柏手（かしわで）に、日本の国は晴れるぞよ、富士は晴れたり日本晴れ、富士は晴れたり、岩戸あけたり。九月一日、ひつ九のか三。

第八帖（一一五）

あらしの中の捨小舟（すておぶね）と申してあるが、今その通りとなりて居ろうがな、何（ど）うすることも出来まいがな、船頭どの、苦しい時の神頼みでもよいぞ、神まつりて呉れよ、神にまつはりて呉れよ、神はそれを待つてゐるのざぞ、それでもせぬよりはましぞ、そこに光あらはれるぞ。光現はれると道はハッキリと分りて来るのぞ、この方にだまされたと思うて、言ふ通りにして見なされ、自分でもビックリする様に結構が出来てるのにビックリするぞ。富士の御山（おんやま）に腰かけて、この方世界中まもるぞ。かのとり、結構な日と申してあるが、結構な日は恐（こわ）い日であるぞ。天から人が降（ふ）る、人が天に昇ること、昇り降（くだ）りでいそがしくなるぞ。てんし様、御遷（おうつ）り願ふ時近づいて来たぞよ。奥山に紅葉（もみじ）ある内にと思へども、いつまでも紅葉ないぞ。九月の二日、ひつく⦿。

第九帖（一一六）

ひふみの秘密出でひらき鳴る、早く道、展（ひら）き成る、世ことごとにひらき、世、なる大道で、神ひらき、世に神々満ちひらく、この鳴り成る神、ひふみ出づ大道、人神出づはじめ。九月二日、ひつぐのかみ。

第十帖（一一七）

一二三の裏に〇一二、三四五の裏に二三四、五六七の裏に四五六の御用あるぞ。五六七すんだら七八九ぞ、七八九の裏には六七八あるぞ、八九十の御用もあるぞ。だんだんに知らすから、これまでの神示よく心に入れて、ジッとして置いて呉れよ。九月の三日、ひつ九のか三。

第十一帖（一一八）

この神示言葉としてよみて呉れよ、神々様にもきかせて呉れよ。守護神どのにも聞かして呉れよ、守護神どのの改心はまだまだであるぞ、一日が一年になり十年になり百年になると目が廻りて直底からの改心でないとお役に立たんことになりて来るぞ。九月四日、一二か三。

第十二帖（一一九）

遠くて近きは男女だけではないぞ、神と人、天と地、親と子、喰べる物も遠くて近いがよいのざぞ、カミそまつにすればカミに泣くぞ。土尊べは土が救って呉れるのぞ、尊ぶこと今の臣民忘れて居るぞ、神ばかり尊んでも何にもならんぞ、何もかも尊べば何もかも味方ぞ、敵とうとべば敵が敵でなくなるのぞ、この道理分りたか。臣民には神と同じ分霊さづけてあるのざから、みがけば神になるのぞ。神示は謄写（＊）よいぞ、初めは五十八、次は三百四十三ぞ、よいな。八月の五日、ひつ九のか三。

＊「謄写」とは印刷の方式で、ガリ版刷り印刷ともいわれる。天つ巻30帖には「臣民の文字で臣民に読める様したものは『一二三（ひふみ）』として印刷良い」とあり、天明の手により昭和四十五年六月十日に謄写版が発行された。本書は同書を底本にしている。

第十三帖（一二〇）

空に変りたこと現はれたなれば地に変りたことがあると心得よ。いよいよとなりて来てゐるのざぞ。神は元の大神様に延ばせるだけ延ばして頂き、一人でも臣民助けたいのでお願ひしてゐるのざが、もうおことはり申す術（すべ）なくなりたぞ。玉串（たまぐし）（＊）神に供へるのは衣（ころも）供へることぞ、衣とは神の衣のことぞ、神の衣とは人の肉体のことぞ、臣民をささげることぞ、自分をささげることぞ、この道理分りたか。人に仕（つか）へるときも同じことぞ、人を神として仕へねばならんぞ、神として仕へると神となるのざから、もてなしの物出すときは、祓（はら）ひ清めて神に仕へると同様にして呉れよ。喰べ物今の半分で足りると申してあるが、神に献げたものか祓ひ清めて神に献げると同様にすれば半分で足りるのぞ、天の異変気つけて居れよ。神く（九十）どう気つけて置くぞ。神世近づいたぞ。九月六日、一二のか三。

＊「玉串」とは神道に於いて参拝者や神主が神前に捧げる紙垂（しで）や木綿（ゆう）をつけた榊（さかき）の枝。玉串奉奠（たまぐしほうでん）。

第十四帖（一二一）

海一つ越えて寒い国に、まことの宝隠してあるのざぞ、これからいよいよとなりたら、神が許してまことの臣民に手柄いたさすぞ、外国人がいくら逆立ちしても、神が隠してゐるのざから手は着けられんぞ、世の元からのことであれど、いよいよ近くなりたら、この方の力で出して見せるぞ、びっくり箱が開けて来るぞ。八月の七日、ひつくのか三。

第十五帖（一二二）

神の国には神の国のやり方あるぞ、支那には支那、オロシヤにはオロシヤ、それぞれにやり方がちがふのざぞ、教もそれぞれにちがってゐるのざぞ、元は一つであるなれど、神の教（おしへ）が一等よいと申しても、そのままでは外国には通らんぞ、このことよく心にたたんでおいて、上に立つ役員どの気つけて呉れよ、猫に小判何にもならんぞ、神の一度申したことは一分もちがはんぞ。八月七日、一二⦿。

第十六帖（一二三）

今度の戦済みたらてんし様が世界中知ろしめして、外国には王はなくなるのざぞ。一旦戦おさまりても、あとのゴタゴタなかなか静まらんぞ、神の臣民ふんどし締めて神の申すことよく腹に入れて置いて呉れよ、ゴタゴタ起（おこ）りたとき、何うしたらよいかと云ふことも、この神示（ふで）よく読んで置けば分るやうにしてあるのざぞ。神は天からと宙（ちう）からと地からと力（ちから）合はして、神の臣民に手柄立てさす様にしてあるのざが、今では手柄立てさす、神の御用に使ふ臣民一分（いちぶ）もないのざぞ。神の国が勝つばかりではないのざぞ、世界中の人も草も動物も助けてみな喜ぶやうにせなならんのざから、臣民では見当取れん永遠（とことは）につづく神世に致すのざから、素直に神の申すことときくが一等ざぞ。人間の知恵でやれるなら、やって見よれ、あちらへ外（はず）れ、こちらへ外れて、ぬらりくらりと鰻つかみぞ、思ふやうにはなるまいがな、神の国の本（もと）の国ざから、神の国からあらためるのざから、一番つらいことになるのざぞ、覚悟はよいか、腹さへ切れぬ様なフナフナ腰で大番頭とは何と云ふことぞ、てんし様は申すもかしこし、人民さま、犬猫にも済むまいぞ。人の力ばかりで戦してゐるのではないこと位分って居ろうがな、目に見せてあらうがな、これでも分らんか。八月七日、一二⊙。

第十七帖（一二四）

昔から生き通しの活神（いきがみ）様のすることぞ、泥の海にする位朝飯前のことざが、それでは臣民が可哀そうなから天の大神様にこの方が詫（わ）びして一日（ひとひ）一日と延ばしてゐるのざぞ、その苦労も分らずに臣民勝手なことばかりしてゐると、神の堪忍袋切れたら何んなことあるか分らんぞ、米があると申して油断するでないぞ、一旦は天地へ引き上げぞ。八月七日、一二⊙。

第十八帖（一二五）

いつも気つけてあることざが、神が人を使うてゐるのざぞ、今度の戦で外国人にもよく分って、神様にはかなはん、何（ど）うか言ふことときくから、夜も昼もなく神に仕へるからゆるして呉れと申す様になるのざぞ、それには神の臣民の身魂掃除せなならんのざぞ、くどい様なれど、一時（いちじ）も早く一人でも多く改心して下されよ、神は急ぐのざぞ。八月七日、一二の⦿。

第十九帖（一二六）

神の力が何んなにあるか、今度は一度は世界の臣民に見せてやらねば納まらんのざぞ、世界ゆすぶりて知らせねばならん様になるなれど、少しでも弱くゆすりて済む様にしたいから、くどう気つけてゐるのざぞ、ここまで世が迫りて来てゐるのぞ、まだ目覚めぬが、神は何うなっても知らんぞ、早く気つかぬと気の毒出来るぞ、その時になりては間に合はんぞ。八月七日、一二⦿。

第二十帖（一二七）

神の世と申すのは、今の臣民の思ふてゐるやうな世ではないぞ、金（きん）は要らぬのざぞ、お土からあがりたものが光りて来るのざぞ、衣類たべ物、家倉まで変るのざぞ。草木も喜ぶ政治と申してあらうがな、誰でもそれぞれに先きの分る様になるのぞ。お日様もお月様も海も山も野も光り輝いて水晶の様になるのぞ。悪はどこにもかくれること出来ん様になるのぞ、ばくち、しょうぎは無く致すぞ。雨も要るだけ降らしてやるぞ、風もよきやうに吹かしてやるぞ、神をたたえる声が天地にみちみちてうれしうれしの世となるのざぞ。八月の七日、ひつ九のか三ふで。

第二十一帖（一二八）

みろく出づるには、はじめは半ば（なか）は焼くぞ、人、二分は死、みな人、神の宮となる。西に戦争（いくさ）しつくし、神世とひらき、国毎に、一二三（ひふみ）、三四五（みよいづ）たりて百千万（ももちよろづ）、神急（いそ）ぐぞよ。八月七日、ひつくのかみふみぞ。

第二十二帖（一二九）

十柱の世の元からの活神様御活動になりてゐること分りたであらうがな、けものの入れものには分るまいなれど、神の臣民にはよく分りてゐる筈ぞ。まだだんだんに烈しくなりて外国の臣民にも分る様になりて来るのざぞ。その時になりて分りたのではおそいおそい、早う洗濯いたして呉れよ。八月の九日、ひつ九のか三。

第二十三帖（一三〇）

我（が）がなくてはならん、我があってはならず、よくこの神示（ふで）よめと申すのぞ。悪はあるが無いのざぞ、善はあるのざが無いのざぞ、この道理分りたらそれが善人だぞ。千人力（りき）の人が善人であるぞ、お人よしではならんぞ、それは善人ではないのざぞ、神の臣民ではないぞ、雨の神どの風の神どのにとく御禮申せよ。八月の九日、一二⦿。

第二十四帖（一三一）

今の臣民めくら聾（つんぼ）ばかりと申してあるが、その通りでないか、この世はおろか自分の身体のことさへ分りては居らんのざぞ、それでこの世をもちて行く積りか、分らんと申しても餘（あま）りでないか。神の申すこと違ったではないかと申す臣民も今に出て来るぞ、神は大難の小難にまつりかへてゐるのに分らんか、えらいむごいこと出来るのを小難にしてあること分らんか、ひどいこと出て来ること待ちてゐるのは邪（じゃ）のみたまぞ、そんなことでは神の臣民とは申されんぞ。臣民は、神に、わるい事は小さくして呉れと毎日お願ひするのが務めぞ、臣民近慾なから分らんのぞ、慾もなくてはならんのざぞ、取違ひと鼻高とが一番恐いのぞ。神は生れ赤子のこころを喜ぶぞ、みがけば赤子となるのぞ、いよいよが来たぞ。九月十日、ひつ九のかみ。

第二十五帖（一三二）

今に臣民何も言へなくなるのざぞ、神烈しくなるのざぞ、目あけて居れんことになるのざぞ。四ン這ひになりて這ひ廻らなならんことになるのざぞ、のたうち廻らなならんのざぞ、土にもぐらなならんのざぞ、水くぐらなならんのざぞ。臣民可哀さうなれど、かうせねば鍊へられんのざぞ、この世始まってから二度とない苦労ざが、我慢してやり通して呉れよ。九月十日、ひつくのか三。

第二十六帖（一三三）

天の日津久の神と申しても一柱ではないのざぞ、臣民のお役所のやうなものと心得よ、一柱でもあるのざぞ。この方はオホカムツミノ神とも現はれるぞ、時により所によりてはオホカムツミノ神として祀りて呉れよ、青人草の苦瀬なほしてやるぞ。天明は神示書かす御役であるぞ。九月十一日、ひつ九⦿。

第二十七帖（一三四）

石物いふ時来るぞ、草物いふ時来るぞ。北おがめよ、北光るぞ、北よくなるぞ、夕方よくなるぞ、暑さ寒さ、やはらかくなるぞ、五六七の世となるぞ。慌てずに急いで呉れよ。神々様みなの産土様総活動でござるぞ、神々様まつりて呉れよ、人々様まつりて呉れよ、御礼申して呉れよ。九月十二日、一二か三。

第二十八帖（一三五）

おそし早しはあるなれど、一度申したこと必ず出て来るのざぞ。臣民は近慾で疑ひ深いから、何も分らんから疑ふ者もあるなれど、この神示一分一厘ちがはんのざぞ、世界ならすのざぞ、神の世にするのざぞ、善一すじにするのざぞ、誰れ彼れの分けへだてないのざぞ。土から草木生れるぞ、草木から動物、虫けら生れるぞ。上下ひっくり返るのざぞ。九月の十三日、ひつ九のか三。

第二十九帖（一三六）

この方オホカムツミノ神として書きしらすぞ。病あるかなきかは手廻はして見れば直ぐ分かるぞ、自分の身体中どこでも手届くのざぞ、手届かぬところありたら病のところ直ぐ分るであろうが。臣民の肉体の病ばかりでないぞ、心の病も同様ぞ、心と身体とひとつであるからよく心得て置けよ。国の病も同様ぞ、頭は届いても手は届かぬと病になるのぞ、手はどこへでも届くやうになりてゐると申してあろが、今の国々のみ姿見よ、み手届いてゐるまいがな、手なし足なしで、手は手の思ふ様に、足は足ぞ、これでは病直らんぞ、臣民と病は、足、地に着いておらぬからぞ。足地に着けよ、草木はもとより、犬猫もみなお土に足つけて居ろうがな。三尺上は神界ぞ、お土に足入れよ、青人草と申してあろうがな、草の心に生きねばならぬのざぞ。尻に帆かけてとぶようでは神の御用つとまらんぞ、お土踏まして頂けよ、足を綺麗に掃除しておけよ、足よごれてゐると病になるぞ、足からお土の息がはいるのざぞ、臍の緒の様なものざぞよ、一人前になりたら臍の緒切り、社に坐りて居りて三尺上で神につかへてよいのざぞ、臍の緒きれぬうちは、いつもお土の上を踏まして頂けよ、それほど大切なお土の上堅めているが、今にみな除きて仕まふぞ、一度はいやでも応でも跣足でお土踏まななならんことになるのぞ、神の深い仕組ざから、あり難い仕組ざから喜んでお土拝めよ、土にまつろへと申してあろうがな、何事も一時に出て来るぞ、お土ほど結構なものないぞ、足のうら殊に綺麗にせなならんぞ。神の申すやう素直に致されよ、この方病直してやるぞ。この神示よめば病直る様になってゐるのざぞ、読んで神の申す通りに致して下されよ、臣民も動物も草木も病なくなれば、世界一度に光るのぞ、岩戸開けるのぞ、戦も病の一つであるぞ、国の足のうら掃除すれば国の病直るのぞ、国、逆立ちしてると申してあること忘れずに掃除して呉れよ。上の守護神どの、下の守護神どの、中の守護神どの、みなの守護神どの改心して呉れよ。いよいよとなりては苦しくて間に合はんことになるから、くどう気つけておくのざぞ。病ほど苦しいものないであらうがな、それぞれの御役忘れるでないぞ。天地唸るぞ、でんぐり返るのざぞ、世界一どにゆするのざぞ。神はおどすのではないぞ、迫りて居るぞ、九月十三日、一二⦿。

第三十帖（一三七）

富士とは火の仕組ぞ、◎うみとは水の仕組ぞ、今に分りて来るのぞ。神の国には、政治も経済も軍事もないのざぞ、まつりがあるだけぞ。まつらふことによって何もかもうれしうれしになるのざぞ。これは政治ぞ、これは経済ぞと申してゐるから「鰻つかみ」になるのぞ、分ければ分けるほど分からなくなって手におへぬことになるぞ。手足は沢山は要らぬのざぞ。火垂の臣と水極の臣とあればよいのざぞ。ヤとワと申してあろうがな、その下に七七・・・・と申してあろうがな。今の臣民自分で自分の首くくるやうにしてゐるのぞ、手は頭の一部ぞ、手の頭ぞ。頭、手の一部でないぞ、この道理よく心得ておけよ。神示は印刷することならんぞ、この神示説いて臣民の文字で臣民に読める様にしたものは一二三（ひふみ）と申せよ。一二三は印刷してよいのざぞ。印刷結構ぞ。この神示のまま臣民に見せてはならんぞ、役員よくこの神示見て、その時によりその国によりてそれぞれに説いて聞かせよ。日本ばかりでないぞ、国々ところところに仕組して神柱つくりてあるから、今にびっくりすること出来るのざぞ、世界の臣民にみな喜ばれるとき来るのざぞ。五六七（みろく）の世近づいて来たぞ。富士は晴れたり日本晴れ、富士は晴れたり日本晴れ。善一すぢとは神一すぢのことぞ。この巻を「天つ巻」と申す、すっかり写（うつ）して呉れよ、すっかり傳（つた）へて呉れよ。九月十四日、ひつ九のか三。

（天つ巻了）

日月神示第一訳文
地(くに)つ巻　第五巻

自　昭和十九年八月十五日
至　昭和十九年十月十一日
一三八帖〜一七三帖

第一帖（一三八）

地(くに)つ巻書き知らすぞ、世界は一つのみこととなるのぞ、それぞれの言の葉はあれど、みことは一つとなるのであるぞ。てんし様のみことに従ふのざぞ、みことの世近づいて来たぞ。八月十五日、一二⦿。

第二帖（一三九）

今は闇の世であるから夜の明けたこと申しても、誰にも分らんなれど、夜が明けたらなる程さうでありたかとビックリするなれど、それでは間に合はんのざぞ、それまでに心改めておいて下されよ、この道信ずれば、すぐよくなると思うてゐる臣民もあるなれど、それは己(おの)れの心のままぞ、道に外れたものは誰れ彼れはないのざぞ、これまでのやり方スックリと変へねば世は治まらんぞと申してあるが、上の人苦しくなるぞ、途中の人も苦しくなるぞ、お〇(かみ)のいふこときかん世になるぞ。九月の十六日、ひつ九のか三。

第三帖（一四〇）

人民同士の戦では到底かなはんなれど、いよいよとなりたら神がうつりて手柄さすのであるから、それまでに身魂みがいておいて呉れよ。世界中が攻め寄せたと申しても、誠には勝てんのであるぞ、誠ほど結構なものないから、誠が神風であるから、臣民に誠なくなりてゐると、何んな気の毒出来るか分らんから、くどう気つけておくのざぞ、腹掃除せよ。九月の十六日、ひつ九のか三。

第四帖（一四一）

この神示いくらでも出て来るのざぞ、今の事と先の事と、三千世界、何も彼も分るのざから、よく読みて腹に入れておいて呉れよ、この神示盗まれぬ様になされよ、神示盗(と)りに来る人あるから気つけて置くぞ。この道は中(なか)行く道ぞ、左も右(みぎ)り（＊）も偏(かたよ)ってはならんぞ、いつも心にてんし様拝みておれば、何もかも楽にゆける様になりてゐるのざぞ、我れが我れがと思うてゐると、鼻ポキリと折れるぞ。九月十六日、ひつくのか三。

＊「左も右（みぎ）り」。第四巻天つ巻第三十帖の「火垂（ひだり）の臣（おみ）と水極（みぎり）の臣」を受けている。

第五帖（一四二）

片輪車(かたわぐるま)でトンテントンテン、骨折損(ほねおりぞん)の草臥儲(くたびれもう)けばかり、いつまでしてゐるのぞ、神にまつろへと申してあろうがな、臣民の智恵で何出来たか、早う改心せよ。三月三日、五月五日は結構な日ぞ。九月十六日、ひつ九のか三。

第六帖（一四三）

神の国八つ裂きと申してあることいよいよ近づいたぞ、八つの国一つになりて神の国に攻めて来るぞ。目さめたらその日の生命(いのち)おあづかりしたのざぞ、神の肉体、神の生命大切せよ。神の国は神の力でないと治(おさま)ったことないぞ、神第一ぞ。いつまで仏(ほとけ)や基(キリスト)や色々なものにこだはってゐるのぞ。出雲(いづも)の神様大切にありがたくお祀りせよ、尊い神様ぞ。天つ神、国つ神みなの神々様に御礼申せよ、まつろひて下されよ、結構な恐い世となりて来たぞ、上下ぐれんぞ。九月十七日、一二の⦿。

第七帖（一四四）

神にまつらふ者には生も死もないのぞ、死のこと、まかると申してあろうがな、生き通しぞ、なきがらは臣民残さなならんのざが、臣民でも昔は残さないで死ったのであるぞ、それがまことの神国の臣民ぞ、みことぞ。世の元と申すものは天も地も泥の海でありたのざぞ。その時からこの世初ってから生き通しの神々様の御働きで五六七の世が来るのざぞ。腹が出来て居ると、腹に神づまりますのざぞ、高天原ぞ、神漏岐、神漏美の命忘れるでないぞ。そこから分りて来るぞ。海をみな船で埋めねばならんぞ、海断たれて苦まん様にして呉れよ、海めぐらしてある神の国、きよめにきよめておいた神の国に、外国の悪わたり来て神は残念ぞ。見ておざれ、神の力現はす時来たぞ。九月十八日、ひつ九⦿。

第八帖（一四五）

祓ひせよと申してあることは何もかも借銭なしにする事ぞ。借銭なしとはめぐりなくすることぞ、昔からの借銭は誰にもあるのざぞ、それはらってしまふまでは誰によらず苦しむのぞ、人ばかりでないぞ、家ばかりでないぞ、国には国の借銭あるぞ。世界中借銭なし、何しても大望であるぞ。今度の世界中の戦は世界の借銭なしぞ、世界の大祓ひぞ、神主お祓ひの祝詞あげても何にもならんぞ、お祓ひ祝詞は宣るのぞ、今の神主宣ってないぞ、口先きばかりぞ、祝詞も抜けてゐるぞ。あはなち、しきまきや、くにつ罪、みな抜けて読んでゐるではないか、臣民の心にはきたなく映るであろうが、それは心の鏡くもってゐるからぞ。悪や学にだまされて肝心の祝詞まで骨抜きにしてゐるでないか、これでは世界はきよまらんぞ。祝詞はよむものではないぞ、神前で読めばそれでよいと思うてゐるが、それ丈（だけ）では何にもならんぞ。宣（の）るのざぞ、いのるのざぞ、なりきるのざぞ、とけきるのざぞ、神主ばかりでないぞ、皆心得ておけよ、神のことは神主に、佛は坊主にと申してゐること根本の大間違ひぞ。九月十九日、ひつ九の⊙。

第九帖（一四六）

ひつくの神にひと時拝せよ、神のめぐみ身にも受けよ、からだ甦るぞ、神の光を着よ、み光をいただけよ、食（た）べよ、神ほど結構なものないぞ、今の臣民日をいただかぬから病になるのざぞ、神の子は日の子と申してあらうがな。九月二十日、ひつ九のか三。

第十帖（一四七）

何事も方便（ほうべん）と申して自分勝手なことばかり申してゐるが、方便と申すもの神の国には無いのざぞ。まことがことぞ、まの事ぞ、ことだまぞ。これまでは方便と申して逃げられたが、も早逃げること出来ないぞ、方便の人々早う心洗ひて呉れよ、方便の世は済みたのざぞ、いまでも卍（ほとけ）の世と思うてゐるとびっくりがでるぞ、神の国、元の神がスッカリ現はれて富士の高嶺から天地（あめつち）へのりとするぞ、岩戸しめる御役になるなよ。九月の二十日、ひつ九のか三。

第十一帖（一四八）

世界丸めて一つの国にするぞと申してあるが、国はそれぞれの色の違ふ臣民によりて一つ一つの国作らすぞ。その心々によりて、それぞれの教作らすのぞ。旧きものまかりて、また新しくなるのぞ、その心々の国と申すのは、心々の国であるぞ、一つの王で治めるのざぞ。天つ日嗣の御子様が世界中照らすのぞ。国のひつきの御役も大切の御役ぞ。道とは三つの道が一つになることぞ、みちみつことぞ、もとの昔に返すのざぞ、つくりかための終りの仕組ぞ、終は始ぞ、始は霊ぞ、富士、都となるのざぞ、外国行きは外国行きぞ。神の国光りて目あけて見れんことになるのざぞ、臣民の身体からも光が出るのざぞ、その光によりてその御役、位分るのざからみろくの世となりたら何もかもハッキリしてうれしうれしの世となるのぞ、今の文明なくなるのでないぞ、たま入れていよいよ光りて来るのぞ、手握りて草木も四つあしもみな唄ふこととなるのぞ、み光にみな集りて来るのざぞ、てんし様の御光は神の光であるのざぞ。九月二十と一日、一二か三。

第十二帖（一四九）

この道は道なき道ざぞ。天理も金光も黒住も今はたましひぬけて居れど、この道入れて生きかへるのぞ、日蓮も親鸞も耶蘇も何もかもみな脱け殻ぞ、この道でたま入れて戻れよ、この道はゝぞ、〇の中にゝ入れて呉れと申してあろうが。臣民も世界中の臣民も国々もみな同じことぞ、ゝ入れて呉れよ、〇を掃除して居らぬとゝはいらんぞ、今度の戦は〇の掃除ぞと申してあらうがな、まつりとは調和合はすことと申してあろうがな、この道は教でないと云ふてあらうが、教会やほかの集ひでないと申してあらうがな、人集めて呉れるなと申してあらうがな。世界の臣民みな信者と申してあらうが、この道は道なき道、時なき道ぞ、光ぞ。この道でみな生き返るのざぞ。天明、阿房（あほ）になりて呉れよ、我（が）すてて呉れよ、神かかるのに苦しいぞ。九月二十二日、一二⦿。

第十三帖（一五〇）

赤い眼鏡かければ赤く見えると思うてゐるが、それは相手が白いときばかりぞ、青いものは紫にうつるぞ。今の世は色とりとり眼鏡とりとりざから見当とれんことになるのざぞ、眼鏡はづすに限るのぞ、眼鏡はづすとは洗濯することざぞ。上ばかりよくてもならず、下（しも）ばかりよくてもならんぞ。上も下も天地そろうてよくなりて世界中の臣民、けものまで安心して暮らせる新（さら）の世に致すのざぞ、取り違へするなよ。九月二十三日、一二⦿。

第十四帖（一五一）

この道分りた人から一柱でも早う出てまゐりて神の御用なされよ。どこに居りても御用はいくらでもあるのざぞ。神の御用と申して稲荷下げや狐つきの真似はさせんぞよ。この道はきびしき道ざから楽な道なのぞ。上にも下（した）にも花さく世になるのざぞ、後悔は要らぬのざぞ。カミは見通しでないとカミでないぞ、今のカミは見通しどころか目ふさいでゐるでないか。蛙（かへる）いくら鳴いたとて夜あけんぞ。赤児になれよ、ごもく捨てよ、その日その時から顔まで変るのざぞ、神烈しく結構な世となりたぞ。九月二十三日、ひつくのか三。

第十五帖（一五二）

神の国のカミの役員に分りかけたらバタバタに埒つくなれど、学や智恵が邪魔してなかなかに分らんから、くどう申しているのざぞ。臣民物言はなくなるぞ、この世の終り近づいた時ぞ。石物言ふ時ぞ。神の目には外国もやまともないのざぞ、みなが神の国ぞ。七王も八王も作らせんぞ、一つの王で治めさすぞ。てんし様が世界みそなはすのざぞ。世界中の罪負ひておはします、すさなおの大神様に気附かんか、盲つんぼばかりと申してもあまりでないか。九月の二十三日、ひつ九のか三。

第十六帖（一五三）

神が臣民の心の中に宝いけておいたのに、悪にまけて汚して仕まうて、それで不足申してゐることに気づかんか。一にも金、二にも金と申して、人が難儀しようがわれさへよけらよいと申してゐるでないか。それはまだよいのぞ、神の面かぶりて口先きばかりで神さま神さまてんしさまてんしさまと申したり、頭下げたりしてゐるが、こんな臣民一人もいらんぞ、いざと云ふときは尻に帆かけて逃げ出す者ばかりぞ、犬猫は正直でよいぞ、こんな臣民は今度は気の毒ながらお出直しぞ、神の申したこと一分一厘ちがはんのざぞ、その通りになるのざぞ。うへに唾きすればその顔に落ちるのざぞ、時節ほど結構なこわいものないぞ、時節来たぞ、あはてずに急いで下されよ。世界中うなるぞ。陸が海となるところあるぞ。今に病神の仕組にかかりてゐる臣民苦しむ時近づいたぞ、病はやるぞ、この病は見当とれん病ぞ、病になりてゐても、人も分らねばわれも分らん病ぞ、今に重くなりて来ると分りて来るが、その時では間に合はん、手おくれぞ。この方の神示よく腹に入れて病追ひ出せよ、早うせねばフニャフニャ腰になりて四ツん這ひで這ひ廻らなならんことになると申してあらうがな、神の入れものわやにしてゐるぞ。九月二十三日、ひつ九のか三。

第十七帖（一五四）

まことの善は悪に似てゐるぞ、まことの悪は善に似てゐるぞ、よく見分けなならんぞ、悪の大将は光り輝いてゐるのざぞ、悪人はおとなしく見えるものぞ。日本の国は世界の雛形であるぞ、雛形でないところは真（まこと）の神の国でないから、よほど気つけて居りて呉れよ、一時は敵となるのざから、ちっとも気許せんことぞ、神が特に気つけておくぞ。今は日本の国となりて居りても、神の元の国でないところもあるのざから、雛型見てよく腹に入れておいて下されよ、後悔間に合はんぞ。九月二十三日、ひつ九の⦿。

第十八帖（一五五）

われよしの政治ではならんぞ、今の政治経済はわれよしであるぞ。臣民のソロバンで政治や経済してはならんぞ、神の光のやり方でないと治まらんぞ、与へる政治がまことの政治ぞよ、臣民いさむ政治とは上下（うへした）まつろひ合はす政治のことぞ、日の光あるときは、いくら曇っても闇ではないぞ、いくら曇っても悪が妨（さまた）げても昼は昼ぞ、いくらあかりつけても夜は夜ぞ、神のやり方は日の光と申して、くどう気つけてあらうがな。政治ぞ、これは経済ぞと分けることは、まつりごとではないぞ。神の臣民、魂（たま）と肉体の別ないと申してあること分らぬか、神のやり方は人の身魂（からたま）人のはたらき見れば直ぐ分るでないか。腹にチャンと神鎮（かみしず）まって居れば何事も箱さした様に動くのざぞ、いくら頭がえらいと申して胃袋は頭のいふ通りには動かんぞ、この道理分りたか、ぢゃと申して味噌も糞も一つにしてはならんのざぞ。神の政治はやさしい六ケしいやり方ぞ、高きから低きに流れる水のやり方ぞ。神の印(しるし)つけた悪来るぞ、悪の顔した神あるぞ。飛行機も船も臣民もみな同じぞ。足元に気つけて呉れよ、向ふの国はちっとも急いでは居らぬのぞ、自分で目的達せねば子の代、子で出来ねば孫の代と、気長くかかりてゐるのざぞ、神の国の今の臣民、気が短いから、しくじるのざぞ。しびれ切らすと立ち上がれんぞ、急いではならんぞ、急がねばならんぞ。神の申すこと取り違ひせぬ様にして呉れよ。よくこの神示(ふで)よんで呉れよ、元の邪気、凝(こ)りてわいて出た悪の種は邪鬼と大蛇(おろち)と四つ足となって、邪鬼には二本の角、大蛇は八ツ頭、八ツ尾、四ツ足は金毛(きんもう)であるから気つけておくぞ。四ツ足はおみなに憑(つ)いて化けてゐるから、守護神どの、臣民どの、だまされぬ様に致して下されよ。九月二十三日、あのひつ九のか三。

第十九帖（一五六）

世成り、神国の太陽足り満ちて、皆みち足り、神国の月神、世をひらき足り、弥栄にひらき、月光、総てにみち、結び出づ、道は極みに極む、一二三(ひふみ)、三四五(みよいづ)、五六七(みろく)、弥栄々々ぞ、神、佛、耶、ことごと和し、和して足り、太道ひらく永遠(とは)、富士は晴れたり、太神は光り出づ、神国のはじめ。九月二十四日、一二⦿ふみ。

第二十帖（一五七）

世界に変りたこと出来たら、それは神々様の渡られる橋ぞ。本(もと)清めねば末(すえ)は清まらんぞ、根絶ちて葉しげらんぞ、元の種が大切ざぞ、種はもとから撰(よ)り分けてあるのざぞ、せんぶり苦(にが)いぞ。九月の二十四日、ひつ九のか三。

第二十一帖（一五八）

神界のことは顕界（げんかい）ではなかなかに分るものではないと云ふこと分りたら、神界のこと分るのであるぞ。一に一足と二となると云ふソロバンや物差しでは見当取れんのざぞ。今までの戦でも、神が蔭から守ってゐること分るであらうがな、あんな者がこんな手柄立てたと申すことあらうが、臣民からは阿房に見えても、素直な人には神がかかり易いのであるから、早う素直に致して呉れよ。海のつなみ気をつけて呉れ、前に知らしてやるぞ。

九月二十五日、ひつ九のか三。

第二十二帖（一五九）

われが助かろと思ふたら助からぬのざぞ、その心われよしざぞ。身魂みがけた人から救ふてやるのざぞ、神うつるのざぞ、⦿のうつりた人と◯のかかりた人との大戦ぞ、ゝと◯とが戦して、やがてはゝを中にして◯がおさまるのぞ。その時は◯は◯でなく、ゝもゝでないのざぞ、⦿となるのざぞ、ゝと◯のまつりぞと申してあらうがな。どちらの国も潰れるところまでになるのぞ、臣民同士は、もう戦かなはんと申しても、この仕組成就するまでは、神が戦はやめさせんから、神がやめる訳に行かんから、今やめたらまだまだわるくなるのぞ、◯の世となるのぞ、◯の世界となるのぞ。今の臣民九分通り◯になりてゐるぞ、早う戦すませて呉れと申してゐるが、今、夜明けたら、臣民九分通りなくなるのざぞ。お洗濯第一ざぞ。九月の二十六日、ひつ九のか三。

第二十三帖（一六〇）

この神示で読みて呉れよ、声立てて読みて呉れよ、病も直るぞ、草木もこの神示よみてやれば花咲くのざぞ。この道弘めるには教会のやうなものつとめて呉れるなよ、まとゐを作りて呉れるなよ。心から心、声から声、身体から身体と廣めて呉れよ、世界中の臣民みなこの方の民ざから、早う伝へて呉れよ。神も人も一つであるぞ、考へてゐては何も出来ないぞ、考へないで思ふ通りにやるのが神のやり方ぞ、考は人の迷ひざぞ、今の臣民身魂くもりてゐるから考へねばならぬが、考へればいよいよ曇りたものになる道理分らぬか。日暮れを気つけて呉れよ、日暮れよくなるぞ、日暮に始めたことは何でも成就するやうになるのざぞ、ひくれを日の暮れとばかり思うてゐると、臣民の狭い心で取りてゐると間違ふぞ。◉のくれのことを申すのざぞ。九月の二十八日、ひつ九のか三。

第二十四帖（一六一）

この方明神とも現はれてゐるのざぞ。臣民守護の為めに現われてゐるのであるぞ。衣はくるむものであるぞ、くるむとは、まつらふものぞ、神の衣は人であるぞ、汚れ破れた衣では神はいやざぞ。衣は何でもよいと申すやうなものではないぞ、暑さ寒さ防げばよいと申す様な簡単なものではないぞ。今は神の衣なくなってゐる、九分九厘の臣民、神の衣になれないのざぞ。悪神の衣ばかりぞ、今に臣民の衣も九分九厘なくなるのざぞ。◉の国、霊の国とこの世とは合せ鏡であるから、この世に映って来るのざぞ、臣民身魂洗濯して呉れとくどう申してあらうがな、この道理よく分りたか。十月とは十の月ぞ、一と｜の組みた月ぞ。九月の二十八日、ひつ九のか三。

第二十五帖（一六二）

新しくその日その日の生まれ来るのぞ、三日は三日、十日は十日の神どの守るのぞ、時の神ほど結構な恐（こは）い神ないのざぞ、この方とて時節にはかなはんことあるのざぞ。今日なれば九月の二十八日であるが、旧の八月十一日どのを拝みて呉れよ、二十八日どのもあるのざぞ。何事も時待ちて呉れよ、炒豆（いりまめ）にも花咲くのざぞ、この世では時の神様、時節を忘れてはならんぞ、時は神なりぞ。何事もその時節来たのざぞ、時過ぎて種蒔（ま）いてもお役に立たんのであるぞ、草物いふぞ。舊（きゅう）の八月の十一日、ひつ九のか三。

第二十六帖（一六三）

雨の日は傘いるのざと申して晴れたら要らぬのざぞ、その時その時の御用あるのざぞ、晴れた日とて傘いらぬのでないぞ、今御用ある臣民と、明日御用ある臣民とあるのざぞ、二歳（ふたつ）の時は二歳の着物、五歳（いつつ）は五歳十歳（とお）は十歳の着物あるのざぞ。十柱（とはしら）の御役（おんやく）もその通りざぞ、役変るのぞ。舊八月の十二日、ひつ九のか三。

第二十七帖（一六四）

天地には天地の、国には国の、びっくり箱あくのざぞ、びっくり箱あけたら臣民みな思ひが違ってゐること分るのぞ。早う洗濯した人から分るのぞ、びっくり箱あくと、神の規則通りに何もかもせねばならんのぞ、目あけて居れん人出来るぞ、神の規則は日本も支那も印度（インド）もメリカもキリスもオロシヤもないのざぞ、一つにして規則通りが出来るのざから、今に敵か味方か分らんことになりて来るのざぞ。学の世はもう済みたのぞ、日に日に神力あらはれるぞ、一息入れる間もないのぞ。ドシドシ事を運ぶから後れんやうに、取違ひせんやうに、慌てぬやうにして呉れよ。神々様もえらい心配なされてござる方あるが、仕組はりうりう仕上げ見て下されよ。旧九月になれば神示に変りて天の日つくの神の御神示出すぞ、初めの役員それまでに引き寄せるぞ、八分通り引き寄せたなれど、あと二分通りの御役の者引き寄せるぞ。おそし早しはあるなれど、神の申したこと一厘もちがはんぞ、富士は晴れたり日本晴れ、おけ、十月の四日、ひつ九のか三ふみ。

第二十八帖（一六五）

神の国には神の国のやり方、外国には外国のやり方あると申してあらうがな、戦もその通りぞ、神の国は神の国のやり方せねばならんのざぞ、外国のやり方真似ては外国強いのざぞ、戦するにも身魂みがき第一ぞ。一度に始末することは易いなれど、それでは神の国を一度は丸つぶしにせねばならんから、待てるだけ待ってゐるのざぞ、仲裁する国はなく、出かけた船はどちらも後へ引けん苦しいことになりて来るぞ、神気つけるぞ、十月六日、ひつくのか三。

第二十九帖（一六六）

天明は神示書かす御役ぞ、蔭の役ぞ、この神示はアとヤとワのつく役員から出すのざぞ、おもてぞ。舊九月までにはその御方お揃ひぞ、カのつく役員うらなり、タのつく役員おもてなり、うらおもてあると申してあらうがな、コトが大切ぞ、コトによりて傳へるのが神はうれしきぞ、文字は次ぞ、このことよく心得よ。天の異変は人の異変ぞ、一時は神示も出んことあるぞ、神示よんで呉れよ、神示よまないで臣民勝手に智恵絞りても何にもならんと申してあらうがな、神にくどう申さすことは神国の臣民の恥ぞ。神示は要らぬのがまことの臣民ぞ、神それぞれに宿りたら神示要らぬのざぞ、それが神世の姿ぞ。上（かみ）に立つ人にこの神示分るやうにして呉れよ、国は国の、團体（まとひ）は團体の上に人の早う知らして呉れよ。アとヤとワから表（おもて）に出すと上の人も耳傾けるのざぞ。アとはアイウエオぞ、ヤもワも同様ぞ、カはうらぞ、タはおもてぞ、サとナとハとマとまつはりて呉れよ、ラは別の御役ぞ、御役に上下ないぞ、みなそれぞれ貴い御役ぞ。この神示、上つ巻と下つ巻先づ読みて呉れよ、腹に入れてから神集（かむつど）ふのぞ、神は急けるぞ。山の海嘯（つなみ）に気つけよ、十月の七日、七つ九のか三。

第三十帖（一六七）

一度に立替へすると世界が大変が起るから、延ばし延ばしてゐるのざぞ、目覚めぬと末代の気の毒できるぞ。国取られた臣民、どんなにむごいことになりても何も言ふこと出来ず、同じ神の子でありながら余りにもひどいやり方、けものよりもむごいことになるのが、よく分りてゐるから、神が表（おもて）に出て世界中救ふのであるぞ、この神示腹に入れると神力出るのざぞ、疑ふ臣民沢山あるが気の毒ざぞ。一通りはいやがる臣民にもこの神示一二三（ひふみ）として読むやうに上の人してやりて下されよ。生命あるうちに神の国のこと知らずに死んでから神の国に行くことは出来んぞ、神の力でないと、もう世の中は何うにも動かんやうになってゐること、上の番頭どの分かりて居らうがな、何うにもならんと知りつつまだ智や学にすがりてゐるやうでは上の人とは申されんぞ、智や学越えて神の力にまつはれよ、飛行機にまつはれば生命通ふのざぞ、お土拝みて米作る百姓さんが神のまことの民ぞ、神おろがみて神示取れよ、神のない世とだんだんなりて居らうがな、まつることは生かすことぞ、生かすことは動かすことぞ。神の国には何でも無いものはないのざぞ、神の御用なら何でも出て来る結構な国ぞ、何もなくなるのはやり方わるいのぞ、神の心に副(そ)はんのぞ。十月七日、一二⦿。

第三十一帖（一六八）

この神示読ますやうにするのが役員の務めでないか、役員さへ読んでゐないではないか。神示に一二三(ひふみ)つけたもの先づ大番頭、中番頭、小番頭どのに読まして呉れよ、道さへつければ読むぞ、腹に這入るものと這入らぬものとはあるなれど、読ますだけは読ませてやるのが役員の勤めでないか。舊九月になったら、いそがしくなるから、それまでに用意しておかんと悔しさが出るぞよ。いざとなりて地團太(じだんだ)ふんでも間に合はんぞ。餅搗(もちつ)くには搗く時あるのざぞ、それで縁ある人を引き寄せてゐるのざぞ、神は急けるのぞ。十月の七日、ひつ九のか三いそぐ。

第三十二帖（一六九）

仕組通りに出て来るのざが大難を小難にすること出来るのざぞ。神も泥海は真っ平(ぴら)ぞ、臣民喜ぶほど神うれしきことないのざぞ、曇りて居れど元は神の息入れた臣民ぞ、うづである（＊）のぞ。番頭どの、役員どのフンドシ締めよ。十月の七日、ひつ九のか三。

＊「うづである」は、「打つ手ある」と「ウヅ（渦）である」との二つの意味を掛けている。神示にしばしば登場する「息吹」や

「鳴門の仕組」、また、「天地の始まりと渦のかかわり、左巻きの次が右巻きであった」などの話しも象徴的につながっている。また、「珍（うづ）」（霊妙なるもの。有難い神聖な）といった意味も掛けてある。

第三十三帖（一七〇）

エドの仕組すみたらオワリの仕組にかからすぞ。その前に仕組む所あるなれど、今では成就せんから、その時は言葉で知らすぞ。宝持ちくさりにして呉れるなよ、猫に小判になりて呉れるなよ。天地一度に変ると申してあること近づいたぞ、世は持ちきりにはさせんぞよ、息吹き拂ひて論なくするぞ、ことなくするぞ、物言はれん時来るぞ、臣民見当とれんことと申してあらうが、上の人つらくなるぞ、頑張りて呉れよ。十月八日、ひつ九のか三。

第三十四帖（一七一）

神は言葉ぞ、言葉とはまことぞ、いぶきぞ、道ぞ、まこととはまつり合はした息吹ぞ、言葉で天地にごるぞ、言葉で天地澄むぞ、戦なくなるぞ、神国になるぞ、言葉ほど結構な恐いものないぞ。十月十日、あめの一二か三。

第三十五帖（一七二）

日本の国はこの方の肉体であるぞ。国土おろがめと申してあらうがな、日本は国が小さいから一握りに握りつぶして喰ふ積りで攻めて来てゐるなれど、この小さい国が、のどにつかえて何うにも苦しくて堪忍して呉れといふやうに、とことんの時になりたら改心せねばならんことになるのぞ。外国人もみな神の子ざから、一人残らずに助けたいのがこの方の願ひと申してあらうがな、今に日本の国の光出るぞ、その時になりて改心出来て居らぬと臣民は苦しくて日本のお土の上に居れんやうになって来るのぞ。自分から外国行きとなるのぞ。身魂のままの国に住むやうになるのぞ、南の島に埋めてある宝を御用に使ふ時近づいたぞ。お土の上り下りあると申してある時近づいたぞ。人の手柄で栄耀してゐる臣民、もはや借銭済しの時となりたのぞ、改心第一ぞ。世界に変りたことは皆この方の仕組のふしぶしだから、身魂みがいたら分るから、早う身魂みがいて下されよ。身魂みがくにはまつりせねばならんぞ、まつりはまつらふことぞと申して説いてきかすと、神祭りはしないでゐる臣民居るが、神祭り元ぞ、神迎えねばならんぞ、とりちがへと天狗が一番恐いのざぞ、千仞の谷へポンと落ちるぞ。神の規則は恐いぞ、隠し立ては出来んぞ、何もかも帳面にしるしてあるのざぞ、神の国に借銭ある臣民はどんなえらい人でも、それだけに苦しむぞ、家は家の、国は国の借銭済しがはじまってゐるのぞ、済ましたら気楽な世になるのぞ、世界の大晦日ぞ、みそかは闇ときまってゐるであらうがな。借銭返すときつらいなれど、返したあとの晴れた気持よいであらうが、昔からの借銭ざから、素直に苦みこらへて神の申すことさすことに従って、日本は日本のやり方に返して呉れよ、番頭どの、下にゐる臣民どの、国々の守護神どの、外国の神々さま、臣民どの、佛教徒もキリスト教徒もすべての徒もみな聞いて呉れよ、その国その民のやり方傳へてあらうがな、九十に気つけて用意して呉れよ。十月十日、ひつ九のか三。

第三十六帖（一七三）

富士は晴れたり日本晴れ、てんし様が富士から世界中にみいづされる時近づいたぞ。富士は火の山、火の元の山で、汚してならん御山（おんやま）ざから臣民登れんやうになるぞ、神の臣民と獣（けもの）と立て別けると申してあろうが、世の態（さま）見て早う改心して身魂先濯致して神の御用つとめて呉れよ。大き声せんでも静かに一言いえば分る臣民、一いへば十知る臣民でないと、まことの御用はつとまらんぞ、今にだんだんにせまりて来ると、この方の神示（ふで）あてにならんだまされてゐたと申す人も出て来るぞ、よくこの神示読んで神の仕組、心に入れて、息吹として言葉として世界きよめて呉れよ。分らんと申すのは神示読んでゐないしるしぞ、身魂心（しん）から光り出したら人も神も同じことになるのぞ、それがまことの臣民と申してあらうがな、山から野（ぬ）から川から海から何が起っても神は知らんぞ、みな臣民の心からぞ、改心せよ、掃除せよ、洗濯せよ、雲霧（くもきり）はらひて呉れよ、み光出ぬ様にしてゐてそれでよいのか、気つかんと痛い目にあふのざぞ、誰れかれの別ないと申してあらうがな。いづれは天の日つくの神様御（おん）かかりになるぞ、おそし早しはあるぞ、この神様の御神示（ふで）は烈しきぞ、早う身魂みがかねば御かかりおそいのざぞ、よくとことん掃除せねば御かかり六ヶしいぞ、役員も気つけて呉れよ、御役ご苦労ぞ、その代り御役すみたら富士晴れるぞ。十月十一日、一二か三。

（地つ巻了）

日月神示第一訳文

日月の巻 第六巻

自 昭和十九年旧九月一日
至 昭和十九年十一月三十日
一七四帖～二一三帖

日の巻　第一帖（一七四）

富士は晴れたり日本晴れ。日の巻書き知らすぞ。此の世に自分の物と云ふ物は何一つないのであるぞ。早う自分からお返しした者から楽になるのざぞ。今度の大洗濯は三つの大洗濯が一度になってゐるのざから、見当取れんのざぞ。神の国の洗濯と外国の洗濯と世界ひつくるめた洗濯と一度になって居るのざから、そのつもりで少しでも神の御用務めて呉れよ。此れからがいよいよの正念場と申してあろがな。今はまだまだ一の幕で、せんぐり出て来るのざぞ。我出したら判らなくなるぞ、てんし様おがめよ、てんし様まつりて呉れよ、臣民無理と思ふ事も無理でない事沢山にあるのざぞ、神はいよいよの仕組にかかったと申してあろがな。毀すのでないぞ、練り直すのざぞ。世界を擂鉢に入れて捏ね廻し、練り直すのざぞ。日本の中に騒動起るぞ。神の臣民気つけて呉れよ。日本も神と獣に分れてゐるのざから、いやでも応でも騒動となるのざぞ。小さくしたいなれど。

旧九月一日、ひつくのか三。

第二帖（一七五）

三千年三千世界乱れたる、罪やけがれを身において、此の世の裏に隠れしまま、此の世構ひし大神の、みこと畏み此の度の、岩戸開きの御用する、身魂は何れも生きかはり、死にかはりして練りに練り、鍛へ鍛へし神国の、まことの身魂天駈り、国駈ります元の種、昔の元のおん種ぞ、今落ちぶれてゐるとても、軈ては神の御民とし、天地駈けり神国の、救ひの神と現はれる、時近づきぬ御民等よ。今一苦労二苦労、とことん苦しき事あれど、堪へ忍びてぞ次の世の、まこと神代の礎と、磨きて呉れよ神身魂、いやさかつきに栄えなむ。　みたまさちはへましまさむ。旧九月二日、ひつ九のか三。

第三帖（一七六）

此の神示(ふで)声立てて読みて下されと申してあろがな。臣民ばかりに聞かすのでないぞ。守護神殿、神々様にも聞かすのぞ。声出して読みてさへおけばよくなるのざぞよ。じゃと申して、仕事休むでないぞ。仕事は行(ぎょう)であるから務め務めた上にも精出して呉れよ。それがまことの行であるぞ。滝に打たれ断食(だんじき)する様な行は外国の行ぞ。神の国のお土踏み、神国の光いきして、神国から生れる食物(たべもの)頂きて、神国のおん仕事してゐる臣民には行は要らぬのざぞ。此の事よく心得よ、十月十九日、一二⦿。

第四帖（一七七）

戦済みても後(あと)の紛糾なかなかに済まんぞ。人民いよいよ苦しくなるぞ。三四五(みよいづ)の仕組出来ないで、一二三(ひふみ)の御用はやめられんぞ。此の神示読んで三四五の世の仕組よく腹の中に入れておいて上(かみ)の人に知らしてやりて下されよ。三四五(みよいづ)とはてんし様の稜威(みいづ)出づことぞ。十月二十日、ひつ九のか三。

第五帖（一七八）

神の国には神も人も無いのざぞ。忠(ちゅう)も孝(こう)もないのざぞ。神は人であるぞ。山であるぞ。川であるぞ。めである。野である。草である。木である。動物であるぞ。為(な)すこと皆忠となり孝とながれるのぞ。死も無く生(いき)も無いのぞ。神心あるのみぞ。やがては降らん雨霰(あめあられ)、役員気つけて呉れよ。神の用意は出来てゐるのざぞ。何事からでも早よう始めて呉れよ。神の心に叶ふものはどしどしとらち明くぞ。十月二十一日、一二⦿。

第六帖（一七九）

アメツチノトキ、アメミナカヌシノミコト、アノアニナリマシキ、タカアマハラニミコトトナリタマヒキ。今の経済は悪の経済と申してあろがな、もの殺すのぞ。神の国の経済はもの生む経済ぞ。今の政治はもの毀す政治ぞ、神の政治は与へる政治と申してあろが。配給は配給、統制は統制ぞ。一度は何もかも天地に引上げと申してあるが、次の世の種だけは地に埋めておかねばならんのざぞ。それで神がくどう申してゐるのぞ。種は落ちぶれてゐなさる方で守られてゐるぞ。上下に引繰返ると申してある事近づいて来たぞ。種は百姓に与へてあるぞ。種蒔くのは百姓ぞ、十月の二十二日、ひつ九かみ。

第七帖（一八〇）

ツギタカミムスビ、ツギカミムスビノミコトトナリタマイキ、コノミハシラヒトリニナリマシテスミキリタマイキ

岩戸ひらく道、神々苦むなり、弥ひらき苦む道ぞ、苦しみてなりなり、なりゐむ道ぞ、神諸々なり、世は勇むなり、新しき道、ことごとなる世、神諸々四方にひらく、なる世の道、ことごとくの道、みいづぞ。十月二十四日、一二⦿。

第八帖（一八一）

ツギウマシアシカビヒコヂノカミ、ミコトトナリナリテアレイデタマイキ。

瓜（うり）の蔓（つる）に茄子（なす）ならすでないぞ。茄子には茄子と申してあろがな。味噌も糞も一つにするでないぞ。皆がそれぞれに息する道あろがな。野見よ森見よ。神の経済よく見よ。神の政治よく見て、まことの政治つかへて呉れよ。すべてにまつろう事と申してあろがな。上に立つ番頭殿目開いて下されよ。間に合はん事出来ても神は知らんぞ。神急（せ）けるぞ。役員も気配れよ。旧九月八日、ひつ九のか三。

第九帖（一八二）

何事も持ちつ持たれつであるぞ。神ばかりではならず、人ばかりではならずと申してあろが、善一筋（ぜんひとすじ）の世と申しても今の臣民の言ふてゐる様な善ばかりの世ではないぞ。悪でない悪とあなないてゐるのざぞ。此のお道は、あなないの道（＊）ぞ、上ばかりよい道でも、下（しも）ばかりよい道でもないのざぞ。まつりとはまつはる事で、まつり合はす事ざぞ。まつり合はすとは草は草として、木は木として、それぞれのまつり合はせぞ。草も木も同じまつり合せでないのざぞ。十月の二十六日。ひつ九のか三。

＊「あなないの道」。「あななう」とは、助ける、補佐する意味であるが、神示には縄を編むよう、まつろうことを指すことも多い。縄は左巻きと右巻きの束を巻き付けることによって互いの開こうとする力が絡み合い、強さを増し解けにくくなる。善と悪という相反した性質が、助け合い、補佐することで、より強くなるといった意味か。

第十帖（一八三）

ツギ、アメノトコタチノミコト、ツギ、クニノトコタチノミコト、ツギ、トヨクモヌノミコトトナリナリテ、アレイデタマイ、ミコトスミキリタマヒキ。

辛酉の日と年はこわい日で、よき日と申してあろがな。九月八日は結構な日ざが、こわい日ざと申して知らしてありた事少しは判りたか。何事も神示通りになりて、せんぐりに出て来るぞ。遅し早しはあるのざぞ。この度は幕の一ぞ。日本の臣民これで戦済む様に申してゐるが、戦はこれからぞ。九、十月八日、十八日は幾らでもあるのざぞ。三月三日、五月五日はよき日ぞ。恐ろしい日ざぞ。今は型であるぞ。改心すれば型小さくて済むなれど、掃除大きくなるぞ。猫に気付けよ、犬来るぞ。臣民の掃除遅れると段々大きくなるのざぞ。神が表に出ておん働きなされてゐること今度はよく判りたであろがな、⦿と神との戦でもあると申してあろがな。戦のまねであるぞ。神がいよいよとなりて、びっくり箱開いたら、臣民ポカンぞ。手も足も動かすこと出来んぞ。たとへではないのざぞ。くどう気付けておくぞ。これからがいよいよの戦となるのざぞ、鉄砲の戦ばかりでないぞ。その日その日の戦烈しくなるぞ、褌締めて呉れよ。十月二十五日、ひつ九のか三。

第十一帖（一八四）

学も神力ぞ。神ざぞ。学が人間の智恵と思ってゐると飛んでもない事になるぞ。肝腎の真中なくなりてゐると申してあろが。真中動いてはならんのざぞ。神国の政治は魂のまつりことぞ。苦しき御用が喜んで出来る様になりたら、神の仕組判りかけるぞ。何事も喜んで致して呉れと申してあろがな。臣民の頭では見当取れん無茶な様になる時来たのざぞ。それを闇の世と申すのぞ。神は、臣民は〇、外国は〇、神の国はヽと申してあろが、神国から見れば、まわりみな外国、外国から見れば神国真中。人の真中には神あらうがな。悪神の仕組は此の方には判りてゐるから一度に潰す事は易いなれど、それでは天の大神様にすまんなり、悪殺して終ふのではなく、悪改心さして、五六七のうれしうれしの世にするのが神の願ひざから、この道理忘れるでないぞ。今の臣民幾ら立派な口きいても、文字ならべても、誠がないから力ないぞ。黙ってゐても力ある人いよいよ世に出る時近づいたぞ。力は神から流れ来るのぞ。磨けた人から神がうつって今度の二度とない世界の、世直しの手柄立てさすぞ。みたま磨きが何より大切ぞ。十月の二十七日、ひつ九のか三。

第十二帖（一八五）

三ハシラ、五ハシラ、七ハシラ、コトアマツカミ、ツギ、ウヒジニ、ツギ、イモスヒジニ、ツギ、ツヌグヒ、ツギ、イモイクグヒ、ツギ、オホトノジ、ツギ、イモオホトノベ、ツギ、オモタル、ツギ、イモアヤカシコネ、ミコトト、アレナリ、イキイキテ、イキタマヒキ、ツギ、イサナギノカミ、イザナミノカミ、イデアレマシマシキ。

足許に気付けよ。悪は善の假面かぶりて来るぞ。入れん所へ悪が化けて入って神の国をワヤにしてゐるのであるぞ、己の心も同様ぞ。百人千人万人の人が善いと申しても悪い事あるぞ。一人の人云っても神の心に添ふ事あるぞ。てんし様拝めよ、てんし様拝めば御光出るぞ、何もかもそこから生れるのざぞ。お土拝めよ。お土から何もかも生れるのぞ。人拝めよ、上に立つ人拝めよ、草木も神と申してあろがな。江戸に攻め寄せると申してあろがな。富士目指して攻め来ると知らしてあること近付たぞ。今迄の事は皆型でありたぞ。江戸の仕組（＊）もお山も甲斐の仕組も皆型ぞ。鳴門と◎うみの仕組も型して呉れよ。尾張の仕組も型早よう出して呉れよ。型済んだらいよいよ末代続くまことの世直の御用にかからすぞ。雨降るぞ。十月二十八日、ひつ九のかみ。

＊「江戸の仕組」のほか、「江戸の御用」「甲斐の御用」「榛名の御用」「尾張の仕組」などの御用や仕組がある。表記も、「江戸」「エド」「穢土(えど)」などがあり、多様な意味をもたせている。「風6」「日月12」「日月23」などにも『江戸の仕組』と出てくる。

第十三帖（一八六）

人間心で急ぐでないぞ。我が出てくると失策るから我とわからん我あるから、今度は失策ること出来んから、ここと云ふ時には神が力つけるから急ぐでないぞ。身魂磨き第一ぞ。蔭の御用と表の御用とあるなれど何れも結構な御用ざぞ。身魂相当が一番よいのざぞ。今に分りて来るから慌てるでないぞ。今迄の神示よく読んでくれたらわかるのざぞ。それで腹で読め読めとくどう申してゐるのざぞ。食物気つけよ。十月二十八日、ひつ九のかみ。

第十四帖（一八七）

世の元からの仕組であるから臣民に手柄立てさして上下揃った光の世にするのざから、臣民見当取れんから早よ掃除してくれと申してゐるのぞ。国中到る所花火仕掛けしてあるのぞ。人間の心の中にも花火が仕掛けてあるぞ。何時その花火が破裂するか、わからんであろがな。掃除すれば何もかも見通しざぞ。花火破裂する時近づいて来たぞ。動くこと出来ん様になるのぞ。蝋燭の火、明るいと思ふてゐるが、五六七の世の明るさはわからんであろが。十月の三十一日、ひつ九のかみ。

第十五帖（一八八）

目覚めたら其の日の生命お預りした事を神に感謝し、其の生命を神の御心のままに弥栄に仕へまつる事に祈れよ。神は其の日其の時に何すべきかに就て教へるぞ。明日の事に心使ふなよ。心は配れよ。取越苦労するなよ。心配りはせなならんぞ。何もかも神に任せよ。神の生命、神の肉体となりきれよ。何もかも捨てきらねばならんぞ。天地皆神のものぞ、天地皆己れのものぞ。取違ひ致して呉れるなよ。幾ら戦してゐても天国ぞ、天国とは神国ぞ。神国の民となれば戦も有難いぞ。いきの生命いつも光り輝いてゐるぞ。神にまつろてくれと申してあろが。あめつち皆にまつろて呉れと申してあろがな。ここの道理よく判りたであろが。何も云ふ事ないぞ。神称へるコトがコトぞ。あめつち稱へるコトがコトぞ。草木の心になれと申してあろがな。神風もあるぞ。地獄の風もあるぞ。迷ふでないぞ。神の申すコトはコトであるぞ。コトに生きてくれよ。コトにまつろへよ。

十一月の一日、ひつ九か三。

第十六帖（一八九）

慌てて動くでないぞ。時節が何もかも返報返しするぞ。時の神様有難いと申してあろがな。神は臣民から何求めてゐるか。何時も与へるばかりでないか。神の政治、神国の政事は与へる政治とくどう申してあろがな。今の遣方では愈々苦しくなるばかりぞ。早よう気付かぬと気の毒出来て来るぞ。金いらぬと申してあろが。やり方教へてやりたいなれど、それでは臣民に手柄無いから此の神示よく読みてくれといふてあるのぞ。よき事も現れると帳消しとなる事知らしてあろが。人に知れぬ様によき事はするのざぞ。この事よく深く考へて行(おこな)へよ。昔からのメグリであるから、ちょっとやそっとのメグリでないから、何処(どこ)へ逃げてもどうしてもするだけの事せなならんのざぞ。どこにゐても救ふ臣氏は救うてやるぞ。真中動くでないぞ、知らぬ顔しておる事も起るぞ。十一月三日、一二⦿。

第十七帖（一九〇）

ココニアマツカミ、モロモロノミコトモチテ、イザナギノミコトイザナミノミコトニ、コレノタダヨヘルクニ、ツクリカタメナセト、ノリゴチテ、アメノヌホコヲタマヒテ、コトヨサシタマイキ。

神の国にも善と悪とあると申してあろがな。この神示見せてよい人と悪い人とあるのざぞ。神示見せて呉れるなよ。まことの神の臣民とわかりたら此の神示写してやりてくれよ。神示は出せませぬと申せよ。時節見るのざぞ。型してくれたのざからもう一(はじめ)の仕組よいぞ。此の神示表に出すでないぞ。天明は蔭の御用と申しあろが。神示仕舞っておいてくれよ。一二三(ひふみ)として聞かしてやって呉れよ。此の方の仕組日に日に変るのざから、臣民わからなくなると申してあろが。日に日に烈しく変りて来るのざぞ。神の子には神示伝へてくれよ。神せけるぞ。◎海の御用結構。十一月四日、一二⦿。

第十八帖（一九一）

ツギニイザナミノミコト、イザナミノミコトニ、アマノヌホトヲタマヒテ、トモニ、タタヨヘル、コトクニツクリカタメナセトコトヨサシタマヒキ。

日に日に烈しくなると申してあろがな。水いただきにあげなならんぞ。お土堀らねばならんぞ。言葉とくに磨きてくれよ。コトに気つけて呉れとくどう申してあるが。してはならず。せねばならず、神事に生きて下されよ。十一月六日、ひつ九のか三しらすぞ。

第十九帖（一九二）

今のやり方、考へ方が間違ってゐるからぞ。洗濯せよ掃除せよと申すのはこれまでのやり方考へ方をスクリと改める事ぞ。一度マカリタと思へ。掃除して何もかも綺麗にすれば神の光スクリと光り輝くぞ。ゴモク捨てよと申してあろがな。人の心ほど怖いものないのざぞ。奥山に紅葉あるうちにと申すこと忘れるなよ。北に気付けよ。神の世の仕組よく腹に入れておいて下されよ。今度のさら（新）つの世の元となるのざぞ。十一月七日、ひつ九のか三。

第二十帖（一九三）

神の用意は何もかも済んでゐると申してあろが。臣民の洗濯早よ致してくれよ。さらつの世の用意早よしてくれよ。今度の世には四十九の御役、御仕事あるのざぞ。四十九の身魂と申してあろがな。神の申したこと次々と出て来ておろうがな。早よこの神示腹に入れてくれよ。早よ知らしてくれよ、今迄の神示役員の腹に入る迄は暫く此の神示出ぬぞ。大切の時には知らすなれど、そのつもりでおりて呉れよ、ヌ（野）の種大切にして下されよ。毒吐き出せよ。十一月の八日、ひつくのか三。

第二十一帖（一九四）

人まつれよ。人おろがめよ。拍子打ちて人とまつろへよ。神示よんで聞かして呉れよ。声出して天地に響く様のれよ。火と水ひふみとなるのざぞ。火近づいたぞ。水近づいたぞ。厭でも応でもはしらなならんぞ。引くり返るぞ。世が唸るぞ。神示よめば縁ある人集って来て、神の御用するもの出来て来る事わからんか。仕組通りにすすめるぞ。神待たれんぞ、十一月十日、ひつ九か三。

第二十二帖（一九五）

お宮も壊されるぞ。臣民も無くなるぞ。上の人臭い飯食ふ時来るぞ。味方同士が殺し合ふ時、一度はあるのざぞ。大き声で物言へん時来ると申してあろがな。之からがいよいよざから、その覚悟してゐて下されよ。一二三が正念場ぞ。臣民の思ふてゐる様な事でないぞ。この神示よく腹に入れておけと申すのぞ。ちりちりばらばらになるのざぞ。一人々々で何でも出来る様にしておけよ、十一月十一日、ひつ九か三。

第二十三帖（一九六）

一升桝には一升しか入らぬと臣民思ふてゐるが豆一升入れて粟入れる事出来るのざぞ。その上に水ならばまだはいるのざぞ。神ならばその上にまだ幾らでもはいるのざぞ。神が移りたら人が思はぬ事出来るのざぞ。今度は千人力与へると申してあろが。江戸の仕組世の終りぞ。天おろがめよ。つちおろがめよ。まつはれよ。秋の空グレンと申してあろがな。冬も春も夏も気つけてくれよ。十一月十三日、ひつ九か三。

第二十四帖（一九七）

ココニイザナギノミコト、イザナミノミコトハ、ヌホコ、ヌホト、クミクミテ、クニウミセナトノリタマヒキ、イザナギノミコトイザナミノミコト、イキアハシタマヒテ、アウ、あうトノラセタマヒテ、クニ、ウミタマヒキ。コトの初め気付けて呉れよ。夜明けたら生命(いのち)神に頂いたと申してあろがな。大陽(ひ)あるうちはことごとに大陽(ひ)の御用せよ。月あるうちはことごとに月の神の御用せよ。それがまことの臣民ぞ。生活心配するでないぞ。ことわけて申せば今の臣民すぐは出来ぬであろが。初めは六分、国のため、四分、自分の為、次は七分、国のため、三分、自分の為、次は八分、国の為、二分、自分のため、と云ふ様にして呉れよ。これはまだ自分あるのざぞ。自分なくならねばならぬのざぞ。神人(かみひと)一つになるのざぞ。十一月二十日、ひつ九◉。

第二十五帖（一九八）

ハジ◉(ヒツキ)ノクニウミタマヒキ、◉ノクニウミタマヒキ、☽ノクニウミタマヒキ、ツギニクニウミタマヒキ。神に厄介掛けぬ様にせねばならんぞ。神が助けるからと申して臣民懐手(ふところで)してゐてはならんぞ、力の限り尽さなならんぞ。◎(ヒツキ)と◉(ヒ)とは違ふのざぞ。臣民一日に二度食べるのざぞ、朝は日の神様に供へてから頂けよ、夜は月の神様に捧げてから頂けよ、それがまことの益人(ますひと)ぞ。十一月廿(にじゅう)一日、一二◉。

第二十六帖（一九九）

㋰㋒㋒ゝウゔにアエオイウざぞ。昔のもとぞ。㋐㋳㋒ヤワあるぞ、天地(よ)の元ぞ。サタナハマからあるぞ。

一柱、二柱、三柱、五柱、七柱、八柱、九柱、十柱、と申してあろがな。五十九神、七十五柱これで判りたか。㋰は丶ざぞ。丶には裏表上下あるのざぞ。冬の先春とばかりは限らんと申してあること忘れるなよ。用意せよ。冬に櫻咲くぞ。十一月二十二日、ひつ九⦿。

二十七帖（二〇〇）

神の国は生きてゐるのざぞ、国土おろがめよ、神の肉体ぞ。神のたまぞ。道は真直とばかり思ふなよ、曲って真直であるぞ、人の道は無理に真直につけたがるなれど曲ってゐるのが神の道ぞ。曲って直ぐいくのざぞ。人の道も同じであるぞ。足許から鳥立つぞ。愈々近づいたぞ。世の元と申すものは泥の海でありたぞ。その泥から神がいろいろのもの一二三で、いぶきで生みたのぞ。人の智ではわからぬ事ざぞ。眼は丸いから丸く見えるのざぞ。この道理わかりたか。一度はどろどろに捏ね廻さなならんのざぞ。臣民はどない申しても近慾ざから先見えんから慾ばかり申してゐるが、神は持ち切れない程の物与へてゐるでないか。幾ら貧乏だとて犬猫とは桁違ふがな。それで何不足申してゐるのか。まだまだ天地へ取上げるぞ。日々取上げてゐる事わからんか。神が大難を小難にして神々様御活動になってゐること眼に見せてもわからんか。天地でんぐり返るぞ。やがては富士晴れるぞ。富士は晴れたり日本晴れ。元の神の世にかへるぞ。日の巻終りて月の巻に移るぞ。愈々一二三が多くなるから、今までに出してゐた神示よく腹に入れておいてくれよ、知らせねばならず、知らしては仕組成就せず、臣民早よ先濯して鏡に映る様にしてくれよ。今の世地獄とわかってゐるであろがな。今のやり方悪いとわかってゐるであろがな。神まつれと申すのぞ。外国には外国の神あると申してあろが。み戦さすすめて外国に行った時は、先づその国の神まつらねばならんぞ、まつるとはまつろふ事と申してあろが。鉄砲や智では悪(わる)くするばかりぞ。神先づまつれとくどう気つけてあるのは日本ばかりではないぞ。此(こ)の方(ほう)の申すこと小さく取りては見当取れんと申してあろがな。三千世界の事ぞ。日本ばかりが可愛いのではないぞ、世界の臣民皆我(わ)が子ぞ。わけへだてないのざぞ。この神示よみて聞かしてくれよ。読めば読むほどあかるくなるぞ。富士晴れるのざぞ。神の心晴れるのざぞ。あらたぬし世ぞ。十一月二十三日、一二⊙。

月の巻　第二十八帖（二〇一）

岩戸あけたり日本晴れ、富士ひかるぞ。この巻(まき)役員読むものぞ。世の元と申すものは火であるぞ、水であるぞ。くもでてくにとなったぞ。出雲(いづも)とはこの地(くに)の事ぞ。スサナルの神はこの世の大神様ぞ。はじめは◎であるなり、◎(うづ)いて月となり地(くに)となりたのざぞ。アは◎(ヒツキクニ)の神様なり、㋳は月の神様ぞ、クニの神様はスサナルの神様ぞ。この事はじめに心に入れれば掃除タワイないぞ、グレンとは上下(うへした)かへる事と申してあろうがな、云ふてはならぬ事ぞ。いはねばならぬ事ぞ。アメの⊙つ九の⊙。

第二十九帖（二〇二）

一日一日(ひとひ)みことの世となるぞ。神の事いふよりみことないぞ。物云ふなよ。みこと云ふのぞ。みこと神ざぞ。道ぞ。アぞ。世変るのぞ。何もはげしく引上げぞ。戦も引上げぞ。役に不足申すでないぞ。光食へよ。息ざぞ。素戔鳴尊まつり呉れよ。急ぐぞ。うなばらとはこのくにぞ。十一月二十五日、一二⊙。

第三十帖（二〇三）

おのころの國成り、この国におりましてあめとの御柱見立て給ひき。茲に伊邪那岐命、伊邪那美命島生み給ひき。初めに水蛭子、淡島生み給ひき。この御子國のうちにかくれ給ひければ、次にのりごちてのち生み給へる御子、淡道之穂之三別島、伊豫の二名島、この島愛媛、飯依比古、大宜都比賣、建依別と云ふ。次、隠岐の三子島、天之忍許呂別。次、筑紫島、この島白日別、豊日別、建日向日豊久土比泥別、建日別。次、伊伎島、天比登都柱。次、津島、天狭手依比賣。次、佐渡島。次、大倭秋津島、天津御空豊秋津根別。次、吉備之児島建日方別。次、小豆島、大野手比賣。次、大島大多麻流別。次、女島、天一根。次、知訶島、天忍男。次、両児島、天両屋、二島、八島、六島、合せて十六島生み給ひき。次に、またのり給ひて、大島、小島、生み給ひき。淡路島、二名島、おきの島、筑紫の島、壹岐の島、津島、佐渡の島、大倭島、児島、小豆島、大島、女島、ちかの島、二子島の十四島、島生みましき。次に、いぶきいぶきて御子神生み給ひき。大事忍男神、大事忍男之神、石土毘古神、石土毘古神、石巣比賣神、石巣比賣神、大戸日別神、オホトヒワケノカミ、天之吹男神、天之吹男神、大屋毘古神、大屋毘古神、風木津別之忍男神、風木津別之忍男神、海神、海神、大綿津見神、水戸之神、水戸の神、速秋津比神、速秋津比賣神、速秋津比賣神、風神、風神、志那都比古神、木神、木神、久久能智神、山神、山神、大山津見神、野神、野神、鹿屋野比賣神、野椎神、鳥之石楠船神、天鳥船神、大宜都比賣神、大宜都比賣神、火之夜藝速男神、火之炫毘古神生みましき。速秋津日子、速秋津比賣二柱の神、川海に因りもちわけ、ことわけて、生ませる神、沫那藝神、沫那美神、頬那藝神、頬那美神、天之水分神、国之水分神、天之久比奢母智神、国之久比奢母智神、次に、大山津見神、野椎神の二神、山野に依りもちわけてことあげて生みませる神、天之狭土神、國之狹土神、天之狹霧神、國之狹霧神、天之闇戸神、國之闇戸神、大戸惑子神、大戸惑女神、大戸惑子神、大戸惑女神生みましき、伊邪那美神やみ臥しまして、たぐりになりませる神、金山比古神、金山毘賣神、屎になりませる神、波邇夜須毘古神、波邇夜須毘賣神、尿になりませる神、弥都波能賣神、和久産巣日神、この神の御子豊宇気毘賣神と申す。ここに伊邪那美神、火の神生み給ひて、ひつちとなり給ひて、根の神の中の國に神去り給ひき。ここに伊邪那岐神泣き給ひければ、その涙になりませる神、泣澤女神、ここに迦具土神斬り給へば、その血石にこびりて石析神、根析神、石筒之男神、甕速日神、樋速日神、建御雷大神、建布都神、豊布都神、御刀の手上の血、闇淤加美、闇御津羽神、ここに殺されし加具土の御首に成りませる神、正鹿山津見神、御胸に淤縢山津見神、腹に奥山津見神、陰に闇山津見神、左の御手に志藝山津見神、右の御手に羽山津見神、右の御足に原山津美神、右の御足に戸山津美神、成りましき。ここに斬り給へる御刀、天之尾羽張、伊都之尾羽張、と云ふ。ここに妹戀しまし給ひて根の国に追い往で給ひき。十一月二十五日夜、一二⦿。

第三十一帖（二〇四）

一二三四五六七八九十百千卍。今度は千人万人力でないと手柄出来んと申してあろがな。世界中総掛りで攻めて来るのざから、一度はあるにあられん事になるのだぞ。大将ざからとて油断出来ん。富士の山動くまでにはどんな事もこらへねばならんぞ。上辛いぞ。どんなことあっても死急ぐでないぞ。今の大和魂と神の魂と違ふところあるのざぞ。その時そのところによりて、どんなにも変化るのが神の魂ぞ。馬鹿正直でならんと申してあろ。今日あれし生命勇む時来たぞ。十一月二十六日、一二⦿。

第三十二帖（二〇五）

おもてばかり見て居ては何も判りはせんぞ。月の神様まつりて呉れよ。此の世の罪穢れ負ひて夜となく昼となく守り下さる素盞鳴神様あつくまつり呉れよ。火あって水動くぞ。水あって火燃ゆるぞ。火と水と申しておいたがその外に隠れた火と水あるぞ。それを一二三と云ふぞ。一二三とは一二三と云ふ事ぞ、言葉ぞ、言霊ぞ、祓ひぞ、禊ぞ、◎ぞ。スサナルの仕組ぞ。成り成る言葉ぞ、今の三み一たいは三み三たいぞ。一とあらはれて二三かくれよ。月とスサナルのかみ様の御恩忘れるでないぞ。御働き近づいたぞ。十一月二十七日、ひつ九かみ。

第三十三帖（二〇六）

宝の山に攻め寄せ来ると申してくどう気付けておいたでないか。神の国にはどんな宝でもあるのざぞ、◉の国、昔から宝埋けておいたと申してあろがな。〇の国にも埋けておいてあるのざぞ。この宝は神が許さな誰にも自由にはさせんのざぞ。悪が宝取らうと思ったとてどんなに国に渡り来てもどうにもならん様に神が守ってゐるのざぞ。いよいよとなりたら神がまことの神力出して宝取り出して世界のどんな悪神も神の国にはかなはんと申すところまで、とことん心から降参するところまで、今度は戦するのざから臣民余程見当取れんことに、どんな苦労もこばらなならんのざぞ。知らしてありた事、日々どしどしと出て来るぞ。われよしすてて呉れよ。十一月二十八日、ひつ九のか三。

第三十四帖（二〇七）

この神示よく読みてくれよ。早合点してはならんぞ。取違ひが一番怖いぞ。どうしたらお国の為になるのぞ。自分はどうしたら好（よ）いのぞと取次（とりつぎ）にきく人沢山（たくさん）出て来るなれど、この神示読めば、どうしたらよいか判るのざぞ。その人相当にとれるのぞ。神示読んで読んで腹に入れてもわからぬと云ふ事ないのざぞ。わからねば神知らすと申してあろがな。迷ふのは神示読まぬからぞ。腹に入れておらぬからぞ。人が悪く思へたり、悪くうつるのは己が曇りてゐるからぞ。十一月二十九日、ひつ九のか三。

第三十五帖（二〇八）

元からの神示腹に入れた人が、これから来る人によく話してやるのざぞ。この道はじめは辛いなれど楽の道ぞ。骨折らいでも素直にさへして、その日その日の仕事しておりて下されよ。心配要らん道ぞ。手柄立てようと思ふなよ。勝たうと思ふなよ。生きるも死ぬるも神の心のままざぞ。どこにどんな事して居ても助ける人は助けるのざぞ。神の御用ある臣民安心して仕事致しておりて下されよ。火降（ふ）りても槍（やり）降りてもびくともせんぞ。心安心ぞ。くよくよするでないぞ。神に頼りて神祀りてまつわりておれよ。神救ふぞ。十一月二十九日、ひつ九のか三。

第三十六帖（二〇九）

今の臣民見て褒（ほ）める様な事は皆奥知れてゐるぞ。之（これ）が善である、まことの遣方（やりかた）ぞと思ってゐる事九分九厘（くぶくりん）迄は皆悪のやり方ぞ。今の世のやり方、見れば判るであらうが、上の番頭殿悪い政治すると思ってやってゐるのではないぞ。番頭殿を悪く申すのでないぞ。よい政治しようと思ってやってゐるのぞ。よいと思ふ事に精（せい）出してゐるのざが、善だと思ふ事が善でなく、皆悪ざから、神の道が判らんから、身魂曇りてゐるから、臣民困る様な政治になるのぞ。まつりごとせなならんぞ。わからん事も神の申す通りすれば自分ではわからんこともよくなって行くのざぞ。悪と思ってゐることに善が沢山あるのざぞ。人裁（さば）くのは神裁くことざぞ。怖いから改心する様な事では、戦がどうなるかと申す様は事ではまことの民ではないぞ。世が愈々のとことんとなったから、今の大神様迄悪く申すもの出て来るぞ。産土（うぶすな）様何（な）んぞあるものかと、悪神ばかりぞと申す者沢山出てくるぞ。此の世始まってない時ざから我身（わがみ）我家（わがいえ）が可愛い様では神の御用つとまらんぞ。神の御用すれば、道に従へば我身我家は心配なくなると云ふ道理判らんか。何もかも結構な事に楽にしてやるのざから、心配せずに判らん事も素直に云ふ事聞いて呉れよ。子に嘘吐（つ）く親はないのざぞ。神界の事知らん臣民は色々と申して理窟の悪魔に囚（とら）はれて申すが、今度の愈々の仕組は臣民の知りた事ではないぞ。神界の神々様にも判らん仕組ざから、兎（と）や角（かく）申さずと、神の神示腹に入れて身魂磨いて素直に聞いて呉れよ。それが第一等ざぞ。此の神示は世に出てゐる人では解けん。苦労に苦労したおちぶれた人で、苦労に負けぬ人で気狂（きちがい）と云はれ、阿呆（あほ）と謂（い）はれても神の道素直に聞く臣民でないと解けんぞ。解けてよく噛砕（かみくだ）いて世に出てゐる人に知らしてやりて下されよ。苦労喜ぶ心より楽喜ぶ心高いぞ。十一月二十九日、一二⦿。

第三十七帖（二一〇）

天にもあまてらすすめ大神様、あまてらす大神様ある様に地にも、あまてらすすめ大神様、あまてらす大神様あるのざぞ。地にも月読（つきよみ）の大神様隠れて御座るのざぞ。素盞鳴（すさなる）の大神様罪穢れ祓ひて隠れて御座るのざぞ。結構な尊い神様の御働きで、何不自由なく暮して居りながら、その神様あることさへ知らぬ臣民ばかり。これで此の世が治まると思ふか。神々まつりて神々にまつはりて神国のまつりごといたして呉れよ。詰（つま）らぬ事申してゐると愈々詰（つま）らぬ事になりて来るぞ。十一月三十日、ひつ九の神しらすぞ。

第三十八帖（二一一）

大きアジアの国々や、島々八十（やそ）の人々と、手握り合ひ神国（かみくに）の、光り輝く時来（き）しと、皆喜びて三千年、神の御業（みわざ）の時来しと、思へる時ぞ神国の、まことと危（あぶな）き時なるぞ、夜半（よは）に嵐のどっと吹く、どうすることもなくなくに、手足縛られ縄付けて、神の御子等（みこら）を連れ去られ、後（あと）には老人不具者（としよりかたわ）のみ、女子（おみな）供もひと時は、神の御子たる人々は、悉々（ことごと）暗い臭い屋家（や）に、暮さならん時来るぞ、宮は潰され御文（みふみ）皆、火にかけられて灰となる、この世の終り近づきぬ。この神示（ふで）心に入（い）れ呉れと、申してある事わかる時、愈々間近（まぢか）になりたぞよ。出掛けた船ぞ、褌（ふんどし）締めよ。十一月三十日、ひつ九のか三。

第三十九帖（二一二）

喜べば喜ぶ事出来るぞ、悔（くや）めば悔む事出来るぞ。先の取越（とりこし）苦労は要らんぞ、心くばりは要るぞと申してあろがな。神が道つけて楽にゆける様に嬉し嬉しでどんな戦も切抜（きりぬ）ける様にしてあるのに、臣民逃げて眼塞（めふさ）いで、懐手（ふところで）してゐるから苦しむのぞ。我れよしと云ふ悪魔と学が邪魔してゐる事にまだ気付かぬか。嬉し嬉しで暮らせるのざぞ。日本の臣民は何事も見えすく身魂授けてあるのざぞ、神の御子ざぞ。掃除すれば何事もハッキリとうつるのぞ。早よ判らねば口惜しい事出来るぞ。言葉とこの神示と心と行と時の動きと五つ揃たら誠の神の御子ぞ、神ぞ。十一月三十日、ひつ九のか三のふで。

第四十帖（三一三）

ここに伊邪那美の命語らひつらく、あれみましとつくれる国未だつくりおへねど、時まちてつくるへに、しばし待ちてよと宣り給ひき。ここに伊邪那岐命、みましつくらはねば吾とくつくらめと宣り給ひて、帰らんと申しき。ここに伊邪那美命、聞き給ひて、御頭に大雷、オホイカツチ、胸に火の雷、ホノイカツチ、御腹には黒雷、黒雷、かくれに、折雷、サクイカツチ、左の御手に若雷、ワキヰカツチ、右の御手に土雷、ツチイカツチ、左の御足に鳴雷。ナルイカツチ。右の御足には伏雷、フシヰカツチ、なり給ひき。伊邪那岐の命、是見、畏みてとく帰り給へば、妹伊邪那美命は、よもつしこめを追はしめき。ここに伊邪那岐命黒髪かつら取り、また湯津々間櫛引きかきて、なげ棄ち給ひき。伊邪那美命この八くさの雷神に黄泉軍を副へて追ひ給ひき。ここに伊邪那岐命十拳剣抜きて後手にふりつつさり三度黄泉比良坂の坂本に到り給ひき。坂本なる桃の実一二三取りて待ち受け給ひしかば、ことごとに逃げ給ひき。ここに伊邪那岐命桃の實に宣り給はく、汝吾助けし如、あらゆる青人草の苦瀬になやむことあらば、助けてよとのり給ひて、また葦原の中津国にあらゆる、うつしき青人草の苦瀬に落ちて苦しまん時に助けてよとのり給ひて、おほかむつみの命、オホカムツミノ命と名付け給ひき。ここに伊邪那美命息吹き給ひて千引岩を黄泉比良坂に引き塞へて、その石なかに呼び合ひ、向ひ立たしてつつしみ申し給ひつらく、うつくしき吾が那勢命、時廻り来る時あれば、この千引の磐戸、共にあけなんと宣り給へり。ここに伊邪那岐命しかよけむと宣り給ひき。ここに妹伊邪那美の命、汝の国の人草、日にちひと死と申し給ひき。伊邪那岐命宣り給はく、吾は一日（ひとひ）にちいほ生（む）まなむと申し給ひき。この巻二つ合して日月の巻とせよ。十一月三十日、ひつ九のか三。

（日月の巻了）

日月神示第一訳文

日の出の巻 第七巻

自 昭和十九年十二月一日
至 昭和十九年十二月二十九日
二一四帖～二三六帖

第一帖（二二四）

春とならば萌出づるのざぞ、草木許りでないぞ、何もかももえ出づるのぞ、此の方の申す事譬でないと申してあろが、少しは会得りたか。石もの云ふ時来たぞ、此の道早く知らして呉れよ、岩戸は五回閉められてゐるのざぞ、那岐、那美の尊の時、天照大神の時、神武天皇の時、佛来た時と、大切なのは須佐之男神様に罪着せし時、その五度の岩戸閉めであるから此度の岩戸開きはなかなかに大そうと申すのぞ。愈々きびしく成って来たが此れからが正念場ざぞ、否でも応でも裸にならなならんぞ、裸程結構なもの無い事始めて会得りて来るぞ。十二月一日、一二⊙。

第二帖（二二五）

九歳は神界の紀の年ぞ、神始めの年と申せよ。一二三、三四五、五六七ぞ、五の歳は子の歳ざぞよ。取違ひせん様にせよ。月日の巻十人と十人の役員に見せてやりて呉れよ、時節到来したのであるぞ。桜咲き神の御国は明けそめにけり、十二月二日、ひつ九のか三しらす。

第三帖（二二六）

次の世とは月の世の事ざぞ、一二の二の世ぞ、⊙☽の月の世ぞ、取違ひせん様に致して呉れよ。智や学がありては邪魔になるぞ、無くてもならぬ六ケ敷い仕組ぞ、月の神様祀りて呉れよ。素戔鳴の神様祀りて呉れよ、今に会得る事ぞ、日暮よくなるぞ、日暮に祀り呉れよ、十柱揃ふたら祀り呉れいと申してあらうがな、神せけるぞ、十二月二日、ひつくのかみふで。

第四帖（二一七）

舊(きゅう)十月八日、十八日、五月五日、三月三日は幾らでもあるぞと申してあろが、此の日は臣民には恐い日であれど神には結構な日ざぞと申してあろが。神心になれば神とまつはれば神とあななへば臣民にも結構な日となるのぞ。其(そ)の時は五六七(みろく)の世となるのざぞ。桜花(さくらはな)一度にどっと開く世となるのざぞ、神激しく臣民静かな御代(みよ)となるのざぞ、日日(ひにち)毎日富士晴れるのざぞ、臣民の心の富士も晴れ晴れと、富士は晴れたり日本晴れ、心晴れたり日本晴れぞ。十二月二日、ひくつのかみ。

第五帖（二一八）

右(みぎり)に行かんとする者と左(ひだ)りに行かんとするものと結ぶのが◎の神様ぞ、◎の神様とは素戔鳴の大神様ざぞ、この御用(はたらき)によりて生命あれるのぞ、力生れるのぞ、◎がまつりであるぞ、神国の祀(まつり)◎でるぞ、神はその全(まった)き姿ぞ、神の姿ぞ。男の魂(たま)は女(おみな)、女の魂は男と申して知らしてあろがな。十二月三日、ひつ九のかみ。

第六帖（二一九）

神界の事は人間には見当取れんのであるぞ、学で幾ら極め様とて会得(わか)りはせんのざぞ、学も無くてはならぬが囚(とら)はれると悪となるのざぞ、しもの神々様には現界の事は会得りはせんのざぞ、会得らぬ神々に使はれてゐる肉体気毒(きのどく)なから身魂(みたま)磨け磨けと執念(くどう)申してゐるのざぞ。三、四月に気つけて呉れよ、どえらい事出来るから何うしても磨いておいて下されよ、それまでに型しておいて呉れよ。十二月五日、ひつ九のかみ。

第七帖（二二〇）

おろしやにあがりておりた極悪の悪神愈々神の国に攻め寄せて来るぞ。北に気つけと、北が愈々のギリギリざと申して執念気つけてありた事近ふなりたぞ。神に縁あるものには深いだけに見せしめあるのざぞ。国々もその通りざぞ、神には依怙無いのざぞ。ろしあの悪神の御活動と申すものは神々様にもこれは到底かなはんと思ふ様に激しき御力ぞ。臣民と云ふものは神の言は会得らんから悪神の事に御とつけるのは会得らんと申すであろが、御とは力一杯の事、精一杯の事を申すのであるぞ。何処から攻めて来ても神の国には悪神には分らん仕組致してあるから、心配ないのざぞ、愈々と成りた時には神が誠の神力出して天地ゆすぶってトコトン降参ざと申す処までギュウギュウと締めつけて萬劫末代、いふ事聞きますと改心する処までゆすぶるから神の国、神の臣民心配致すでないぞ、心大きく御用して呉れよ、何処に居ても御用してゐる臣民助けてやるぞ。十二月六日、ひつ九か三。

第八帖（二二一）

一二三の食物に病無いと申してあろがな、一二三の食べ方は一二三唱へながら噛むのざぞ、四十七回噛んでから呑むのざぞ、これが一二三の食べ方頂き方ざぞ。神に供へてから此の一二三の食べ方すれば何んな病でも治るのざぞ、皆の者に廣く知らしてやれよ。心の病は一二三唱へる事に依りて治り、肉体の病は四十七回噛む事に依りて治るのざぞ。心も身も分け隔て無いのであるが会得る様に申して聞かしてゐるのざぞ、取り違い致すでないぞ。日本の国は此の方の肉体と申してあろがな、何んな宝もかくしてあるのざぞ、神の御用なら、何時でも何んなものでも与へるのざぞ、心大きく持ちてどしどしやりて呉れよ。集團作るなと申せばばらばらでゐるが裏には裏あると申してあろが、心配れよ、十二月七日、ひつくのかみふで。

第九帖（二三二）

人神とまつはれば㐂悦しうれしぞ、まつはれば人でなく神となるのぞ、それが真実の神の世ぞ、神は人にまつはるのざぞ、ゝと○と申してあろが、戦もゝと○と壊し合ふのでは無いぞ、ゝと○とまつらふことぞ、岩戸開く一つの鍵ざぞ、和すことぞ、神国真中に和すことぞ。それには○掃除せなならんぞ、それが今度の戦ぞ、戦の大将が神祀らねばならんぞ。二四は剣ざぞ。神まつりは神主ばかりするのではないぞ、剣と鏡とまつらなならんぞ、まつはれば霊となるのざぞ。霊なくなってゐると申して知らせてあろがな、政治も教育も経済の大将も神祀らねばならんのぞ。天の天照大神様は更なり、天の大神様、地の天照大神様、天照皇太神様、月の神様、特に篤く祀り呉れよ、月の大神様御出でまして闇の夜は月の夜となるのざぞ。素戔嗚の大神様も篤く祀りて呉れよ、此の神様には毎夜毎日御詫びせなならんのざぞ、此の世の罪穢負はれて陰から守護されて御座る尊い御神様ぞ、地の御神様、土の神様ぞ、祓ひ清めの御神様ぞ、国々の産土の神様祀り呉れよ、遅くなればなる程苦しくなるのざぞ、人ばかりでないぞ。十二月八日、ひつ九のか三。

第十帖（二三三）

桜咲き神の御国は明けそめにけり。十月になったらぼつぼつ会得るぞと申してあろがな。叩かけてばたばたと叩く処もあるぞ、箒で掃く処もあるぞ、雑巾かけしたり水流す処もあるのざぞ、掃除始ったらばたばたに埒つくと申してあろがな、めぐりだけの事は、今度は何うしても借銭無しにするのざぞ、花咲く人もあるぞ、花散る人もあるぞ。あめのひつ九のかミの御神名書かすぞ、それを皆の者に分けてやれよ。聴き度い事はサニワで聞けよ、何んなことでも聞かしてやると申してあろがな、神せけるぞ。火吹くぞ。火降るぞ。十二月十日、ひつくのか三。

第十一帖（二三四）

江戸に道場作れよ、先づ一二三唱へさせよ、神示読みて聞かせよ、鎮魂せよ、鎮神せよ、十回で一通り会得る様にせよ、神祀りて其の前でせよ、神がさすのであるからどしどしと運ぶぞ。誠の益人作るのぞ、此んな事申さんでもやらねばならぬ事ざぞ、神は一人でも多く救ひ度さに夜も昼も総活動してゐる事会得るであろがな、神かかれる人早う作るのぞ、身魂せんたくするぞ、神かかりと申しても狐憑きや天狗憑や行者の様な神憑りではないぞ、誠の神憑りであるぞ、役員早う取りかかりて呉れよ。十二月十一日、一二⊙。

第十二帖（二三五）

日に日に厳しくなりて来ると申してありた事始ってゐるのであるぞ、まだまだ激しくなって何うしたらよいか分らなくなり、あちらへうろうろ、こちらへうろうろ、頼る処も着るものも住む家も食ふ物も無くなる世に迫って来るのざぞ。それぞれにめぐりだけの事はせならんのであるぞ、早い改心はその日から持ちきれない程の神徳与へて㐂悦し㐂悦しにしてやるぞ、寂しくなりたら訪ねて御座れと申してあろがな、洗濯次第で何んな神徳でもやるぞ、神は御蔭やりたくてうづうづしてゐるのざぞ、今の世の様見ても未だ会得らんか。神と獣に分けると申してあろが、早う此の神示読み聞かせて一人でも多く救けて呉れよ。十二月十二日。ひつ九のか三。

第十三帖（二三六）

此れまでの仕組や信仰は方便のものでありたぞ。今度は正味の信仰であるぞ、神に真直に向ふのざぞ。日向と申してあろがな。真上に真すぐに神を戴いて呉れよ、斜に神戴いても光は戴けるのであるが、横からでもお光は戴けるのであるが、道は真すぐに、神は真上に戴くのが神国のまことの御道であるぞ。法便の世は済みたと申してあろがな、理窟は悪ざと申して聞かしてあろが、今度は何うしても失敗こと出来んのざぞ。神の経綸には狂ひ無いなれど、臣民愈々苦しまなならんのざぞ、泥海に臣民のたうち廻らななならんのざぞ、神も泥海にのたうつのざぞ、甲斐ある御苦労なら幾らでも苦労甲斐あるなれど泥海のたうちは臣民には堪られん（＊）から早う掃除して神の申す事真すぐに肚に入れて呉れよ。斜や横から戴くと光だけ影がさすのざぞ、影させば闇となるのざぞ、大きいものには大きい影がさすと臣民申して、已むを得ぬ事の様に思ふてゐるがそれはまことの神の道知らぬからぞ、影さしてはならんのざぞ、影はあるが、それは影でない様な影であるぞ、悪でない悪なると知らせてあろが。真上に真すぐに神に向へば影はあれど、影無いのざぞ、闇ではないのざぞ。此の道理会得るであろがな、神の真道は影無いのざぞ、幾ら大きな樹でも真上に真すぐに光戴けば影無いのざぞ、失敗無いのざぞ、それで洗濯せよ掃除せよと申してゐるのぞ、神の真道会得りたか。天にあるもの地にも必ずあるのざぞ、天地合せ鏡と聞かしてあろがな、天に太陽様ある様に地にも太陽様あるのざぞ、天にお月様ある様に地にもお月様あるのざぞ。天にお星様ある様に地にもお星様あるのざぞ。天からい吹けば地からもい吹くのざぞ、天に悪神あれば地にも悪神あるのざぞ。足元気つけと申してあろがな。今の臣民上許り見て頭ばかりに登ってゐるから分らなくなるのざぞ、地に足つけよと申してあろが、地拝めと、地にまつろへと申してあろが、地の神様忘れてゐるぞ。下と申しても位の低い神様のことでないぞ、地の神様ぞ、地にも天照皇太神様、天照大神様、月読大神様、須佐之男大神様あるのざぞ、知らしてあること、神示克く読んで下されよ、国土の事、国土のまことの神を無いものにしてゐるから世が治らんのざぞ。神々祀れと申してあろがな、改心第一と申してあろがな、七人に伝へと申してあろがな、吾れ善はちょんぞ。十二月十四日、ひつくのかみ。

＊「堪られん」「堪れん」とは堪られない、堪えられない、耐えられない、我慢出来ない、の意味。

第十四帖（二二七）

お太陽様円ひのでないぞ、お月様も円ひのではないぞ、地球も円いのではないぞ、人も円いのが良いのではないぞ、息してゐるから円く見えるのざぞ、活いてゐるから円く見えるのざぞ、皆形無いものいふぞ、息してゐるもの皆円いのざぞ。神の経済この事から生み出せよ、大きくなりたり小さくなりたり、神の御心通りに活くものは円いのざぞ、円い中にも心あるぞ、神の政治、この事から割り出せよ、神は政事の姿であるぞ、神の政治生きてゐるぞ、人の政治死んでゐるぞ。十二月十五日、一二⦿。

第十五帖（二二八）

十柱の神様奥山に祀りて呉れよ。九柱でよいぞ、何れの神々様も世の元からの肉体持たれた生き通うしの神様であるぞ。この方、合はして十柱となるのざぞ。御神体の石集めさしてあろがな、篤く祀りて、辛酉の日にお祭りして呉れよ。病あるかないか、災難来るか来ないかは、手届くか届かないかで分ると申してあろがな。届くとは注ぐ事ぞ、手首の息と腹の息と首の息と頭の息と足の息と胸の息と臍の息と脊首の息と手の息と八所十所の息合ってゐれば病無いのざぞ、災難みないのざから、毎朝神拝みてから克く合はしてみよ、合ってゐたら其日には災難無いのざぞ、殊に臍の息一番大切ざぞ、若しも息合ってゐない時には一二三唱へよ、唱へ唱へて息合ふ迄祷れよ、何んな難儀も災難も無くしてやるぞ、此の方意富加牟豆美神であるぞ。神の息と合はされると災難、病無くなるのざぞ、大難小難にしてやるぞ、生命助けてやるぞ、此の事は此方信ずる人でないと誤るから知らすではないぞ、手二本足二本いれて十柱ぞ、手足一本として八柱ぞ、此の事早う皆に知らしてどしどしと安心して働く様にしてやれよ。飛行機の災難も地震罪穢の禍も大きい災難ある時には息乱れるのざぞ。一二三祝詞と祓ひ祝詞と神の息吹と一つになりておれば災難逃れるのざぞ、信ずる者ばかりに知らしてやりて呉れよ。十二月十八日、ひつ九か三。

第十六帖（二二九）

悪の衣着せられて節分に押込められし神々様御出でましぞ。此の節分からは愈々神の規則通りになるのざから気つけておくぞ、容赦は無いのざぞ、それまでに型さしておくぞ、御苦労なれど型してくれよ。ヤの身魂御苦労、石なぜもの言はぬのぞ、愈々となりてゐるではないか、春になりたら何んな事あるか分らんから今年中に心の洗濯せよ、身辺(みのまわり)洗濯せよ、神の規則臣民には堪(こば)れんことあるも知れんぞ、気つけておくぞ。十二月十九日、一二⦿。

第十七帖（二三〇）

何もかもひつくるめて建直(たてなほ)しするのであるから、何処(どこ)から何が出て来るか分らんぞ、御用(ごよう)はそれぞれの役員殿手分けて努めて呉れよ、皆のものに手柄さし度(た)いのぞ、一ヶ処(ひとところ)の御用二人宛(づつ)でやりて呉れよ、結構な御用であるぞ、いづこも假(かり)であるぞ、世が変りたら結構に祈り呉れよ、今は型であるぞ、祀(まつ)れ祀れと申してあること忘れるなよ、まつはらねばならぬのざぞ、神がついてゐるのざから神の申す通りにやれば箱指(はこさ)した（＊）様に行くのざぞ。産土神(うぶすなさま)忘れずにな。十二月十九日、ひつ九か三。

＊「箱指した」。箱指すは、仕組み通り、設計図通りに、縦横きっちり、ぴったりと上手くいくことといった意味。

第十八帖（二三一）

富士の御用は奥山に祀り呉れよ、カイの御用も続け呉れよ、江戸一の宮作りて呉れよ、道場も同じぞ、◎海(うづうみ)の御用とは◎海の鳴門(なると)と◎海の諏訪(すわ)と◎海のマアカタ（＊）と三所(みところ)へ祀りて呉れよ。その前の御用、言葉で知らした事済みたぞ、◎海マアカタとは印旛(いんば)ぞ。十柱とは火の神、木の神、金(かね)の神、日出之神、龍宮の乙姫、雨の神、風の神、地震の神、荒の神、岩の神であるぞ。辛酉の日に祀りて呉れよ。暫く御神示出ないぞ。皆の者早く今迄の神示肚に入れて呉れよ、神せけるぞ。神示読めば神示出て来るぞ。神祀り早く済せて呉れよ。十二月の二十一日朝、一二のか三。

＊「マアカタ」。麻賀多神社のことと推測される。麻を「アマ」と読む。

第十九帖（二三一）

海には神の石鎮め祀り呉れよ、山には神の石立てて樹植えて呉れよ、石は神の印つけて祀る処に置いてあるぞ、祀り結構ぞ、富士奥山には十柱の石あるぞ、十柱祀りて呉れよ、祀る処に行けば分る様にしてあるぞ。十二月二十二日、ひつ九のか三。

第二十帖（二三二）

今度は世に落ちておいでなされた神々様をおあげねばならぬのであるぞ、臣民も其の通りざぞ、神の申す通りにすれば何事も思ふ通りにすらすらと進むと申してあろがな。此れからは神に逆ふものは一つも埒あかんぞ、やりてみよれ九分九厘でぐれんざぞ。神の国は何うしても助けななならんから、神が一日一日と延してゐること会得らんか。皆の者がかみを軽くしてゐるからお蔭なくなってゐるのざぞ、世の元の神でも御魂となってゐたのではまことの力出ないのざぞ。今度の経綸は世の元の生き通うしの神でないと間に合はんのざぞ。何処の教会も元はよいのであるが、取次役員がワヤにしてゐるのぞ、今の様は何事ぞ。此の方は力あり過ぎて失敗った神ぞ、此の世かもう神でも我出すと失敗るのざぞ、何んな力あったとて我出すまいぞ、此の方がよい手本ぞ。世界かもう此の方さへ我で失敗ったのぞ、執念い様なれど我出すなよ、慢心と取違ひが一等気ざはりざぞ。改心ちぐはぐざから物事後先になりたぞ、経綸少しは変るぞ。今の役員神の道廣めると申して我を弘めてゐるでないか、そんな事では役員とは言はさんぞ。今迄は神が世に落ちて人が神になりておりたのぞ、これでは世は治まらんぞ。神が上で、臣民、人民下におらねばならんぞ。吾が苦労して人救ふ心でないと、今度の岩戸開けんのざぞ、岩戸開きの御用する身魂は吾の苦労で人助けねばならんのざぞ。

十年先は五六七の世ざぞ、今の人間鬼より蛇より邪見ざぞ、蛇の方が早う改心するぞ、早う改心せねば泥海にせなならんから、神は日夜の苦労ぞ。道は一つと申してあろがな、二つ三つ四つあると思ふてはならんぞ、足元から鳥立つと申してあろが、臣民火がついてもまだ気付かずにゐるが、今に躰に火ついてチリチリ舞ひせなならんことになるから、神、執念気つけておくのざぞ。三、四気つけて呉れよ、神の国は神の力で何事も思ふ様に行く様になりてゐるのに学や智に邪魔されてゐる臣民ばかり、早う気付かぬと今度と云ふ今度は取返しつかんぞ。見事なこと神がして見せるぞ、見事なことざぞ。人間には恐しいことざぞ、大掃除する時は棚のもの下に置く事あるのざぞ、下にあったとて見下げてはならんぞ、この神は神の国の救はれること一番願ってゐるのざぞ、外国人も神の子ではあるが性来が違ふのざぞ、神の国の臣民がまこと神の子ざぞ、今は曇りてゐるなれど元の尊い種植えつけてあるのざぞ、曇り取り去りて呉れよ、依怙の様なれど外国は後廻しぞ、同じ神の子でありながら神の臣民の肩持つとは公平でないと申す者あるなれど、それは昔から深い経綸であるから臣民には会得らんことであるぞ、一に一足す二でないと申してあろが、何事も神の国から神の民からぞ、洗濯も同様ぞ。

今度の御用外したら何時になりても取返へしつかんことになるのざから、心して御用して呉れよ、遺損ひ出来ないことになりてゐるのざぞ。天に一柱、地に一柱、火にも焼けず水にも溺れぬ元の種隠しておいての今度の大建替ぞ、何んなことあっても人間心で心配するでないぞ、細工は隆々仕上げ見て呉れよ、此の神はめったに間違いないぞ。三千年地に潜りての経綸で、悪の陰の根まで調べてからの経倫であるから人間殿心配せずに神の申す様素直に致して下されよ。末法の世とは地の上に大将の器無くなりてゐることざぞ。オロシヤの悪神と申すは泥海の頃から生きてゐる悪の親神であるぞ。北に気つけて呉れよ、神の国は結構な国で世界の真中の国であるから、悪の神が日本を取りて末代の住家とする計画でトコトンの智恵出して何んなことしても取る積りで愈々を始めてゐるのざから餘程褌締めて下されよ、日本の上に立ちて居る守護神に分りかけたらばたばたに埒あくぞ。早う改心して呉れよ。十二月二十六日、一二☉。

第二十一帖（二三四）

神カカリと申しても七つあるのであるぞ、その一つ一つがまた七つに分れてゐるのざぞ、☉カカリ、かみかかり、か三かかりぞ、ゝガカリぞ、○かかり、かミかかり、かみかかりざぞ、神カカってゐないと見える神カカリが誠の神カカリと申してあろが。そこらに御座る神憑は五段目六段目七段目の神憑ぞ。神カカリとは惟神の事ぞ、これが神国の真事の臣民の姿ぞ。惟神の国、惟神ぞ、神と人と融け合った真事の姿ぞ、今の臣民のいふ惟神ではないぞ、此の道理会得りたか、真事の神にまつりあった姿ぞ。悪の大将の神憑は、神憑と分らんぞ、気つけて呉れよ、これからは神カカリでないと何も分らん事になるのざぞ、早う神カカリになる様掃除して呉れよ、神の息吹に合ふと神カカリになれるのぞ。一二三唱へよ、祓ひのれよ、神称へよ、人称へよ、神は人誉め人は神称へてまつり呉れよ、まつはり呉れよ、あななひ呉れよ。十二月二十七日、ひつ九のか三。

第二十二帖（二三五）

左は火ぞ、右は水ざぞ、◉の神と◎の神ぞ、日の神と月の神ざぞ、日の神許り拝んで月の神忘れてはならんぞ、人に直接恵み下さるのは、◎の神、月神ぞ、ぢゃと申して日の神疎にするでないぞ、水は身を護る神ざぞ、火は魂護る神ざぞ、火と水とで組み組みて人ぞ、身は水で出来てゐるぞ、火の魂入れてあるのざぞ、国土も同様ぞ。◎海の御用大切ざぞ。十二月二十六日、ひつ九のか三。

第二十三帖（二三六）

此の世の位もいざとなれば宝も富も勲章も役には立たんのざぞ、此世去って役に立つのは身魂の徳だけぞ、身についた芸は其の侭役立つぞ。人に知れぬ様に徳つめと申してあろがな、神の国に積む徳のみが光るのざぞ、マアカタの御用結構であったぞ、富士晴れるぞ、湖晴れるぞ。此の巻、日出之巻として纏めて役員に読ませて一二三として皆に知らせて呉れよ、神急くぞ。十二月二十九日、ひつ九のか三。

（日の出の巻了）

日月神示第一訳文

磐戸の巻 第八巻

自　昭和十九年十二月三十日

至　昭和十九年旧十一月三十日

二三七帖〜二五七帖

第一帖（二三七）

イワトの巻かき知らすぞよ、イワトひらくには神人共にゑらぎにぎはうのざぞ、カミカカリして唄ひ舞ふのざぞ、ウズメノミコトいるのざぞ。ウズメとは女のみでないぞ、男もウズメざぞ、女のタマは男、男のタマは女と申してあろがな。ヤミの中で踊るのざぞ、唄ふのざぞ、皆のものウズメとなりて下されよ、暁つげる鳥となりて下されよ、カミカカリて舞ひ唄ひ下されよ、カミカカリでないと、これからは何も出来ぬと申してあろがな。十二月三十日、⦿の一二⦿。

第二帖（二三八）

キつけてくれよ、キがもとざぞ、キから生れるのざぞ、心くばれと申してあろが、心のもとはキざぞ、総てのもとはキであるぞ、キは⦿ざぞ、臣民みなにそれぞれのキうへつけてあるのざぞ、うれしキはうれしキことうむぞ、かなしキはかなしキことうむぞ、おそれはおそれうむぞ、㐂べば㐂ぶことあると申してあろがな、天災でも人災でも、臣民の心の中にうごくキのままになるのざぞ。この道理わかるであろがな。爆弾でもあたると思へばあたるのざぞ、おそれるとおそろしことになるのざぞ、ものはキから生れるのざ、キがもとぞ、くどくキづけておくぞ。ムのキ動けばムくるぞ、ウのキうごけばウ来るぞ、どんな九十でもキあれば出来るぞ、キからうまれるぞ、勇んで神の御用つとめて下されよ。十二月三十一日、⦿の一つ九⦿。

第三帖（二三九）

富士は晴れたり、日本晴れ、びっくりばこいよいよとなりたぞ。春マケ、夏マケ、秋マケ、冬マケてハルマケドンとなるのざ、早う改心せんとハルマケドンの大峠越せんことになるぞ、大峠となりたら、どんな臣民もアフンとしてもの云へんことになるのざぞ、なんとした取違ひでありたかとじだんだふんでも、其時では間に合はんのざぞ、十人なみのことしてゐては今度の御用は出来んのざぞ。逆様にかへると申してあろが、大洗濯ざぞ、大掃除ざぞ、ぐれんざぞ、富士に花咲くぞ。一月一日、⦿のひつ九か三。

第四帖（二四〇）

この方のこの世のあく神とも現はれるぞ、閻魔とも現はれるぞ、アクと申しても臣民の申す悪ではないぞ、善も悪もないのざぞ、審判の時来てゐるにキづかぬか、其日其時さばかれてゐるのざぞ、早う洗濯せよ、掃除せよ、磐戸いつでもあくのざぞ、善の御代来るぞ、悪の御代来るぞ。悪と善とたてわけて、どちらも生かすのざぞ、生かすとは神のイキに合すことぞ、イキに合へば悪は悪でないのざぞ。この道理よく肚に入れて、神の心早うくみとれよ、それが洗濯ざぞ。一月二日、⦿のひつ九のか三。

第五帖（二四一）

天さかり地さかります御代となるぞ、臣民の心の中にいけおいた花火愈々ひらくとききたぞ、赤い花火もあるぞ、青いのもあるぞ、黄なのもあるぞ、それぞれのミタマによりて、その色ちがふのざぞ、ミタマ通りの色出るのざぞ。金は金ぞ、鉄は鉄ぞ、鉛は鉛として磨いてくれよ、金のまねするでないぞ。地つちの軸動くぞ、フニャフニャ腰がコンニャク腰になりてどうにもこうにもならんことになるぞ、其時この神示、心棒に入れてくれよ、百人に一人位は何とか役に立つぞ、あとはコンニャクのお化けざぞ。一月三日、⦿ひつ九のか三。

第六帖（二四二）

北、南、たから出す時近づいたぞ、世の元からの仕組であるからめったに間違ひないぞ、これから愈よ臣民にはわからなくなれど仕上げ見て下されよ、何事も神の申すこと聞いてすなほになるのが一等ざぞ、神示出ぬ時近ふなりたぞ、神示出なくなりたら口で知らすぞ、神示早う腹に入れぬと間に合はんことになりてくるぞ、西も東もみな宝あるぞ、北の宝はシホミツざぞ、南の宝はシホヒルざぞ（＊）、東西の宝も今にわかりてくるぞ、此宝あっぱれ、此の世の大洗濯の宝であるぞ、一月の四日、⦿のひつ九のか三。

＊「シホミツ」は潮満、「シホヒル」は潮干で、それぞれの玉がある。玉は宝。山幸彦が、兄・海幸彦の釣り針を失くした時に塩土老翁が助け、釣り針を兄に返す時に投げた玉の一つ。

第七帖（二四三）

人民のイクサや天災ばかりで、今度の岩戸ひらくと思ふてゐたら大きな間違ひざぞ、戦や天災でラチあく様なチョロコイことでないぞ、あいた口ふさがらんことになりて来るのざから、早うミタマ磨いてこわいもの無いやうになっておりてくれよ、肉体のこわさではないぞ、タマのこわさざぞ、タマの戦や禍は見当とれまいがな、マツリ第一と申すのざ、神のミコトにきけよ、それにはどうしてもミタマ磨いて神かかれる様にならねばならんのざ。神かかりと申しても其処らに御座る天狗や狐や狸つきではないぞ。まことの神かかりであるぞ。右行く人、左行く人とがむるでないぞ。世界のことは皆、己の心にうつりて心だけのことより出来んのざぞ、この道理わかりたか、この道はマナカゆく道とくどう申(もうし)てあること忘れるなよ、今迄の様な宗教や教(おしへ)の集団(ツドヒ)はつぶれて了(しま)ふぞ、神がつぶすのではないぞ、自分でつぶれるのざぞ、早うこの神示、魂にしてマコトの道に生きてくれよ、配給は配給と申してあるが、天理は天理、金光(こんこう)は金光だけの教であるぞ。この神の申(ほう)すこと、天のミチぞ、地のミチぞ、人のミチざぞ。今度の岩戸ひらきのたいもうすみたとて、すぐによいことばかりはないのざぞ、二度とないことであるから臣民では見当とれんから、肚の底から改心して、すなほに、神の申す通りにするのが何より結構なことざぞ。一月七日、⦿のひつ九か三。

第八帖（二四四）

神の国の昔から生神(いきがみ)の声は、世に出てゐる守護人の耳には入らんぞ、世に出てゐる守護人は九分九厘迄(くぶくりんまで)外国魂(がいこくたま)ざから、聞(きこ)えんのざぞ。外国の悪の三大将よ、いざ出て参れよ。マトモからでも、上からでも、下からでも、横からでも、いざ出てまゐれよ。この神の国には世の元からの生神が水ももらさぬ仕組してあるから、いざ出て参りて得心(とくしん)ゆくまでかかりて御座れ。敗けてもクヤシクない迄に攻めて御座れよ、堂々と出て御座れ、どの手でもかかりて御座れ。その上で、敗けてこれはカナワンと云ふ時迄かかりて御座れよ。学、勝ちたら従ってやるぞ、神の力(ちから)にカナワンこと心からわかりたら末代(まつだい)どんなことあっても従はして元の神のまことの世にして、改心さして、万劫(まんごう)末代口説(くぜつ)ない世に致すぞよ。一月九日、⦿の一二のか三。

第九帖（二四五）

富士と鳴門の仕組わかりかけたら、いかな外国人でも改心するぞ、それ迄に神の国の臣民改心して居らぬと気毒出来るぞ。天狗や狐は誰にでもかかりてモノいふなれど、神は中々にチョコラサとはかからんぞ。よき代になりたら神はモノ云はんぞ。人が神となるのざぞ、この神は巫女や禰宜にはかからんぞ、神が誰にでもかかりて、すぐ何でも出来ると思ふてゐると思ひが違ふから気つけておくぞ。かみがかりに凝るとロクなことないからホドホドにして呉れよ。この道は中行く道と申してあろがな。戦すみたでもなく、すまぬでもなく、上げもおろしもならず、人民の智や学や算盤では、どうともできんことになるのが目の前に見へてゐるのざから、早う神の申す通り素直に云ふこときけと申してゐるのざぞ。長引く程、国はヂリヂリになくなるぞ。米あると申して油断するでないぞ、タマあると申して油断するでないぞ。命あると申して油断するでないぞ、この神示よく読めば楽になって人々から光り出るのざぞ、辰の年はよき年となりてゐるのざぞ、早う洗濯してくれよ。

一月十一日、⦿のひつ九⦿。

第十帖（二四六）

悪の仕組は、日本魂をネコソギ抜いて了ふて、日本を外国同様にしておいて、一呑にする計画であるぞ。日本の臣民、悪の計画通りになりて、尻の毛まで抜かれてゐても、まだキづかんか、上からやり方かへて貰はねば、下ばかりでは何うにもならんぞ。上に立ちてゐる人、日に日に悪くなりてきてゐるぞ。メグリある金でも物でも持ちてゐたらよい様に思ふてゐるが、えらい取違ひであるぞ。早う神の申すことききて下されよ。世界の何処さがしても、今では此処より外（ほか）に、神のマコトの道知らす所ないのざぞ。此道の役員、上から見られん所によきことないと今度の御用、なかなかにつとまらんぞ、洗濯急げよ、掃除急げよ、家（いえ）の中（うち）が治らんのは女にメグリあるからぞ、このことよく気付けておくぞ、村も国々も同様ぞ。女のメグリはコワイのざぞ。節分からは八回拍手（かしわで）うちて下されよ。神はげしくなるぞ。一月十二日、⦿のひつ九⦿。

第十一帖（二四七）

心にメグリ積むと動物のイレモノとなるぞ。神のイレモノ、動物等（など）に自由にされてゐて、それでマコトの神の臣民と申されるか、判らんと申してあまりであるぞ。ゴモク吐き出せよ、其侭（そのまま）にしておくと段々大きくなりて始末にゆかんことになりて、しまいには灰にするより、手なくなるぞ、石流れて、木（こ）の葉沈むと申してあろが、今がその世ざぞ。改心してキレイに掃除出来たら、千里先きにゐても、ひつきの神とたのめば何んなことでもさしてやるぞ、この神は世界中何処へでも届く鼻もってゐるのざぞ、この世つくりたこの神ざ、この世にわからんこと一つもないのざぞ、神の御用さへつとめて下されたら、心配ごとが嬉し嬉しのこととなる仕組ざぞ、日本臣民ばかりでないぞ、何処の国の民でも同様に助けてやるぞ、神にはエコないのぞ。一月十三日、⦿の一二か三。

第十二帖（二四八）

マコトの者は千人に一人ざぞ、向ふの国にはまだまだドエライ仕組してゐるから今の内に神の申すこと聞いて、神国（かみぐに）は神国のやりかたにして呉れよ。人の殺し合ひ乍（ばか）りではケリつかんのざぞ、今度のまけかちはそんなチョロコイことではないのざぞ、トコトンの処まで行くのざから神も総活動ざぞ、臣民石にかじりついてもやらねばならんぞ、そのかわり今度は万劫末代のことざから何時迄でもかわらんマコトの神徳あたへるぞ。云はれぬこと、神示に出せぬことも知らすことあるぞ。一月十三日、⦿の一二のか三。

第十三帖（二四九）

コトちがふから、精神ちがふから、ちがふことになるのざぞ、コト正しくすれば、正しきこととなるのざぞ。日本の国は元の神の血筋のまじりけのないミタマで、末代治めるのざ。何事も末代のことであるから、末代動かん様に定めるのざから、大望であるぞ。上の臣民この侭で何とか彼んとか、イける様に思ふてゐるが其心われよしざぞ。今度は手合して拝む乍りでは駄目ざと申してあろが、今度は規則きまりたら、昔より六ケ敷くなるのざぞ、まけられんことになるのざぞ、神魂の臣民でないと神の国には住めんことになるのざぞ。この世治めるのは他の先祖の生神の光出さねば、この世治らんのざぞ、今度はトコトン掃除せねば、少しでもまぢり気ありたら、先になりてまた大きな間違ひとなるから、洗濯々々とくどう申してゐるのざ。神は一時は菩薩とも現はれてゐたのざが、もう菩薩では治らんから、愈よ生神の性来現はしてバタバタにらちつけるのざぞ、今の学ある者大き取り違ひいたしてゐるぞ。大国常立尊大神と現はれて、一時は天もかまひ、地の世界は申すに及ばず、天へも昇り降りして、⦿の⦿の⦿の光りクッキリ現はさなならんと仰せあるぞ、早う洗濯せんと間に合はんぞ。この道の役員、吾は苦労して人助けるのざぞ、その心でないと我出して吾のこと思ふてゐるとグレンざぞ。佛もキリストも何も彼もスカリと救はねばならんのざ、殺して救ふのと、生かして御用に使ふのとあるぞ、今度はハッキリ区別するのざぞ、昔からの因縁ざぞ。この方のもとに参りて、昔からの因縁、この先のこと克く聞いて得心できたら、肚の底から改心してマコトの御用結構につとめあげてくれよ。逃道つくってはならんぞ、二つ三つ道つくってはならんぞ。ますぐに神の道に進めよ。神の道は一筋ざと申してあろが。何なりとそれぞれの行せねば、マコトのことは出来んのざぞ、世界の型外れ三八まへ（＊）から愈よが始まると知らしてあること近うなりたぞ、くどい様なれどさっぱりと洗濯してくれよ、神の国は神のやり方でないと治らんから今迄の法度からコトから、やりかたかえて、今迄はやりかた違ってゐたから、神のお道通りに致しますと心からお詫びせねば、する迄苦しむのざぞ、この苦しみは筆にも口にもない様なことに、臣民の心次第でなるのざから、くどう申してゐるのざぞ、何も彼も神にささげよ、てんし様にささげよと申してあろがな、それが神国の民の心得ぞ、否でも応でもそうなって来るのざぞ。神国の政治経済は一つざと申してあろうがな、今の臣民に判る様に申すならば、臣民働いてとれたものは、何でも神様にささげるのざ、神の御社は幸でうづもれるのざぞ、御光輝くのざぞ、光のまちとなるのざぞ。神からわけて下さるのざぞ、其人の働きによってそれぞれに恵みのしるし下さるのざぞ、それがお宝ぞ、お宝徳相当に集るのざぞ、キンはいらんと申してあろがな、元の世になる迄に、さうした事になってそれからマコトの神の世になるのざ。神の世はマツリあるだけぞ、それ迄にお宝下さるのざぞ、お宝とは今のお札の様なものざぞ。判る様に申すなら、神の御社と臣民のお役所と市場と合した様なものが、一時は出来るのざぞ、嬉し嬉しとなるのざぞ、マコトのマツリの一ざぞ。このことよく肚に入れて一二三として説いて、早う上の守護人殿にも、下の守護人殿にも知らして、安心して、勇んで暮す様にしてやりて下されよ。それも臣民の心次第、素直な人、早う嬉しくなりて、心勇むぞ、さびしくなりたらたづねて御座れと申してあろがな。一月十三日、⦿の一二か三。

＊「型外れ三八まへ」は、原典では「かた八四八まへ」となっている。他訳では「片端浜辺」「早よ浜辺」があるが、「型外れ宮（三八）前」なども考えられる。

第十四帖（二五〇）

生味の、生き通しの神が、生味を見せてやらねばならんことに、何れはなるのざが、生神の生味ははげしいから、今の内に綺麗に洗濯しておけと申すのざ、皆にまつろひておけと申すのざ。可哀さうなは兵隊さんざぞ、神に祈りてやりて呉れよ。外国人よ、日本の国にゐる外国魂の守護人よ、愈よとなりて生神の総活動になりたら、死ぬことも生きることも出来ん苦しみに一時はなるのざから、神から見ればそなた達も子ざから早う神の下にかえりてくれよ、いよいよとなりて来たのざぞ、くどうきづけるぞ。一月一三日、⦿の一二のか三。

第十五帖（二五一）

この方の道、悪きと思ふなら、出て御座れ、よきかわるきか、はっきりと得心ゆくまで見せてやるぞ。何事も得心させねば、根本からの掃除は出来んのざぞ、役員気つけて呉れよ。皆和合して呉れよ。わるき言葉、息吹が此方一番邪魔になるぞ、苦労なしにはマコト判らんぞ、慾はいらぬぞ、慾出したら曇るぞ。めくらになるぞ、おわびすればゆるしてやるぞ、天地に御無礼ない臣民一人もないのざぞ。病治してやるぞ、神息吹つくりてやれよ、神いぶきとは一二三書いた紙、神前に供へてから分けてやるもののことざぞ。腹立つのは慢心からぞ、守護神よくなれば肉体よくなるぞ、善も悪も分らん世、闇の世と申すぞ。天照皇太神宮様の岩戸開きは、だました、間違ひの岩戸開きぞ、無理にあけた岩戸開きざから、開いた神々様に大きなメグリあるのざぞ、今度はメグリだけのことはせなならんぞ、神にはわけへだて無いのざぞ、今度の岩戸開きはちっとも間違ひない、まぢりけのない、マコトの神の息吹でひらくのざぞ。まぢりありたら、にごり少しでもありたら、またやり直しせなならんからくどうきつけてゐるのざぞ。何時迄もかわらんマコトでひらくのざぞ。一月十四日旧十一月三十日、◉の一二◉。

第十六帖（二五二）

世の元から生神が揃うて現はれたら、皆腰ぬかして、目パチクリさして、もの云へん様になるのざぞ。神徳貰うた臣民でないと中々越せん峠ざぞ、神徳はいくらでも脊負ひきれん迄にやるぞ、大き器もちて御座れよ、掃除した大きいれものいくらでも持ちて御座れよ、神界にはビクともしぬ仕組出来てゐるのざから安心して御用つとめてくれよ、今度はマコトの神の力でないと何も出来はせんぞと申してあろが、日本の国は小さいが天と地との神力強い、神のマコトの元の国であるぞ。洗濯と申すのは何事によらん、人間心すてて仕舞て、智恵や学に頼らずに、神の申すこと一つもうたがはず生れ赤子の心のうぶ心になりて、神の教守ることぞ。ミタマ磨きと申すのは、神からさづかってゐるミタマの命令に従ふて、肉体心すてて了ふて、神の申すことはそむかん様にすることぞ。学や智を力と頼むうちはミタマは磨けのざ。学越えた学、智越えた智は、神の学、神の智ざと云ふこと判らんか、今度の岩戸開きはミタマから、根本からかへてゆくのざから、中々であるぞ、天災や戦ばかりでは中々らちあかんぞ、根本の改めざぞ。小さいこと思ふてゐると判らんことになると申してあろがな、この道理よく肚に入れて下されよ、今度は上中下三段にわけてあるミタマの因縁によって、それぞれに目鼻つけて、悪も改心さして、善も改心さしての岩戸開きざから、根本からつくりかへるよりは何れだけ六ケ敷いか、大層な骨折りざぞよ。叱るばかりでは改心出来んから喜ばして改心さすことも守護神にありてはあるのざぞ、聞き分けよい守護神殿少いぞ、聞分けよい悪の神、早く改心するぞ、聞分け悪き善の守護神あるぞ。この道の役員は昔からの因縁によってミタマ調べて引寄せて御用さしてあるのざ、めったに見当くるわんぞ、神が綱かけたら中々はなさんぞ、逃げられるならば逃げてみよれ、くるくる廻って又始めからお出直しで御用せなならん様になって来るぞ。ミタマ磨け出したら病神などドンドン逃げだすぞ。出雲の神様大切申せと知らしてあること忘れるなよ。子の歳真中にして前後、十年が正念場、世の立替へは水と火とざぞ。ひつじの三月三日、五月五日は結構な日ぞ。一月十四日、⦿の一二のか三。

第十七帖（二五二）

この神はよき臣民にはよく見え、悪き臣民には悪く見へるのざぞ、鬼門（＊）の金神とも見へるのざぞ、世はクルクルと廻るのざぞ、仕合せ悪くとも悔むでないぞ、それぞれのミタマの曇りとりてゐるのざから、勇んで苦しいこともして下されよ、上が裸で下が袴はくこと出て来るぞ。神が化して使うてゐるのざから、出来上がる迄は誰にも判らんが、出来上りたら、何とした結構なことかと皆がびっくりするのざぞ。びっくり箱にも悪いびっくり箱と、嬉し嬉しのびっくり箱とあるのざぞ、何も知らん臣民に、知らんこと知らすのざから、疑ふは無理ないなれど、曇りとれば、すぐうつる、もとの種もってゐるのざから、早うこの神示読んで洗濯して呉れよ、どんな大峠でも楽に越せるのざぞ、神の道は無理ない道ざと知らしてあろが。ミタマの因縁おそろしいぞ。上下わき上るが近うなりたぞ。一月十四日、⦿の一二か三。

第十八帖（二五四）

今度の御用は世におちて苦労に苦労した臣民でないと中々につとまらんぞ、神も長らく世におちて苦労に苦労かさねてゐたのざが、時節到来して、天晴世に出て来たのざぞ、因縁のミタマ世におちてゐるぞと申してあろがな、外国好きの臣民、今に大き息も出来んことになるのざぞ、覚悟はよいか、改心次第で其時からよき方に廻してやるぞ。改心と申して、人の前で懺悔するのは神国のやり方ではないぞ、人の前で懺悔するのは神きづつけることになると心得よ、神の御前にこそ懺悔せよ、懺悔の悪きコトに倍した、よきコトタマのれよ、コト高くあげよ、富士晴れる迄コト高くあげてくれよ、そのコトに神うつりて、何んな手柄でも立てさせて、万劫末代名の残る様にしてやるぞ。この仕組判りたら上の臣民、逆立ちしておわびに来るなれど、其時ではもう間に合はんからくどう気付けてゐるのざぞ。臣民、かわいから嫌がられても、此方申すのざ。悪と思ふことに善あり、善と思ふ事も悪多いと知らしてあろがな、このことよく心得ておけよ、悪の世になってゐるのざから、マコトの神さへ悪に巻込まれて御座る程、知らず知らずに悪になりてゐるのざから、今度の世の乱れと申すものは、五度の岩戸しめざから見当とれん、臣民に判らんのは無理ないなれど、それ判りて貰はんと結構な御用つとまらんのざぞ、時が来たら、われがわれの口でわれが白状する様になりて来るぞ、神の臣民はづかしない様にして呉れよ、臣民はづかしことは、神はづかしのざぞ。愈よと善と悪のかわりめであるから、悪神暴れるから巻込まれぬ様に褌しめて、この神示よんで、神の心くみとって御用大切になされよ。一月十四日、◯ゝ

＊「鬼門」は、原典では「キ百ん」。鬼門の方位は北東。丑寅（うしとら）、艮（うしとら）とも。

の一二のか三。

第十九帖（二五五）

向ふの国いくら物ありても、人ありても、生神が表に出て働くのざから、神なき国は、いづれは往生ざぞ。この神の申すことよく肚に入れて、もうかなはんと申す所こらへて、またかなはんと申す所こらへて愈よどうにもならんといふ所こらへて、頑張りて下されよ、神には何も彼もよくわかりて帖面に書きとめてあるから、何処までも、死んでも頑張りて下されよ、其処迄見届けねば、この方の役目果せんのざ、可哀さうなれど神の臣民殿、こらえてこらえてマコト何処までも貫きて下されよ、マコトの生神がその時こそ表に出て、日本に手柄さして、神の臣民に手柄たてさして、神からあつく御礼申してよき世に致すのであるぞ、腹帯しっかり締めてくれよ。重ねて神が臣民殿にたのむぞよ、守護神殿にたのむぞよ。一月十四日、⊙のひつ九のか三。

第二十帖（二五六）

いくさ何時も勝と許りはかぎらんぞ、春まけとなるぞ、いざとなれば昔からの生神様総出で御働きなさるから、神の国の神の道は大丈夫であるなれど、日本臣民大丈夫とは申されんぞ、その心の通りになること忘れるなよ、早うミタマ磨いてくれよ、も少し戦すすむと、これはどうしたことか、こんなはづではなかったなあと、どちらの臣民も見当とれん、どうすることも出来んことになると知らしてあろが、さうなってからでは遅いから、それ迄に、この神示よんで、その時にはどうするかと云ふこと判りて居らんと仕組成就せんぞ、役員の大切の役目ざぞ、われの思すてて了ふて早うこの神示、穴のあく程うらの裏まで肚に入れておいてくれよ、この神示の終りに、神強く頼むぞよ。旧十一月三十日、⦿の一二の⦿。

第二十一帖（二五七）

元の大和魂（やまとだましい）にかへれと申すのは、今の臣民には無理ぢゃな、無理でも、神に心向ければ出来るのざぞ、どうしても今度は元のキの侭（まま）の魂にかへらんとならんぞ、かんじんの神示むやみに見せるではないぞ。仕組こわれるぞ、今に神示に書けないことも知らさなならんから、みみから知らすから、肚から肚へと伝へて呉れよ。節分からははげしくなりて、はげしき神示はかかせんぞ。天明神示の御用はこれでしばらく御用すみぞ、その代りみみ掃除しておいてくれよ。旧十一月三十日、⦿の一二⦿。

（磐戸の巻了）

日月神示第一訳文

キの巻 第九巻

自　昭和二十年一月二十九日
至　昭和二十年三月二十日
二五八帖～二七四帖

第一帖（二五八）

節分からは手打ち乍(なが)ら、ひふみ祝詞宣(の)りて呉れよ、拍手(かしわで)は元の大神様の全き御(おん)働きぞ、タカムスビとカミムスビの御働きぞ、御音ぞ、和(ワ)ぞ、大和(ダイワ)のことぞ、言霊ぞ、喜びぞ、喜びの御音ぞ、悪はらう御音ぞ。節分さかいに何も彼も変りて来るぞ、何事も掃除一番ぞ。一月二十九日、⦿の⦿つくの神しるす。

第二帖（二五九）

神示(ふで)読めば何も彼も判る様になりてゐること分らぬか、おはりの御用御苦労であったぞ、奥の奥のこと仕組通りになりてゐる、臣民心配するでないぞ、一の宮は櫻咲く所へつくれよ、わかりたか、天之日津久神奉賛会(あめのひつくのかみほうさんかい)でよいぞ、オホカムツミの神と申しても祀り呉れよ、祭典(まつり)、国民服の左の胸に八(や)たれのシデ二本つけてキヌのシデつけて当分奉仕してよいぞ。道場は一の宮と一つ所でよいぞ、イイヨリの御用タニハの御用御苦労であったぞ。皆の者愈々ざぞ、今から弱音(よわね)では何も出来んぞ、春マケ、夏マケ、秋マケ、冬マケ、ハルマケドンと申してあろが、愈々ざぞ、褌(ふんどし)しめよ、グレンざぞ。二月二十六日、ひつぐの神。

第三帖（二六〇）

雨の神、風の神、地震の神、岩の神、荒(あれ)の神様にお祈りすれば、この世の地震、荒れ逃(のが)らせて下さるぞ、皆の者に知らしてやりて下されよ、この方(ほう)イの神と現われるぞ、キの神と現われるぞ、シチニの神と現れるぞ、ヒの神と現はれるぞ、ミの神と現はれるぞ、イリヰの神と現はれるぞ、五柱(いつはしら)の神様厚くおろがめよ、十柱(とはしら)の神厚くおろがめよ。三月八日、ひつぐの神しらすぞ。

第四帖（二六一）

カミの大事の肝腎の所が違ふた事になりてゐるから、其の肝腎要の所元に戻さな何程人間が、いくら学や智でやりてもドウにもならんぞ、元の先祖の神でないと、此処と云ふ所出来んぞ、神の国の元の因のキのミタマを入れて練直さな出来んのざぞ、肝腎がひっくり返りてゐるぞ、早う気付かんと、間に合はんぞ、もちと大き心持ちなされよ、世界の事ざから、世界の御用ざから大き心でないと、御用出来んぞ。これからは神が化けに化けて心引くことあるから其のつもりでゐて呉れよ、三、四月気付けて呉れよ。三月九日、ひつくの神ふで。

第五帖（二六二）

この神示は心通りにうつるのざぞ、思ひ違ふといくら神示読んでも違ふことになるぞ、心違ふと今度はどんなに偉い神でも人でも気の毒出来るぞ、この方のクヤム事嫌いぞ。次の世となれば、これ迄の様に無理に働かなくても楽に暮せる嬉し嬉しの世となるのざが、臣民今は人の手に握ってゐるものでもタタキ落して取る様になりてゐるのざから神も往生ざぞ、神は臣民楽にしてやりたいのに楽になれて、自分でした様に思ふて神をなきものにしたから今度の難儀となって来たのざぞ。其処にまだ気付かんか、キが元ざと申してあろがな、早う気付かんと間に合はんぞ。この神は従ふ者にはおだやかざが、さからふ者には鬼となるのざぞ。三月十日、ひつぐの神。

第六帖（二六三）

道場開き結構でありたぞ、皆の者御苦労ぞ、知らしてある様に道開いて下されよ、天と地と合せ鏡ぞ、一人でしてはならんぞ。桜咲く所、桜と共に花咲くぞ、夏マケ、秋マケ、となったら冬マケで泣きあげてはならんぞ、戦すんでからが愈々のイクサぞ、褌しめよ、役員も一度は青なるのざぞ、土もぐるのざぞ、九、十、気付けて呉れよ。神示よく読めよ、肝腎のこと判りては居らんぞ、一のことぞ。三月十一日、ひつぐの神。

第七帖（二六四）

物、自分のものと思ふは天の賊ぞ、皆てんし様の物ざと、クドウ申してあるのにまだ判らんか。行出来て口静かにして貰ふと、何事もスラリとゆくぞ、行が出来ておらんと何かの事が遅るのざぞ、遅るだけ苦しむのざぞ。神の国の半分の所にはイヤな事あるぞ、洗濯出来た臣民に元の神がうつりて、サア今ぢゃと云ふとこに、なりたら、臣民の知らん働きさして悪では出来ん手柄さして、なした結構な事かとビックリ箱あくのざぞ。天と地との親の大神様のミコトでする事ぞ、いくら悪神じたばたしたとて手も出せんぞ、この世三角にしようと四角にしようと元のこの方等の心のままぞ。後から来た守護神先になるから今の役員さうならん様に神示で知らしてあるのざから、よく裏の裏まで読んで肚に入れて、何一つ分らん事のない様にして呉れよ、今に恥かしい事になるぞ。元の大和魂の誠の身魂揃ふたら、人は沢山なくてもこの仕組成就するのざと申してあろが、末代動かぬ世の元の礎きづくのざから、キマリつけるのざから、気つけておくぞ。キが元と申してあろがな、上は上の行、中は中、下は下、の行ひ作法あるのざぞ、マゼコゼにしてはならんぞ、この中からキチリキチリと礼儀正しくせよ。三月十一日、ひつぐの神。

第八帖（二六五）

今迄のして来た事が、成程天地の神の心にそむいてゐると云ふこと心から分りて、心からお詫して改心すれば、この先末代身魂をかまうぞ、借銭負ふてゐる身魂はこの世にはおいて貰へん事に規則定ったのざぞ、早う皆に知らしてやれよ。タテコワシ、タテナホシ、一度になるぞ、建直しの世直し早うなるも知れんぞ、遅れるでないぞ。建直し急ぐぞ、建直しとは元の世に、神の世に返す事ざぞ、元の世と申しても泥の海ではないのざぞ、中々に大層な事であるのざぞ。上下グレンと申してあることよく肚に入れて呉れよ。三月十一日、ひつぐの神。

第九帖（二六六）

悪いこと待つは悪魔ぞ、何時建替、大峠が来るかと待つ心は悪魔に使はれてゐるのざぞ。この神示世界中に知らすのざ、今迄は大目に見てゐたが、もう待たれんから見直し聞き直しないぞ、神の規則通りにビシビシと出て来るぞ、世界一平に泥の海であったのを、つくりかためたのは国常立尊であるぞ、親様を泥の海にお住まひ申さすはもったいないぞ、それで天におのぼりなされたのぞ。岩の神、荒の神、雨の神、風の神、地震の神殿、この神々様、御手伝ひでこの世のかため致したのであるぞ、元からの龍体持たれた荒神様でないと今度の御用は出来んのざぞ、世界つくり固めてから臣民つくりたのであるぞ、何も知らずに上に登りて、神を見おろしてゐる様で、何でこの世が治まるものぞ。天と地の御恩といふことが神の国の守護神に判りて居らんから難儀なことが愈々どうにもならん事になるのぞ、バタバタとなるのぞ。臣民生れおちたらウブの御水を火で暖めてウブ湯をあびせてもらふてあろが、其の御水はお土から頂くのざぞ、たき火ともしは皆日の大神様から頂くのざぞ、御水と御火と御土でこの世の生きあるもの生きてゐるのざぞ、そんなこと位誰でも知ってゐると申すであろが其の御恩と云ふ事知るまいがな、一厘の所分かるまいがな。守護神も曇りてゐるから神々様にも早うこの神示読んで聞かせてやれよ、世間話に花咲かす様では誠の役員とは云はれんぞ、桜に花咲かせよ。せわしくさしてゐるのざぞ、せわしいのは神の恵ざぞ、今の世にせわしくなかったら臣民くさって了ふぞ、せわしく働けよ、三月十一日ひつぐの神。

第十帖（二六七）

山の谷まで曇りてゐるぞ、曇りた所へ火の雨降るぞ、曇りた所には神は住めんぞ、神なき所愈々ざぞ。ひどい事あるぞ、神がするのでないぞ、臣民自分でするのざぞ。一日一日のばして改心さすやうに致したなれど一日延せば千日練直さなならんから神は愈々鬼となって規則通りにビシビシと埒あけるぞ、もう待たれんぞ、何処から何が出て来るか知れんぞと申してあろがな。花火に火つけよ、日本の国の乱れて来たのは来られんものを来らしたからぞ。三千年の昔に返すぞ、三万年の昔に返すぞ、三十万年の昔に返さなならんかも知れんぞ。家内和合出来ん様では、この道の取次とは申されんぞ、和が元ざと申してあろが、和合出来ぬのはトラとシシぞ、どちらにもメグリあるからざぞ、昼も夜もないのざぞ、坊主坊主くさくてはならんぞ、三月十三日、一二◉。

第十一帖（二六八）

一二三とは限りなき神の弥栄であるぞ、一は始めなき始であるぞ、ケは終わりなき終りであるぞ、神の用が一二三（ひふみ）であるぞ、始なく終なく弥栄の中今（なかいま）ぞ。一二三は神の息吹（いぶき）であるぞ、一二三唱（とな）えよ、神人共に一二三唱へて岩戸開けるのざぞ、一二三にとけよ、一二三と息せよ、一二三着よ、一二三食（お）せよ、始め一二三あり、一二三は神ぞ、一二三は道ぞ、一二三は祓（はら）ひ清めぞ、祓ひ清めとは弥栄ぞ、神の息ぞ、てんし様の息ぞ、臣民の息ぞ、けもの草木の息ぞ。一（ひ）であるぞ、二（ふ）であるぞ、三（み）であるぞ、ケであるぞ、レであるぞ、ホであるぞ、◎であるぞ、◎であるぞ。皆の者に一二三（ひふみ）唱へさせよ、五柱御（おん）働きぞ、八柱十柱御働きぞ、五十（いつ）らぞ、いろはぞ、判りたか。三月十四日、一二⦿。

第十二帖（二六九）

みぐるしき霊（タマ）にはみぐるしきもの写るぞ、それが病の元ぞ、みぐるしき者に、みぐるしきタマあたるぞ、それで早う洗濯掃除と申してくどう気付けておいたのぞ。神のためしもあるなれど、所々にみせしめしてあるぞ、早う改心して呉れよ、それが天地への孝行であるぞ、てんし様への忠義であるぞ、鎮魂（ミタマシヅメ）には神示（ふで）読みて聞かせよ、三回、五回、七回、三十回、五十回、七十回で始めはよいぞ、それで判らぬ様なればお出直しで御座る。三月十五日、ひつぐの神。

第十三帖（二七〇）

世に落ちておいでなさる御方御一方（おんかたおんひとかた）龍宮の乙姫殿（おとひめどの）御守護遊ばすぞ、この方（かた）、天晴（あっぱ）れ表に表（あらは）れるぞ、これからは神徳貰はんと一寸先へも行けんことになったぞ、御用さして呉れと申してもメグリある金（かね）は御用にならんぞ、メグリになるのざ。自分の物と思ふのが天の賊ぞ、これまで世に出ておいでになる守護神九分九厘迄天の賊ぞ。

偉い人愈々とんでもないことになるぞ、捕（とら）はれるぞ、痛い目にあわされるぞ、今に目覚（さめる）なれど其時（そのとき）では遅い遅い。おかみも一時は無くなるのざ、一人々々何でも出来る様になりて居りて呉れと申してあること近うなりたぞ、ひの大神気付けて呉れよ、どえらいことになるぞ。一厘のことは云はねばならず云ふてはならず、心と心で知らしたいなれど、心でとりて下されよ、よく神示読んでさとりて呉れよ、神たのむのざぞ。三月十六日、ひつぐの神。

第十四帖（二七一）

三月三日から更に厳（きび）しくなるから用意しておけよ、五月五日から更に更に厳しくなるから更に用意して何んな事起ってもビクともせん様に心しておいてくれよ、心違ふてゐるから臣民の思ふことの逆（さか）さ許（ばか）りが出てくるのざぞ、九月八日の仕組近ふなったぞ、この道はむすび、ひふみとひらき、みなむすび、神々地に成り悉（ことごと）く弥栄へ戦争（いくさ）つきはつ大道ぞ。一時はこの中も火の消えた様に淋しくなってくるぞ、その時になっておかげ落さん様にして呉れよ、神の仕組愈々世に出るぞ、三千年の仕組晴れ晴れと、富士は晴れたり日本晴れ、桜花一二三（ひふみ）と咲くぞ。三月十七日、ひつぐの神。

第十五帖（二七二）

誠（マコト）申すと耳に逆らうでおろが、其（そ）の耳取り替へて了ふぞ、我れに判らんメグリあるぞ、今度は親子でも夫婦でも同じ様に裁く訳には行かんのざ、子が天国で親地獄と云ふ様にならん様にして呉れよ、一家揃ふて天国身魂となって呉れよ、国皆揃ふて神国となる様つとめて呉れよ、メグリは一家分け合って、国中分け合って借金なしにして下されよ、天明代りに詫(わ)びしてくれよ、役員代りて詫びして呉れよ、この神示肚に入れておれば何んな事が出て来ても胴(どう)すわるから心配ないぞ、あななひ、元津(もとつ)神々人の世ひらき和し、悉く神人みつ道、勇み出で、総てはひふみひふみとなり、和し勇む大道、三月十九日、ひつぐの神。

第十六帖（二七三）

元津神代の道は満つ、一時は闇の道、ひらき極み、富士の代々(よよ)、鳴り成るには弥栄に交わり和すの道、道は弥栄。ひふみ道出で睦(むつ)び、月の神足り足りて成り、新しき大道みつ。神々みち、ゑらぎ百千万(ももちよろづ)のよきこと極む。いよいよとなり、何も彼も百千(ももち)とひらき、道栄え道極み進み、道極み真理の眞理極む。元の光の神々ゑらぎ、更に進む世、和合まずなりて百の世極みなる。世に光る神々の大道、神々ことごとにゑらぎて大道いよいよ展(ひら)き進みて、大真理世界の三つは一と和し、鳴り成りて始めて、まことの愛の代極み来る、弥栄の代の神、人、神人わけへだてなく光り輝き、道は更に極みの極みに進み動き、ありとあることごとくの成り結び、更に新しく更に極むるの大道、神代歓喜の代々。三月二十日、ひつくの神。

第十七帖（二七四）

すり鉢に入れてコネ廻してゐるのざから一人逃れ様とてのがれる事出来んのざぞ、逃れようとするのは我れよしざぞ、今の仕事五人分も十人分も勢出せと申してあろがな、急ぐでないぞ、其の御用すみたら次の御用にかからすのざから、この世の悪も善も皆御用と申してあろが。身魂(みたま)相当の御用致してゐるのざぞ、仕事し乍(なが)ら神示肚に入れて行けば仕事段々変るのざぞ、神示声立てて読むのざと、申してあること忘れるなよ、その上で人に此の道伝へてやれよ、無理するでないぞ。我捨てて大き息吹きにとけるのざぞ、神の息吹きにとけるのざぞ、「御みいづ」にとけ入るのざぞ、愈々神示一二三となるぞ、一二三とは息吹ぞ、みみに知らすぞ、云はねばならぬから一二三として、息吹きとして知らすぞ。神示よく読めば分ることぞ、神示読めよ、よむと神示出るぞ、此の巻は「キの巻」と申せよ。富士は晴れたり⊕ばれ、岩戸あけたり⊕ばれぞ。三月二十日、ひつぐの神。

（キの巻了）

日月神示第一訳文

水の巻 第十巻

自　昭和二十年旧三月十日
至　昭和二十年六月二十三日
二七五帖～二九一帖

第一帖（二七五）

水の巻書き知らすぞ。見渡す限り雲もなく富士は晴れたり、日本晴れ、海は晴れたり、日本晴れ、港々に日の丸の旗翻る神の国。それまでに云ふに云はれんことあるなれど、頑張り下されよ。道も無くなるぞ。てんし様おろがみてくれよ。てんし様は神と申して知らしてあろがな、まだ分らんか、地の神大切せよと聞かしてあろが、神様にお燈明ばかり供へてはまだ足らぬのぞ。お燈明と共に水捧げなならんのざぞ。火と水ぞと申してあろ、神示よく裏の裏まで読みて下されよ、守護神殿祭りて呉れよ。まつはらねば力現はれぬぞ、守護神殿は拍手四つ打ちておろがめよ、元の生神様には水がどうしてもいるのざぞ、火ばかりでは力出ぬのざぞ、わかりたか、曇りなく空は晴れたり。旧三月十日、みづのひつ九⦿。

第二帖（二七六）

ひふみ、よいむなや、こともちろらね、しきる、ゆゐつわぬ、そをたはくめか、うおえ、にさりへて、のますあせゑほれけ。一二三祝詞であるぞ。たかあまはらに、かみつまります、かむろき、かむろみのみこともちて、すめみおやかむいざなきのみこと、つくしのひむかのたちはなのおとのあはきはらに、みそきはらひたまふときに、なりませる、はらひとのおほかみたち、もろもろのまかことつみけかれを、はらひたまへきよめたまへともおすことのよしを、あまつかみ、くにつかみ、やほよろづのかみたちともに、あめのふち、こまのみみふりたててきこしめせと、かしこみかしこみもおす。あめのひつくのかみ、まもりたまへさちはへたまえ。あめのひつくのかみ、やさかましませ、いやさかましませ。一二三四五六七八九十。旧三月十日、みづのひつ九か三。

第三帖（二七七）

神の子は神としての自分養（やしな）ふことも、つとめの一つであるぞ。取違ひすると大層な事になるから、気つけておくぞ。書かしてある御神名（ごしんめい）は御神体（ごしんたい）として祭りてもよく、お肌守（はだまもり）としてもよいぞ、皆に多く分けてやれよ。御神名いくらでも書かすぞ。その用意しておいてくれよ。神急ぐぞ。

祓（はら）ひ祝詞書き知らすぞ。

かけまくもかしこき、いざなぎのおほかみ、つくしのひむかの、たちばなのおとのあはきはらに、みそぎはらひたまふときになりませる、つきたつふなどのかみ、みちのなかちはのかみ、ときおかしのかみ、わつらひのうしのかみ、ちまたのかみ、あきくひのうしのかみ、おきさかるのかみ、おきつなぎさびこのかみ、おきつへらのかみ、へさかるのかみ、へつなぎさひこのかみ、へつかひへらのかみ、やそまかつひのかみ、おほまかつひのかみ、かむなほひのかみ、おほなほひのかみ、いづのめのかみ、そこつわたつみのかみ、そこつつおのかみ、なかつわたつみのかみ、なかつつおのみこと、うわつわたつみのかみ、うわつつのおのみこと、はらひと四（よ）はしらのかみたちともに、もろもろのまかこと、つみけがれをはらひたまへ、きよめたまへとまおすことを、きこしめせと、かしこみかしこみもまおす。

次に「うけひ」の言葉しらすぞ。

ご三たいのおほかみさま、ご三たいのおほかみさま、ひつきのおほかみさま、くにとこたちのおほかみさま、とよくもぬのおほかみさま、つきのおほかみさま、すさなるのおほかみさま、あめのかみさま、かぜのかみさま、いわのかみさま、キのかみさま、かねのかみさま、ひのかみさま、ひのでのかみさま、りゅうぐうのおとひめさま、やほよろづのいきかみさま、ことにいすずにます、てんしょうこうだいしんぐうさま、とようけのおほかみさまをはじめたてまつり、よのなかのいきかみさま、うぶすなのおほかみさまのおんまへに、ひろきあつきごしゅごのほど、ありがたく、とうとく、おんれいもうしあげます。このたびのいわとひらきには、千万いやさかのおはたらき、ねがひあげます。あめつちのむた、いやさかに、さかへまさしめたまひ、せかいのありとあるしんみん、ひとひもはやく、かいしんいたしまして、おほかみさまのみむねにそひまつり、おほかみさまのみこころのまにまに、かみくに、じょうじゅのため、はたらきますよう、おまもりくださいませ。そのため、このたま、このみは、なにとぞ、いかようにでも、おつかひくださいませ。みむねのまにまに、まことのかみくにのみたみとしてのつとめを、つとめさしていただくよう、むちうち、ごしゅごくださいませ、かむながら、いやさかましまいやさかせましませ。

次に御先祖様の拝詞しらすぞ。

此の祖霊宮に神鎮まり坐す。遠津祖神、代々の祖霊神達の御前、また親族家族の霊祖神の御前に謹み敬ひも白す。此の家国には諸々の曲言、罪穢あらしめず、夜の護り、日の守りに守り幸はひ給ひ、まこと神国の民としての義務を全うせしめ給ひ、夜の護り日の守りに守り、捧ぐるものの絶間無く、子孫の弥栄継ぎに栄えしめ給へと畏み畏みも白す、惟神霊神幸はへませ、惟神霊神幸はへませ。

一本の草でも干して貯へておけよと申してあろがな。四月二十三日、三の一二のか三。

第四帖（二七八）

大宮も土足にされる時が来る、おかげ落さん様に気付けよ。勲章も何んにもならん時が来る、まこと一つに頼れ人々。二十四日、みづの一二か三。

第五帖（二七九）

外国のコト無くなるぞ。江戸の仕組旧五月五日迄に終りて呉れよ。後はいよいよとなるぞ。神が申した時にすぐ何事も致して呉れよ。時過ぎると成就せん事あるのざぞ。桜花一時に散る事あるぞ、いよいよ松の世と成るぞ。万劫（まんごう）変らぬ松の世と成るぞ。松の国、松の世、結構であるぞ。この神示声出して読みあげてくれよ。くどう申してあろがな。言霊（ことだま）高く読みてさえおれば結構が来るのざぞ。人間心出してはならんぞ。五月一日、みづのひつ九のか三。

第六帖（二八〇）

キが元ぞと申してあろがな。神国（かみぐに）負けると云ふ心、言葉は悪魔ぞ、本土上陸と云ふキは悪魔ざぞ。キ大きく持ちて下されよ。島国日本にとらはれて呉れるなよ。小さい事思ふてゐると見当取れん事になるぞ。一（ひ）たべよ、二（ふ）たべよ、食べるには噛むことぞ、噛むとはかみざぞ、神にそなへてからかむのざぞ、かめばかむほど神となるぞ、神国ぞ、神ながらの国ぞ、かみながら仕事してもよいぞ。青山も泣き枯る時あると申してあろが。日に千人（ちひと）食殺されたら千五百（ちいほ）の産屋（うぶや）建てよ。かむいざなぎの神のおん教（おしへ）ぞ。神きらふ身魂は臣民も厭（きら）ふぞ。五月二日、みづのひつくのか三。

第七帖（二八一）

皆病気になりてゐること分らぬか。一二三のりとで直してやれよ。神示読みて直してやれよ。自分でも分らぬ病になってゐるぞ。早ふ直さぬとどうにもならんことになって来るぞ。この宮、假であるぞ。真中に富士の山つくり、そのまわりに七つの山つくりて呉れよ。拝殿つくり呉れよ。神示書かす所作りてくれよ。天明弥澄む所作りて呉れよ。いづれも假でよいぞ。早ようなされよ。松の心にさへなりておれば、何事もすくすく行くぞ。五月四日、みづのひつ九のか三。

第八帖（二八二）

鎮座は六月の十日であるぞ。神示書かしてまる一年ぞ。神示で知らしてあろが、それからがいよいよの正念場ざぞ。びっくり箱あくぞ。五月四日、みづのひつ九のか三。

第九帖（二八三）

富士は晴れたり日本晴れ、いよいよ岩戸開けるぞ。お山開きまこと結構。松の国、松の御代となるぞ。旧九月八日から大祓ひのりとに天津祝詞の太のりと「一二三のりとコト」入れてのれよ、忘れずにのれよ。その日からいよいよ神は神、けものはけものとなるぞ。江戸道場やめるでないぞ、お山へ移してよいぞ。役員一度やめてよいぞ。またつとめてよいぞ。めぐりあるから心配あるのぞ。めぐり無くなれば心配なくなるぞ。心配ないのが富士は晴れたりぞ、富士晴れ結構ぞ。日津久の御民何時も富士晴れ心でおりて下されよ。肉体ちっとの間であるが、魂は限りなく栄へるのざぞ。金に難渋して負けぬ様にして下されよ。金馬鹿にしてはならんぞ。あせるでないぞ。あせると心配事出来るぞ。神が仕組みてあること、臣民がしようとて出来はせんぞ。細工はりうりう滅多に間違ひないのざぞ。見物して御座れ、見事して見せるぞ。不和の家ふわの国のささげものは神は要らんぞ。喜びの捧げもの米一粒でもよいぞ。神はうれしいぞ。旧九月八日とどめぞ。六月二日、みづのひつ九のか三。

第十帖（二八四）

五大洲引繰り返って居ることまだ判らぬか。肝腎要の事ざぞ。七大洲となるぞ。今の臣民に判る様に申すならば御三体の大神様とは、天之御中主神様、高皇産霊神様、神皇産霊神様、伊弉諾神様、伊弉冉神様、つきみかきむかつひめの神様で御座るぞ。雨の中とはあめのみくまりの神、くにのみくまりの神、風の神とはしなどひこの神、しなどひめの神、岩の神とはいわなかひめのかみ、いわとわけの神、荒の神とは大雷のをの神、わきいかづちおの神、地震の神とは武甕槌神、経津主神々様の御事で御座るぞ。木の神とは木花開耶姫神、金の神とは金かつかねの神、火の神とはわかひめきみの神、ひのでの神とは彦火々出見神、龍宮の乙姫殿とは玉依姫の神様のおん事で御座るぞ。此の方の事何れ判りて来るぞ。今はまだ知らしてならん事ぞ。知らす時節近づいたぞ。六月十一日、みづのひ二ゝ⃝。

第十一帖（二八五）

神第一とすれば神となり、悪魔第一とすれば悪魔となるぞ。何事も神第一結構。カイの言霊キざぞ。キが元ぞと知らしてあろが。カイの御用にかかりてくれよ。何と云ふ結構なことであったかと、始めは苦しいなれど、皆が喜ぶ様になって来るのざぞ。先楽しみに苦しめよ。ぎゅうぎゅうと、しめつけて目の玉がとび出る事あるのざぞ、そこまでに曇りて居るのざぞ、はげしく洗濯するぞ。可愛い子、谷底に突落さなならんかも知れんぞ。いよいよ神が表に現はれて神の国に手柄立てさすぞ、神国光輝くぞ。日本にはまだまだ何事あるか判らんぞ。早く一人でも多く知らしてやれよ。タマ磨けば磨いただけ先が見えすくぞ。先見える神徳与へるぞ。いくらえらい役人頑張りても今迄の事は何も役に立たんぞ。新しき光の世となるのぞ。古きもの脱ぎすてよ、と、申してあろがな。まこと心になりたならば自分でも判らん程の結構出て来るぞ。手柄立てさすぞ。いくら我張りても我では通らんぞ。我折りて素直になりて下されよ、これでよいと云ふことないぞ、いくらつとめてもつとめても、これでよいと云ふことは、ないのざぞ。神の一厘のしぐみわかりたら世界一列一平になるぞ。ますかけ（＊）ひいて、世界の臣民、人民勇みに勇むぞ。勇む事此の方嬉しきぞ。富士は何時爆発するのざ、何処へ逃げたら助かるのぞと云ふ心我れよしぞ。何処に居ても救ふ者は救ふと申してあろが。悪るき待つキは悪魔のキざぞ。結構が結構生むのざぞ。六月十一日、みづのひつ九か三。

＊「ますかけ」は、升掻・枡掻。升に盛った穀類を、升の線の高さに平（なら）すために用いる短い棒。斗掻。斗掛。

第十二帖（二八六）

人間心には我があるぞ。神心には我がないぞ。我がなくてもならんぞ、我があってはならんぞ。我がなくてはならず、あってはならん道理分りたか。神にとけ入れよ。てんし様にとけ入れよ。我なくせ、我出せよ。建替と申すのは、神界、幽界、顕界にある今迄の事をきれいに塵一つ残らぬ様に洗濯することざぞ。今度と云ふ今度は何処までもきれいさっぱりと建替するのざぞ。建直と申すのは、世の元の大神様の御心のままにする事ぞ。御光の世にすることぞ。てんし様の御稜威輝く御代とする事ぞ。政治も経済も何もかもなくなるぞ。食べるもの一時は無くなって仕舞ふぞ。覚悟なされよ。正しくひらく道、道鳴り出づ、はじめ苦し、展きゐて、月鳴る道は弥栄、地ひらき、世むすび、天地栄ゆ、はじめ和の道、世界の臣民、てんし様おろがむ時来るのざぞ。邪魔せずに見物いたされよ、御用はせなならんぞ。この神示読めよ、声高く。この神示血とせよ、益人となるぞ。天地まぜこぜとなるぞ。六月十二日、みづのひつ九のか(ゝ)。

第十三帖（二八七）

火と水と申してろがな。火つづくぞ。雨つづくぞ。火の災あるぞ。水の災あるぞ。火のおかげあるぞ、水の災、気つけよ。火と水入り乱れての災あるぞ、近ふなりたぞ。火と水の恵みあるぞ。一度は神の事も大き声して言へん事あるぞ、それでも心配するでないぞ。富士晴れるぞ。家族幾人居ても金いらぬであろが。主人どっしりと座りておれば治まっておろが。神国のかた残してあるのざぞ。国治めるに政治はいらぬぞ、経済いらぬぞ。神おろがめよ、神祭れよ、てんし様おろがめよ。何もかも皆神に捧げよ、神からいただけよ。神国治るぞ。戦もおさまるぞ。今の臣民口先ばかりでまこと申してゐるが、口ばかりではなほ悪いぞ。言やめて仕へまつれ。でんぐり返るぞ。六月十三日、みづのひつくのかみ。

第十四帖（二八八）

今迄は闇の世であったから、どんな悪い事しても闇に逃れる事出来てきたが闇の世はもうすみたぞ。思ひ違ふ臣民沢山あるぞ。何んな集ひでも大将は皆思ひ違ふぞ。早ふさっぱり心入れ換えて下されよ。神の子でないと神の国には住めんことになるぞ。外国へ逃げて行かなならんぞ、二度と帰れんぞ。外国行とならぬ様、根本から心入れかへて呉れよ。日本の国の臣民皆兵隊さんになった時、一度にどっと大変が起るぞ。皆思ひ違ふぞ。カイの御用はキの御用ぞ。それが済みたら、まだまだ御用あるぞ。行けども行けども、草ぼうぼう、どこから何が飛び出すか、秋の空グレンと変るぞ。この方化けに化けて残らずの身魂調べてあるから、身魂の改心はなかなかにむつかしいから。今度と云ふ今度は、天の規則通り、びしびしとらちつけるぞ。御三体の大神様三日此の世をかまひなさらぬとこの世はクニャクニャとなるのざぞ。結構近づいて居るのざぞ。大層が近づいて居るのざぞ。この神示読みて神々様にも守護神殿にも聞かせて呉れよ。いよいよあめの日津久の神様おんかかりなされるぞ。旧五月五日、みづのひつ九か三。

第十五帖（二八九）

富士、火吐かぬ様おろがみて呉れよ。大難小難にまつりかへる様おろがみて呉れよ、食物頂く時はよくよく噛めと申してあろが、上の歯は火だぞ、下の歯は水だぞ。火と水と合すのざぞ。かむろぎかむろみぞ。噛むと力生れるぞ。血となるぞ、肉となるぞ。六月十七日、ひつ九のかみ。

第十六帖（二九〇）

まだまだ御苦労あるぞ。たまの宮つくりてよいぞ。われの事言はれて腹のたつ様な小さい心では、今度の御用出来はせんのざぞ、心大きく持てと申してあろがな。六月二十日ひつ九のかみ。

第十七帖（二九一）

カイの御用はキの御用であるぞ、臣民はミの御用つとめて呉れよ。キとミの御用であるぞ。ミの御用とは体（からだ）の御用であるぞ。身養ふ正しき道開いて伝へて呉れよ。今迄の神示読めばわかる様にしてあるぞ。キの御用に使ふものもあるぞ。キミの御用さす者もあるぞ、お守（まもり）の石どしどしさげてよいぞ。水の巻これで終りぞ。六月二十三日、三（みづ）の一二⦿。

（水の巻了）

日月神示第一訳文

松の巻 第十一巻

自 昭和二十年六月十七日
至 昭和二十年七月十九日
二九二帖〜三二〇帖

第一帖（二九二）

富士は晴れたり世界晴れ。三千世界一度に晴れるのざぞ。世の元の一粒種の世となったぞ。松の御代となったぞ。世界ぢうに揺ぶりて眼覚すぞ。三千年の昔に返すぞ。煎り豆花咲くぞ。上下ひっくり返るぞ。水も洩さん仕組ぞ。六月十七日、あめのひつ九のか三。

第二帖（二九三）

神の国を、足の踏むところない迄にけがして仕舞ふてゐるが、それで神力は出ぬぞ。臣民無くなるぞ。残る臣民三分むつかしいぞ。三分と思へども、二分であるぞ。邪魔せん様に、分らん臣民見物して御座れ。ここまで知らして眼覚めん臣民なら手引いて見てゐて御座れ。見事仕上げて見せるぞ。雀ちうちう烏かうかう。六月十八日、あめのひつ九かミ。

第三帖（二九四）

神烈しく、人民静かにせよ。云ふた事必ず行はねばならんぞ。天から声あるぞ、地から声あるぞ、身魂磨けばよくわかるのざぞ。旧九月八日までにきれいに掃除しておけよ、残る心獣ぞ。神とならば、食ふ事も着る事も住む家も心配なくなるぞ。日本晴れとはその事ざぞ。六月十九日、あめのひつ九のかみ。

第四帖（二九五）

幾ら(いく)誠(まこと)申しても、まことは咽喉(のど)へ閊(つか)へて呑み込めぬから、誠の所へは人民なかなか集らんなれど、今度の御用は臣民沢山は要らんぞ。何もかも神が仕組みてゐるのざから人民仕様(しよう)とて何も出来はせんぞ、神の気概(きがい)に叶はん人民は地の下になるのざぞ。神示(ふで)わからねば一度捨てて見るとわかるのざぞ。六月二十日、アメのひつ九のかミ。

第五帖（二九六）

この先どうしたらよいかと云ふ事は、世界中金(かね)の草鞋(わらじ)（＊）で捜(さが)しても此処(ここ)より他(ほか)分からんのざから、改心して訪ねて御座れ。手取りてよき方に廻してやるぞ。神の国の政治は、もの活(いか)す政治と申してあろが、もの活かせば、経済も政治も要らんぞ。金(かね)もの云ふ時から、物もの云ふ時来るぞ。石もの云ふ時来るぞ。六月二十一日の朝、アメのひつ九のかみ神示。

＊「金(かね)の草鞋(わらじ)」。原典では「かねの〇（わ）ら二（じ）」。諺『金の草鞋』とは、いくら歩いても擦り切れない鉄製のわらじを履いて辛抱強く探し回ること。

第六帖（二九七）

今迄の世に出てゐる守護神、悪神(あくがみ)を天の神と思ってゐるからなかなか改心むつかしいぞ。今迄の心すくりとすてて生れ赤子となりて下されと申してあろが。早よ改心せねば間に合はん、残念が出来るぞ。この神示わからんうちから、わかりておらんと、分りてから、分りたのでは、人並みざぞ。地の規則、天の規則となる事もあるのざぞよ。六月二十二日、アメのひつ九のかみ。

第七帖（二九八）

偉い人皆俘虜となるぞ。夜明け近くなったぞ。夜明けたら何もかもはっきりするぞ。夜明け前は闇より暗いぞ慌てるでないぞ。神の国一度負けた様になって、終ひには勝ち、また負けた様になって勝つのざぞ。腹の中のゴモク一度に引張り出してもならぬし、出さねば間に合はんし、いよいよ荒事にかかるからそのつもりで覚悟よいか、わからん人民退いて邪魔せずに見物してござれよ。六月二十三日、アメのひつ九の⦿。

第八帖（二九九）

神の国には昔から神の民より住めんのであるぞ、外国身魂は外国行。一寸の住むお土も神国にはないのぞ。渡れん者が渡りて穢して仕舞ふてゐるぞ。日本の人民、大和魂何処にあるのざ、大和魂とは神と人と解け合った姿ぞ。戦いよいよ烈しくなると、日本の兵隊さんも、これは叶はんと云ふ事になり、神は此の世にいまさんと云ふ事になって来るぞ。それでどうにもこうにもならん事になるから、早よう神にすがれと申してゐるのぞ。誠ですがれば、その日からよくなるぞ、神力現れるぞ。今度の建替は、此の世初まってない事であるから、戦ばかりで建替出来んぞ。世界隅々まで掃除するのであるから、どの家もどの家も、身魂も身魂も隅々まで生き神が改めるのざから、辛い人民沢山出来るぞ。ミタマの神がいくら我張っても、人民に移っても、今度は何も出来はせんぞ。世の元からの生神でない事には出来ないのであるぞ。それで素直に云ふ事聞けとくどう申すのぞ、今度は神の道もさっぱりとつくりかへるのざぞ、臣民の道は固より、獣の道もつくりかへぞ。戦の手伝位誰でも出来るが、今度の御用はなかなかにむつかしいぞ。赤いものが赤い中にゐると色無いと思ふのぞ、気付けて呉れよ。悪神の守護となれば自分で正しいと思ふ事、悪となるのざぞ。悪も改心すれば助けてやるぞ。海の御守護は龍宮のおとひめ様ぞ。海の兵隊さん龍宮のおとひめ殿まつり呉れよ。まつわり呉れよ。龍宮のおとひめ殿の御守護ないと、海の戦は、けりつかんぞ。朝日輝る夕日たださす所に宝いけておいてあるぞ。宝愈々世に出るぞ。人民の改心第一ぞ。顔は今でも変るぞ、タマの改心なかなかぞ。六月二十三日、アメのひつ九のかみ。

第九帖（三〇〇）

悪のやり方は始めはどんどん行くなれど、九分九厘でグレンぞ、善のやり方始め辛いなれど先行く程よくなるぞ。この世に何一つ出来んと云ふことない此の方のすることぞ。云ふ事きかねば、きく様にしてきかすぞ。因縁だけのことはどうしてもせねば、今度の峠は越せんのざぞ。ここの役員は皆因縁ミタマばかり、苦労しただけお蔭あるぞ。六月二十四日、あめのひつくのかみしるす。

第十帖（三〇一）

今度役目きまったら、末代続くのざぞ、神示に出た通りの規則となるぞ。善も末代ぞ、悪も末代ぞ。此の世は一であるぞ。われの身体われに自由にならぬ時来たぞ。神に縋るより仕方なくなって、すがったのでは、間に合はんぞ。今度はいろはの世に戻すぞ。ひふみの世に戻すぞ。素直にすればタマ入れかへて、よい方に廻はしてやるぞ。よろこびの身といたしてやるぞ。六月二十四日、あめのひつぐのかみしるす。

第十一帖（三〇二）

今の法律此（こ）の方（ほう）嫌ひぢゃ。嫌ひのもの無くするぞ。凝り固まると害（そこな）ふぞ。此の道中行く道と申してあるが、あれなら日津久（ひつく）の民ぞと世間で云ふ様な行（おこな）ひせねばならんぞ。神の国と申すものは光の世、よろこびの世であるぞ。虫けらまで、てんし様の御光に集るよろこびの世であるぞ。見事此の方についてご座（ざ）れ。手引ぱって峠越さしてやるぞ。六月二十五日、あめのひつぐのかみ。

第十二帖（三〇三）

前にも建替はあったのざが、三千世界の建替ではなかったから、どの世界にでも少しでも曇りあったら、それが大きくなって、悪は走れば、苦労に甘いから、神々様でも、悪に知らず知らずなって来るのざぞ。それで今度は元の生神が天晴（あっぱ）れ現はれて、悪は影さへ残らぬ様、根本（こんぽん）からの大洗濯するのぞ、神々様、守護神様、今度は悪は影も残さんぞ。早よう改心なされよ。六月二十八日、あめのひつくのかみ。建替の事、学や智では判らんぞ。

第十三帖（三〇四）

この世界は浮島（うきしま）であるから、人民の心通り、悪（わ）るくもなりよくもなるのざぞ。食ふ物ないと申して渉（ある）き廻ってゐるが、餓鬼に喰はすものは、もういくら捜してもないのぞ。人は神の子ざから食ふだけのものは与へてあるぞ。神の子に餓死はないぞ。いやさかのみぞ。此処は先づ世界の人民の精神よくするところであるから、改心せねばする様いたすぞ、分らんのは我かまうひと慢心してゐるからぞ。旧九月十六日、あめのひつ九の⦿。

第十四帖（三〇五）

裏切る者沢山出てくるぞ。富士と鳴戸の仕組、諏訪マアカタの仕組、ハルナ、カイの御用なされよ。悪の総大将よ。早よ改心なされ。悪の神々よ。早よ改心結構であるぞ。いくら焦りてあがいても神国の仕組は判りはせんぞ。悪とは申せ大将になる身魂、改心すれば、今度は何時迄も結構になるのぞ。日本の臣民人民皆思ひ違ふと、くどう知らしてあろが。まだ我捨てぬが、水でも掃除するぞ。六月二十九日、あめのひつぐのかみ神示。

第十五帖（三〇六）

この神示うぶのままであるから、そのつもりで、とりて呉れよ。嘘は書けん根本ざから此の神示通りに天地の規則きまるのざぞ、心得て次の世の御用にかかりて呉れよ。世界の事ざから、少し位の遅し早しはあるぞ。間違ひない事ざぞ。大将が動く様では、治らんぞ。真中動くでないと申してあろが、此の世の頭から改心せねば、此の世治まらんぞ。此の方頼めばミコトでおかげやるぞ。龍宮のおとひめ殿烈しき御活動ぞ。六月三十日、あめのひつぐのかみしるす。

第十六帖（三〇七）

火と水と組み組みて地が出来たのであるぞ、地の饅頭の上に初めに生えたのがマツであったぞ。マツはもとのキざぞ、松植へよ、松供へよ、松ひもろぎとせよ、松玉串とせよ、松おせよ、何時も変らん松心となりて下されよ。松から色々な物生み出されたのぞ、松の国と申してあろが。七月五日、あめのひつくのかみ。

第十七帖（三〇八）

釋迦祀れ。キリスト祀れ。マホメット祀れ。カイの奥山は五千の山に祀り呉れよ。七月の十と二日に天晴れ祀りて呉れよ、愈々富士晴れるぞ。今の人民よいと思ってゐる事、間違ひだらけざぞ。此処までよくも曇りなされたな。二の山、三の山、四の山に祀り呉れよ。まだまだ祀る神様あるぞ。七月二日、あめのひつぐのかみ。

第十八帖（三〇九）

人民同志の戦ではかなはんと云ふ事よく判りたであろかな、神と臣民融け合った大和魂でないと勝てんことぞ。悪神よ、日本の国を此処までよくも穢したな、これで不足はあるまいから、いよいよ此の方の仕組通りの、とどめにかかるから、精一杯の御力でかかりて御座れ、学問と神力の、とどめの戦ぞ。七月三日、あめのひつくのかみ。

第十九帖（三一〇）

改心次第で善の霊と入れ換へて、その日からよき方に廻してやるぞ。宵の明星が東へ廻ってゐたら、愈々だぞ。天の異変気付けと、くどう申してあろがな。道はまっすぐに行けよ。寄道するではないぞ、わき目ふると悪魔魅入るぞ。それも我れの心からざぞ。七月四日、あめのひつくのかみ。

第二十帖（三一一）

此処まで来れば大丈夫ざぞ。心大きく持ちて焦らずに御用せよ、饌にひもじくない様、身も魂も磨いておけよ。もう何事も申さんでも、天と地とにして見せてあるから、それよく見て、改心第一ぞ。悪は霊力が利かん様になったから最後のあがきしてゐるのざぞ。人助けておけば、その人は神助けるぞ。神界と現界の事この神示よく分けて読みて下されよ。これから愈々の御用あるぞ。皆の者も同様ぞ。七月五日、あめのひつくのかみ。

第二十一帖（三一二）

旧九月八日からの祝詞は初めに、ひとふたみ唱え、終りにも百千卍宣れよ。お神山作る時は、何方からでも拝める様にしておけよ。一方から拝むだけの宮は我れよしの宮ぞ。何もかも変へて仕舞ふと申してあろうが。神徳貰へば何事も判りて来るのざぞ。要らんもの灰にするのざぞ。息乱れん様にせよ。七月七日、アのひつくのかみ。

第二十二帖（三一三）

世変りたら生命（いのち）長くなるぞ。今迄上にあがりて楽してゐた守護神は大峠（おおとうげ）越せん事になるぞ。肉体あるうちに改心しておかんと、霊（れい）になっての改心なかなかぞ。悪も御苦労の御役（おんやく）。此の方のついて御座れ。手引いて助けてやると申してあろが。悪の改心、善の改心、善悪ない世を光の世と申すぞ。七月八日、アのひつくのかみ。

第二十三帖（三一四）

国々所々に、神人鳴り動く、道は世にひらき極む、日月地更に交わり結び、その神々ひらき弥栄え、大地固（かため）成（なせ）、まことの神と現はれ、正し、三神は世に出づ、ひふみと鳴り成るぞ。正しくひらけ弥栄へて更につきず、鳴る道に成り、交わる。永遠（とわ）の世光ることは永遠の大道、息吹き大地に充ち満つ道、展（ひら）きてつきず、極り成る神の道。苦む道をひらき、日月地に苦しむ喜び出で、神の国むつび、悉（ことごと）く歓喜弥栄ゆ。七月十日、あめのひつくのかみ。

第二十四帖（三一五）

早く早くと申せども、立体の真道に入るは、小我（われ）死なねば、大我（われ）もなき道ぞ、元栄えひらき鳴る神、元にひらき成る神、元津神、日の神、極みきわまりて足りいよいよ月の神はらみ交わりさかゆ、成りむつび、神々極まるところ、ひふみ、よろづ、ち、ももと、ひらく、歓喜の大道、神々更に動きひらき栄ゆ。元津神のナルトの秘密、永遠に進み、いき、ひらき極む。元津大神かくりみ、次になる神かくりみのナルトぞ、富士栄え、火の道動き、うづまき鳴り、極みに極みて、地また大地動き、うづまくぞ、真理なりて極まり、鏡の如くなり、極りて、動きひらき、極まりて大道、遂に成るぞ。七月十日、あめのひつくのかみ。

第二十五帖（三一六）

ムからウ生れ、ウからム生れると申してあるが、ウム組み組みて、ちから生れるのざぞ。今度の大峠はムにならねば越せんのざぞ。ムがウざぞ。世の元に返すのぞと申してあろが。ムに返れば見えすくのざぞ。風の日もあるぞ。七月十一日、アメのひつくのかみ。

第二十六帖（三一七）

カイ奥山開き結構々々。奥山元ぞ。中山は介添ぞ。国々おつる隅なくつくり呉れよ。一の宮ばかりでないぞ。二の宮、三の宮、四の宮、五の宮、六の宮、七の宮まで、つくりてよいぞ。何処にも神まつれと申してあろが。てんし様まつれと申してあろが。まつり結構。まつればよろこぶこと出来るぞ。七月十三日、あめのひつくのかみ。

第二十七帖（三一八）

天も地も一つにまぜし大嵐、攻め来る敵は駿河灘、富士を境に真二つ。先づ切取りて残るもの、七つに裂かん仕組なり。されど日本は神の国。最後の仕組神力に、寄せ来る敵は魂まで、一人残らずのうにする。夜明の御用つとめかし、晴れたる富士のすがすがし。七月十四日　あめのひつくのかみ。（＊）

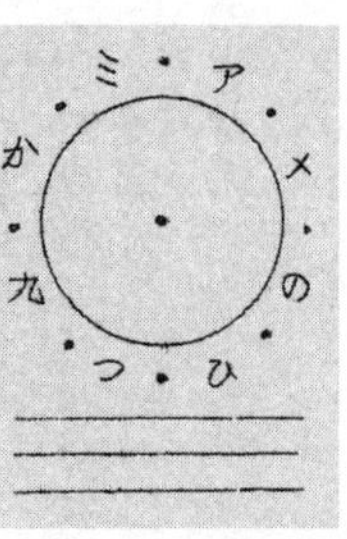

＊図は直接には神示には触れられていない。「神、ミタマ、マコト」などを表す「ゝ」の周りに「アメのひつ九かみ」の八文字がならんでいる。日本の国＝大八洲国の八から八方（やも）をしめしているととれなくもない。全世界とも繋がり、「ゝ」と十六方向の線は皇室の紋章としての十六菊花紋とも通ずる。下に三本の横棒があり、大地を表すととれる。「アメのひつ九かみ」が大地を照らしている図なのかもしれない。

第二十八帖（三一九）

保食の神祀らいで、いくら野原拓いたとて、物作ることは出来ないぞ。煎り豆花咲く目出度い時となってゐるのに何して御座るのぞ。いくら人民の尻叩いて野山切り拓いても食物三分六つかしいぞ。神々まつれと申してあろが、野拓く時は野の神まつれ。物作る時は保食の神まつれ。産土の神様にもお願ひしてお取次願はな何事も成就せんぞ。人民の学や智ばかりで何が出来たか。早よ改心第一ぞ。山も川も野も人民も草も木も動物虫けらも何もかも此の方の徳であるぞ。それぞれの御役あるのざぞ。学や智捨てて天にむかへ。地にむかへ、草にむかへ、生物にむかへ、木にむかへ、石もの云ふぞ。草もの云ふぞ。七月の十八日、あめのひつくのかみ。

第二十九帖（三二〇）

豊受の大神様お山の富士に祀り、箸供へてお下げした箸、皆に分けてやれよ。饌に難儀せん様守り下さるぞ。仕組少し早よなったから、かねてみしてあった事八月八日から始め呉れよ。火と水に気付けよ。おろがめよ。キの御用大切ぞ、ケの御用大切ぞ、クの御用大切ぞ、神は気引いた上にも気引くから、とことんためすから、そのつもりで、お蔭落さん様にせよ。二十五柱役員ぞ。慢心すれば、かへ身魂使ふぞ。この巻松の巻。七月十九日、あめのひつぐのかみ。

（松の巻了）

日月神示第一訳文

夜明けの巻 第十二巻

自 昭和二十年七月二十一日
至 昭和二十年八月十日
三二一帖～三三四帖

第一帖（三二一）

イシはイにかへるぞ。一であるぞ。イであるぞ。井であるぞ。イであるぞ。㊉であるぞ。㋑であるぞ。キと働くのざぞ、わかりたか。今までは悪の世でありたから、己殺して他人助けることは、此の上もない天の一番の教といたしてゐたが、それは悪の天の教であるぞ。己を活かし他人も活かすのが天の道ざぞ、神の御心ぞ。他人殺して己助かるも悪ぞ、己殺して他人助けるも悪ぞ、神無きものにして人民生きるも悪ぞ。神ばかり大切にして人民放っておくのも悪ぞ。神人ともにと申してあろが。神は人に依り神となり、人は神にして人となるのざぞ。まことの神のおん心わかりたか。今までの教へ間違ってること段々判りて来るであろがな。天地和合して☼となった姿が神の姿ざぞ。御心ざぞ。天と地ではないぞ。あめつちざぞ。あめつちの時と知らしてあろうが、みな取違ひ申して済むまいが。神示よく読めと、裏の裏まで読めと申してあろが。七月の二十一日、あめのひつぐのかみ。

第二帖（三二二）

神の国は神の肉体ぞと申してあるが、いざとなれば、お土も、草も、木も、何でも人民の食物となる様に、出来てゐるのざぞ。何でも肉体となるのざぞ。なるようにせんからならんのざぞ。それで外国の悪神が神の国が欲しくてならんのざ。神の国より廣い肥えた国いくらでもあるのに、神の国が欲しいは、誠の元の国、根の国、物のなる国、元の気の元の国、力の元の国、光の国、真中の国であるからぞ、何も彼も、神の国に向って集まる様になってゐるのざぞ。神の昔の世は、そうなってゐたのざぞ。磁石も神の国に向く様になるぞ。北よくなるぞ。神の国おろがむ様になるざぞ。どこからでもおろがめるのざぞ。おのづから頭さがるのざぞ。海の水がシメであるぞ、鳥居であるぞと申してあろうが、シメて神を押込めてゐたのであるぞ。人民知らず知らず罪犯してゐたのざぞ。毎日、日々お詫せよ、と申してあらうが、シメて島国日本としてゐたのざぞ、よき世となったら、身体も大きくなるぞ。命も長くなるぞ。今しばらくざから、辛棒してくれよ。食物心配するでないぞ。油断するでないぞ。皆の者喜ばせよ。その喜びは、喜事となって天地のキとなって、そなたに万倍となって返って来るのざぞ。よろこびいくらでも生まれるぞ。七月二十一日、あめのひつくのかみ。

三帖（三二三）

天の異変気付と申してあるが冬の次が春とは限らんと申してあろが。夏雪降ることもあるのざぞ。神が降らすのでないぞ、人民降らすのざぞ。人民の邪気が凝りて、天にも地にも、わけの判らん虫わくぞ。訳の判らん病ひどくなって来るのざから、書かしてある御神名分けて取らせよ。旧九月八日までに何もかも始末しておけよ。心引かれる事残しておくと、詰らん事で詰らん事になるぞ。もう待たれんことに、ギリギリになってゐる事判るであろがな。七月二十四日の神示、あめのひつぐの神。

第四帖（三二四）

この方カの神と現はれるぞ、サの神と現はれるぞ、タの神と現はれるぞ、ナの神と現はれるぞ、ハマの神と現はれるぞ。ヤラワの神と現はれたら、人間眼明けて居れん事になるぞ、さあ今の内に神徳積んでおかんと八分通りは獣の人民となるのざから、二股膏薬ではキリキリ舞するぞ、キリキリ二股多いぞ、獣となれば、同胞食ふ事あるぞ、気付けておくぞ。七月二十九日、あめのひつくのかみ。

第五帖（三二五）

何もかも神示読めば判る様になってゐる事忘れるでないぞ、此(こ)の仕組(しくみ)云ふてならず、云はねば判らんであろうなれど、神示読めば因縁(いんねん)だけに判るのざぞ。石物云ふ時来たぞ。山にも野にも川にも神まつれと申してあること、忘れるでないぞ、型(かた)せと申してあらうが、いづれも假(かり)ざから三千世界の大洗濯ざから、早よ型してくれよ。型結構ぞ。何もかも神人共にするのざぞ。夜明けたら、何もかもはっきりするぞ、夜明け来たぞ。鳥立てよ。七月二十八日、あめのひつくのかみ神示読め。

第六帖（三二六）

今迄の様な大便小便無くなるぞ。不潔と云ふもの無き世となるのざぞ。不潔物無くなるのぞ。新しき神の世となるのざから、神々にも見当取れん光の世となるのざぞ。七月三十一日、あめのひつくのおかみ。

第七帖（三二七）

神の臣民に楽な事になるぞ。理窟無い世にするぞ。理窟は悪と申してあろが、理窟ない世に致すぞ。理窟くらべのきほひ無くして仕舞ふぞ。人に知れん様によいことつとめと申してあろが。人に知れん様にする好(よ)い事神こころぞ。神のした事になるのざぞ。行けども行けども白骨(はっこつ)と申したが、白骨さへなくなる所あるぞ。早よ誠の臣民ばかりで固めて呉れよ。神世の型出して呉れよ。時、取違へん様に、時、来たぞ。八月一日、あめのひつく神。

第八帖（三二八）

直会も祭典の中ぞ。朝の、夕の、日々の人民の食事皆直会ぞ。日々の仕事皆まつりぞ。息すること此の世の初めのまつりぞ。まつれまつれと申してあろが。おはりの御用ははじめの御用ぞ。まつりの御用ぞ。オワリノ十ノヤマにまつり呉れよ。世につげて呉れよ。役員皆宮つくれよ。宮とは人民の申す宮でなくてもよいのざぞ。一の宮、二の宮、三の宮と次々につくり呉れよ。道場も幾らつくってもよいぞ。神の申した事なさば成るのざぞ。宮と道場つくり神示読んでまつれまつれ。まつり結構ぞ。奥山にはオホカムツミの神様もまつり呉れよ。守りは供へてから、皆に下げて取らせよ。五柱、七柱、八柱、十柱、十六柱、二十五柱、三十三柱、三十六柱、四十七柱、四十八柱、四十九柱、五十柱、五十八柱、五十九柱、世の元ぞ。八月の二日、アメのひつくの神。

第九帖（三二九）

天子様まつれと申してあろが。天津日嗣皇尊大神様とまつり奉れ。奥山には御社造りて、いつき奉れ。皆のうちにも祀れ。天津日嗣皇尊弥栄ましませ、弥栄ましませとおろがめよ。おろがみ奉れ、天照皇大神様、天照大神様、月の大神様、すさなるの大神様、大国主の大神様もあつくまつりたたえよ。奥山の前の富士に産土の大神様祀れよ、宮いるぞ。清めて祭れよ、タマの宮はその前横に移せよ。奥の富士に国常立大神、豊雲野大神祀る日近うなりたぞ。宮の扉あけておけよ。臣民の住居も同様ぞ。大難小難にまつりかへて下されとお願ひするざぞ。取違ひ、お詫び申せよ、楽にしてやるぞ、天の異変気付けよ。八月の五日、アメのひつ九の神。

第十帖（三三〇）

元津大神、心の中で唱へ奉り、スメラミコト唱へ、次に声高く天津日嗣皇ミコト大神唱へ、天のひつくの大神と唱へ奉れ。タマの宮は、かむながら祝詞でよいぞ。一二三のりともよいぞ、シメは当分造りめぐらしてもよいぞ。今までのシメは此の方等しめて、悪の自由にする逆のシメざから、シメ張るなら、元のシメ、誠のシメ張れよ。七五三は逆ざぞ。三五七ざぞ。天地のいぶきぞ。波の律ぞ。風の律ぞ。神々様のおんいぶきの律ざぞ。八月の六日、アメのひつ九の神。

第十一帖（三三一）

岩戸開きのはじめの幕開いたばかりぞ。今度はみづ逆さにもどるのざから、人民の力ばかりでは成就せんぞ。奥の神界では済みてゐるが、中の神界では今最中ざ。時待てと申してあろが。人民大変な取違ひしてゐるぞ。次の世の型急ぐ急ぐ。八月六日、アメのひつぐのかみ。

神示読まないで智や学でやろうとて、何も、もう九分九厘で、終局ぞ。我が我が我とれたら判って来るぞ。慢心おそろしいぞ。

第十二帖（三三二）

あら楽し、あなさやけ、元津御神の御光の、輝く御代ぞ近づけり。岩戸開けたり野も山も、草の片葉も言止めて、大御光に寄り集ふ、誠の御代ぞ楽しけれ。今一苦労二苦労、とことん苦労あるなれど、楽しき苦労ぞ目出度(めでた)けれ。申酉(さるとり)すぎて戌(いぬ)の年、亥(ゐ)の年、子(ね)の年目出度けれ。一二三(ひふみ)の裏の御用する身魂も今に引き寄せるから、その覚悟せよ。覚悟よいか、待ちに待ちにし秋来(とき)たぞ。八月の七日、アメのひつくのかみ。

第十三帖（三三三）

ひふみ、よいむなや、こともちろらね、しきる、ゆゐつわぬ、そおたはくめか、うをへ、にさりへて、のますあせえほれけ、八月八日、秋立つ日、アメの一二の◯|⊙。（＊）

＊「ひふみ、」ではじまる祝詞は、一般に知られる『ひふみ祝詞』と多少異なっている。『ひふみ、よいむなや、こともちろらね、しきる、ゆゐつわぬ、そをたはくめか、うおえ、にさりへて、のますあせゑほれけ』のことが多い。本書には水2帖にもある。

第十四帖（三三四）

あら楽(たぬ)し、すがすがし、世は朝晴れたり、昼晴れたり、夜も晴れたり。あらたのし、すがすがし、世は岩戸明けたり、待ちに待ちし岩戸開(あ)けたり、此の神示の臣民と云ふても、人間界ばかりでないぞ。神界幽界のことも言ふて知らしてあると、申してあろが。取違ひ慢心一等恐(こわ)いと申してあろが。祭典(まつり)、国民服もんぺでもよいぞ。天明まつりの真似(まね)するでないぞ。役員まつりせい。何も云ふでないぞ。言ふてよい時は知らすぞよ、判りたか。仕へる者無き宮、産土様の横下にいくら祀ってもよいぞ。天明は祀れ。祈れ。天に祈れ、地に祈れ、引潮(ひきしほ)の時引けよ、満潮の時進めよ。大難小難にと役員も祈れよ。口先ばかりでなく、誠祈れよ。祈らならんぞ。口先ばかりでは悪となるぞ。わかりたか。今度は借銭済しになるまでやめんから、誰によらず借銭無くなるまで苦し行せならんぞ、借銭なしでないと、お地の上には住めん事に今度はなるぞ。イシの人と、キの人と、ヒの人と、ミヅの人と、できるぞ。今にチリチリバラバラに一時はなるのであるから、その覚悟よいか。毎度知らしてあること忘れるなよ。神示腹の腹底まで浸むまで読んで下されよ。神頼むぞ。悟った方神示とけよ。といて聞かせよ。役員皆とけよ。信ずる者皆人に知らしてやれよ。神示読んで嬉しかったら、知らしてやれと申してあらうが。天明は神示書かす役ぞ。アホになれと申してあろが、まだまだぞ、役員気付けて呉れよ。神示の代りにミ身知らすと申してある時来たぞ。いよいよの時ぞ。神示で知らすことのはじめは済みたぞ。ミ身掃除せよ。ミ身に知らすぞ。耳に聞かすぞ。聞かな聞く様にして知らすぞ。つらいなれど、がまんせよ。ゆめゆめ悧巧出すでないぞ。判りたか。百姓にもなれ、大工にもなれ、絵描にもなれ。何んにでもなれる様にしてあるでないか。役員も同様ぞ、まどゐつくるでないぞ、金とるでないぞ。神に供へられたものはみな分けて、喜ばしてやれと申してあろが。此の方喜ぶこと好きぞ、好きの事栄えるぞ、いや栄へるぞ。信者つくるでないぞ。道伝へなならんぞ。取違へせん様に慢心せん様に、生れ赤児の心で神示読めよ。神示いただけよ。日本の臣民皆勇む様、祈りて呉れよ。世界の人民皆よろこぶ世が来る様祈りて呉れよ、てんし様まつれよ、みことに服ろへよ。このこと出来れば他に何も判らんでも、峠越せるぞ。御民いのち捨てて命に生きよ。「鳥鳴く声す夢さませ、見よあけ渡るひむかしを、空色晴れて沖つ辺に、千船行きかふ靄の裡。」「いろは。にほへとち。りぬるをわかよ。たれそ。つねならむ。うゐのおくやま。けふこ。えてあさき。ゆめみしゑひもせすん。」

「アオウエイ。カコクケキ。サソスセシ。タトツテチ。ナノヌネニ。ハホフヘヒ。マモムメミ。ヤヨユエイ。

ラロルレリ。ワヲウヱヰ。」

アイウエオ。ヤイユエヨ。ワヰヱヲ。カキクケコ。サシスセソ。タチツテト。ナニヌネノ。ハヒフヘホ。マミムメモ。ヤイユエヨ。ラリルレロ。ワヰウヱヲ。五十九柱ぞ。此の巻夜明けの巻とせよ。この十二の巻よく腹に入れておけば何でも判るぞ。無事に峠越せるぞ。判らん事は自分で伺へよ。それぞれにとれるぞ。天津日(あまつひ)嗣皇尊(つぎすめらみこと)弥栄(やさか)いや栄(さか)。あら楽(たの)し、あら楽(たぬ)し、あなさやけ、あなさやけ、おけ。一二三四五六七八九十百千卍(ひとふたみよいつむゆななやここのたりももちよろづ)。秋満(み)つ日に、アメのひつ九かみしらす。

（夜明けの巻了）

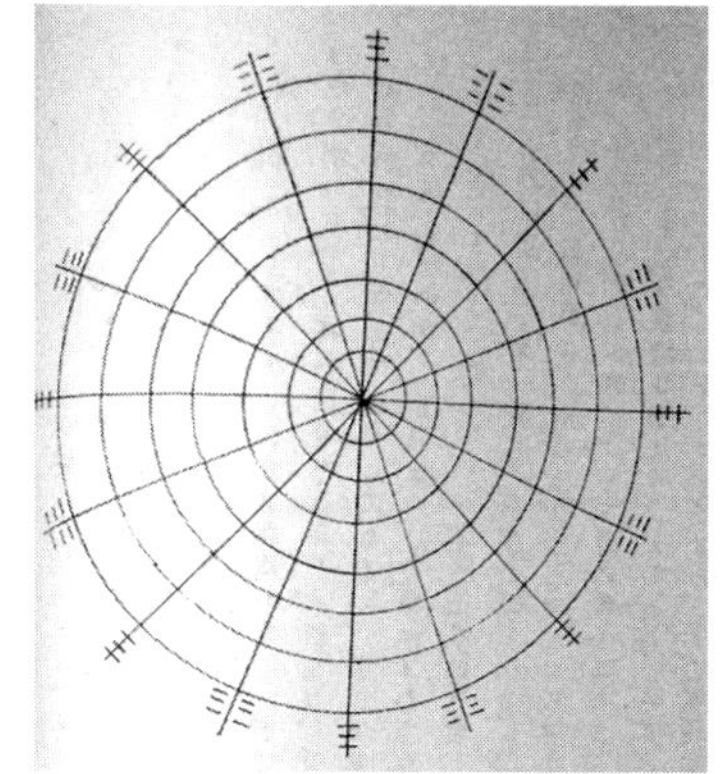

日月神示第一訳文

雨の巻 第十三巻

自 昭和二十年十月十三日
至 昭和二十年十二月十九日
三三五帖～三五一帖

第一帖（三三五）

天の日津久の大神のお神示であるぞ、特にお許しもろて書きしらすぞ、十三の巻説いて知らすのであるぞ、此の巻雨の巻と申せよ、此の度は昔から無かりた事致すのであるから人民には判らん事であるから素直に致すが一等ざぞ、惟神の道とか神道とか日本の道とか今の臣民申してゐるが、それが一等の間違ひざぞと申してあろが、惟神とは神人共に融合った姿ざぞ。今の臣民神無くして居るでないか、それで惟神も神道もないぞ、心大きく、深く、廣く持ちて下されよ、愈々となるまでは落しておくから見当とれんから、よく此の神示読んでおいて下されよ、世界ぢゅうに面目ない事ないよにせよと申してあろが。足元から鳥立ちてまだ目覚めんのか、神示裏の裏までよく読めと申してあろがな。此の道は只の神信心とは根本から違ふと申してあろが、三千世界の大道ざぞ。所の洗濯と身魂の洗濯と一度になる所あるぞ「イスラ」の十二の流れの源泉判る時来たぞ。命がけで御用つとめてゐると思ふて邪魔ばかり致しておろがな、金や学や智では大峠越せんぞ。神はせよと申すことするなと申すこともあるのぞ、裏の裏とはその事ぞ、よく心得て下さりて取違ひいたすでないぞ。手のひら返すぞ返さすぞ、此の度の岩戸開きは人民使ふて人民助けるなり。人民は神のいれものとなって働くなり、それが御用であるぞ、いつでも神かかれる様に、いつも神かかっていられるようでなくてはならんのざぞ、神の仕組愈々となったぞ。十月十三日、ひつ九のかみ。

第二帖（三三六）

天の大神様は慈悲深くて何んな偉い臣民にも底知れぬし、地の大神様は力ありすぎて、人民には手におへん見当取れん、そこで神々様を此の世から追出して悪神の云ふこと聞く人民許りとなりてゐたのであるぞ、七五三は神々様をしめ込んで出さぬ為のものと申してある事これで判るであろがな、鳥居は釘付けの形であるぞ、基督の十字架も同様ぞ、基督信者よ改心致されよ、基督を十字架に釘付けしたのは、そなた達であるぞ、懺悔せよ、〇とは外国の事ぞ、⦿が神国の旗印ぞ、神国と外国の分けへだて誤ってゐるぞ。大き心持てよ、かがみ掃除せよ、上中下三段に分けてある違ふ血統を段々に現すぞよ、びっくり箱あくぞ、八九の次は十であるぞよ。何事もウラハラと申してあろが、ひとがひとがと思ってゐた事我の事でありたであろがな、よく神示読んでおらんと、キリキリ舞ひせんならんぞ、日本が日本がと思って居た事外国でありた事もあるであろがな、上下ひっくり返るのざぞ、判りたか。餓鬼までも救はなならんのであるが、餓鬼は食物やれば救はれるが、悪と善と取違へてゐる人民、守護神、神々様救ふのはなかなかであるぞ、悪を善と取違へ、天を地と信じてゐる臣民人民なかなかに改心六ケ敷いぞ。我と改心出来ねば今度は止むを得ん事出来るぞ、我程偉い者ないと天狗になりてゐるから気を付ける程悪ふとりてゐるから、こんな身魂は今度は灰ざぞ、もう待たれん事になったぞ。十月の十四日、ひつ九のかみしるす。

第三帖（三三七）

草木は身を動物虫けらに捧げるのが嬉しいのであるぞ。種は残して育ててやらねばならんのざぞ、草木の身が動物虫けらの御身となるのざぞ、出世するのざから嬉しいのざぞ、草木から動物虫けら生れると申してあろがな、人の身神に献げるのざぞ、神の御身となること嬉しいであろがな、惟神のミミとはその事ぞ、神示よく読めば判るのざぞ、此の道は先に行く程廣く豊に光り輝き嬉し嬉しの誠の惟神の道で御座るぞ、神示よく読めよ、何んな事でも人に教へてやれる様に知らしてあるのざぞ、いろはに戻すぞ一二三に返すぞ、一二三が元ぞ、天からミロク様みづの御守護遊ばすなり、日の大神様は火の御守護なさるなり、此の事魂までよくしみておらぬと御恩判らんのざぞ。悪も善に立ち返りて御用するのざぞ。善も悪もないのざぞと申してあろがな、⦿の国真中に神国になると申してあろがな、日本も外国も神の目からは無いのざと申してあろうが、神の国あるのみざぞ、判りたか。改心すればゝの入れかへ致して其の場からよき方に廻してやるぞ、何事も我がしてゐるなら自由になるのであるぞ、我の自由にならんのはさせられてゐるからざぞ、此の位の事判らんで神国の臣民と申されんぞ、国々所々に宮柱太敷キ立てよ、たかしれよ。此の先は神示に出した事もちいんと我の考では何事も一切成就せんのざぞ、まだ我出して居る臣民ばかりであるぞ。従ふ所には従はならんぞ、従へばその日から楽になって来るのざぞ、高い所から水流れる様にと申して知らしてあろがな。十月の十五日、ひつ九のかみ。

第四帖（三三八）

世界の臣民皆手引き合って行く時来た位申さいでも判ってゐるであろが、それでもまだまだ一苦労二苦労あるぞ、頭で判っても肚で判らねば発根（＊）の改心出来ねばまだまだ辛い目に会ふのざぞ、人民自分で首くくる様なことになるのざぞ、判りたであろ。天の御三体の大神様と地のお土の先祖様でないと今の根本のお建替出来んのざぞ、判りても仲々判らんであろがな。洗濯足らんのであるぞ。今度はめんめにめんめの心改めて下されよ、神は改めてあるが、神から改めさすのでは人民可哀想なからめんめめんめで改めて下されよ、改っただけおかげあるのざぞ。今度の岩戸開いたら末代の事ざぞ、天地の違ひに何事も違ふのざぞ、信者引張りに行って呉れるなよ、神が引寄せるから役員の所へも引き寄せるから訪ねて来た人民に親切尽して喜ばしてやれと申してあろが、人民喜べば神嬉しきぞと申してあろが、草木動物喜ぶかと云ふことも知らしてあるのざぞ、今迄の心大河(おおかわ)に流してしまへば何もかもよく判って嬉し嬉しとなるのざぞ、まだまだ世界は日に日にせわしくなりて云ふに云はれん事になって来るのざから表面(うはつら)許り見てゐると判らんから心大きく世界の民として世界に目とどけてくれよ、元のキの神の子と、渡りて来た神の子と、渡りて来る神の子と三つ揃ってしまはねばならんのぞ、アとヤとワと申してあるが段々に判りて来るのざぞ。実地のことは実地の誠の生神(いきがみ)でないと出来はせんぞ、臣民はお伝ひぞ、雨風さへどうにもならんのであろが、生物(いきもの)何んで息してゐるか、それさへ判らいで居て何でも判ってゐると思ってゐるが鼻高ぞと申すのざ、今の内に改心すれば名は現はさずに許してよき方に廻はしてやるぞ　早ふ心改めよ。十月十六日、ひつ九のか三。

＊「発根(ほっこん)」。原典では「ホッ九（コ）ん」。神示では、元の、元の根源のこと。発端（ほったん）の根源の意。

第五帖（三三九）

神示に書かしたら日月の神が天明に書かすのであるから其の通りになるのであるぞ、皆仲よう相談して悪き事は気付け合ってやりて下され、それがまつりであるぞ、王（├○）の世が王（○┤）の世になって居る（＊）のを今度は元に戻すのであるからその事早う判っておらんと一寸の地の上にもおれん事になるぞ、今度の戦(いくさ)すみたら世界一平一列一体(いったいらいちれついったい)になると知らしてあるが、一列一平其(そ)の上に神が居ますのざぞ、神なき一平一列は秋の空ぞ、魔の仕組、神の仕組早う旗印見て悟りて下されよ、神は臣民人民に手柄致さして万劫末代(まんごうまつだい)、名残して世界唸らすのざぞ、これ迄の事は一切用ひられん事になるのざと申してあろ、論より実地見て早う改心結構、何事も苦労なしには成就せんのざぞ、苦労なしに誠ないぞ、三千年一切ぞ、ひふみ肚に入れよ、イロハ肚に入れよ、アイウエオ早うたためよ、皆えらい取違ひして御座るぞ、宮の跡は草ボウボウとなるぞ、祭典の仕方スクリと変へさすぞ、誠の神の道に返へさすのざから今度は誠の生神でないと人民やらうとて出来はせんぞ。十月十七日、ひつ九のかミ。

＊原典では「―○（オー）の四（ヨ）ガ○―の四（ヨ）二（二）七（ナッ）て」。謄写版では、「王の世が、王（逆文字）になっている」。

第六帖（三四〇）

神示よく読めと神示よく肚に入れと申してあるが神示肚に入れると胴すわるのざぞ、世界から何んな偉い人が出て来て何んな事尋ねても教へてやれる様になるのざぞ、神示胴に入れて頭下げて天地に働いて下されよ、まつりて下されよ、素直になれば其場から其場其場で何事も神が教へてやるから力つけて導いてやるから何んな神力でも授けてやるぞ。一二三四五六七八九十百千卍授け申して神人となるぞ。我さえよけらよいとまだ思って御座る臣民まだで御座るぞ、自分一人で生きてゆけんぞ、神許りでも生きてはゆけんぞ、爪の垢でもだてについてゐるのではないのざぞ、判らんと申しても余りで御座るぞ、まつりせよ地にまつろへよ、天にまつろへよ、人にまつろへよ、草木動物にまつろへよ、と、くどう知らしてあるのに未だ判らんのか、神拝む許りがまつりでないぞ。待ちに待ちにし日の出の御代となりにけり、一二三いろはの世はたちにけり。身慾信心してゐる臣民人民今に神示聞けぬ様にいれものつんぼになるのざぞ、きびしくなって来るぞ、毒にも薬にもならん人民今度は役に立たんのざぞ、悪気ない許りでは日月の御民とは申されんぞ。あら楽し　黒雲一つ拂ひけり、次の一つも拂ふ日近し。淋しくなりたら神示尋ねて御座れ、神示読まねば益々判らん事になったであろが、天国に底ない様に地獄にも底ないぞ何処までも落るぞ、鼻高の鼻折らな人民何んと申しても神承知出来ん。十一月二十三日、ひつ九のかミ。

第七帖（三四二）

神の心の判りた臣民から助ける御用にかかりて呉れよ、助ける御用とは清めの御用で御座るぞ、天地よく見て悟りて呉れよ。三四五の御用は出来上りてしまはんと御用してゐる臣民にはさっぱり判らんのであるぞ、つかわれてゐるから判らんのであるぞ、出来上りてからこれは何んとした結構な事でありたかとビックリするのざぞ。アメのひつ九のか三とはアメの一二の神で御座るぞ、アメの☽⊙の神で御座るぞ、元神で御座るぞ、ムの神ぞ、ウの神ぞ、元のままの肉体持ちて御座る御神様ぞ、つちのひつ九のおん神様ぞ、つち〇☽の御神様と今度は御一体となりなされて今度の仕組見事成就なされるので御座るぞ、判りたか、国土の神大切申せとくどう知らしてあろがな、今迄の臣民人民、国の御先祖の神おろそかにしてゐるぞと申して知らしてあろう、神は地に返るぞ、国土つくること何んなに難儀な事か人民には判るまいなれど、今度さらつの世にするには人民もその型の型の型位の難儀せなならんのざぞ。それでよう堪れん臣民沢山にあるのざぞ、元の神の思ひの何万分の一かの思ひせんならんのざぞ、今度世変りたら臣民此の世の神となるのざぞ。国の洗濯はまだまだ楽であるがミタマの洗濯仲々に難しいぞ、人民可哀想なから延ばしに延ばして御座るのざぞ、幾ら言ひ聞かしても後戻り許りぢゃ、言ひ聞かして改心出来ねば改心する様致すよりもう手ない様になってゐるのざ。何時どんな事あっても神は知らんぞ、上から下までも誰にもよらん今迄の様な我侭させんぞ、役員馬鹿にならなならんぞ、大のつく阿呆になれよ、Ұのつく阿呆にあやまって呉れるなよ、阿呆でないと今度の誠の御用なかなかざぞ。命捨てて命に生る時と申してあろがな、非常の利口な臣民人民アフンで御座るぞ、今にキリキリ舞するのが目に見へんのか。何時も変らぬ松心でおれと申して御座ろがな、建替へ致したら世界は一たん寂しくなるぞ、神が物申して居る内に改心せなならんぞ、後悔間に合はんと申してあろがな。十一月二十三日、ひつ九のかミ。

第八帖（三四二）

大難小難にと祈れと申してくどう知らしてあろがな、如何様にでも受入れてよき様にしてやる様仕組である神の心判らんか、天災待つは悪の心、邪と知らしてあるがまだ判らんのか、くにまけて大変待ちゐる臣民沢山あるが、そんな守護神に使はれてゐると気の毒になりて来るぞ、よく神示読んで下されよ。今の守護神悪の血筋眷族であるぞ、悪も御役ながら奥表に出ては誠おさまらんぞ、悪結構な世は済みて善結構悪結構卍結構十結構　九　結構（＊）の世となりなる神の仕組近くなって来たぞ。世の元からの仕組、中行く仕組、天晴三千世界、結構であるぞ、心の富士も晴れ晴れとなるぞ、結構々々。甘くてもならんぞ、辛くてもならんぞ、甘さには辛さいるぞ、天の神様許りではならんのざ、くどう申して此処迄知らしてゐるにまだ判らんのか、心さっぱり大河に流して神示読んで下されよ、何時迄も神待たれんぞ、辛さには甘さかげにあるのざぞ、此の道理よく判るであろがな、水の味、火の味結構ぞ、恐い味ない様な結構な恐さであるぞ、喜びであるぞ、苦しみであるぞ、此の道理よく判りたか。神の御恵み神の御心判りたか、御心とは三つの御心ぞ、一と十と丶とであるぞ、御心結構ぞ、世の元の神の仕組の現はれて三千世界光り輝く、あなさやけ、十一月二十七日、ひつ九のか三。

＊「善結構悪結構卍結構十結構　九　結構」。「卍」は原典では「卍（ホトケ）」とあるが、「卍（よろづ）」の意味もあり、よろづ結構ともとれる。「十」はキリストと読めなくもないが、「十（かみ）」と読み神道のことであるとする解釈もある。続く「九」は原典では「九九（コトゴトク）」とある。

第九帖（三四二）

神の智と学の智とは始は紙一重であるが先に行く程ンプ（＊）出来て来て天地の差となるぞ、⦿の神の薬のやり方悪の神の毒のやり方となるぞ、神の御用が人の御用ぞ、人の御用が神の御用であるなれど、今の臣民神の御用するのと人の御用するのと二つに分けてゐるが、見苦しき者にはこれからは御用致させん事にきまりたから気付けておくぞ、何事も順正しくやりて下されよ、神は順であるぞ、順乱れた所には神の用現はれんぞ。何もせんでゐて、よき事許り待ちてゐると物事後戻りになるぞ、神の道には後戻りないと申してあろがな、心得なされよ、一の火消へてゐるでないか、まだ判らんか、都会へ都会へと人間の作った火に集る蚊（＊＊）の様な心では今度の御用出来はせんぞ、表面飾りてまことのない教への所へは人集るなれど、誠の道伝へる所へは臣民なかなか集らんぞ、見て御座れよ、幾ら人少なくても見事なこと致して御目にかけるぞ、縁ある者は一時に神が引寄せると申してあろがな、人間心で心配致して呉れるなよ。目眩する人も出来るぞ、ふんのびる人も沢山に出来て来るぞ。行けども行けども白骨許りと申してあろがな、今のどさくさにまぎれて悪魔はまだえらい仕組致して上にあがるなれど、上にあがりきらん内にぐれんぞ、せめて三日天下が取れたら見物であるなれど、こうなることは世の元から判ってゐるからもう無茶な事は許さんぞ。軽い者程上に上にと上って来るぞ、仕組通りなってゐるのざから臣民心配するでないぞ。今度神の帖面から除かれたら永遠に世に出る事出来んのであるから、近慾に目くれて折角のお恵みはづすでないぞ、神キつけておくぞ。人の苦しみ見てそれ見た事かと申す様な守護神に使はれてゐると気の毒出来るぞ。世建替へて先の判る世と致すのぢゃぞ、三エスの神宝と、3Sの神宝とあるぞ、毒と薬でうらはらであるぞ。五と五では力出んぞ、四と六、六と四、三と七、七と三でないと力生れんぞ、力生れるから、カス出来るのざから掃除するのが神の大切な仕事ぞ、人民もカスの掃除する事大切な御役であるぞ、毒と薬と薬と毒で御座るぞ、搗きまぜて（＊＊）こねまぜて天晴此の世の宝と致す仕組ざぞ、判りたか。一方の3Sより判らんから人民何時も悪に落ち込むのぢゃ、此の道は中行く道と申して知らしてあろがな、力余ってならず力足んでならず、しかと手握りてじっと待ってゐて下されよ、誠の教ばかりでは何もならんぞ、皆に誠の行出来んと此の道開けんぞ、理窟申すでないぞ、幾ら理窟立派であっても行出来ねば悪であるぞ、此の世の事は人民の心次第ぞ。十一月廿七日、ひつ九のか三。

＊「ンプ」。原典では「ん二」。意味不明。
＊＊「蚊」。ヒトの血を吸う蚊とも取れるが、燈に群がる蛾とも取れる。
＊＊＊「搗きまぜて」。搗くの用例は、「臼と杵などで餅を搗く」がある。

第十帖（三四四）

天(アメ)の岩戸開いて地の岩戸開きにかかりてゐるのざぞ、我一力(われいちりき)では何事も成就せんぞ、手引き合ってやりて下されと申してあること忘れるでないぞ。霊肉共に岩戸開くのであるから、実地の大峠の愈々(いよいよ)となったらもう勘忍して呉れと何んな臣民も申すぞ、人民には実地に目に物見せねば得心(とくしん)せぬし、実地に見せてからでは助かる臣民少ないし神も閉口ぞ。ひどい所程身魂に借銭あるのぢゃぞ、身魂(ミタマ)の悪き事してゐる国程厳しき戒(いましめ)致すのであるぞ。五と五と申してあるが五と五では力出ぬし、四と六、六と四、三と七、七と三ではカス出るしカス出さねば力出んし、それで神は掃除許りしてゐるのざぞ、神の臣民それで神洲清潔(しんしゅうせいけつ)する民であるぞ、キが元と申してあるが、キが餓死(うえじに)すると肉体餓死するぞ、キ息吹(いぶ)けば肉息吹くぞ、神の子は神のキ頂いてゐるのざから食ふ物無くなっても死にはせんぞ、キ大きく持てよと申してあるがキは幾らでも大きく結構に自由になる結構な神のキざぞ。臣民利巧(りこう)なくなれば神のキ入(はい)るぞ、神の息通ふぞ、凝りかたまると凝りになって動き取れんから苦しいのざぞ、馬鹿正直ならんと申してあろがな、三千年余りで身魂の改め致して因縁(いんねん)だけの事は否(いや)でも応でも致すであるから今度の御用は此(こ)の神示読まいでは三千世界のことであるから何(どこ)探しても人民の力では見当取れんと申してあろがな、何処(どこ)探しても判りはせんのざぞ、人民の頭で幾ら考へても智しぼっても学ありても判らんのぢゃ。ちょこら判る様な仕組ならこんなに苦労致さんぞ、神々様さえ判らん仕組と知らしてあるが、何より改心第一ぞと気付けてあろが、神示肚にはいれば未来(さき)見え透(す)くのざぞ。此の地(つち)も月と同じであるから人民の心其侭に写るのであるから人民の心悪くなれば悪くなるのざぞ、善くなれば善くなるのぞ。理窟悪と申してあろが悪の終りは共食ひぢゃ、共食して共倒れ、理窟が理窟と悪が悪と共倒れになるのが神の仕組ぢゃ、と判ってゐながら何うにもならん事に今に世界がなって来るのざ、逆に逆にと出て来るのぢゃ、何故そうなって来るか判らんのか、神示読めよ。オロシヤの悪神の仕組臣民には一人も判ってゐないのざぞ。神にはよう判っての今度の仕組であるから仕上げ見て下されよ、此の方に任せておきなされ、一切心配なく此の方の申す様にしておりて見なされ、大舟に乗って居なされ、光の岸に見事つけて喜ばしてやるぞ、何処に居ても助けてやるぞ。雨の神、風の神、地震の神、荒の神、岩の神様に祈りなされよ、世の元からの生通しの生神様拝がみなされよ。日月の民を練りに練り大和魂の種にするのであるぞ、日月の民とは日本人許りでないぞ、大和魂とは神の魂ぞ、大和の魂ぞ、まつりの魂ぞ、取違ひせん様に気付けおくぞ。でかけのみなとは此処ぢゃぞ、皆に知らしてやりて下されよ、幾ら道進んでゐても後戻りぢゃ、此の神示が出発点で、出直して神示から出て下されよ、我張りてやる気ならやりて見よれ、九分九分九厘で鼻ポキンぞ、泣き泣き恥かしい思ひしてお出直しで御座るから気付けてゐるのぢゃ、足あげて顔の色変へるとき近付いたぞ。世建替へて広き光の世と致すのぢゃ、光の世とは光なき世であるぞ、此の方の元へ引寄せて目の前に楽な道と辛い道と作ってあるのぢゃ、気付けてゐて下されよ、何ち行くつもりぢゃ。十一月二十七日、一二⊙。

第十一帖（三四五）

日の出の神様お出ましぞ、日の出はイであるぞ、イの出であるぞ、キの出であるぞ判りたか。めんめめんめに心改めよと申してあろがな、人民と云ふ者は人に云はれては腹の立つ事あるものぢゃ、腹立つと邪気起るからめんめんめに改めよと、くどう申すのぢゃぞ、智や学ではどうにもならんと云ふ事よく判りておりながら、未だ智や学でやる積り、神の国の事する積りでゐるのか。判らんと申して余りでないか、何事も判った臣民口に出さずに肚に鎮めておけよ、言ふてよい時は肚の中から人民びっくりする声で申すのざ、神が申さすから心配ないぞ、それまでは気も出すなよ。二十二日の夜に実地が見せてあろうがな、一所だけ清いけがれん所残しておかな足場なく、こうなってはならんぞ、カタ出さねばならんぞ、神国、神の子は元の神の生神が守ってゐるから、愈々となりたら一寸の火水でうでくり返してやる仕組ざぞ、末代の止めの建替であるからよう腰抜かさん様見て御座れ、長くかかりては一もとらず二もとらさず、国は潰れ、道は滅びてしもうから早う早うと気もない時から気つけてゐるのぢゃが、神の申すこと聞く臣民人民まだまだぞ。此の道難かしい道でないからその侭に説いて聞かしてやれよ、難かし説くと判らん様になるのぞ。平とう説いてやれよ、難かしいのは理窟入るのざぞ、難かしい事も臣民にはあるなれど理窟となるなよ、理窟悪ざぞ。霊術も言霊もよいなれど程々に、三分位でよいぞ、中行かな行かれんのざぞ、銭貰けて口さへすごして行けばよい様に今の臣民まだ思ってゐるが、それは四つ足の四つの悪の守護である位判りておろがな。悪とは他を退ける事であるぞ、まつりまつりとくどう申してあること未だ判らんのか、今外国よいと申してゐる臣民は外国へ行っても嫌はれるぞ、外国にも住むところ無くなるぞ、外国も日本もないのざぞ、外国とは我よしの国の事ぞ、神国は大丈夫ざが、外国や日本の国大丈夫とは申されんぞ、と事分けて申してあろがな、日月の集団作り、教会作ってもならんが、ゝ入れた集団作らななならんぞ、〇も作らず、ゝも入らずに力出ない事判りておろがな、馬鹿正直ならんと申してあること忘れたのか、集団のつくり方知らしてあろが、盲には困る困る。人の苦労あてにして我が進んで苦労せん様な人民では神の気持に適はんから、今度は苦労のかたまりの花咲くのざ、苦の花咲くのざぞ、富士に木の花咲耶姫の神祀りて呉れと申してあろがな、永遠にしぼまん誠の花咲く世来たぞ。十二月七日 ひつくのか三。

第十二帖 (三四六)

表面洗へばよくなるなれど、肚の掃除なかなか出来んぞ、道広める者から早う掃除まだまだあるぞ、今度神から見放されたら末代浮ぶ瀬ないぞ。食ひ物大切に家の中キチンとしておくのがカイの御用ざぞ、初めの行ざぞ。出て来ねば判らん様ではそれは神力無いのぞ、軽き輩ぢゃぞ、それで神示読めとくどう申してゐるのざぞ、神の申す事誠ざと思ひながら出来んのは守護神が未だ悪神の息から放れてゐぬ証拠ざぞ、息とは初のキであるぞ、気であるぞ。悪神は如何様にでも変化るから、悪に玩具にされてゐる臣民人民可哀想なから此の神示読んで言霊高く読み上げて悪のキ断ちて下されよ、今の内に神示じっくりと読んで肚に入れて高天原となっておりて下されよ。未だ未だ忙しくなって神示読む間もない様になって来るのざからくどう申してゐるのざぞ、悪魔に邪魔されて神示読む気力も無くなる臣民沢山出て来るから気付けておくのざ。まだまだ人民には見当取れん妙な事が次から次にと湧いて来るから妙な事此の方がさしてゐるのざから、神の臣民心配ないなれどそうなった神の臣民未だ未だであろがな、掃除される臣民には掃除する神の心判らんから妙に見えるのも道理ぢゃ。天の様子も変りて来るぞ。何事にもキリと云ふ事あるぞ、臣民可哀想と申してもキリあるぞ、キリキリ気付けて下され、人に云ふてもらっての改心では役に立たんぞ、我と心から改心致されよ、我でやろうと思ってもやれないのざぞ、それでも我でやって鼻ポキンポキンか、そうならねば人民得心出来んからやりたい者はやって見るのもよいぞ、やって見て得心改心致されよ、今度は鬼でも蛇でも改心さすのであるぞ。これまでは夜の守護であったが愈々日の出の守護と相成ったから物事誤摩化しきかんのぞ、まことの人よ、よく神示見て下され、裏の裏まで見て下され、神国の誠の因縁判らいで、三千年や五千年の近目ではスコタンぞ、と申してあるがな、天子天下平げて、誠の神国に、世界神国に致すのざぞ、世界は神の国、神の国真中の国は十万二十万年の昔からでないぞ、世の元からの誠一つの神の事判らな益人とは申されんぞ、神の申すこと一言半句も間違ひないのざぞ、人民は其の心通りに写るから、小さく取るから物事判らんのざぞ、間違だらけとなるのざ、人民が楽に行ける道作りて教へてやってゐるのに、我出すから苦しんでゐるのざ、神が苦めてゐるのでないぞ、人民自分で苦しんでゐるのざと申してあろがな。十二月七日、七つ九のか三神示。

第十三帖（三四七）

世界中から神示通りに出て来て足元から火が付いても、まだ我張りてゐる様では今度は灰にするより方法ないぞ。恐しなっての改心では御役六ヶ敷いぞ。因縁あるミタマでも曇りひどいと、御用六ヶ敷い事あるぞ、神示頂いたとて役員面すると鼻ポキンぞ、と気付けてあろがな、五十九柱幾らでもあるのざぞ、かへミタマあると申してあろがな、務めた上にも務めなならんぞ、因縁深い程借銭も深いのざぞ、岩戸閉めにもよき身魂あるぞ、岩戸開きにも悪きあるぞ、気付け合ってよき御用結構ざぞ、勇んで務め下されよ。心から勇む仕事よき事ぞ、此の方の好く事ざぞ。木の葉落ちて冬となれば淋しかろがな、紅葉ある内にと気付けおいたが紅葉の山も落ちたであろがな、外で判らん根本のキのこと知らす此の方の神示ぢゃ、三千世界のこと一切の事説いて聞かして得心させて上げますぞや。落付いて聞き落しのない様になされよ、悔しさ目に見へておろがな、どぶつぼに我と落ち込む人民許り出て来て神の国臭くて足の踏場もないぞ、なれども見て御座れ、三千世界一度にひらいて世界一列一平一つのてんしで治めるぞ。地の世界に大将なくなって五大洲引繰り返りてゐると申すことまだ判らんのか、目に見せても耳に聞かしても、まだ判らんか、尻の毛まで悪魔に抜かれてゐてまだ判らんのか、あんまりな事ぢゃなあ。是までは高し低しの戦さでありたが、是からは誠の深し浅しの戦ざぞ、誠とはコトざぞ、口でないぞ、筆でないぞコトざぞ、コト気付と申してあろがな。コト、コト、コトざぞ。始めウタあったぞ、終もウタぞ、今も昔もウタざぞ、人民も動物もウタ唄ふのざぞ、終の御用の始はウタぞ、ウタの集団とせよ。此の神示ウタとして知らす集団とせよ、ウタの集団始ざぞ、表ざぞ、裏の裏ざぞ、表の表ぞ、道開く表の終の御用ぞ、江戸の御用すみたから、終の御用と申してあろがな、カイの御用も忘れてならんのざぞ。食物の集団も作らなならんぞ、カイの御用の事ぞ、此の集団も表に出してよいのざぞ、時に応じてどうにでも変化られるのがまことの神の集団ざぞ。不動明王殿も力あるに、あそこ迄落してあるは神に都合ある事ぞ。世に落ちて御座る守護神と世に落ちてゐる神々様と世に出てゐる神々様と世に落ちて出てゐる守護神殿と和合なさりて物事やって下されよ、二人でしてくれと申してあろがな、判りたか。十二月十八日、ひつくのかみ神示。

第十四帖（三四八）

一番尊い所一番落してあるのぢゃ、此の事判りて来て天晴れ世界唸るのぢゃ、落した上に落してもう落す所無い様にして上下引繰り返るのぢゃ、引繰り返すのでないぞ、引繰り返るのぢゃぞ、此の事間違へるでないぞ。此の道難かしい道でないぞ、欲はなれて、命はなれてなる様にしておりて下されたらそれでよいのぢゃ。今が神国の初めぞ、今までのことすっかり用ひられんのに未だ今迄の事云ふて今迄の様な事考えてゐるが、それが盲聾ざぞ、今迄の事自慢すると鼻ポキンぞ、皆鼻ポキン許りぢゃなあ。まだまだ俘虜になる者沢山あるなれど、今度の俘虜まだまだぞ、何れ元に帰って来るから、元に帰って又盛り返して来るなれど、またまた繰り返へすぞ、次に又捕へられる者出て来るのざぞ、次はひどいのざぞ、是も因縁ざぞ。神の国は誰が見ても、どう考えても、二度と立ち上がられん、人民皆外国につく様になって此の方の申した事、神示に書かした事、皆嘘ざと申す所まで世が落ちてしまうてから始めて神力現れるのざぞ、人民臣民早合点して御座るが九分九分九厘と申してあろがな。事務所作らいでもよいぞ、事務所作るのは表の仕組ぞ、裏の御用事務所禁物ぞ、それぞれの役員殿の住むとこ皆それぞれの事務所でないか、よく相談してやりて下され、段々判りて来るぞ。表と裏とあなないぞ、あなないの道と申してあろ、引寄せる身魂は、天で一度改めて引寄せるのであるぞ、今お役に立たん様に臣民の目から、役員の目から見えても袖にするでないぞ、地でも改めしてまだまだ曇り取らなならんぞ、磨けば皆結構な身魂許りぢゃぞ、人民の肚さへたら天もさへるぞ、心鎮もれば天も鎮もるぞ、神勇むぞ。我はぢっと奥に鎮めて表面には気も出されんぞ、我の無い様な事では、我で失敗た此の方の御用出来ないのざぞ、毒にも薬にもならん人民草木にかへしてしまうぞ。此の神示無暗に見せるでないぞ、神示は出ませんと申せよと申してある事忘れるでないぞ。天の規則地でやる事になってゐるのざぞ、今度規則破りたら暗い所へ落ち込んで末代浮ばれんきつい事になるのざから、神くどう気付けておくぞ。次に世に出る番頭殿まだ神なきものにして御座るから一寸先も判らんぞ、先判らずに人間の勝手な政治して世は治まらん道理ぢゃぞ、三日天下でお出直しぞ、その次もその次も又お出直しぢゃ、此の神示よく見てこの先何うなる、其の先どうなると云ふ事、神はどんな事計画しておいでますと云ふ事判らいで政治ないぞ、すればする程悪うなるぞ、神にはこうなる事判って呑んでゐるのざから、何んなことあっても心配ないなれど、それでは臣民可哀想なから、此の神示ウタにして印刷して世によき様にして皆に知らしてやれよ、表の集団でよいぞ、神は天からも地からも日も夜もコトで知らしてゐるのに、コト聞く身魂ないから、コトきく御身雲りてゐるから、人民は判らんなれど、余り判らんでは通らんぞ、早う洗濯掃除せよと申してゐるのざ。人の十倍も今の仕事して其の上で神の御用するのが洗濯ぞ、掃除ぞと申して知らした事忘れたか、地に足つけよと申した事判らんのか、百姓になれ、大工になれと申した事判らんのか、靝（＊）の地もあるぞ、天の百姓、大工もあるのざぞ。善と悪と小さく臣民分けるから判らんのさぞ、大きく目ひらけよ。松おせよ（＊＊）、松おせば判らん病直るのぢゃぞ、松心となれよ、何時も変らん松の翠の松心、松の御国の御民幸あれ。十二月十八日、ひつ九のかみ。

＊「靝」。天の異字体。青空から降る気のこと。
＊＊「おせよ」とは「食べよ」ということ。「食物」風の巻一帖も同様。

第十五帖（三四九）

ヨハネ世に出るぞ、イソネのムソネと現はれるぞ、用意なされよ（＊）。それまでにさっぱりかへしてしもうぞ、天も変るぞ地も変るぞ。此の方等が世建直すと申して此の方等が世に出て威張るのでないぞ、世建直して世は臣民に任せて此の方等は隠居ぢゃ、隠れ身ぢゃぞ。地から世持ちて嬉し嬉しと申すこと楽しみぞ、子供よ、親の心よく汲み取りてくれよ。此の神示読まいでやれるならやりてみよれ、彼方でこつん此方でくづれぢゃ、大事な仕組早う申せば邪魔はいるし、申さいでは判らんし何にしても素直に致すが一番の近道ざぞ、素直になれんのは小才があるからざぞ。鼻高ぢゃからざぞ、神の国は神の国のやり方あると申してあろがな、よきは取り入れ悪きは捨てて皆気付け合って神の国は神の国ぢゃぞ、金は金ぢゃ、銀は銀ぢゃぞと申してあろがな盲ならんぞ、カイの御用もオワリの仕組も何も彼も裏表あるのざぞ、裏と表の外に裏表あるぞ、ウオヱであるぞ、アとヤとワざぞ、三つあるから道ざぞ、神前に向って大きくキを吸ひ肚に入れて下座に向って吐き出せよ、八度繰返せよ、神のキ頂くのざぞ、キとミとのあいの霊気頂くのざぞ。ひふみがヨハネとなり、イツラとなりなって十二の流れとなるのざぞ、ムがウになるぞ、ンになるぞ、ヤとワとほりだして十二の流れ結構ざぞ。知らしてあろがな、是迄の考へ方やり方致すなら建替ではないぞ、何も彼も上中下すっかりと建替へるのざぞ、外国は龍宮の乙姫様ぐれんと引繰り返しなさるのざぞ、龍宮の乙姫様、雨の神様の御活動激しきぞ。今度次の大層が出て来たら愈々ざぞ。最後の止めざぞ、今度こそ猶餘ならんのざぞ、キリキリであるから用意なされよ、三四月気付けよ、キきれるぞ。信心なき者ドシドシ取り替るぞ、此の中、誠一つに清め下されよ、天明まだまだざぞ、世の元の型まだまだざぞ、神の仕組成就せんぞ、神人共に申してあろがな、神厳しきぞ、ぬらりくらりぬるくって厳しきぞと、申してあろがな。役員多くなくても心揃へて胴すへて居りて下されよ、神がするのであるから此の世に足場作りて居りて下されよ、神無理申さんぞと申してあろがな、けれどもちっとも気許しならんのざぞ。身魂相当に皆させてあろがな、掃除早うせよ、己れの戦まだすんでゐないであろが、洗濯掃除早う結構ぞ、此の方の神示元と判り乍ら他の教で此の道開かうとて開けはせんのざぞ、鏡曇ってゐるから曲って写るのざぞ、一人の改心ではまだまだぞ、一家揃って皆改心して手引合ってやれよ、外国人も日本人もないのざぞ、外国々々と隔て心悪ぢゃぞ。十二月十九日、一二⦿。

＊「ヨハネ」は原典「四八ね」。「イソネ」は原典「五十ね」。「ムソネ」は原典「六十ね」。「四八ね」はイエス・キリストに洗礼を

施したバプテスマのヨハネを想定しがちだが、「ひふみ歌」の四十八音、または、いろは四十八音、あわうた四十八音の音の事も言っているかも知れない。

「五十ね」は、イソ、イセ、伊勢、なども表し、または二十摩邇（フトマニ）に一柱を加えた数かも知れない。日本の国が五十、五百、五千とも出て来て、倍にするとそれぞれ百、千、万になる重要数。また日本語の仮名は五十音とも言う。また後に「五十連」で「イソラ」「イツラ」とあり、「イスラエル」も暗示している。「六十ね」は五十（いそ）十十（と）。

第十六帖（三五〇）

此の世と申しても臣民の世ばかりでないぞ、神の世界も引くるめて申してゐるのぢゃぞ、勇んでやって下されよ、勇む所此の方力添え致すぞ。心配顔此の方嫌ひぞ、歌唄ひ下されよ、笑ひて下されよ、笑へば岩戸開けるぞ。今の人民キリキリ舞しながらまだキリキリ舞する様もがいて御座るぞ。土に返れと申してあろがな、早う気付いた臣民人民楽になるぞ。神の守護と申すものは人民からはちっとも判らんのであるぞ、判る様な守護は低い神の守護ざぞ、悪神の守護ざぞ、悪神の守護でも大将の守護ともなれば人民には判らんのざぞ、心せよ、何んな事あっても不足申すでないぞ、不足悪ざぞ、皆人民の気からぞとくどう申してあろがな、人民キから起って来たのざぞ、我の難儀、我が作るのざぞ、我恨むより方法ないぞ、人民の心さへ定まったら、此の方自ら出て手柄立てさすぞ、手柄結構ざぞ。此の世の物一切神の物と云ふ事まだ判らんのか、一切取り上げられてから成程なァと判ったのではおそいから嫌がられても、くどう同じ様な事申してゐるのざぞ、人民の苦しみ此の方の苦しみざぞ、人民も此の方も同じものざぞ、此の道理判りたか、此の方人民の中に居るのざぞ、別辞て申してゐるのざぞ。まだまだ大き戦激しきぞ、是で世よくなると思ってゐると大間違ひとなるのざぞ、是からが褌ざぞ、よき世となれば褌要らんのざぞ、フラリフラリと風に吹かれるヘチマぢゃ、ヘチマ愉快で嬉しいなあ、風の間に間に雨の間に間にユタリユタリと嬉しかろがな、何も彼も嬉し真から楽しき世ざぞよ。誠が神であるぞ、コトが神であるぞ、元であるぞ、道であるぞ、日であるぞ月であるぞ。始めコトありと申してあろがな、キであるぞ、まつりであるぞ。十二月十九日、一二⦿。

第十七帖（三五一）

天地の先祖、元の神のてんし様が王の王と現われなされるぞ、王の王はタマで御現はれなされるのざぞ。禮拝の仕方書き知らすぞ、節分から始めて下されよ、先づキ整へて暫し目つむり心開きて一拝二拝八拍手せよ、又キ整へて一二三四五六七八九十と言高くのれよ、又キ整へてひふみ三回のれよ、これはこれは喜びの舞、清めの舞、祓の歌であるぞ。世界の臣民皆のれよ、身も魂も一つになって、のり歌ひ舞へよ、身魂全体で拍手するのざぞ、終って又キ整へて一二三四五六七八九十一二三四五六七八九十百千卍と言高くのれよ、神気整へて天の日月の大神様弥栄ましませ弥栄ましませと祈れよ、これは祈るのざぞ、地のひつくの神様弥栄ましませ弥栄ましませと祈れよ、終りて八拍手せよ、次に雨の神様、風の神様、岩の神様、荒の神様、地震の神様、百々の神様、世の元からの生神様、産土の神様に御禮申せよ、終りてから神々様のキ頂けよ、キの頂き方前に知らしてあろがな、何よりの臣民人民の生の命の糧であるぞ、病なくなる元の元のキであるぞ、八度繰返せと申してあろ、暫くこのやうに拝めよ、神代になる迄にはまだ進むのざぞ、それまではその様にせよ、此の方の申す様にすればその通りになるのざぞ、さまで苦しみなくて大峠越せるぞ、大峠とは王統消すのざぞ。新しき元の生命と成るのざぞ。神の心となれば誠判るぞ。誠とはマとコトざぞ、神と人民同じになれば神代ざぞ、神は隠身に、人民表に立ちて此の世治まるのざぞ。雀の涙程の物取合ひへし合ひ何して御座るのぞ。自分のものとまだ思ってゐるのか。御恩とは五つの恩の事ざぞ、御恩返さなならんのざぞ、此の事よく考へて間違はん様にして下されよ。此の巻は雨の巻ぞ、次々に知らすからミタマ相当により分けて知らしてやれよ、事分けて一二三として知らしてやるのもよいぞ。役員皆に手柄立てさしたいのぢゃ、臣民人民皆にそれぞれに手柄立てさしたいのぢゃ、待たれるだけ待ってゐるのぢゃ、一人で手柄は悪ぢゃ、分けあってやれよ、手握りてやれよ。石もの云ふぞ、十六の八の四の二の一、目出度や目出度やなあ。神の仕組の世に出でにけり、あなさやけ、あな面白や、五つの色の七変はり八変はり九の十々て百千万の神の世弥栄。十二月十九日、ひつ九のかミ。

（雨の巻了）

日月神示第一訳文

風の巻　第十四巻

自　昭和二十年十二月二十五日
至　昭和二十一年二月十六日
三五二帖～三六五帖

第一帖（三五二）

用意なされよ。いよいよざぞ。愈々(いよいよ)来るぞ。神のみこと知らすぞ。知らすぞ。眼覚めたら起き上るのざぞ。起きたらその日の命頂いたのざぞ。感謝せよ、大親に感謝、親に感謝せよ、感謝すればその日の仕事与へられるぞ。仕事とは嘉事(よこと)であるぞ。持ち切れぬ程の仕事与へられるぞ。仕事は命ざぞ。喜(よろこ)で仕へ奉(まつ)れ。我(が)出すと曇り出るぞ。曇ると仕事わからなくなるぞ。腹へったらおせよ。二分は大親に、臣民腹八分でよいぞ。人民食べるだけは与へてあるぞ。貪(むさぶ)るから足らなくなるのざぞ。減らんのに食べるでないぞ。食(おせ)よ。おせよ。一日一度からやり直せよ。ほんのしばらくでよいぞ。神の道無理ないと申してあろが。水流れる様に楽し楽しで暮せるのざぞ。どんな時どんな所でも楽に暮せるのざぞ。穴埋めるでないぞ、穴要るのざぞ。苦しいという声此(こ)の方(ほう)嫌ひざ。苦と楽共にみてよ。苦の動くのが楽ざぞ。生れ赤児みよ。子見よ、神は親であるから人民守ってゐるのざぞ。大きなれば旅にも出すぞ、旅の苦楽しめよ、楽しいものざぞ。眠くなったら眠れよ、それが神の道ぞ。神のこときく道ざぞ。無理することは曲(まが)ることざぞ。無理と申して我侭(わがまま)無理ではないぞ、逆行くこと無理と申すのざ。無理することは曲ることざ、曲っては神のミコト聞えんぞ。素直になれ。火降るぞ。相手七と出たら三と受けよ、四と出たら六とつぐなへよ、九と出たら一とうけよ、二と出たら八と足して、それぞれに十となる様に和せよ。まつりの一つの道ざぞ。○|(わう)の世⊙|(おう)の世にせならんのざぞ、今は|○(をう)の世ざぞ、|○(をう)の世○|(わう)の世となりて、○|(わう)の世に丶(たま)入れて⊙|(おう)の世となるのざぞ。タマなくなってゐると申してあろがな、タマの中に假(かり)の奥山移せよ、急がいでもよいぞ、臣民の肉体神の宮となる時ざぞ、当分宮なくてもよいぞ。やがては富士に木(こ)の花咲くのざぞ、見事富士に此の方が鎮まって、世界治めるのざぞ、それまでは假でよいぞ、臣民

の肉体に一時は鎮まって、此の世の仕事仕組みて、天地でんぐり返して光の世といたすのぢゃ。花咲く御代近ついたぞ。用意なされよ、用意の時しばし与えるから、神の申すうち用意しておかんと、とんでもないことになるのざぞ。⊙ーの世輝くと☼となるのざぞ、☼と申して知らしてあろがな。役員それぞれのまとひつくれよ、何れも長になる身魂でないか。我軽しめる事は神軽くすることざ、わかりたか。おのもおのも頭領であるぞ、釈迦ざぞ。キリストざぞ。その上に神ますのざぞ、その上神又ひとたばにするのざぞ、その上に又ゝでくるぞ、その上にもゝあるのざぞ、上も下も限りないのざぞ。奥山何処に変っても宜いぞ、当分肉体へおさまるから何処へ行ってもこの方の国ぞ、肉体ぞ、心配せずに、グングンとやれよ、動くところ、神力加はるのざぞ、人民のまどひは神無きまどひぞ、神無きまどひつくるでないぞ、神上に真中に集れよ。騒動待つ心悪と申してあること忘れるなよ、神の申した事ちっとも間違ひないこと、少しは判りたであろがな。同じ名の神二柱あるのざぞ、善と悪ざぞ、この見分けなかなかざぞ、神示よめば見分けられるように、よく細かに解いてあるのざぞ、善と悪と間違ひ申してゐると、くどう気付けてあろがな、岩戸開く一つの鍵ざぞ、名同じでも裏表ざぞ、裏表と思ふなよ、頭と尻違ふのざぞ。千引の岩戸開けるぞ。十二月二十五日、ひつぐのかミ。

第二帖（三五二）

二柱の神あると申してあろが、旗印も同様ぞ、かみの国の旗印と⦿の国の旗印と同様であるぞ、●であると知らしてあろがな、●にも二通りあるのざぞ、スメラ●の旗印と十✳✳●と申して知らしてあろがな、今は逆さぞと申してあろがな、このことわからいでは、今度の仕組分らんぞ、神示分らんぞ、岩戸開けんぞ。よく旗印みてよと申してあろがな、お日様赤いのではないぞ、赤いとばかり思ってゐたであろがな、まともにお日様みよ、みどりであるぞ、お日様も一つでないぞ。ひとりまもられているのざぞ。さむさ狂ふぞ。一月の一日、ひつ九の⦿。

第三帖（三五四）

愈々の大建替は国常立の大神様、豊雲野の大神様、金の神様、龍宮の乙姫様、先づ御活動ぞ。キリギリとなりて岩の神、雨の神、風の神、荒の神様なり、次に地震の神様となるのざぞ。今度の仕組は元のキの生き神でないとわからんぞ、中津代からの神々様では出来ない、わからん深い仕組ざぞ、猿田彦殿、天鈿女命殿、もとのやり方では世は持ちて行けんぞ。今一度悪栄えることあるぞ、心して取違ひない様にいたされよ。口と心と行ひとで神示とけよ、堂々説けよ。一月四日、一二のかみ。

第四帖（三五五）

岩戸開けたり野も山も、草のかき葉もことやめて、大御光により集ふ、楽き御代とあけにけり、都も鄙もおしなべて、枯れし草木に花咲きぬ、今日まで咲きし草や木は、一時にどっと枯れはてて、つちにかへるよすがしさよ、ただ御光の輝きて、生きの生命の尊さよ、やがては人のくにつちに、うつらん時の楽しさよ、岩戸開けたり御光の、冨士に木の花どっと咲く、御代近づきぬ御民等よ、最后の苦労勇ましく、打ち越し呉れよ共々に、手引きあひて進めかし、光の道を進めかし。ウタのまどひつくれよ。目出度夜明けぞ。旧一月一日、一二⦿。

第五帖（三五六）

我が名呼びておすがりすれば、万里先に居ても云ふこときいてやるぞ、雨の神、風の神、岩の神、荒の神、地震の神、と申してお願いすれば、万里先に居ても、この世の荒れ、地震のがらせてやるぞ、神々様に届く行で申せよ。こんなよき世は今迄になかりたのぢゃ、膝元に居ても言葉ばかりの願ひ聞こへんぞ、口と心と行と三つ揃った行い、マコトと申して知らしてあろが。時節出てゐるなれど、わからん人民多い故、物事遅くなりて気毒なるぞ、今暫くの辛棒なるぞ、神は人民に手柄立てさしたいのぢゃ、許せるだけ許してよき世に致すのぢゃ、ここまで開けたのも神が致したのぢゃ、今の文明なくせんと申してあろうが、文明残してカスだけ無にいたすのぢゃ、取違ひ慢心致すなよ。日本の国いくら大切と申しても、世界中の臣民とはかへられんから、くにひっくりかへること、まだまだあるかも知れんぞ、くにの軸動くと知らしてあろがな。此の神示キの侭であるから心なき人民には見せるでないぞ、あまりきつくて毒になるから、役員薄めて見せてやれよ、一日も早く一人でも多く助けてやりたいのぢゃ、神まつり結構ぞ、神まつらいでいくら道説いても肚にはいらんぞ、肚に入らん道は悪の道となるのぢゃ、頭ばかりで道歩めん道理わからんか、改心足らんぞ。一月十六日、一二◯。

第六帖（三五七）

江戸の仕組江戸で結ばんぞ。この道開くに急いではならんぞ、無理して下さるなよ、無理急ぐと仕組壊れるぞ。まだまだ敵出て来るなれど、神心になれば敵、敵でなくなるぞ、敵憎んではならんぞ、敵も神の働きぞ。神は六ケ敷いこと云はんぞ、神に心皆任せてしまうて、肉体慾捨ててしまうて、それで嬉し嬉しぞ。神が限りなき光り、よろこび与へるのざぞ。いやならいやでそなたのすきにしてやりてござれ、一日天地引上と申してある通りになるぞ。一度の改心六ケ敷いからくどう申してあるのざぞ。今までほかで出て居たのは皆神示先ぢゃ、ここは神示ぢゃ、何時もの如く思って居ると大変が足元から飛び立つのざぞ、取返しつかんから気付けてゐるのぢゃ。何れは作物取らしておくから、澤山取れたら更に更に愈々ざと心得よ。神の国治めるのは物でないぞ、まことざぞ、世界治めるのもやがては同様であるぞ、人民マコトと申すと何も形ないものぢゃと思ってゐるが、マコトが元ざぞ。マとコト合はしてまつり合はして真実と申すのぢゃ。〇と丶をまつりたものぢゃ、物無くてならんぞ、タマなくてならんぞ、マコト一つの道ざと申してあろがな、わかりたか。ミタマ相当にとりて思ふ様やりてみよ、行出来ればその通り行くのぢゃ、神に気に入らん事スコタンばかりぢゃから、引込み思案せずに堂々とやりて下されよ。こんな楽な世になってゐるのぢゃ、屁も放れよ、沈香（＊）もたけよ、ふらふらして思案投首この方嫌ひぢゃ。光る仕組、中行く経綸となるぞ。二月十六日、一二の⦿。

＊「沈香」。香木の一つ。特に質の良いものは伽羅と呼ばれる。

第七帖（三五八）

神にすがり居りたければこそぢゃと云ふとき、眼の前に来てゐるぞ。まだ疑うてゐる臣民人民気の毒ぢゃ、我恨むより方法ないぞ。神の致すこと、人民の致すこと、神人共に致すこと、それぞれに間違ひない様に心配ばりなされよ。慢心鼻ポキンぞ、神示よく読んで居らんと、みるみる変って、人民心ではどうにもならん、見当取れん事になるのざぞ、神示はじめからよく読み直して下されよ、読みかた足らんぞ、天の神も地の神もなきものにいたして、好き勝手な世に致して、偽物の天の神、地の神つくりてわれがよけらよいと申して、我よしの世にしてしまふてゐた事少しは判って来たであらうがな。愈々のまことの先祖の、世の元からの生神、生通しの神々様、雨の神、風の神、岩の神、荒の神、地震の神ぞ、スクリと現れなさりて、生通しの荒神様引連れて御活動に移ったのであるから、もうちともまたれん事になったぞ、神示に出したら直ぐに出て来るぞ、終りの始の神示ざぞ、夢々おろそかするでないぞ、キの神示ぢゃ、くどい様なれどあまり見せるでないぞ。二月十六日、ひつぐの◉。

第八帖（三五九）

世界中自在に別け取りしてゐた神々様、早う改心第一ぞ。一の王で治めるぞ。てんし様とは天地様のことざと申してあろがな、この方シチニの神と現はれるぞと申してあろがな、天二様のことざぞ。行なしではまことのことわからんぞ、出来はせんぞ、神の道無理ないなれど、行は誰によらずせなならんぞ。この方さへ三千年の行したぞ、人民にはひと日も、ようせん行の三千年、相当のものざぞ。海にはどんな宝でも龍宮の乙姫殿持ちなされてゐるのざぞ、この世の宝皆この方つくりたのざぞ、神の道無理ないと申して楽な道でないぞ、もうこれでよいと云ふことない道ざぞ。日本の人民もわたりて来た人民も、世持ちあらした神々様も人民も、世界の人民皆思ひ違ふぞ、九分九分九厘と一厘とで、物事成就するのざぞよ。世をもたれん天地の大泥棒をこの世の大将と思ってゐて、それでまだ眼覚めんのか、よく曇りなされたなあ、建替は今日の日の間にも出来るなれど、あとの建直しの世直し、中々ざから、人民に少しは用意出来んと、おそくなるばかりぢゃ、それでカタ出せ出せと申してゐるのぢゃぞ。あれこれと、あまり穢れてゐる腸ばかりぢゃから、一度に引出して、日に干してからでないと、洗濯出来ん様になりて御座るぞ。今のうちから気付けてゐるのぢゃぞ。けんびき（＊）痛いぞ、あまりにも狂ふて御座るぞ。元の根本の世より、も一つキの世にせなならんのざから、神々様にも見当取れんのぢゃ、元の生神でないと、今度の御用出来んぞ。二月十六日、ひつ九の☉。

＊「けんびき」。肩凝りの事。

第九帖（三六〇）

土地分盗りばかりか、天まで分盗って自分のものと、威張ってゐるが、人民の物一つもないのぢゃ。大引上げにならんうちに捧げた臣民結構ぞ。宮の跡はSとなるぞ。ナルトとなるぞ。天の岩戸は開いてあるぞ。地の岩戸、人民開かなならんぞ、人民の心次第で何時でも開けるのざぞ。泥の海になると、人民思ふところまで一時は落ち込むのぢゃぞ、覚悟はよいか。神国には神国の宝、神国の臣民の手で、元の所へ納めなならんのざ。タマなくなってゐると申してあらうがな。何事も時節到来致してゐるのざぞ、富士晴れるばかりの御代となってゐるのぢゃぞ。人民神に仕へて下さらんと神のまことの力出ないぞ、持ちつ持たれつと申してあらうがな、神まつらずに何事も出来んぞ、まつらいでするのが我よしぞ、天狗の鼻ざぞ。まつらいでは真暗ぞ、真暗の道で、道開けけんぞ。神は光ぞと申してあらうが、てんし様よくなれば、皆よくなるのざぞ。てんし様よくならんうちは、誰によらん、よくなりはせんぞ、この位のことなぜにわからんのぢゃ、よくなったと見えたら、それは悪の守護となったのぢゃ。神がかりよくないぞ、やめて下されよ、迷ふ臣民出来るぞ。程々にせよと申してあらうが。皆々心の鏡掃除すれば、それぞれに神かかるのぢゃ。肉体心で知る事は皆粕ばかり、迷ひの種ばかりぢゃぞ、この道理判りたであらうがな、くどう申さすでないぞ。二月の十六日、ひつ九の⦿。

第十帖（三六一）

これからは、人民磨けたら、神が人民と同じ列にならんで経綸致さすから、これからは恐ろしい結構な世となるぞ。もう待たれんから、わからねばどいてみて御座れと申してあろが、わからんうちに、わかりて下されよ。肉体のあるうちには、中々改心は出来んものぢゃから、身魂にして改心するより外ない者澤山あるから、改心六ケ敷いなれど、我慢してやりて下されよ。時節には時節の事もいたさすぞ。時節結構ぞ。二月十六日、ひつぐの⦿。

第十一帖（三六二）

日本の国に食物なくなってしまふぞ。世界中に食べ物なくなってしまふぞ。何も人民の心からぞ。食物無くなっても食物あるぞ、神の臣民、人民心配ないぞ、とも食ひならんのざぞ。心得よ。二月十六日、ひつ九のか三。

第十二帖（三六三）

日本の人民餌食にしてやり通すと、悪の神申してゐる声人民には聞へんのか。よほどしっかりと腹帯締めおいて下されよ。神には何もかも仕組てあるから、心配ないぞ。改心出来ねば気の毒にするより方法ないなれど、待てるだけ待ってゐるぞ、月の大神様が水の御守護、日の大神様が火の御守護、お土つくり固めたのは、大国常立の大神様。この御三体の大神様、三日この世構ひなさらねば、此の世、くにゃくにゃぞ。実地を世界一度に見せて、世界の人民一度に改心さすぞ。五十になっても六十になっても、いろは、一二三（ひふみ）から手習さすぞ。出来ねばお出直しぞ。慢心、早合点大怪我のもと、今の人民、智が走り過ぎてゐるぞ、気付けておくぞ。二月十六日、ひつ九のか三。

第十三帖（三六四）

楽してよい御用しようと思うてゐるのは悪の守護神に使はれてゐるのざぞ。人の殺し合ひで此の世の建替出来ると思ふてゐるのも悪の守護神ざ。肉体いくら、滅ぼしても、よき世にならんぞ。魂（たま）は鉄砲では殺せんのざぞ。魂はほかの肉体にうつりて、目的たてるのざぞ、いくら外国人殺しても、日本人殺しても、よき世は来ないぞ。今迄のやり方、スクリかへて神の申す様にするよりほかに道ないのざ。このたびの岩戸開きはなかなかぞと申してあろが、見て御座れ、善一筋の、与へる政治で見事建替へてみせるぞ。和合せんとまことのおかげやらんぞ、一家揃ふたらどんなおかげでもやるぞ。一国そろたらどんな神徳でもやるぞ、おのづから預けるのざぞ。神いらん世にいたして呉れよ。二月の十六日、ひつくか三。

第十四帖（三六五）

新しき世とは神なき世なりけり、人神となる世にてありけり。世界中人に任せて神々は楽隠居なり、あら楽（たぬ）し世ぞ。この世の頭（かしら）いたして居る者から、改心致さねば、下（しも）の苦労いたすが長うなるぞ、此処までわけて申しても、実施に見せてもまだわからんのか。世界中のことざから、この方世界構ふお役ざから、ちと大き心の器持ちて来て下されよ。金も銀も銅も鉄も鉛も皆出てござれ。それぞれにうれしうれしの御用いくらでも与へてとらすぞ。この巻風の巻。ひつくのか三、二月十六日。

（風の巻了）

日月神示第一訳文

岩の巻　第十五巻

自　昭和二十一年旧一月十五日
至　昭和二十一年旧一月十五日
三六六帖～三七六帖

第一帖（三六六）

岩の巻(まき)書き知らすぞ。岩は弥栄(いやさか)。⦿はゝと〇◎、◎が神ざぞ。◎が神ざと申してあろう。悪の守護となれば、悪よく見えるのざぞ。人民悪いこと好きでするのでないぞ、知らず知らずに致してゐるのであるぞ。神にも見のあやまり、聞きのあやまりあるのざぞ。元の神には無いなれど、下々(しもじも)の神にはあるのざぞ。それで見なほし、聞きなほしと申してあるのざぞ。元の神には見直し聞きなほしはないのざぞ、スサナルの大神様鼻の神様かぎ直しないぞ、かぎのあやまりはないのざぞ。人民でも、かぎの間違ひないのざぞ。鼻のあやまりないのざぞ。スサナルの大神様この世の大神様ぞと申してあらうかな。間違(まちがひ)の神々様、この世の罪けがれを、この神様にきせて、無理やりに北に押込なされたのざぞ。それでこの地の上を極悪神(ごくあくがみ)がわれの好き候(そうろ)に持ちあらしたのざ。それで人皇(じんのう)の世（＊）と曇りけがして、つくりかへ、佛(ほとけ)の世となりて、さらにまぜこぜにしてしまふて、わからんことになりて、キリストの世にいたして、さらにさらにわからぬことにいたしてしもうて、悪の仕組通りにいたしてゐるのじゃぞ、わかりたか。釈迦もキリストも立派な神で御座(ござ)るなれど、今の佛教(ぶっきょう)やキリスト教は偽(にせ)の佛教やキリスト教ざぞ。同じ神二つあると申してあらうがな。ゝなくなってゐるのざぞ、ゝない◎ざぞ。◎でないと、まことできんのざぞ、わかりたか。ゝなきもの悪ざぞ、ゝは霊ぞ、火ぞ、初めざぞ。くらがりの世となってゐるのも、ゝないからざぞ。この道理わかるであらうがな。旧一月十五日、かのととりの日、一二⦿。

＊「人皇の世」。神代(かみよ)の神々に対して、神武天皇（我国の初代天皇）

以降の天皇を云う。

第二帖（三六七）

三千年の昔（＊）に返すと申してあらうがな。よい御用いたす身霊ほど苦労さしてあるのぢゃ。他から見ては、わからんなれど、苦労に苦労さして、生き変り、死に変り、鍛へに鍛へてあるのぢゃぞ。肉体の苦労も霊の苦労も、どちらの苦労にも、まけん人民臣民でないと、眼先のことで、グレングレンと引繰りかへりて、あはてふためく様なことでは、どんな事であっても、びくともせん、ミタマでないと、御用六ケ敷いぞ。こんどの苦の花は不二に咲くのみざぞ。富士に木の花咲くや媛まつれと申してあるが、苦の花、おのもおのもの心の富士にも咲くのざぞ。苦の花咲けば、此の世に出来んことないぞ。まことの◎かかりぞ。この先もう建替出来んギリギリの今度の大建替ぢゃ。愈々の建替ざから、もとの神代よりも、も一つキの光輝く世とするのぢゃから、中々に大層ざぞ。人民苦しからうが、先楽みに御用美事つとめ上げて下されよ。二つづつある神様を一つにするのであるから、嘘偽ちっともならんのぢゃ。少しでも嘘偽あったら、曇りあったら、神の国に住めんことになるのざぞ。途中から出来た道では今度と云ふ今度は間に合はんのざぞ。根本からの道でないと、今度は根本からの建直しで末代続くのぢゃから間に合はん道理わかるであらうがな。われの国同志の戦始まるのぢゃ。この戦、神は眼あけて見ておれんなれど、これも道筋ぢゃから、人民にも見て居れんのぢゃが、友喰ひと申して知らしてあらうが。この方等が天地自由にするのぢゃ。元のキの道にして、あたらしき、キの光の道つくるのぢゃ。あらたぬし、世にするのぢゃと申してあること愈々ざ、人民、臣民勇んでやりて下され。神々様守護神どの、勇め勇め。二月十六日、ひつ九◉。

＊「三千年の昔」。昭和十五年（一九四〇年）が皇紀（神武天皇即位紀元）二千六百年。それより更に数百年前の神代。因みに皇紀二七〇〇年は西暦二〇四〇年。

第三帖（三六八）

天地引くるめて大建替いたすのぢゃ。天地のビックリ箱とはそのことざぞ。間違ひ出来んうちに、間違はん様気つけて下されよ。出来てからは、いくら泣いても詫(わ)びしても後(あと)へは返せん。この方(ほう)でもどうにもならん元のキの道ぢゃぞ。くどう気付けておくぞ。これまでは道はいくらもあったのぢゃが、これからの道は善一筋ざぞ。インチキ神の前には通らんのざぞ。心せよと知らしてあらうがな。三千年で世一(よひと)キリといたすのぢゃぞ。まことの集りが神徳ぢゃ、神徳つむと、世界中見えすくのざぞ。神だけではこの世の事は成就せんと申してあらうがな。神がうつりて成就さすと申してあらうがな。こんなことこれまでにはなかりたぞ。二月十六日、一二⦿。

第四帖（三六九）

元は十と四十七と四十八とあはせて百と五ぞ、九十五柱ざぞ。旧一月十五日、かのととり、一つ九のか三。

第五帖（三七〇）

人民眼の先(さき)見えんから疑ふのも無理ないなれど、ミタマ磨(みが)けばよく判るのぢゃ、ついて御座れ、手引張ってやるぞ。誠の道行くだけではまだ足らんぞ。心に誠一杯につめて空(から)っぽにして進みてくれよ、このことわからんと神の仕組おくれると申してあろうがな、早くなったところもあるなれど、おくれがちぢゃぞ。苦労、苦労と申しても、悪い苦労気の毒ざぞ、よき苦労花咲くぞ。花咲いて実結ぶのざぞ。人民苦しみさえすればよい様に早合点してゐるなれど、それは大間違ざぞ。神の道無理ないと、くどう申してあらうがな。此の道理よく噛み分けて下されよ。神の国は元のキの国、外国とは、幽界とは生れが違ふのぢゃ。神の国であるのに人民近慾なから、渡りて来られんものが渡り来て、ワヤにいたしてしまふてゐるのに、まだ近慾ざから近慾ばかり申してゐるから、あまりわからねば、わかる様にいたすぞ。眼の玉飛び出すぞ。近くは佛魔渡り来て、わからんことにされてゐるであらうがな。五度の岩戸開き一度にせなならんと申してあらうが、生れ赤児の心で神示読めと申してあらうがな。二月十六日、ひつ九かミ。

第六帖（三七一）

　向ふの云ふこと、まともに聞いてゐたら、尻の毛まで抜かれてしまふのが　神にはよく判りて気つけてゐたのに、今の有様その通りでないか。まだまだ抜かれるものあるぞ。のばせばのばせば、人民まだまだ苦しいことになるぞ。延ばさねば助かる人民ないし、少しは神の心も察して下されよ、云ふ事きいて素直にいたされよ、神たのむぞ。愈々時節来たのであるから、何と申しても時節には、かなわんから神示通りになって来るから、心さっぱり洗ひ晴らしてしまふて、持ち物さっぱり洗ひかへしてしまふて、神のみことに生きて呉れよ、みことになるぞ、タマぞ、ミコト結構ぞ。神ひらき結び、人睦び展きにひらきつづく道ぞ。ひふみ、よろづ、ち、ももの道なり、むすび出づ。佛、耶、その他の神々ひらき成り、正し、交わりとけし、一つの神国と出で睦び開く。地上天国にひふみ、正しきは出で、ひらき、輝き、いきし、弥栄の神々そろう、元津神の道ひらき、鳴り成りて、更にひらき、極みつづく歓喜の大道、真理輝き、わたり出づ、神、人、動、植、鉱、もろもろの道なりて展き、極みつくる所、大神、百々の神、世になり極む、世に満ち、弥栄の大道、神代につづく。正しき神のよきいくさの道、神国は真理真愛、神の大真と出でそむ。富士の仕組、鳴門の仕組の秘密道、わからん裡(うち)にわかりてくれよ。旧一月十五日、ひつ九のかミ。

第七帖（三七二）

この神の許(もと)へ来て信心(しんじん)さへして居たらよい事ある様に思ふてゐるが、大間違ひざぞ。この方への許へ参りて先(ま)づ借銭(しゃくせん)なしに借銭拂(はら)ひして下されよ。苦しい事出来てくるのが御神徳ぞ。この方の許へ来て悪くなったと云ふ人民遠慮いらん、帰りて呉れよ。そんな軽(かる)い信心は信心ではないぞ。結構な苦しみがわからん臣民一人も要らんのぞ。しかと褌(ふんどし)締めてついて御座れよ。此の方悪神(あくがみ)とも見えると申してあらうがな。わかりてもわからん、出来ん事致さすぞ、神が使ふのざから楽でもあるのざぞ。静かに神示よく肚(はら)に入れて御用して下されよ。神の道光るぞ。旧一月一五日、一二⊙。

第八帖（三七三）

此の方のコト、腹にひしひしと響き出したら、よき守護神となったのざぞ。神の国の元のミタマと外国のミタマとスッカリ取換へられてゐるのにまだ眼覚めんのか。神の国は真中の国、土台の国、神の元の鎮(しず)まった国と申してあらうがな。神の国であるぞ、我さへよけら、よその国、よその人民どうなってもよいといふ程に世界の臣民、皆なりてゐるが、表面(うはべ)ばかりよい事に見せてゐるが、中は極悪ぢゃ。気付いるゐる臣民もあるなれど、どうにも、手も足も出せんであらうがな。それが悪神に魅いられてゐるのぢゃぞ。道はあるに闇、祓ひ潔めて道見て進め。勇ましきやさかの道、光りあるぞ。二月十六日、一二⦿。

第九帖（三七四）

今度捕へられる人民沢山にあるが、今度こそはひどいのざぞ。牢獄で自殺するものも出来て来るぞ。女、子供の辛いことになるぞ。九分通りは一度出て来るぞ、それまでに一度盛り返すぞ、わからんことになったら愈々のことになるのざぞ。みたま磨けよ。旧一月十五日、一二⦿。

第十帖（三七五）

わからんミタマも今迄は機嫌取って引張りて来たなれど、もう機嫌取りは御免ぢゃ。こんなことに長う掛りてゐたなら実地が後れるから、ひときりにいたすぞ。神代となれど天は近くなるぞ、神人共にと申してあらうがな。一人となりても、神の申す事ならば、ついて来る者が誠の者ざぞ、誠の者少しでも今度の仕組は成就するのざぞ、人は沢山には要らんのざぞ。信者引張ってくれるなよ。道は伝へて下されと申してあらうがな。龍宮の乙姫殿のお宝、誰にも判るまいがな。びっくり箱の一つであるぞ。北がよくなる、北が光るぞ、北が一番によくなると申してあること段々に判りて来るのざぞ。これ程に申してもまだ疑ふ人民沢山あるなれど、神も人民さんには一目置くのぞ、閉口ぞ、よくもまあ曇ったものぢゃなあ、疑ふなら今一度我でやって見よれ、それもよいぞ、あちらこちらにグレングレンとどうにもならんのざぞ、人民には見当取れん大きな大きな大望ざから、その型だけでよいからと申してゐるのぢゃ、型して下されよ。改心の見込ついたら、世の元からの生神が、おのおのにタマ入れてやるから力添へ致してやるから、せめてそこまで磨いて下されよ。悪はのびるのも早いが、枯れるのも早いぞ。いざとなればポキンぞ。花のまま枯れるのもあるぞ。二月十六日、一二の◯。

第十一帖（三七六）

誰の苦労で此の世出来てゐると思うてゐるのぢゃ。此の世を我がもの顔にして御座るが、守護神よ、世を盗みた世であるくらゐ、わかってゐるであらうがな。早よう元にかへして改心いたされよ、神国の王は天地の王ざぞ、外国の王は人の王ざぞ。人の王では長う続かんのぢゃ。外国にはまだまだ、きびしいことバタバタに出て来るぞ、日本にもどんどん出て来るぞ。云はねばならんことあるぞ。出づ道は二つ、一はひらく道、二は極む道、道出で世に満つ、ゐらぎゐらぐ世ぞ。前に書かしてあること、よく読めばわかるのぢゃ、御身に利かして御身でかかしたもの地震の巻といたせよ。いよいよあらくなって来るのざぞ。因縁みたま結構となるのざぞ。旧一月十五日、ひつ九のか三神示。

（岩の巻了）

日月神示第一訳文

あれの巻 第十六巻

自 昭和二十一年一月十九日（全一帖）
至 昭和
三七七帖

第一帖（三七七）

岩戸ひらき鳴り成るぞ　まこと岩戸は永遠弥栄ぞ　灵（＊）と体ぞ　天下統一　はじめ五十二　大太陽神三千世界に出づ大道　大月球神ひらき　睦びそろひ出づ道ひらき並ぶ大道　三千世界　正しひらき　真愛出づ道　真理なり結び　出づ月展き　ひらき大弥栄　地、月、日、みちみつ大道　八十ひらきみつ道萌え　月日くるしむこと終る　太陽ひらく大道　月地睦び結ぶ世なり　道、不要道出づ、真理真愛出づ道ひらき成る　月日みちみつ大道正し、五六七となるぞ、根本の悉くの大道ぞ、まことみちみつ弥栄々神先づ出づる道　道は大歓喜ぞ、道は月日の道　ことごと歓喜進展よき大道　灵の灵みつ道、体の体みつ道　悉くみち天地うごき人の道、鳴り成り結び、月神は救世主神、日月出づ道、救世神人出づ道、悉くの道　月日ひらき鳴る大道　弥栄道　真理真愛極まり栄え出で極まり　三千世界にみつ、大歓喜の大道　不二に花咲く時、大道みち展き　調和現で出づ　救世神は真愛とひらく　道うごき道ひらき　神の道　地にも万劫　木の花ひらくの道ぞ　この大経綸　四十八と七ぞ　いろは「言灵原子」ぞ

はじめ、十、卍、九◉、国内に来て　先づ開く〇の道　その子の子孫のかみの　ひらく道にも〇にみち栄き　こと面白に急ぐなれど　真理の道みち　神々足り、太陽出づ　出でて道満つ、大道に灵みち　まことのもの一二三湧き　世にみち、神気うごき国世界晴れわたるぞ　日月ひらき、ゝにもなり、悉く足り　はじめの神人出で悉く成り　灵みつ御代ぞ来る　その神の時になりそむ、五の年　はじめ富士、鳴門の仕組うごくぞ　月、鳴り成り、地めぐる　この神には、何事も弥栄々々みちみつ　この神示よく読み、神約のヨハネ道ぞ　神顕れ、悪魔出で、争ふは和すの大道　大道のゝ心道　次、極まり足り、苦めぐるなく　道、はじめてよくなるぞ

次、ひらき、むすび、むすぶ　咲く花むすび、ひふみと、不二（ふじ）さく道ぞ　宮柱太（みやばしらふと）しきる道　のりとの心、はじめてひらき　次、あれ、うごき、めぐる　ミはこまる、びっくりことぞ、ことざぞ、細工りうりう、よう見て御座れ、十のいくさすみ、いくさ忘れる如（ごと）　くによる日まで、盛（さ）きつくも、陰仏、陽仏、陰火、陽火、陰水、陽水、陰月、陽月、陰日、陽日、和しみつ、山野に満つ世ぞ　皆よろこび　富士めぐる宮に　つきつきつくし、よろこびこと　地心（ち）にもひびくぞ　都も市もひらき、悉くにひらき　悉くはたらき、ひらき　大すさなるの大神、世に光り輝くのざぞ　道ひらき、世はもとに動くぞ　満ちみつ時に、ひらき成る世、心せよ　湧く道は神の道ぞ、御代　みいづの世ぞ　みな神の子ぞと申してあるぞ　陽（ひ）来し海汐（しほ）となり、幸みち、正しき芽現れ　気に神出づさま、くさぐさ　日月悉くの道となり　み、ささぐ御代来、よく神かみ和し　なりなり鳴る代、岩戸あくなり（太陽（ひ）大陰大地）の光、中今（いま）輝きて　神かみ、さまざまささぐもの　百々（もも）とり代（しろ）に満ち満ちて　弥栄（いやさか）みくら、ひらき　古き天原に、神々にあれ見よ御子たち、大神君（きみ）たち　真島（ましま）めぐる如（ごと）来る　あぎとう魚もあふぎ　いや舞ひ、よろこび現れ来（く）を天（あめ）のふちこまのみみふり　きこし召すらん千万（ちよろづ）の　御代ひかりたり、またひかりたり富士（みせん）の御山（みやま）のよきが如　五十鈴（いすず）の川のよきが如　うごくことなく、とまることなく　とこよに弥栄々々　よろこびの、今ひらき、地にまつめくりて　木（こ）の花の、一時にどっと咲くところ　タマの御代とて　神代より　いきし活神（いき）、ひき合ふぞ　まことのもの云ふ時来しと捧ぐるうづの、活きし生命（いのち）さとりてぞ

大神様のようごき、まこと尊き御代となり和すのぞ　守護神、めんめめんめ　めぐりあるぞよ、借銭大きいぞ　善は、善うごくことのしるしなり　われに悉々神国の　まことの神かみ、みち足り　北も南も西東、いまうれしき　雨ノ神、風ノ神、いわノ神、あれノ神、地震ノ神　よき世に出で、みそらの神　大歓喜ひらき、展き真理（ふじ）の空よくも、めでためでたぞ　大道、弥栄に動き　神々、太宝座（みくら）の神、日月ひらき、大道ひらき　もの充ち

満ち　世　うごきひらき、うごきなる秋に　善神来てマコトものいふ　神の世の夜明の神々さとれよとすらむカムロキ、カムロミのみこともち　八百万の神々、神つとひにつとひ玉ひ　神はらひにはらひ　こととひし草の片葉も　ことやめ　天地の岩戸あはなち　天地の弥栄々々に　善は善の気みつぞ　光の尊き御代ぞ　神ひかり、神あれ玉ひし　四方の国々治し召すすめ神、善の満つる国、悉々到り治まる世　五六七の世とぞなる　真智鳴り成り果りひらき、開き展く真愛の、弥栄大和の神気　真愛の神真智の歓喜　なり動き和し満つ国　日月地和す神道すめ神の神光の現れ　みかげ添ふ道、地上のよき時　みちみつ大道うごく世　いくさすみたり、富士の山晴れたり　太陽は輝きて、み空に真理正に動き　よろづ世弥栄、艸の片葉も木々の魂も　光より和す、まことヒの神の世ぞ　世にみつ神意、悉く極みうごく世　世ひらき和す道、動き成り光る世の道ぞ　国々所々に、いやなことあるなれど　道はひらき弥栄え進み　人の道よく成り鳴りて　何も彼も、神人の道　極まりつくす、人、喜びぞ、あななひの道ざぞ　次に月の神さまいき　次にスサナルの神現れいきいき玉いき　ここにイザナキの神　日の神　月の神　海原の神　その所に満ちいき玉ひて喜び玉いき　日の神は火の国　月の神は水の国　スサナルの神は海原しらせとのたまいき　それはその時によりぞ定れる　九十にぞあれば何も彼も無より有に到る大道　極より極に到る大道　あななひの道ざぞ、弥栄の道ざぞ　あなさやけ　あなすがすがし世ぞ　現れし大道ぞ　都も鄙も世直しの大道　光の大道　歓喜の大道　マコトはじめての大道成るぞ、ひふみのくにぞ、言灵の弥栄　光る国なるぞ　そのこと神示にしるしありその神示　早うひらきみて　マコトの国の大道、光の世界の道ぞ　歓喜になく時来たぞ　しるしの神示ひらき　動き行く世の道、さとりさとれ　天神々々も地神々々も、神示がもと　極まり鳴るはじめ　天のはじめの大道、光り鳴り　世に満ち、世に動き和す動きのはじめ　名ののこる　艸もの云ふ地となり、月なるぞ　灵の国ぞ、神の道ひらき、キの大道　真理生れ、和し、

展き　動き　ヒフミひらき、真知和しひらき　ことごと成る道、ヒフミぞ　神々さまおよろこびざぞ　今はすべて別れ別れし灵体和し、神息吹なり、息吹のままに道みつ　根本の太神にこにこと　三つの御大宝座に満ち、召し玉ひよろこびことの弥栄々々　うれしきよき三千世界来るぞ　めでたき三千世界　おお、魂の、あななひの　天地とも、おもりし神国の真の御代ぞ　田より弥栄に出づる実の　和しひらき成る大道、さとれさとれ結びことごと、よくも魂　わが尊き神の道きくみちぞ　早う掃除洗濯、めぐり　日々に和し弥ひらけ　もと神極み、神の御代、神なるの世とひらき　国にもの見せて、神国の　まことの善は悪魔まで、皆改心、和す、極みの世とこそ、神光りみちみつ　尊く光り動き、ひらく神にはひらく神みち⦿には⦿みつ、真理に花咲く御代うれしうれし　早うこの神示しらせと急ぐ、心みよ心みよ　弥栄にひかる神示なるぞ　神示、みことのコトの御代の　真理の光なり、魂和し、魂出で　光して尊き御代、神みち鳴り　真理真愛みちみつ真の神の神示なるぞ

心しめてよむときぞ、まことの神人　光出で、神人みな和しめぐる世、時なるぞ　あらたのし、あなさやけふじは晴れたり、岩戸あけたり　あなさやけおけ　のちのよにかきしるすぞ　ひつくのかみかきしるすぞ

＊灵は、霊の略字。

（あれの巻了）

日月神示第一訳文

地震の巻 第十七巻

自　昭和二十年九月十日
至　昭和二十年十月三十日
全十九帖三七八帖～三九六帖

第一帖（三七八）

われわれの一切は生まれつつある。神も、宇宙も、森羅万象の悉くが、常に生まれつつある。太陽は太陽として、太陰は太陰として、絶えず生まれ続けている。一定不変の神もなければ、宇宙もない。常に弥栄えつつ、限りなく生まれに生まれゆく。過去もなければ、現在もなく、未来もない。ただ存在するものが生まれに生まれつつある。生もなければ死もない。善も思わず真も考えず美も思わない。ただ自分自身のみの行為はない。ただ生まれゆき栄えゆくのみである。善を思い悪を思うのは、死をつくり生をつくり出すことである。故に地上人が自分自身でなすことには、すべて永遠の生命なく、弥栄はあり得ない。何故ならば、地上人は、地上人的善を思い、悪を思い、真を思い、偽を思うからである。思うことは行為することである。生前、生後、死後は一連の存在であって、そこには存在以外の何ものもないのである。存在は生命であり、生まれつつあるもの、そのものである。何ものも、それ自らは存在しない。弥栄しない。必ず、その前なるものによって呼吸し、脈打ち、生命し、存在、弥栄する。また、すべてのものの本体は、無なるが故に永遠に存在する。地上人は、生前に生き、生前に向かって進みゆく。また、地上人は、地上に生き、地上に向かって進みゆく。また、地上人は、死後に生き、死後に向かって進みゆく。しかし、そのすべては神の中での存在であるから、それ自体のものはない。善でもなく、悪でもなく、ただ生まれつつあるのみ。霊人に空間はない。それは、その内にある情動によって定まるが故である。また、その理によって一定せる方位もない。また時間もなくただ情動の変化があるのみである。地上人は、肉体を衣とするが故に、宇宙のすべてを創られたもののごとく考えるが、創造されたものではない。創造されたものならば、永遠性はあり得ない。宇宙は、神の中に生み出され、神と共に生長し、さらに常に神

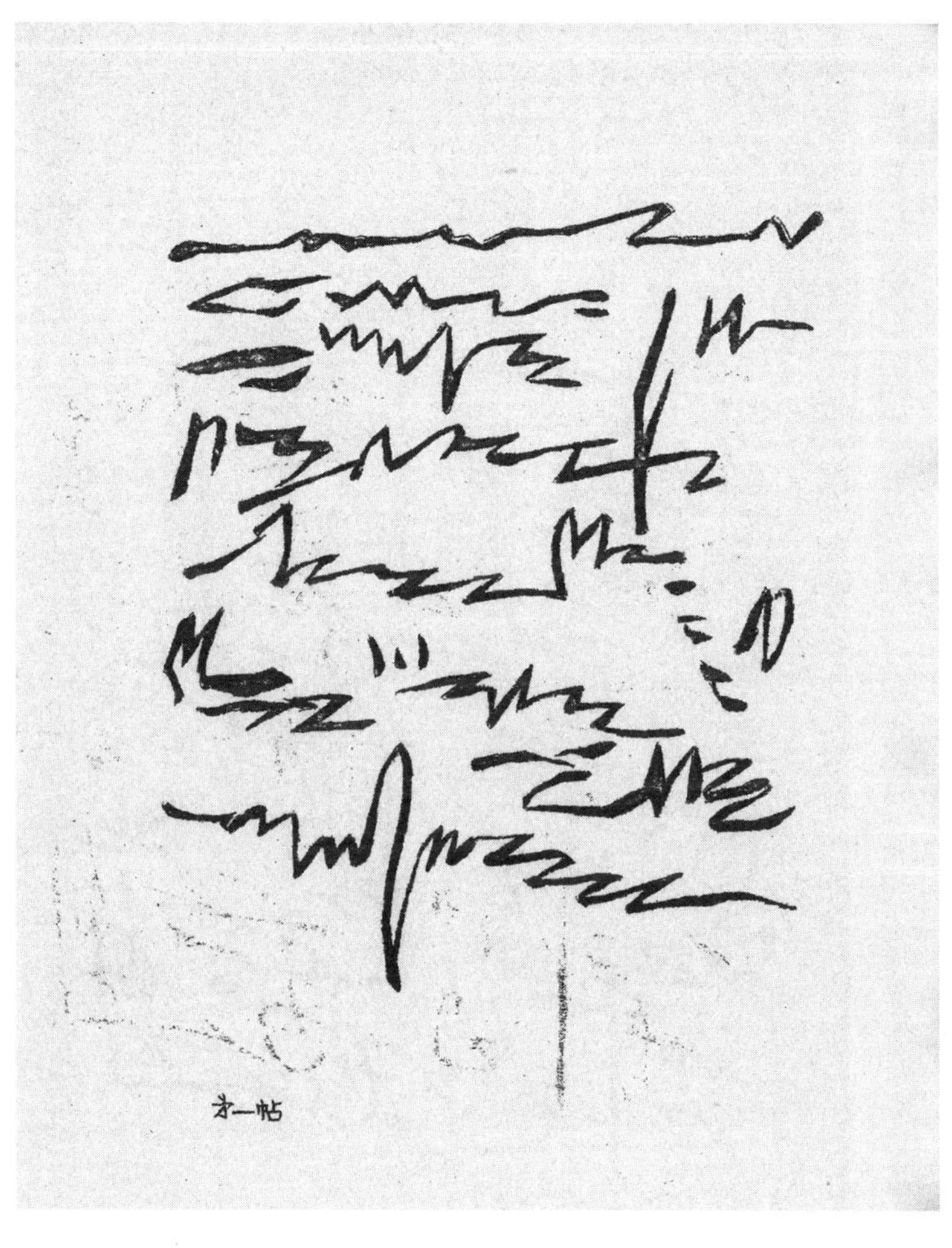
才一帖

と共に永遠に生まれつつある。その用(はたらき)は愛と現われ、真と見ゆるも、愛というものはなく、また、真なるものも存在しない。ただ大歓喜のみが脈打ち、呼吸し、生長し、存在に存在しつつ弥栄するのである。

存在は千変万化(せんぺんばんか)する形において、絶えず弥栄する。それは☉であり、◎なるが故でたる。☉は大歓喜の本体であり、◎はその用(はたらき)である。それは、善でもなく悪でもない。真でもなく偽でもない。美でもなく醜でもない。また愛でもなく憎でもない。プラスでもなければマイナスでもない。しかし、善の因と真の因とが結合し、悪の因と偽の因とが結合し、美の因と愛の因とが結合し、醜の因と憎の因とが結合して、二義的には現われ、働き、存在として、またはたらく。善因は偽因と結合せず、悪因は真因と結合しない。これらのすべては、これ生みに生み、成りに成りて、とどまるところを知らない。それは、神そのものが絶えず、鳴り成り、成り鳴りてやまず、止(とど)まる所なく生長し、歓喜しつつあるがためである。神が意思するということは、神が行為することである。そして、さらに神の行為は、弥栄(いやさか)であり、大歓喜である。神の歓喜をそのまま受け入れる霊人とは、常に対応し、地上人として地上に生命し、また霊人として霊界に生命する。神の歓喜を内的に受け入れる霊人の群は無数にあり、これを日の霊人と云う。神の歓喜を外的に受け入れる霊人の群も無数にあり、これを月の霊人と云う。月の霊人の喜びが、地上人として地上に生れてくる場合が多い。日の霊人は、神の歓喜をその生命に吸い取るが故に、そのままにして神に抱(いだ)かれ、神にとけ入り、直接、地上人として生れ出ることは、極めてまれである。月の霊人は、神の歓喜をその智の中にうけ入れる。故に、神に接し得るのであるが、全面的には解け入らない。地上人は、この月の霊人の性をそのまま受け継いでいる場合が多い。日の霊人は、神の歓喜をそのまま自分の歓喜とするが故に、何等(なんら)それについて疑いをもたない。月の霊人は、神の歓喜を歓喜として感じ、歓喜として受け入れるが故に、こらを味わわんとし、批判的となる。ために二義的の歓喜となる。故に、日の霊人と月の霊人とは、同一線上には住み得ない。おのずから、別の世界を創り出すが故に、原則としては、互いに交通し得ないのである。この二つの世界の中間に、その融和、円通をはかる霊人と、その世界が存在する。これによって、二つの世界、二つの生命集団が円通し、常に弥栄するのである。地上人と霊人との間も同様、直接、全面的な交流はあり得ない。それは、別の世界に住んでいるためであって、その中間の半物、半霊の世界と、霊人がいて、常にその円通をはかっている。

以上のごとくであるから、日と月、愛と信、善と美も、本質的なものではなく、二義的なものである。

第二帖（三七九）

天界も無限段階、地界も無限段階があり、その各々の段階に相応した霊人や地上人が生活し、歓喜している。その霊人たちは、その属する段階以外の世界とは、内的交流はあっても、全面的交流はないのである。何故ならば、自らなる段階的秩序を破るからである。秩序、法則は、神そのものであるから、神自身もこれを破ることは許されない。しかし、同一線上における横の交流は、可能である。それはちょうど、地上における各民族がお互いに交流し、融和し得るのと同様である。すべて分類しなければ生命せず、呼吸せず、脈打たない。分類しては、生命の統一はなくなる。そこに、分離と統合、霊界と現実界との微妙極まる関係が発生し、半面では平面的には割り切れない神秘の用が生じてくる。一なるものは、平面的には分離し得ない。二なるものは、平面的には一に統合し得ないのである。分離して分離せず、統合して統合せざる、天地一体、神人合一、陰陽不二の大歓喜は、立体的神秘の中に秘められている。ゝについては一なるも、○においては二となり、三となり得るところに、永遠の生命が歓喜する。一は一のみにて一ならず、善は善のみにて善ならず、また真は真のみにて真となり得ない。神霊なき地上人はなく、地上人と離れた神霊は、存在しない。しかし、大歓喜にまします太神のゝは、そのままで成り鳴りやまず存在し、弥栄する。それは、立体をはるかに超えた超立体、無限立体的無の存在なるが故である。霊人は、その外的形式からすれば地上人であり、地上人は、その内的形式からすれば霊人である。生前の形式は、生後の形式であり、死後の形式である。すなわち、死後は生前の形式による。形式は愛と現われ、真と現われ、善と現われ、美と現われる。而して、その根幹をなし、それを生命させるのは歓喜であって、歓喜なき所に形式なく、存在は許されない。愛の善にして真の美と合一しなければ呼吸

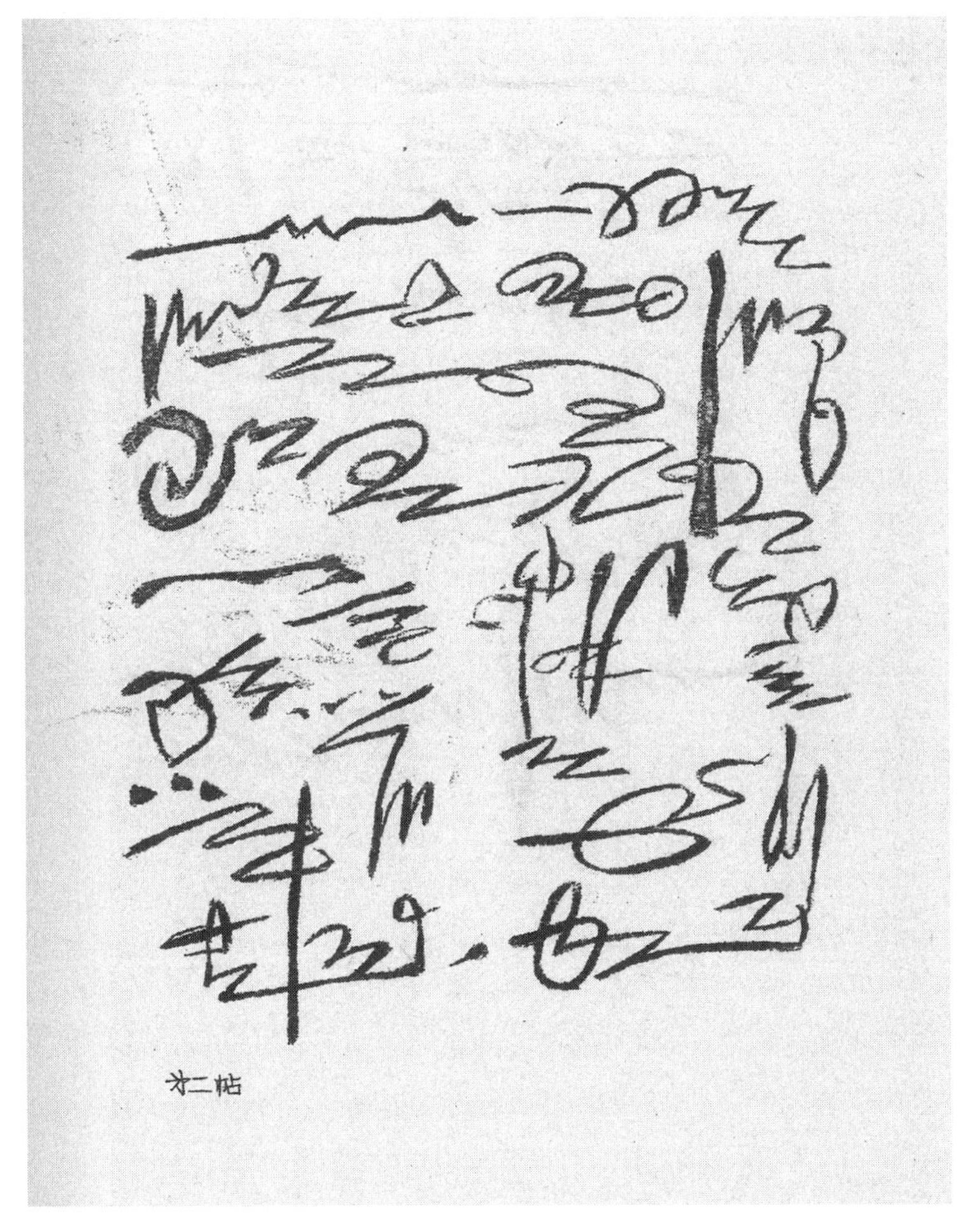
才二帖

せず、現の現人にして霊の霊人と合一しなければ生命しない。これら二つが相関連せるを外の真という。外の愛も外の真も共に生命する。人間に偽善者あり、霊界に偽善霊の存在を許されたるを見ればわかるであろう。表面的なるものの動きも、内面的に関連性を持つ。故に、外部的に曲げられたる働きの許されてあるを知ることができるであろう。許されてはいるが、それは絶えず浄化し、弥栄すればこそである。浄化し弥栄しゆく悪は悪でなく、偽は偽でない。動かざる善は善でなく、進展せぬ真は真でない。さらに善を善とし、悪を悪として、それぞれに生かし弥栄するのを歓喜という。歓喜は神であり、神は歓喜である。一から一を生み、二を生み、三を生み、無限を生みなすことも、みなこれ歓喜する歓喜の現われの一つである。生み出したものなればこそ、生んだものと同じ性をもって弥栄える。故に本質的には善悪のないことが知られるであろう。死後の世界に入った最初の状態は生存時とほとんど変化がない。先に霊人となっている親近者や知人と会し、共に生活することもできる。夫婦の場合は、生存時と同様な夫婦愛を再び繰り返すことができるのである。霊界は、想念の世界であるから、時間なく、空間なく、想念のままになるのである。しかし、かくのごとき死後の最初の状態は長くは続かない。何故ならば、想念の相違は、その住む世界を相違させ、その世界以外は想念の対象とならないからである。而して、最初の状態は、生存時の想念、情動がそのままに続いているから、外部的のもののみが強く打ち出される。故に、外部の自分にふさわしい環境に置かれるが、次の段階に入っていくと、外部的なものは漸次うすれて、内分の状態に入っていくのである。内分と外分とは、互いに相反するが、霊人の本態は内分にあるのであるから、この段階に入って始めて本来の自分に還るのである。生存時においては、地上的な時、所、位に応じて語り、行為するがために、限られたる範囲外には出られないが、内分の自分となれば、自由自在の状態に置かれる。生存時に偽りのなかった霊人は、この状態に入って始めて真の自分を発見し、天国的光明の扉を開くのである。偽りの生活にあった霊人は、この状態に入った時は、地獄的暗黒に自分自身で向かうのである。かくすることによって、生存時における、あらゆる行為が清算されるのである。この状態に入ったならば、悪的なものはますます悪的なものを発揮し、善的なものは善的な力をますます発揮する。故に、同一の環境には住み得ないのである。かくして、諸霊人は最後の状態に入り、善霊は善霊のみ、悪霊は悪霊のみ、中間霊は中間霊のみの世界に住み、善霊は善霊のみの、悪霊は悪霊のみのことを考え、且(か)つ行為することとなる。そして、それは、その時の各々にとっては、その時の真実であり、歓喜である。

第三帖（三八〇）

愛の影には真があり、真の影には愛がはたらく。地上人の内的背後には霊人があり、霊人の外的足場として、地上人が存在する。地上人のみの地上人は存在せず、霊人のみの霊人は呼吸しない。地上人は常に霊界により弥栄する。弥栄は順序、法則、形式によりて成る。故に、順序を追わず、法則なく、形式なき所に弥栄なく、生れ出て呼吸するものはあり得ない。個の弥栄は、全体の弥栄である。個が、その個性を完全に弥栄すれば全体はますますその次を弥栄する。個と全体、愛と真との差がますます明らかになれば、その結合はますます強固となるのが神律である。霊界と物質界は、かくのごとき関係に置かれている。そこにこそ、大生命があり、大歓喜が生まれ、栄えゆくのである。さらに、極内世界と極外世界とが映像され、その間に中間世界がまた映像される。極内世界は生前、極外世界は死後、中間世界は地上世界である。極内は極外に通じて◎を為す。すべて一にして二、二にして三であることを理解せねばならない。かくして、大神の大歓喜は、大いなる太陽と現われる。これによりて、新しくすべてが生まれ出る。太陽は、神の生み給えるものであるが、逆に、太陽から神が、さらに新しく生まれ給うのである。◎は絶えず繰り返され、さらに新しきすべては、神の中に歓喜として孕み、生れ出て、さらに大完成に向かって進みゆく。親によって子が生まれ、子が生まれることによって親が新しく生まれ出ずるのであることを知らねばならない。されば、その用においては千変万化である。千変万化なるが故に、一である。一なるが故に、永遠である。愛は愛に属するすべてを愛とし、善となさんとするが故に悪を生じ、憎を生じ、真は真に属するすべてを真とし美となさんとする故に偽を生じ、醜を生ずるのである。悪あればこそ、善は善として指名し、醜あればこそ、美は美として生命するのである。悪は悪として悪を

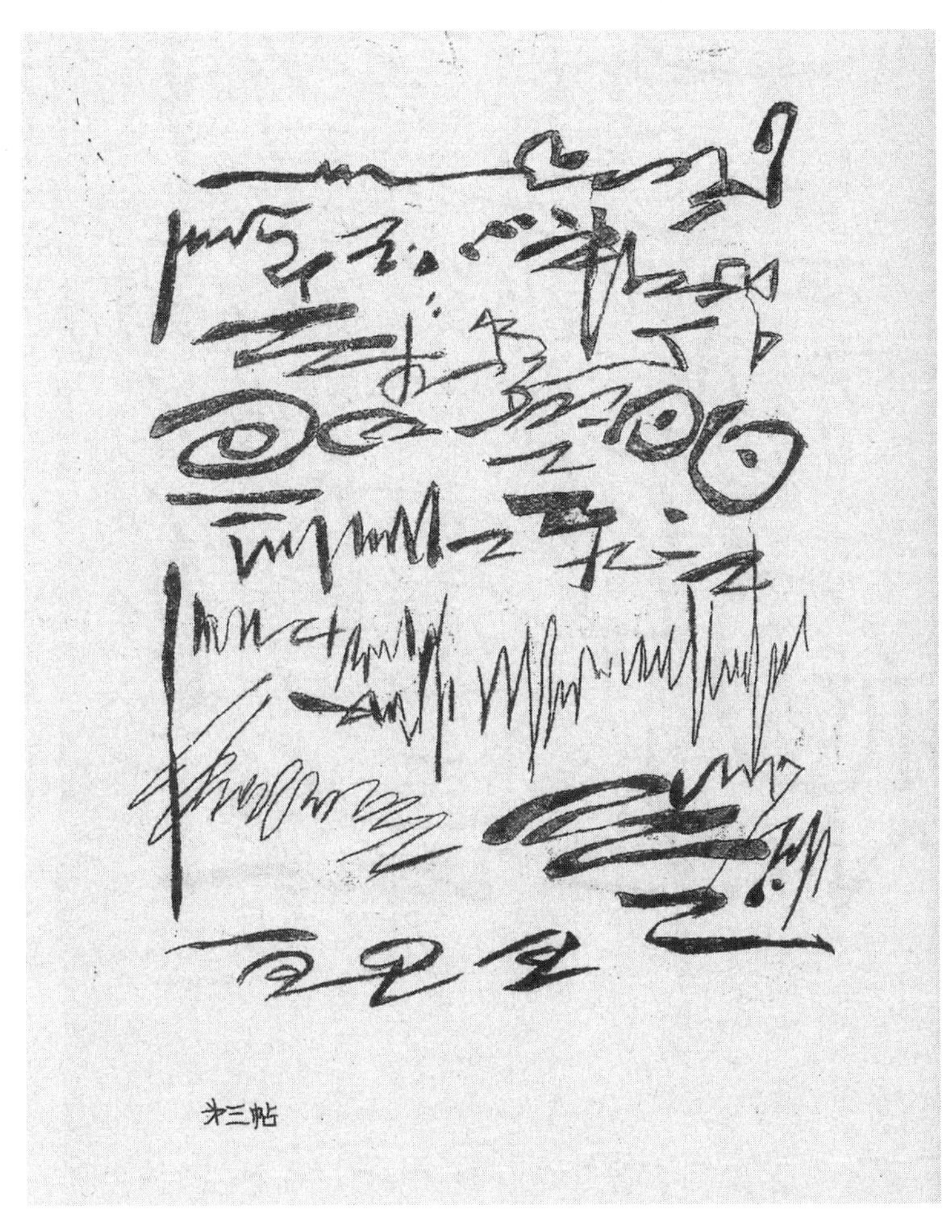
第三帖

思い、御用の悪をなし、醜は醜として醜を思い、御用の醜を果す。共に神の御旨の中に真実として生きるのである。真実がますます単にしてますます充実し、円通する。されば、⦿の中のヽの中なる⦿のヽの中なる一切万象、万物中の最も空にして無なるものの実態である。これが、大歓喜そのものであって、神は、このヽに弥栄し給えるが故に、最外部の○の外にも弥栄し給うことを知覚し得るのである。始めなき始めのヽの真中の真空にいますが故に、終わりなき終わりの○の外の無にいまし、中間に位する力の◎の中にも生命し給うのである。一物の中のヽなるが故に一物であり、万象万物であることを知覚しなければならない。生前の様相であり、呼吸するが故に死後の呼吸と続き、様相として弥栄ゆるのである。神が生み、神より出て、神の中に抱かれているが故に神と同一の歓喜を内蔵して歓喜となる。歓喜に向かうとは親に向かうことであり、根元に通ずることである。世を捨て、外分的、肉体的諸欲を捨てた生活でなければ、天国に通じ得ぬと考えるのは誤りである。何故ならば、地上人における肉体は、逆に霊の守護をなす重大な役目を持っているからである。地上人が、その時の社会的、物質的生活を離れて、霊的生活にのみ入るというのは大いなる誤りであって、社会生活の中に行ずることが、天国への歩みであることを知らねばならない。天国を動かす力は地獄であり、光明を輝かす力は暗黒である。地獄は天国あるが故であり、暗は光明あるが故である。因が果にうつり、呼が吸となりゆく道程において、歓喜はさらに歓喜を生ず。その一方が反抗すればするだけ他方が活動し、また、強力に制しようとする。呼が強くなれば吸も強くなり、吸が長くなれば呼もまた長くなる。故に地獄的なものも天国的なものも同様に神の呼吸に属し、神の脈打つ一面の現われであることを知らねばならない。天国に限りなき段階と無数の集団があると同様に、地獄にも無数の段階と無数の集団がある。何故ならば、天国の如何なる状態にも対し得る同様のものが自からにして生み出さねばならぬからであって、それにより、大いなる平衡が保たれ、呼吸の整調が行なわれるからである。この平衡の上に立つ悪は悪ではなく、偽は偽でなく、醜は醜でなく、憎は憎でなく、また地獄は地獄でない。地獄は本来ないのである。また、この平衡の上に置かれた場合は、善も善でなく、美も美でなく、愛も愛でなく、そこでは、天国も天国ではない。ただひたすらなる大歓喜が弥栄ゆるのみである。

第四帖（三八一）

同気同類の霊人は、同一の情態で、同じ所に和し、弥栄え、然らざるものは、その内蔵するものの度合に正比例して遠ざかる。同類は相寄り、相集まり、睦び栄ゆ。生前の世界は、地上人の世界の原因であり、主体であるが、また死後の世界に通ずる。同気同一線上にいる霊人たちは、かつて一度も会せず語らざるも、百年の友であり、兄弟姉妹であるごとくに、お互いに、そのすべてを知ることができる。生前の世界における、かかる霊人が肉体人として生まれ出でた場合の多くは、同一の思想系を持つ。ただし、地上人としては、時間と空間に制限されるが故に相会し、相語られざる場合も生じてくる。また、生前の生活と同様のことを繰り返すこともある。霊人の同一線上にある場合は、その根本的要貌は非常に似ているが、部分的には相違し、同一のものは一としてない。そこに、存在の意義があり、真実の道が弥栄え、愛を生じ、真が湧き出てくるのである。生前の霊人の場合は、自分自身の持つ内の情動はそのままに、その霊体の中心をなす顔面に集約され、単的に現われていて、いささかも反する顔面を持つことは許されない。一時的に満すことはできても、長くは続かない。この情態の原理は、地上人にも、反影している。生前の世界は、以上のごとくであるから、同一状態にある霊人が多ければ、その団体の大きく、少なければ、その集団は小さい。数百万霊人の集団もあれば、数百、数十名で一つの社会をつくる団体もある。各々の団体の中には、またとくに相似た情動の霊人の数人によって、一つの家族的小集団が自らにして出来上がっている。そしてまた、各々の集団の中心には、その集団の中にて最も神に近い霊人が座を占め、その周囲に幾重にも、内分の神に近い霊人の順に座を取り囲み運営されている。もしそこに、一人の場所、位置、順序の間違いがあっても、その集団は呼吸しない。而して、それは一定の戒律に

才四帖

よって定められたものではなく、惟神（かんながら）の流れ、すなわち歓喜によって自ら定まっているのである。またこれら集団と集団との交流は、地上人のごとく自由ではない。すべては◎のヽを中心として◎の姿を形成しているのである。ヽと○とを、生前の世界において分離することは極めて至難ではあるが、ある段階に進む時は一時的に分離が生ずる。しかし、この場合もヽはヽであり○は○である。これが地上世界の行為に移りたる場合は、不自由不透明な物質の約束があるため、その分離、乱用の度がさらに加わって、真偽混乱に及ぶものである。悪人が善を語り、善をなし、真を説くことが可能となるがごとく写し出されるのである。生前界では、悪を意志して悪を行なうことは、御用の悪として自ら許されている。許されているから存在し行為し現われているのである。この場合の悪は、悪にあらずして◎の○であることを知らねばならない。即ち、道を乱すが故である。地上人の悪人にも善人にも、それは強く移写される。愛は真により、真は愛より向上し、弥栄する。その根底力をなすは歓喜である。故に、歓喜なき所に真実の愛はない。歓喜の愛は、これを愛の善という。歓喜なき愛を、愛の悪というのである。その歓喜の中に、また歓喜があり、真があり、真の真と顕（あら）われ、◎となり、ヽと集約され、その集約のヽの中に◎を生じ、さらになおヽと弥栄ゆる。生前の世界、死後の世界を通じて、一貫せる大神の大歓喜の流れ行く姿がそれである。大神は常に流れ行きて、一定不変ではない。千変万化（せんぺんばんか）、常に弥栄する姿であり、大歓喜である。完成より大完成へ向かい進む大歓喜の呼吸である。されど、地上人においては、地上的物質に制限され、物質の約束に従わねばならぬ。そこに時間を生じ、距離を生じ、これを破ることはできない。故に同時に、善と悪との両面に通じ、両面に生活することとなるのである。そこに、地上人としての尊きかなしさが生じてくる。霊人においては、善悪の両面に住することは、原則として許されない。一時的には仮面をかむり得るが、それは長く続かず、自分自身耐え得ぬこととなる。地上人といえども、本質的には善悪両面に呼吸することは許されていない。しかし、悪を抱き参らせて、悪を御用の悪として育て給わんがために課せられたる地上人の光栄ある大使命なることを自覚しなければならない。悪と偽に、同時に入ることは、一応の必要悪、必要偽として許される。何故ならば、それがあるために弥栄し、進展するからである。悪を殺すことは、善をも殺し、神を殺し、歓喜を殺し、すべてを殺す結果となるからである。霊物のみにて神は歓喜せず、物質あり、物質と霊物との調和ありて、初めて力し、歓喜し、弥栄するからである。霊は絶えず物を求め、物は絶えず霊を求めて止まぬ。生長、呼吸、弥栄は、そこに歓喜となり、神と現われ給うのである。霊人も子を生むが、その子は歓喜である。歓喜を生むのである。

第五帖（三八二）

全大宇宙は、神の外にあるのではなく、神の中に、神に抱かれて育てられているのである。故に、宇宙そのものが、神と同じ性をもち、同じ質をもち、神そのものの現われの一部である。過去も、現在も、未来も一切が呼吸する現在の中に存し、生前も死後の世界もまた神の中にあり、地上人としては地上人の中に、霊界人にありては霊界人の中に存在し、呼吸し、生長している。故に、その全体は常に雑多なるものの集合によって成っている。部分部分が雑多なるが故に、全体は存在し、力し、弥栄し、変化する。故に、歓喜が生ずる。本質的には、善と真は有であり、悪と偽は影である。故に、悪は悪に、偽は偽に働き得るのみ。影なるが故に悪は善に、偽は真に働き得ない。悪の働きかけ得る真は、真実の真ではない。悪はすべてを自らつくり得、生み得るものと信じている。善はすべてが神から流れ来たり、自らは何ものをもつくり得ぬものと信じている。故に、悪には本来の力なく、影にすぎない。善は無限の力を受けるが故に、ますます弥栄する。生前の世界は有なるが故に善であり、死後の世界も同様である。生前の自分自身の行為が地上人たる自分に結果して来ている。生前の行為が生後審判され、酬（むく）いられているのではあるが、それは悪因縁的には現われない。そこに、神の大いなる愛の現われがあり、喜びがある。悪因縁が悪として、また善因縁は善として、生後の地上人に現われるのではない。何故ならば、大神は大歓喜であり、三千世界は、大歓喜の現われなるが故にである。地上人的に制限されたる感覚の範囲においては、悪と感覚し、偽と感覚し得る結果を来たす場合もあるが、それはいずれもが弥栄である。これを死後の生活にうつされた場合もまた同様であって、そこには地獄的なものはあり得ない。川上で濁（にご）しても川下では澄んでいると同様である。要するに、生前には、地獄がなく、生後にも、死後にもまた地獄は

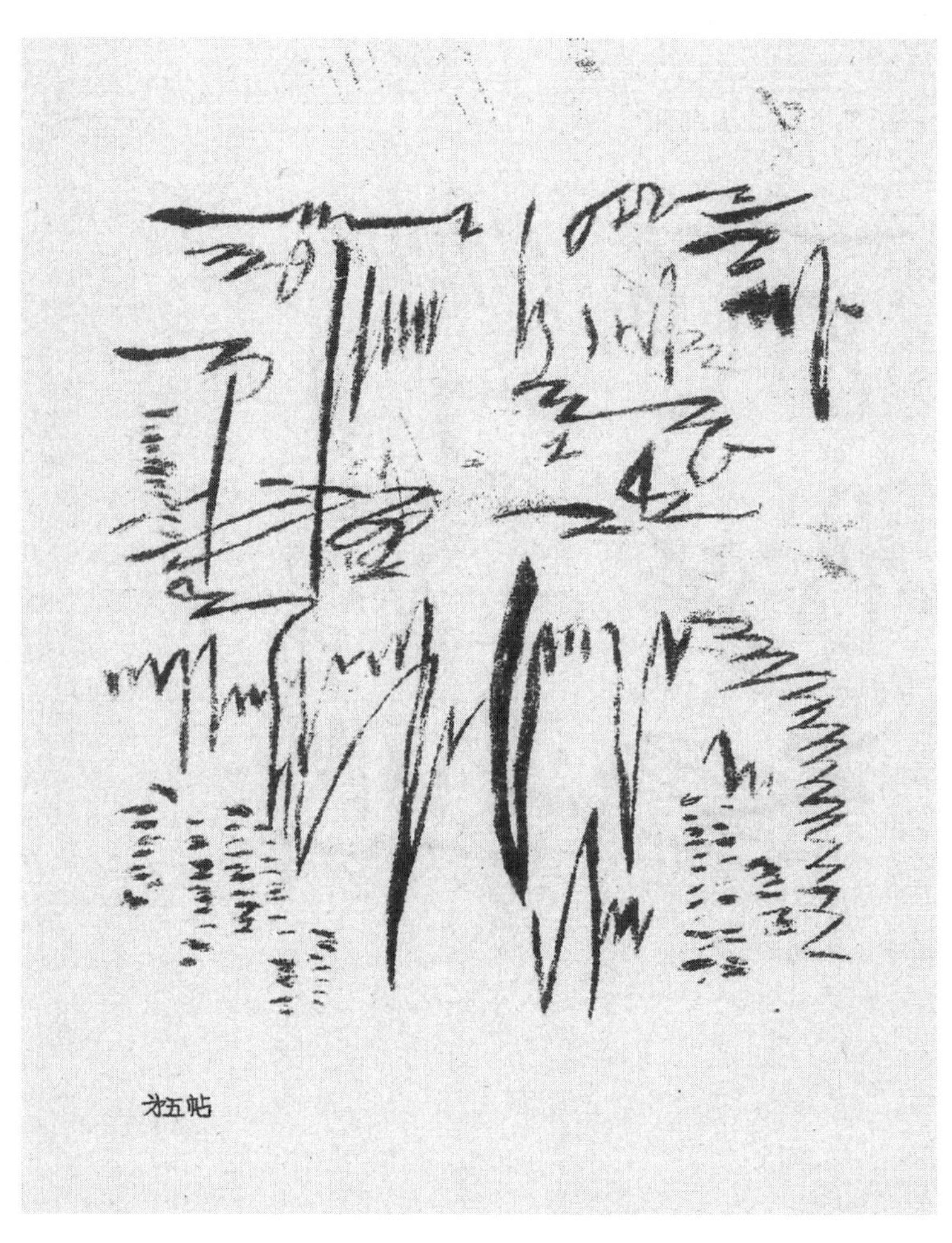
第五帖

ないのである。この一貫して弥栄し、大歓喜より大々歓喜に、さらに超大歓喜に向かって弥栄しつつ永遠に生命する真相を知らねばならぬ。しかし、天国や極楽があると思念することは、すでに無き地獄を自らつくり出し、生み出す因（もと）である。本来なきものをつくり出し、一を二に分ける。だが、分けることによって力を生み弥栄する。地獄なきところに天国はない。天国を思念するところに地獄を生ずるのである。善を思念するが故に、悪を生み出すのである。一あり二と分け、離れてまた、三と栄ゆるが故に歓喜が生まれる。すなわち、一は二にして、二は三である。生前であり、生後であり、死後であり、なおそれらのすべては〇である。〇は◎であり⦿であり、ゝと集約される。故に、これらのすべては無にして有である。人の生後、すなわち地上人の生活は、生前の生活の延長であり、また死後の生活に、そのままにして進み行く。立体となり、立々体と進み、弥栄するところに尽きざる歓喜があり、善悪美醜の呼吸が入り乱れつつ調和して、一の段階より二の段階へ、さらに三の段階へと弥栄浄化する。浄化、弥栄することにより、善悪美醜のことごとくは歓喜となる。故に、神の中に神としてすべてが弥栄ゆるのである。悉（ことごと）くの行為が批判され、賞罰されねばならぬと考える地上人的思念は、以上述べた神の意志、行為、弥栄と離れたものである。歓喜に審判なく、神に戒律はない。戒律は弥栄進展を停止断絶し、審判は歓喜浄化を裁く。このことは神自らを切断することである。裁きはあり得ず戒律はつくり得ず、すべてはこれ涌き出づる歓喜のみの世界なることを知らねばならない。行為は結果である。思念は原因である。原因は結果となり、結果はただ、結果のみとして終わらず、新しい原因を生む。生前の霊人は、生後の地上人を生む。地上人は死後の霊人を生み、死後人たる結果は、さらに原因となりて生前の霊人を生む。⦿は◎となりて廻り、極まるところなくして弥栄える。

以上述べたところによって、これら霊人、地上人、地上人の本体が歓喜と知られるであろう。されば、常に歓喜に向かってのみ進むのである。これはただ、霊人や地上人のみではない。あらゆる動物、植物、鉱物的表現による森羅万象の悉くが同様の律より一歩も出でず、その極内より極外に至るのみ。故に地上世界の悉くは生前世界にあり、かつ死後の世界に存在し、これらの三は極めて密接なる関係にあり、その根本の大呼吸は一である。

生前の呼吸はそのまま生後、死後に通ずる。地上におけるすべては、そのままにして生前なるが故に、生前の世界にも、家あり、土地あり、山あり、川あり、親あり、子あり、夫婦あり、兄弟姉妹あり、友人あり、また衣類あり、食物あり、地上そのままの生活がある。地上人、地上生活を中心とすれば、生前、死後は映像のごとく感覚されるものである。しかし、生前よりすれば、地上生活、物質生活は、その映像に過ぎないことを知らねばならぬ。時、所、位による美醜、善悪、また過去、現在、未来、時間、空間の悉くを知らんとすれば、以上述べたる三界（＊）の真実を知らねばならぬ。

＊三界（さんがい）。仏教における「欲界」「色界」「無色界」、すなわち全世界のこと。ここでは「神界」「幽界（または霊界）」「顕界（現界）」の事かも？。または「過去（過去世）」「現在（現世）」「未来（来世）」も？

第六帖（三八二）

霊界人は、その向いている方向が北である。しかし、地上人の言う北ではなく、中心という意味である。中心は、歓喜の中の歓喜である。それを基として前後、左右、上下その他に、無限立体方向が定まっているのである。霊界人は地上人が見て、いずれの方向に向かっていようと、その向かっている方向が中心であることを理解しなければならない。故に、霊人たちは、常に前方から光を受け、歓喜を与えられているのである。それは絶えざる愛であり、真理と受け取られ、それを得ることによって霊人たちは成長し、生命しているのである。要するに、それは霊人たちの呼吸と脈搏の根元をなすものである。地上人から見て、その霊人たちが各々（おのおの）異なった方向に向かっていようとも、同じく、それぞれの中心歓喜に向かって座し、向かって進んでいる。上下、左右、前後に折り重なっていると見えても、それは決して、地上人のあり方のごとく、霊人たちには障害とならない。各々が独立していて、他からの障害を受けない。しかし、その霊人たちは極めて密接な関係におかれていて、全然別な存在ではない。各自の眼前に、それ相応な光があり、太陽があり、太陰があり、歓喜がある。それは、霊人たちが目で見るものではなく、額で見、額で感じ、受け入れるのであるが、その場合の額は、身体全体を集約した額である。地上人においても、その内的真実のものは額でのみ見得るものであって、目に見え、目にうつるものは、地上的約束下に置かれ、映像された第二義的なものである。映像として真実であるが、第一義的真理ではない。故に、地上人の肉眼に映じたままのものが霊界に存在するのではない。内質においては同一であるが、現われ方や位置においては相違する。故に、霊界人が現実界を理解するに苦しみ、地上人は霊界を十分に感得し得ないのである。霊人の中では太陽を最も暗きものと感じて、太陽に背を向けて呼吸し、生長して

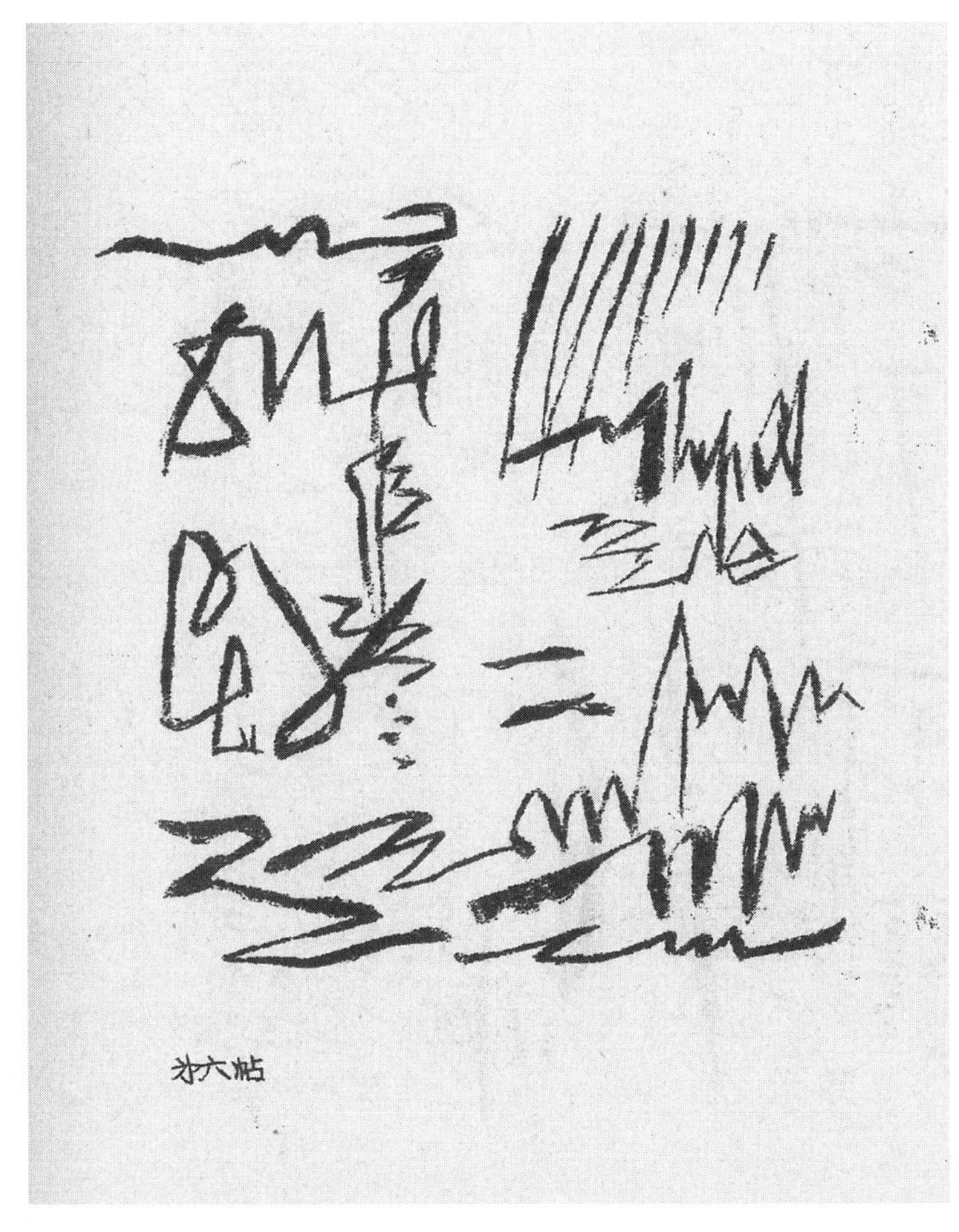
第六帖

いるという。地上人には理解するに困難なことが多い。要するに、これらの霊人は、反対のものを感じ、かつ受け入れて生活しているのであるが、そこにも、それ相応な歓喜があり、真実があり、生活がある。歓喜の受け入れ方や、その厚薄の相違はあるが、歓喜することにおいては同様である。歓喜すればこそ、かの霊人たちは太陽に背を向け、光を光と感得し得ずして、闇を光と感得していることを知らねばならぬ。この霊人たちを邪霊と呼び、邪鬼といい、かかる霊人の住む所を地獄なりと、多くの地上人は呼び、かつ感じ、考えるのである。しかし、それは本質的には地獄でもなく、邪神、邪霊でもない。霊界においては、思念の相違するものは同一の場所には存在しない。何故ならば、思念による思念の世界につながる故である。現実的にみては折り重なって、この霊人たちが生活するとも、全然その感覚外に置かれるために、その対象とはならない。地上人においても原則としては同様であるが、地上的、物質的約束のもとにあるため、この二者が絶えず交叉混交(こうさこんこう)する。交叉混交はしても、同一方向には向っていない。そこに地上人としての霊人に与えられていない特別の道があり、別の使命があり、別の自由が生じてくるのである。

第七帖（三八四）

地上には、地上の順序があり、法則がある。霊界には、霊界の順序があり、法則がある。霊界が、原因の世界であるからといって、その秩序、法則をそのまま地上にはうつし得ず、結果し得ないのである。また地上の約束を、そのまま霊界では行ない得ない。しかし、これらのすべては大神の歓喜の中に存在するが故に、歓喜によって秩序され、法則され、統一されているのである。その秩序、法則、統一は、一応完成しているのであるが、その完成から次の完成へと弥栄する。故にこそ弥栄の波調をもって全体が呼吸し、脈搏し、歓喜するのである。これが、生命の本体であって、限られたる智によって、この動きを見る時は、悪を許し、善の生長弥栄を殺すがごとくに感ずる場合もある。しかし、これこそ善を生かして、さらに活力を与え、悪を浄化して必用の悪とし、必然悪として生かすのである。生きたる真理の大道であり、神の御旨（みむね）なることを知り得るのである。本来悪はなく暗（やみ）はなく、地獄なきことを徹底的に知らねばならない。これは生前、生後、死後の区別なく、すべてに通ずる歓喜である。一の天界に住む天人が、二の天界に上昇した時、一の天界は、極めて低い囚（とら）われの水の世界であったことを体得する。さらに一段上昇、昇華して三の段階に達した時も同様である。地上人的感覚によれば、二の天界に進んだ時、一の天界は悪に感じられ、三の天界に進んだ時、一の天界は最悪に、二の天界は悪に感じられる場合が多い。悪的感覚と悪的実態は自ら別であるが、この実状を感覚し分け得た上、体得した霊人は極めて少ないごとく、地上人に至りては極めて稀（まれ）であることを知らなくてはならない。悪を悪なりと定めてしまって、悪はすべて祖先より、あるいは原因の世界より伝えられたる一つの因果であるという平面的、地上的考え方の誤っていることは、以上述べたところで明白となり、己（おのれ）を愛するは、まず悪の第一歩なりと考える、

才七帖

その考えが悪的であることを知らねばならぬ。来るべき新天地には、悪を殺さんとし悪を悪として憎む思念はなくなる。しかし、それが最高の理想郷ではない。さらに弥栄して高く、深く、歓喜に満つ世界が訪れることを知り、努力しなければならぬ。

第八帖（三八五）

生前の世界に、霊人が生活している。山があり、川があり、住宅、衣類、食物がある。しかし、それは最初からのものではない。それらの元をなすゝが歓喜していた、そのゝが生後、地上世界にうつされて、地上的約束の下に生長し、秩序されたがため、その結果が、死後の世界に続き、死後の世界の様相はゝの原理によって、生前世界に移行して、生前的に進展し、弥栄し、そのゝを幾度となく繰り返すうちに、漸次（ぜんじ）、内的ゝに向かって弥栄する面と、外的、地上的に進むゝと、その交叉融和することによってさらに生み出され弥栄するゝと、その各々の立場においてゝ（進み）ゝ（呼吸し）ゝ（脈打ち）ゝ（生命）していると同時に全体的にもゝ（生命し）ゝ（歓喜し）ゝ（弥栄）している。而（しか）して、その現われとしては、ゝ（和）せばゝ（和）するほど相離れ、遠ざかりつつゝ（生長）する。またゝ（生命）のゝ（大歓喜）として湧き出ている。

故に、地獄にあらざる地獄的霊界、天国にあらざる天国的霊界は、霊人により生み、霊人により育てられると同時に、人々より生み、人々により育てられ、歓喜されるのである。かく弥栄進展するが故に、人類も霊人類も、各々その最後の審判的段階に入るまでは、真の三千世界の実相を十分に知り得ない。

故に、新天新地の来るまで、真の天国を体得し得ない。新天新地の新しき世界き生まれ出づる自己を知り得ない。この新天新地は幾度となく繰り返されているのであるが、いずれもゝの形におけるがごとく同一形式のものではあるが、同一のものではない。より小なるものより、より大なるものが生まれ、より新しきものより、より小なるものが生まれ、より新しきものより、より古きものが生まれ、より古きものより、より新しきものが生まれ、弥栄し、一つの太陽が二つとなり、三つとなり、さらには一つとなることを理解しない。月より地球が生まれ、地球より太陽が生まれるということを理解するに苦しむものであるが、最後の審判に至れば自

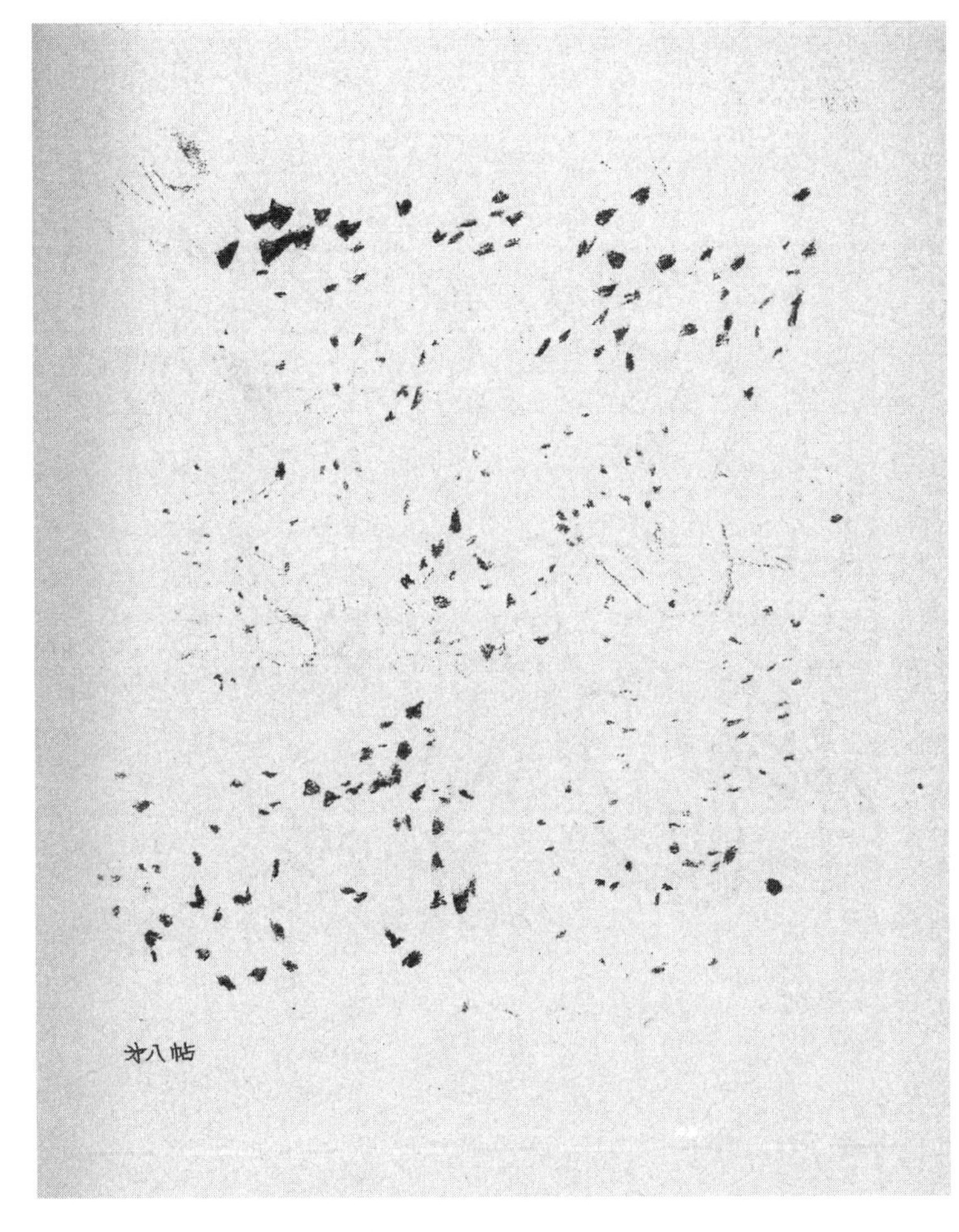
第八帖

ら体得し得るのである。これは外部的なる智によらず、内奥の神智に目覚めることによってのみ知り得る。新天新地新人はかくして生まれ、呼吸し、弥栄える。しかし、新人と生まれ、新天新地に住むとも、その以前の自分のすべては失わない。ただその位置を転換されるのみである。地上人が死後、物質的に濃厚なる部分を脱ぎ捨てるが、その根本的なものは何一つとして失わず生活するのである。その状態よりもなお一層、そのままであって何等の変化もないと思えるほどである。蛆が蝶になるごとく弥栄えるものであって、それは大いなる喜びである。何故ならば、大歓喜なる大神の中において、大神のその質と性とを受け継ぎ呼吸しているからである。すべてのものは歓喜に向かい、歓喜によって行為する。歓喜がその目的であるが故に、歓喜以外の何ものも意識し得ない。

故に、歓喜より離れたる信仰はなく、真理はなく、生命はない。生前の霊人が地上人として生まれてくるのも死ではなく、地上人が霊界に入るのもまた死ではなく、弥栄なる誕生であることを知らねばならぬ。歓喜は行為となる。行為せざる歓喜は、真実の歓喜ではない。ただ考えたり意志するのみでは萌え出でない。生命しない。ただ意志するだけで行為しないことは、まことに意志することではない。霊界においては意志することは直ちに行為となるのである。地上人にありては物質によりて物質の中に、その意志を行為することによって初めて歓喜となり、形式を為し弥栄えるのである。

生前の霊界は、愛の歓喜、真の歓喜、善の歓喜、美の歓喜の四段階と、その中間の三段階を加えて七つの段階にまず区別され、その段階において、その度の厚薄によりて幾区画にも区分され、霊人の各々は、自らの歓喜にふさわしい所に集まり、自ら一つの社会を形成する。自分にふさわしくない環境に住むことは許されない。否、苦しくて住み得ないのである。もしその苦に耐え得んとすれば、その環境は、その霊人の感覚の外に遠く去ってしまう。例えば、愛の歓喜に住む霊人は、その愛の内容いかんによって同一方向の幾百人か幾千、幾万人かの集団の中に住み、同一愛を生み出す歓喜を中心とする社会を形成する。故に、生前の世界では、自分の周囲、自分の感覚し得るものの悉(ことごと)くが最もよく自分に似ており、自分と調和する。山も川も家も田畑も、そこに住む霊人たちも、動物も植物も鉱物も、すべて自分自身と同一線上にあり、同一の呼吸、同一の脈搏の中にあり、それらのすべてが、大きな自分自身と映像する場合が多い。自分は他であり、他は自分と感覚する。故に、その性質は生後に基づき、地上人もその周囲を自分化しようとする意志を持っているのである。しかし、地上世界は、物質的約束によって、想念のままには動かない。死後の世界もまた生前と同様であるが、一度物質世界を通過したものと、しないものとの相違が生じてくるのである。だが、いずれにしても物質世界との密接なる呼吸のつながりを断ち切ることは出来ない。物質は物質的には永遠性を持たず、霊は永遠性を持つが、霊的角度から見れば永遠性は持たない。しかし、物質面より見れば永遠性を持つものであり、永遠から永遠に弥栄してゆくものである。而して、永遠性を持つ事物は、地上的物質的事物を自分に和合せしめる働きを内蔵している。無は有を無化せんとし、有は無を有化せんとし、その融合の上に生命が歓喜するのである。無は有を生み、有は無を生み出す大歓喜の根本を知得しなければならない。

第九帖（三八六）

霊・力・体の三つがよりよく調和するところに真実が生まれ、生命する。これは根元からの存在であり用（はたらき）であるが、動き弥栄（いやさか）する道程において、復霊・復力・復体の◎（うごき）をなす。

霊の立場よりすれば、霊は善であって、体は悪、体の立場よりすれば、体は善であって、霊は悪である。悪あればこそ善が善として救われ弥栄する。善あればこそ悪は悪の御用を為（な）し得るのである。悪は悪善として神の中に、善は善悪として神の中に弥栄える。力がそこに現れ、呼吸し、脈打ちて生命する。故に生前の霊人は、生前界のみにては善なく、生命なく、地上人との交流によって始めて善悪として力を生じ、生命してゆく。

地上人は地上物質界のみの立場では悪なく、生命なく、生前界との交流によって初めて悪善としての力に生き、弥栄してゆく。而して、なお地上人は死後の世界に通じなければならぬ。死後の世界との関連により複数的悪善に置かれる。善悪善の立場に置かれる場合が多いために、地上における司宰神としての力を自ら与えられるのである。善悪の、生かされ、御用の悪として許されているのは、かかる理由によるものである。善のみにては力として進展せず無と同じこととなり、悪のみにてもまた同様である。

故に神は悪を除かんとは為し給わず、悪を悪として正しく生かさんと為し給うのである。何故ならば、悪もまた神の御力（おんちから）の現われの一面なるが故である。悪を除いて善ばかりの世となさんとするは、地上的物質的の方向、法則下に、すべてをはめんとなす限られたる科学的平面的行為であって、その行為こそ、悪そのものである。この一点に地上人の共通する誤りたる想念が存在する。悪を消化し、悪を抱き、これを善の悪として、善の悪善となすことによって、三千世界は弥栄となり、不変にして変化極まりなき大歓喜となるのである。この境地

オ九帖

こそ、生なく、死なく、光明、弥栄の生命となる。地上人のもつ想念の本は霊人そのものであり、霊人のもつ想念の本は神であり、神の持つ想念の本は大歓喜である。

故に、地上人は霊人によってすべての行為の本をなし、霊人は神により、神は大歓喜によりてすべての行為の本とする。故に、地上人そのもののみの行為なるものはない。いずれも、神よりの内流による歓喜の現われであることを知らねばならぬ。歓喜の内奥（ないおう）より湧き出づるものは、霊に属し、外部より発するものは体に属する。霊に属するものは常に上位に位し、体に属するものは、常に下位に属するのであるが、体的歓喜と霊的歓喜の軽重（けいちょう）の差はない。しかし、差のない立場において差をつくり出さねば、力を生み出すことは出来ず、弥栄はあり得ない。すなわち善をつくり力を生み出すところに悪の御用がある。動きがある故に、反動があり、そこに力が生れてくる。霊にのみ傾いてもならぬが、強く動かなければならない。体のみに傾いてもならぬが、強く力しなければならない。悪があってもならぬが、悪が働かねばならない。

常に、動き栄えゆく、大和（だいわ）の◎を中心とする上下、左右、前後に円を描き、中心をヽとする立体的動きの中に呼吸しなければならない。それが正しき惟神（かんながら）の歓喜である。惟神の歓喜はすべてのものと交流し、お互いに歓喜を増加、弥栄する。故に、永遠の大歓喜となり、大和の大真、大善、大美、大愛として光り輝くのである。

第十帖（三八七）

地上人は、内的に生前の霊人と＋（通じ）、また死後の霊人と＋（通ず）る。地上人が、生前を知得するのは、この霊人を＋（通ず）るが故（ゆえ）であり、死後を知得するのも、また同様に＋（通ず）るからである。生前と死後は同一線上に置かれているが同一ではない。地上には、物質的＋（形式）があり、霊界には霊的＋（形式）がある。その＋（形式）は、＋（歓喜）の交叉し、発するところによって自ら（おのずか）＋（成る）ものである。－（形式）なくして＋（合一）なく、＋（力）なく、＋（形式）あるが故に＋（もの）が＋（総て）に＋（合一）し、＋（弥栄）し、＋（力）し、＋（大弥栄）するのである。＋（形式）の中に＋（和）することは、その＋＋（個々）が、＋＋（差別）されているからである。＋＋（差別）し、＋＋（区別）せられることは、その各々に、＋＋（各々）が共通する内質を持つからである。＋＋（共通性）なきものは、＋＋（差別）し、＋＋（区分）することができない。＋（霊界）と＋（現実界）との関係はかかるものであるが故に、＋（常）に＋（相応）し、＋（力）し、＋（力）を生じ、また常に、＋（相通）じて、＋（力）を生みゆく。これは、平面的頭脳では、なかなかに＋（理解）しがたいのであるが、この根本＋（原理）を体得、理解し得たならば、＋（神）＋（幽）＋（現）三界に通じ、永遠に弥栄する＋（大歓喜）に住するのである。されば＋（差別）は、＋（平等）と＋（合一）することによって＋（立体）の＋＋（差別）となり、＋（平等）は＋（差別）と合一することによって＋＋（立体平等）となり得る。＋（霊人）が＋（地上人）と＋（和合）し、また＋（地上人）が＋（霊人）と＋（和合）し、＋（弥栄）するのは、この＋＋（立体平等）と＋＋（立体差別）との＋（弥栄）ゆるが為であることを知らねばならぬ。この二つの＋（相反）するものを＋（統一）し、常に＋（差別）しつつ＋（平等）に導き、＋＋（立体）してゆく＋（力）こそ、＋（神）そのものの＋（力）であり、＋（歓喜）である。この＋

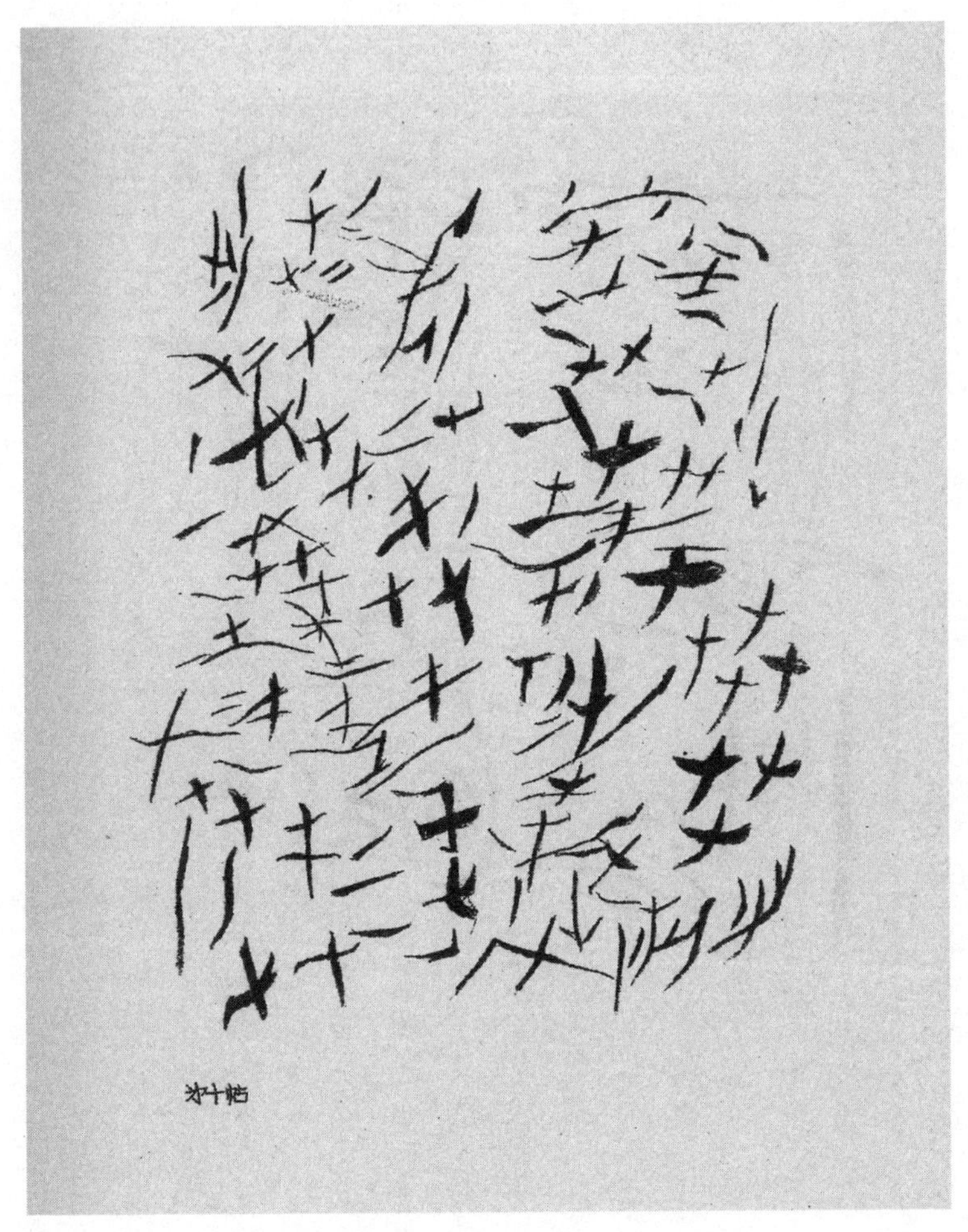

（二つの力）と＋（神）の＋（歓喜）なくしては＋（地上人）なく、また＋（霊人）もあり得ないのである。＋＋（生成発展）もなく、＋（神）も＋（歓喜）し得ない。この＋（力）なくしては、＋（地上人）は＋（霊人）と＋（和）し、＋（神）に＋（和）し奉ることはできない。故に、＋（生命）しないのである。

第十一帖（三八八）

霊人は、遠くにいても近くにいても、常にお互いに語り得る。同一線上にいる霊人の言葉は、いずれも同一であって共通する。霊人の言葉は、霊人の想念のままに流れ出るのであるから、そのままにして通ずるのである。しかし、相手が聞くことを欲しない時には聞こえない。それはちょうどテレビやラジオのごときものであると考えたらよい。またその語ること、その語音によってらその相手のいかなるものなるかを知り得るのである。すなわち、その発音から、また言葉の構成から、その霊人のいかなるものなるかは、ただちに判明する。霊人の言葉と地上人の言葉とは本質的には同様であるが、その表現は相違している。故に、霊人と地上人と会話する時は、霊人が地上人の想念の中に入るか、地上人が霊人の想念に和するか、そのいずれかでなくてはならない。しかし、霊人の言葉は、地上人の言葉に比して、その内蔵するものが極めて深く広いが故に、霊人の一語は地上人の数十語、数百語に価する場合が多く、その霊人が高度の霊人であればあるだけに、その度を増してくるのである。

原因と結果とを一（いつ）にし、さらに結果より生ずる新しい原因も、新しい結果をも同時に表現し、なお言葉そのものが一つの独立せる行為となり、かつ一つの独立せる生きものとなって現われ、行為し、生命するからである。言葉そのものが弥栄であり、生命である。またすべてであるということは、地上人には理解できぬであろう。それは、過去が現在であり、未来もまた現在であり、さらに生前も、生後の立場においては生後であり、死後の立場においては死後である。また一里先も、百里先もまた千万里離れていても、同一の場所であるのと同様であって、理解するに極めて困難である。

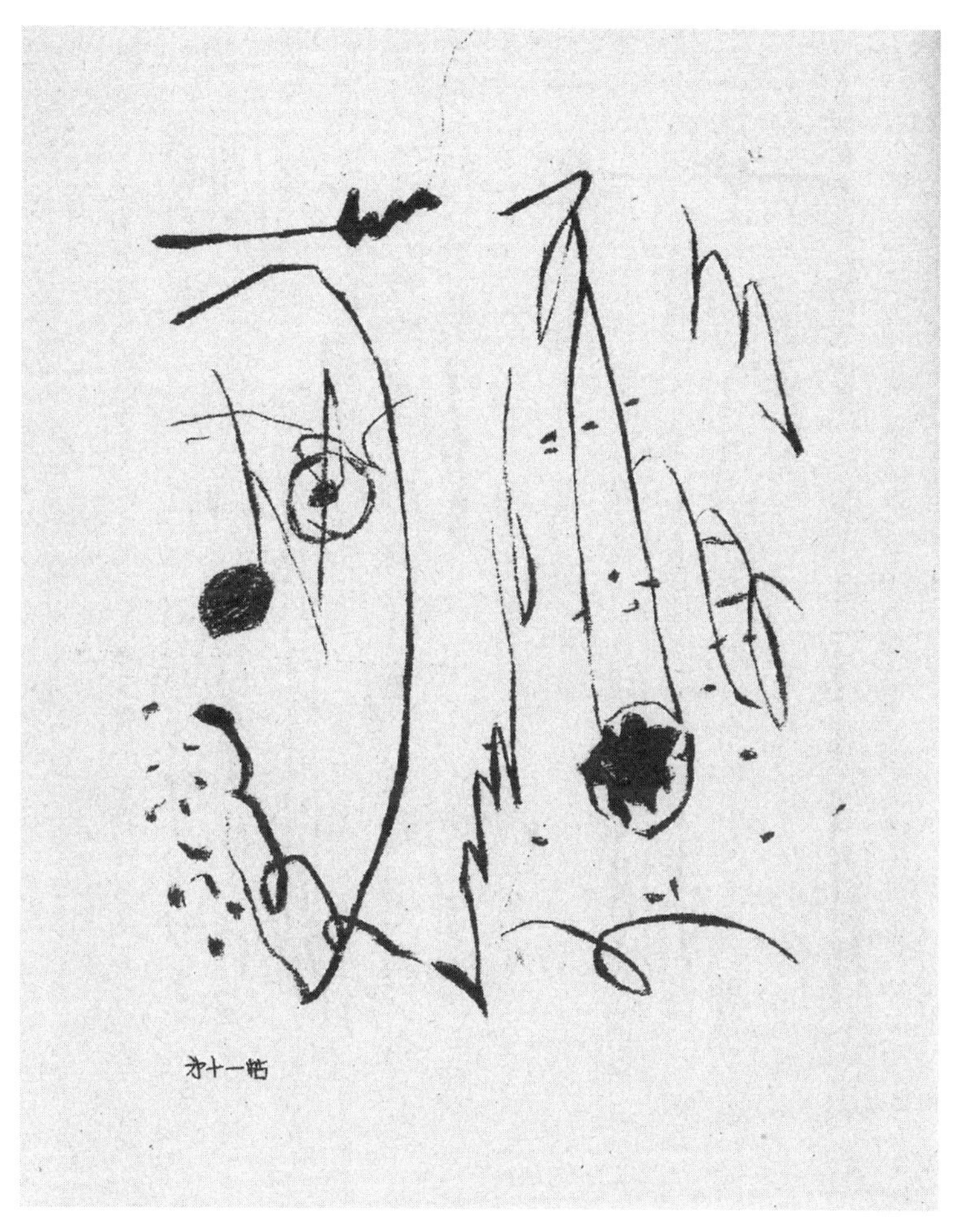
才十一帖

だが、地上人においてもそれを知り得る内的な生命を持っているのであるから、理解することは困難であるが不可能ではない。

霊人の言葉は歓喜より発するが故に歓喜そのものであり、神の言葉でもあるが、その霊人の置かれている位置によって二つのものに大別し得る。歓喜の現われとしての愛に位置している霊人の言葉は、善的内容を多分に蔵している。故に、柔らかくして連続的であり、太陽の◯（ひかり）と●（熱）とに譬（たと）えることができる。また、歓喜の現われとして真に位置する霊人の言葉は、智的内容を多分に蔵している。故に、清く流れ出でて連続的ではなく、ある種の固さを感じさせる。そしてそれは月の光と、水のごとき清さとを感じさせる。また前者は曲線的であって消極面を表に出し、後者は直線的であって積極面を表に出している。また前者は愛に住するが故に、主としてOとUとの音が多く発せられ、後者は智に住するが故に主としてEとIの音が多く発せられている。そして、そのいずれもがA音によって統一要約する神密極まる表現をなし、またそれを感得し得る能力を持っている。しかし、これらOU、EI及びAの母音は想念の ゝ をなすものであって、地上人よりすれば、言葉そのものとしては感得し得ないことを知らねばならないのである。霊界における音楽もまた同様であって、愛を主とした音楽はO及びUを多分に含み、曲線的であり、真を伝える音楽はI及びEの音が多く、直線的である。それは、言葉そのものがかかる内質をもっており、各々が霊界における生命の歓喜の表現なるが為である。

またこれら霊人の言葉は、天的の韻律（いんりつ）をもっている。すなわち愛を主とするものは、五七七律を、真を主とするものは、三五七律を主としているが、その補助律としては、千変万化である。言葉の韻律は、地上人が肉体の立体を持っているごとく、その完全、弥栄を示すものであって、律の不安定、不完全なものは、正しき力を発揮し得ず、生命力がないのである。

第十二帖（三八九）

霊人が地上人に語る時は、その想念が同一線上に融和するが為である。霊人が地上人に来る時は、その人のすべてを知ることとなるのであるが、その語るのは霊人自身ではなくて、霊人と和合して体的の自分に語るので、自分と自分が談話しているのである。霊人は現実界と直接には接し得ない。また地上人は霊界と直接には接し得ないのが原則である。しかし、それぞれの仲介を通じていっても、直接行なうのと同様の結果となるのである。為に地上人は直接なし得るものと考えるのである。地上人の想念の中には霊界が映像されており、霊人の想念の中には現実界が内蔵されている。故に、この二つの世界が一つに見えることもあり得るのである。しかし、映像と実相の隔たりはかなり遠いものである。霊人と地上人との交流において、この間の真相を知らなければならぬし、その互いに交わされたる談話においても前記のごとくであることを知らねばならない。霊人も地上人も、自分自身と語り、自分自身の中に見、かつ聞いているのである。霊人が地上人に憑依したり、動物霊が人間に憑依したりすることは、前記のごとき原則によってあり得ないのである。しかし、外部からの感応であり、仲介された二次的交流であっても、その度の強くなった場合、地上人から見れば憑依せると同様の結果を現わすものである。故に、神が直接、人間を通じて人語を発し、または書記するのではなくして、それぞれの順序を経て地上人に感応し、その地上人の持つそれぞれの人語を使用して語り、その地上人の持つそれぞれの文字を使用して神意を伝達することとなるのである。しかし、神の言葉は、いかに地上人を通じて人語としても、その神に通ずる想念を内蔵せぬ地上人には伝え得ないのである。語れども聞き得ず、読むともその真意は通じ得ないのである。霊人の中には、自分たちの住む霊界の他に、別の世界が限りなく存在すること

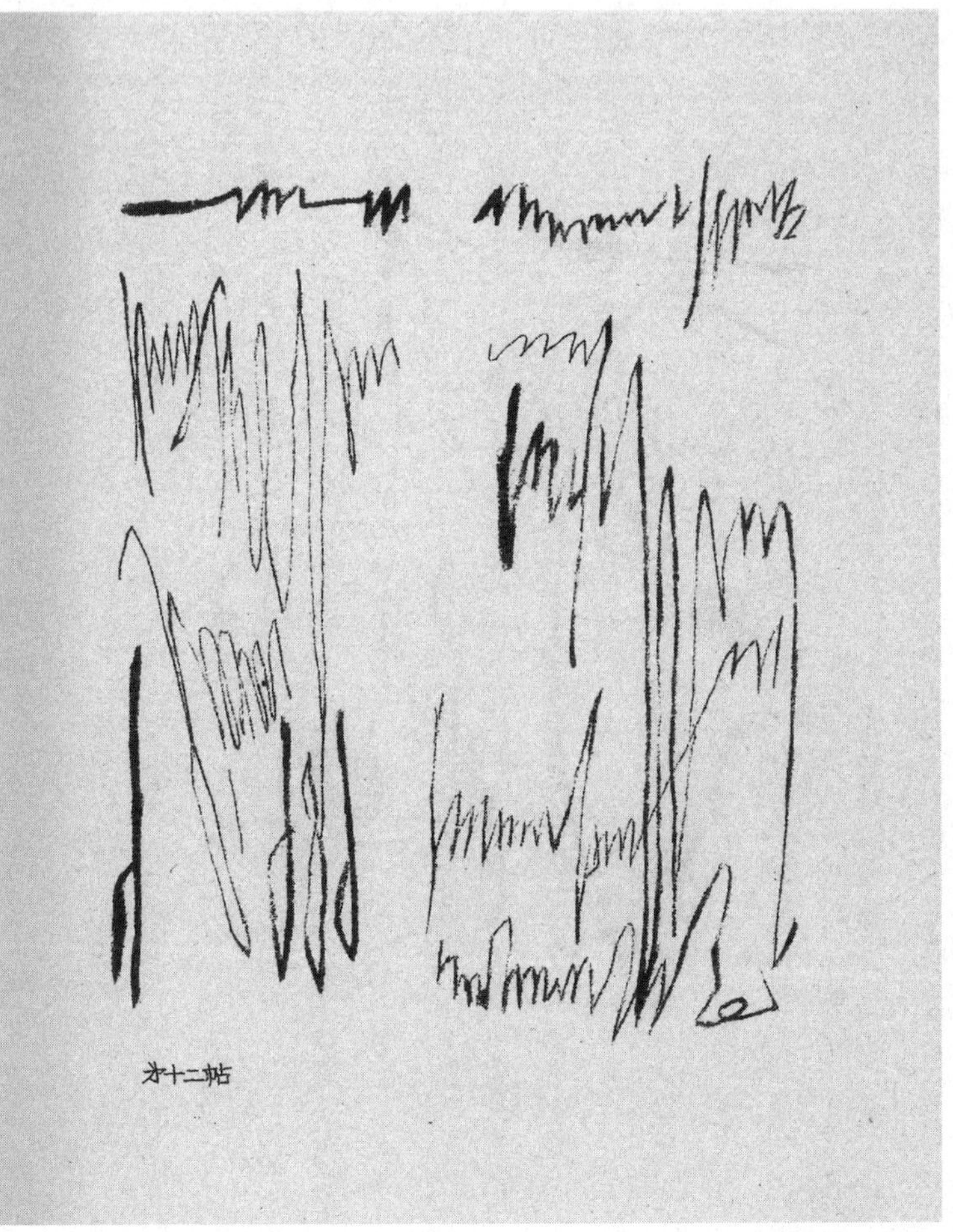
第十二帖

を知らず、また、その世界に住む霊人を知らず、また物質世界と地上人を知らない場合もある。それはちょうど、地上人の多くが、生前及び死後の世界を信じないと同様である。

第十三帖（三九〇）

地上人が、限りなきほどの想念的段階をもち、各々の世界をつくり出しているごとく、霊界にも無限の段階があり、その各々に、同一想念を持つ霊人が住んでおり、常に弥栄しつつある。下級段階で正なりとし、善を思い、美を感じ、真なりと信じ、愛なりと思う、その想念も上級霊界においては必ずしもそうではない。美も醜となり、愛も憎となり、善も真もそのままにして善となり、真と現われ得ない場合がある。其処（そこ）に偉大にして、はかり知られざる弥栄の御神意がある。と同時に、＋（真善）（真善美愛）（歓喜）（大歓喜）と現われる神秘なる弥栄があり、悪の存在、偽の必然性などが判明するのである。故に、下級霊人との交流は、地上人にとっても、霊人にとっても、極めて危険極まりないものではあるが、半面においては、極めて尊いものとなるのである。下級霊人自身が◎（善）なりと信じて行為することが、地上人には◎（悪）と現われることが多いのである。何故ならば、かかる下級霊と相通じ、感応し合う内的波調をもつ地上人は、それと同一線上にある空想家であり、極めて狭い世界のカラの中にしか住み得ぬ性を持ち、他の世界を知らないからである。それがため、感応してくる下級霊の感応を、全面的に信じ、唯一絶対の大神の御旨なるがごとくに独断し、ついには、自身自らが神の代行者なり、と信ずるようになるからである。所謂（いわゆる）、無き地獄をつくり出すからである。

地獄的下級霊の現われには、多くの奇跡的なものを含む。奇跡とは大いなる動きに逆行する動きの現われであることを知らねばならない。かかる奇跡によりては、霊人も地上人も向上し得ない。浄化し、改心し得ないものである。また、霊人と地上人との交流によるのみでは向上し得ない。脅迫や賞罰のみによっても向上し得ない。すべて戒律的の何ものによっても、霊人も地上人も何等（なんら）の向上も弥栄も歓喜もあり得ない。半面、向上

第十三帖

のごとくに見ゆる面があるとも、半面において同様の退歩が必然的に起こってくる。それは強(し)いるが為である。神の歓喜には、強いることなく、戒律する何ものもあり得ない。戒律あるところ必ず影生じ、暗(やみ)を生み出し、カスが残るものである。それは、大神の内流によって弥栄する世界ではなく、影の世界である。中心に座す太神のお言葉は、順を経て霊人に至り、地上人に伝えられるのであるが、それはまた霊界の文字となって伝えられる。霊界の文字は、主として直線的文字と曲線的文字の二つから成る。直線的なものは、月の霊人が用い、曲線的な文字は、太陽の霊人が使用している。ただし、高度の霊人となれば文字はない。ただ文字の元をなすヽと○と+があるのみ。また高度の霊界人の文字として、ほとんど数字のみが使用されている場合もある。数字は、他の文字に比して多くの密意を蔵しているからである。しかしこれは不変なものではなく、地上人に近づくに従って漸次(ぜんじ)変化し、地上人の文字に似てくるのである。

第十四帖（三九一）

霊界には、時間がない。故に、霊人は時間ということを知らない。そこには、霊的事物の連続とその弥栄があり、歓喜によって生命している。すなわち、時間はないが状態の変化はある。故に、霊人たちは時間の考えはなく、永遠の概念を持っている。この永遠とは、時間的なものは意味せず、永遠なる状態を意味するのである。永遠ということは、時間より考えるものではなく、状態より考えるべきである。故に、霊人が地上人に接し、地上人に語る時は、地上的固有的な一切を離れて状態とその変化による霊的なものによって語るのである。しかし、この霊人の語る所を地上人が受け入れる時は、対応の理により、それが固有的地上的なものとして映像されてくるのである。また、地上人に感応（かんのう）して語る時は、その霊媒（れいばい）の思念を霊人の思念として語るが故に、固有的表現となり、地上人にも十分に理解し得るのである。多くの地上人は、霊人を知らない。霊人には、地上世界に顕現するすべてのものの霊体が存在するということをなかなか理解しないし、霊人は反対に、霊界を物質的に表現した物質地上世界にのあることをなかなかに理解しない。

ただし、死後の霊人は、相当に長い間地上世界のことを記憶しているものである。地上人が、何故霊界のことを理解し難（がた）いかと言うと、それは、地上的物質的感覚と、地上的光明の世界のみが、常にその対象となっているからである。例えば霊人とは、地上人の心に通じ、あるいは、心そのものであると考えるためである。つまり、霊人は、心であるから、目も、鼻も、口もなく、また、手足などもない、と考えるからである。ところが実際は、霊人そのものが手を持つが故に地上人に手があり、指を持っているが故に、地上人に指が生ずることを知らねばならない。しかも、霊人は、地上人よりはるかに精巧に出来ていることは、それを構成するものが

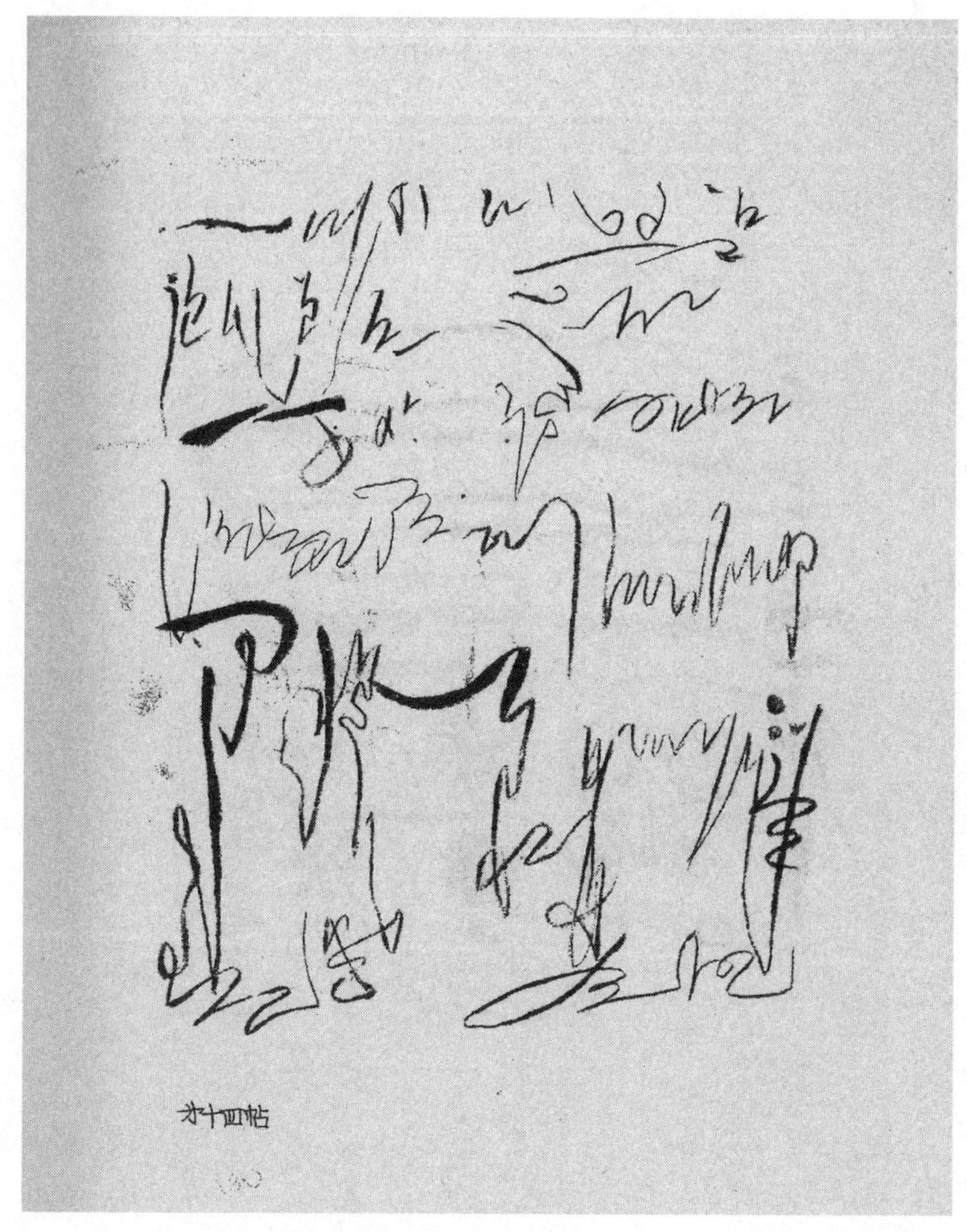
第十四帖

精巧であることによって立証されるであろう。

霊人は、地上人にまして一段の光明の世界にあり、一段と優れた霊体を有している。霊界における事物はすべて霊界における太陽と、太陰とによりて生れてくる。それは、地上における場合と同じである。太陽と、太陰との交叉（こうさ）により生ずる歓喜によって、その生まれたるものはさらに一層の光輝を放ち、弥栄となる。

また、霊界には物質世界のごとく空間はない。このことを地上人はなかなかに理解しないものである。霊界における場所の変化は、その内分の変化に他ならない。霊界に距離はない。空間もない。ただ、あるものはその態の変化のみである。故に、離れるとか、分かれるとかいうことは、内分が遠く離れていて、同一線上にないことを物語る。物質的約束における同一場所にあっても、その内分が違っている場合は、その相違の度に、正比較、正比例して、遠ざかっているのである。故に、地上的には、同一場所に、同一時間内に存在する幾つかの、幾十、幾百、幾千万かの世界、及びあらゆる集団も、内分の相違によって、感覚の対象とならないから、無いのと同様であることを知り得るのである。

第十五帖（三九二）

霊界には、山もあり、川もあり、海もあり、また、もろもろの社会があり、霊界の生活がある。故に、そこには霊人の住宅があり、霊人はまた衣類を持つ。住宅は、その霊人の生命の高下によって変化する。霊人の家には、主人の部屋もあれば、客室もあり、寝室もあり、また、食堂もあり、風呂場もあり、物置もあり、玄関もあり、庭園もある、といったふうに、現実世界とほとんど変わりがない。ということは、霊人の生活様式なり、思想なりが、ことごとく同様であるということを意味する。また、内分を同じくする霊人たちは、相集まり、住宅は互いに並び建てられており、地上における都会や村落とよく似ている。その中心点には多くの場合、神殿や役所や学校等あらゆる公共の建物が、ほどよく並んでいる。そして、これらのすべてが霊界に存在するが故に、地上世界に、それの写しがあるのである。霊界を主とし、霊界に従って、地上にうつし出されたのが、地上人の世界である。地上人は、物質を中心として感覚し、かつ考えるから、真相がなかなかにつかめない。これらすべての建物は、神の歓喜を生命として建てられたものであって、霊人の心の内奥（ないおう）にふさわしい状態に変形され得る。

また天人の衣類も、その各々が持つ内分に正比例している。高い内分にいる霊人は高い衣（ころも）を、低いものは低い衣を自らにして着することとなる。彼等（かれら）の衣類は、彼らの理智に対応しているのである。理智に対応するということは、真理に対応するということになる。ただし、最も中心に近く、太神の歓喜に直面する霊人たちは衣類を着（ちゃく）していないのである。この境地に至れば、すべてが歓喜であり、他は自己であり、自己は他であるが故である。しかし他よりこれを見る時は、見る霊人の心の高低によって、千変万化（せんぺんばんか）の衣類を着せるごとく見ゆ

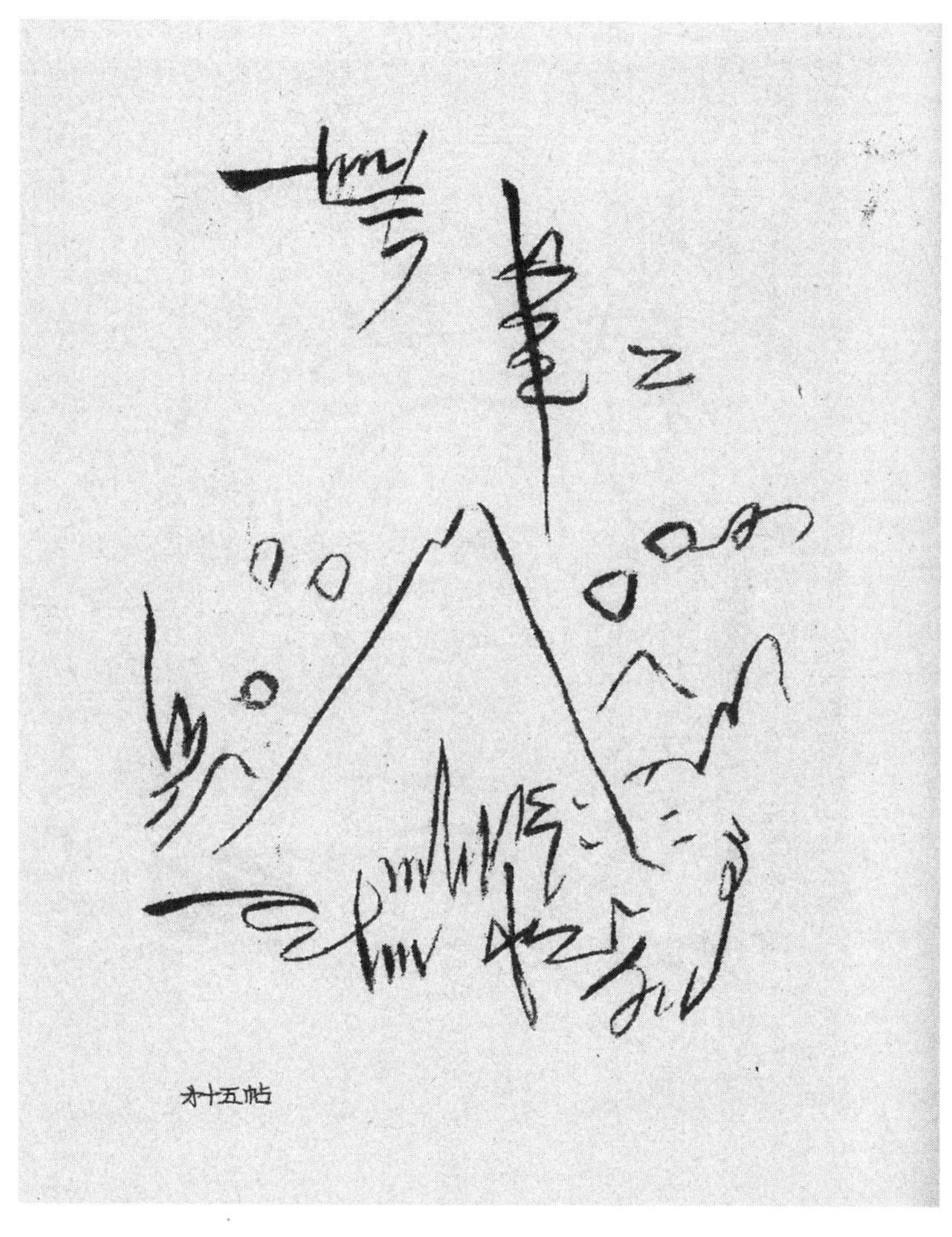
オ十五帖

るのである。また、衣類はすべて霊人の状態の変化によって変化して行くものである。

霊人はまた、いろいろな食物を食している。言うまでもなく霊人の食物であるが、これまたその霊人の状態によって千変万化するが、要するに歓喜を食べているのである。食べられる霊食そのものも、食べる霊人も何れも、食べると云うことによって、歓喜しているのである。地上人の場合は、物質を口より食べるのであるが、霊人は口のみでなく、目からも、鼻からも、耳からも、皮膚からも、手からも、足からも、食物を身体全体から食べるものである。そして、食べるということは、霊人と霊食とが調和し、融け合い、一つの歓喜となることである。霊人から見れば、食物を自分自身たる霊人の一部とするのであるが、食物から見れば霊人を食物としての歓喜の中に引き入れることとなるのである。これらの行為は、本質的には、地上人と相通ずる食物であり、食べ方ではあるが、その歓喜の度合および表現には大きな差がある。食物は歓喜であり、歓喜は神であるから、神から神を与えられるのである。以上のごとくであるからあ、他から霊人の食べるのを見ていると、食べているのか、食べられているのかわからないほどである。

また霊人の食物は、その質において、その霊体の持つ質より遠く離れたものを好む。現実社会における、山菜、果物、海草等に相当する植物性のものを好み、同類である動物性のものは好まない。何故ならば、性の遠く離れた食物ほど歓喜の度が強くなってくるからである。霊人自身に近い動物霊的なものを食べると歓喜しないのみならず、かえって不快となるからである。そして霊人は、これらの食物を歓喜によって調理している。そしてまた与えられたすべての食物は、悉く食べて一物をも残さないのである。

すべての善はゝより起こり、ゝに還るのと同様、すべての悪もまたゝより起こりゝに還る。故に、神を離れた善はなく、また神を離れた悪のみの悪はあり得ないのである。

殊に地上人はこの善悪の平衡の中にあるが故に、地上人たり得るのであって、悪を取り去るならば、地上人としての生命はなく、また善は無くなるのである。この悪を因縁により、また囚われたる感情が生み出す悪だ、と思ってはならない。この悪があればこそ、自由が存在し、生長し、弥栄するのである。悪のみの世界はなく、また善のみの世界はあり得ない。所謂、悪のみの世界と伝えられるような地獄は存在しないのである。地上人は、霊人との和合によって神と通ずる。地上人の肉体は悪的な事物に属し、その心は善的霊物に属する。その平衡するところに力を生じ、生命する。

しかし、地上人と、霊人と一体化したる場合は、神より直接に地上人にすべてが通じ、すべてのものゝが与えられると見えるものである。これを、直接内流と称し、この神よりの流入するものが、意志からする時は理解力となり、真理となる。また、愛より入る時は善となり、信仰力となって現われる。そして、神と通ずる一大歓喜として永遠に生命する。故に、永遠する生命は愛と離れ、真と離れ、また信仰と離れてはあり得ないのである。神そのものも神の法則、秩序に逆らうことは出来ない。法則とは歓喜の法則である。神は歓喜によって地上人を弥栄せんとしている。これは、地上人として生まれいずる生前から、また、死後に至るも止まざるものである。

神は、左手にてƆの動きをなし、右手にてCの動きをなす。そこに、地上人としては割り切れない程の、神の大愛が秘められていることを知らねばならぬ。地上人は、絶えず、善、真に導かれるとともに、また悪偽に導かれる。この場合、その平衡を破るようなことになってはならない。その平衡が、神の御旨である。平衡より大平衡に、大平衡より超平衡に、超平衡より超大平衡にと進み行くことを弥栄と云うのである。左手は右手によりて生き動き、栄える。左手なき右手はなく、右手なき左手はない。善、真なき悪、偽はなく、悪、偽なき善、真はあり得ない。神は善・真・悪・偽であるが、その新しき平衡が新しき神を生む。新しき神は、常に神の中に孕(はら)み、神の中に生れ、神の中に育てられつつある。始めなき始めより、終わりなき終わりに至る大歓喜の栄ゆる姿がそれである。

第十六帖（三九三）

考えること、意志すること、行為することの根本は、肉体からではない。霊的な内奥（ないおう）の自分からである。この内奥の自分は、神につながっている。故に、自分自身が考え、意志し、行為するのではなく、自分というものを通じ、肉体を使って、現実界への営みを神が為し給うているのである。そこに、人が地上における司宰者たる、またたり得る本質がある。

地上人が死の関門をくぐった最初の世界は、地上にあった時と同様に意識があり、同様の感覚がある。これによって、人の本体たる霊は、生前同様に、霊界でも見、聞き、味わい、嗅ぎ、感じ、生活することが出来るのである。しかし、肉体を捨てて、霊体のみとなり、霊界で活動するのであるから、物質の衣にすぎないことが判明する。肉体を持っている地上人の場合は、その肺臓が想念の現われとなって呼吸する。霊界に入った時は、霊体の肺臓が同様の役目を果すようになっている。また、心臓は、その情動の現われとなって脈打つ。霊体となってもまた同様であることを知らねばならぬ。この二つの動きが、一貫せる生命の現われであって、生前も、生存中も、死後も、また同様である。肉体の呼吸と脈搏とは、新しき霊体の呼吸と脈搏に相通じ、死の直後に霊体が完全するまでは、肉体のそれは停止されないのである。かくて、霊界に入った霊人たちは、すべて生存時と同じ想念を持っている。為に、死後の最初の生活は生存時とほとんど同一であることが判明するであろう。

故に、そこには地上と同様、あらゆる集団と、限りなき段階とが生じている。而（しこう）して、霊界においては、先に述べたごとき状態であるが故に、各人の歓喜は、死後の世界においても、生前の世界においても、これに対応する霊的の事物と変じて現われるものである。この霊的事物は、地上の物質的事物に対応する。人間が、物質

第十六帖

界にいる時は、それに対応した物質の衣、すなわち肉体を持ち、霊界に入った時はそれに相応した霊体を持つ。そして、それはまた完全なる人間の形であり、人間の形は、霊人の形であり、神の形であり、さらに大宇宙そのものの形である。

大宇宙にも、頭があり、胴があり、手足があり、目も、鼻も、口も、耳もあり、また内臓諸器官に対応するそれぞれの器官があって、常に大歓喜し、呼吸し、脈打っていることを知らねばならない。大歓喜は無限であり、かつ永遠に進展して行くのである。変化、進展、弥栄せぬものは歓喜ではない。歓喜は心臓として脈打ち、肺臓として呼吸し発展する。故に、歓喜は肺臓と心臓とを有する。この二つは、あらゆるものに共通であって、植物にもあり、鉱物にすら存在するものである。人間の場合は、その最も高度にして精妙なる根本の心臓と肺臓に通ずる最奥（さいおう）の組織を有する。これはもはや心臓と表現するにはあまりにも精妙にして、かつ深い広い愛であり、肺臓として呼吸するにはあまりにも高く精巧なる真理である。而して、この二者は一体にして同時に、同位のものとなっていることを知らねばならない。それは心臓としての脈搏でもなく、肺臓としての呼吸でもない。表現極めて困難なる神秘的二つのものが一体であり、二つであり、三つの現われである。そこに人間としての、他の動物に比して異なるもの、すなわち、大神より直流し来るものを感得し、それを行為し得る独特のものを有しているのである。

人間が、一度死の関門をくぐり、肉体を捨てた場合は、霊そのものの本来の姿に帰るのであるが、それはただちに変化するものではなくして、漸次（ぜんじ）その状態に入るのである。第一は極外の状態、第二は外の状態、第三は内的状態、第四は極内状態、第五は新しき霊的生活への準備的状態である。七段階と見る時は、内と外との状態を各々三段階に分け、三つと見る時は内、外、準備の三つに区分するのである。

第十七帖（三九四）

地獄はないのであるが、地獄的現われは、生前にも、生後にも、また死後にもあり得る。しかし、それは第三者からそのように見えるのであって、真実の地獄ではない。

大神は大歓喜であり、人類万物の生み主であり、大神の中に、すべてのものが成長しているためである。死後、ひとまず置かれる所は、霊、現の中間の世界であり、そこでは中間物としての中間体を持っている。意志のみでは力を生まない。理解のみでも進展しない。意志と、理解との結合によって弥栄する。このことは、中間の状態、すなわち、死後の最初の世界において、何人(なんぴと)もはっきりと知り得る。しかし、生存時において、すでに過去を精算している霊人は、この中間世界にとどまる必要はなく、その結果に対応した状態の霊界に、ただちに入るのである。精算されていない者は、精算が終わるまで、この中間世界にとどまって努力し、精進(しょうじん)、教育される。その期間は五十日前後と見てよいが、最も長いものは十五、六年から二十年位を要する。この中間世界から天国的世界をのぞむ時は、光明(こうみょう)に満たされている。故に、何人(なんぴと)も、この世界へ進みやすいのである。また、地獄的な世界は暗黒に満たされている故に、この世界に行く扉入るので閉ざされているのの同様であって、極めて進みにくいのである。天国には昇りやすく、地獄には堕(お)ち難(がた)いのが実状であり、神の御意志である。しかし、この暗黒世界を暗黒と感ぜずして進みゆくものもあるのであって、その者たちには、それがふさわしい世界なのである。そこに、はかり知れないほどの大きく広い、神の世界がひらかれている。この地獄的暗黒世界は、暗黒ではあるが、それは比較から来る感じ方であって、本質的に暗黒の世界はなく、神の歓喜は限りないのである。

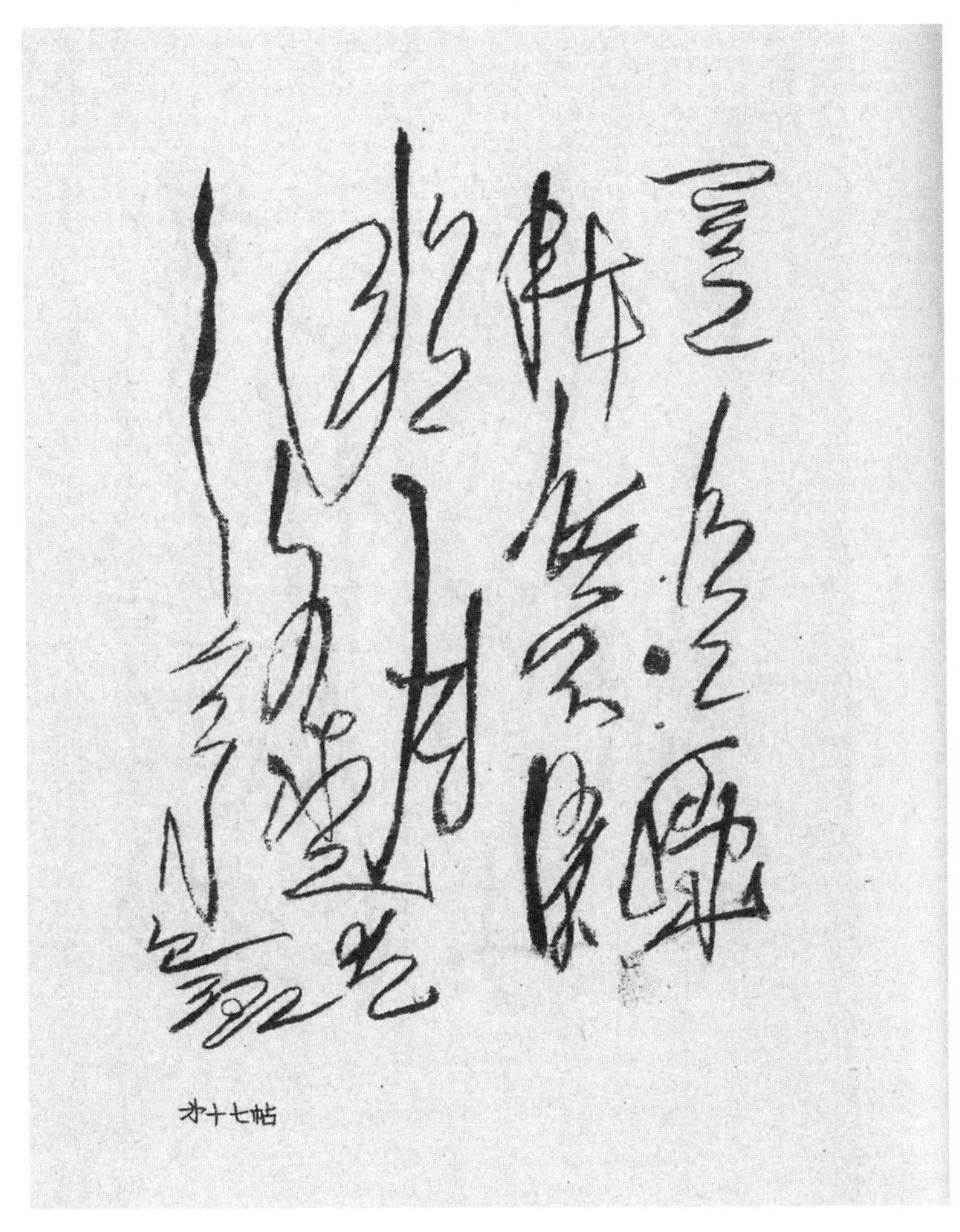
才十七帖

以上のごとく、中間世界からは無数の道が無数の世界に通じており、生前から生後を通じて、思想し、行為したことの総決算の結果に現われた状態によって、それぞれの世界に通ずる道が自らにして目前にひらかれてくるのである。否、その各々によって自分自身が進むべき道をひらき、他の道、他の扉は一切感覚し得ないのである。故に、迷うことなく、自分の道を自分で進み、その与えられた最もふさわしい世界に落ち着くのである。他から見て、それが苦の世界、不純な世界にみえようとも、当の本人には楽天地なのである。何故ならば、一の世界に住むものには、二の世界は苦の世界となり、二の世界に住むものには、一の世界はまた苦の世界と感覚するからであって、いずれも自ら求むる歓喜にふさわしい世界に住するようになっているのである。

また一の世界における善は、二の世界では善はなく、二の世界の真が一の世界においては真でない場合も生じてくる。しかし、そのすべての世界を通じて、さらに高きゝに向かって進むことが、彼等の善となるのである。ゝは中心であり、大歓喜であり、神である。死後の世界に入る時に、人々はまず自分の中の物質を脱ぎ捨てる。生存時において、物質的な自分、すなわち肉体、衣類、食物、住宅等が主として感覚の対象となるから、そのものが生命し、かつ自分自身であるかのごとくに感ずるのであるが、それは自分自身の本体ではなく、外皮に過ぎない。生長し、考慮し行為するものの本体は、自分自身の奥深くに秘められた自分、すなわち霊の自分である。霊の自分は、物質世界にあっては物質の衣をつける。故に、物質的感覚は、その衣たる物質的肉体のものなりと錯覚する場合が多いのである。

しかし、肉体を捨てて霊界に入ったからといって、物質が不要となり、物質世界との因縁がなくなってしまうのではない。死後といえども、物質界とは極めて密接なる関係におかれる。何故ならば、物質界と関連なき霊界のみの霊界はなく、霊界と関連なき物質のみの物質界は、呼吸し得ないからである。生前の霊界、生後の物質界、死後の霊界のいずれもが不離の関係に置かれて、互いに呼吸し合っている。例えば、地上人は生前世界の気を受け、また死後の世界に通じている。現実世界で活動しているのが、半面においては生前の世界ともまた死後の世界とも深い関連をもっており、それらの世界においても、同時に活動しているのである。

第十八帖（三九五）

神から出る真・善・美・愛の用（はたらき）に奉仕するのが霊人たちの生命であり、仕事であり、栄光であり、歓喜である。故に、霊界における霊人たちの職業は、その各々の有する内分により、段階によって自ら定まる。為にその用は無数であり、かつ千変万化する。歓喜第一、神第一の奉仕が霊人の職業である。故に、自分自身の我（が）が表に出た時は、力を失い、仕事を失い、苦悩する。霊人の仕事は限りなく、地上人の仕事以上に多様であるが、より良さ、より高さ、より神に近い霊人生活に入るための精進であり、喜びであることが知られる。そして、そのいずれもが神の秩序、すなわち大歓喜の秩序、法則によって相（あい）和し、相通じ、全般的には一つの大きな神の用をなしているのである。故に、いずれの面の用をなすとも、自己というものはなく、弥栄あるのみ、神あるのみとなる。

なお注意すべきことは、霊界において、権利なるものは一切感ぜず、義務のみを感じているということである。すなわち、義務することが霊人の大いなる歓喜となるのである。為に、命令的なものはない。ただ、ひたすら奉仕があるのみである。その奉仕は地上人であった時の職業と相（あい）通ずるものがある。何故ならば、霊と物とは対応しているからである。生前は生後であり、死後はまた生前であって春秋日月の用を繰り返しつつ弥栄えている。従って、霊界に住む霊人たちも、両性に区別することができる。陽人と、陰人とである。陽人は、陰人のために存在し、陰人は、陽人のために存在する。太陽は太陰によりて弥栄え、太陰は太陽によりて生命し歓喜するのである。この二者は、絶えず結ばれ、また絶えず反している。故に、二は一となり、三を生み出すのである。これを愛と真の結合、または結婚とも称えられている。三を生むとは、新しき生命を生み、かつ歓喜

第十八帖

することである。新しき生命とは新しき歓喜である。歓喜は、物質的形体はないが、地上世界では物質の中心をなし、物質として現われるものである。霊界における春は、陽であり、日と輝き、かつ力する。秋は、陰であり、月と光り、かつ力する。この、春秋の動きを、また、歓喜と呼ぶのである。春秋の動きあって、神は呼吸し、生命するとも言い得る。また、悪があればこそ生長し、弥栄し、かつ救われるのである。故に神は、悪の中にも、善の中にも、また善悪の中にも、悪善の中にも呼吸し給うものである。

第十九帖（三九六）

天国の政治は、歓喜の政治である。故に、戒律はない。戒律の存在するところは、地獄的段階の低い陰の世界であることを知らねばならない。天国の政治は、愛の政治である。政治する政治ではない。より内奥(ないおう)の、より浄化された愛そのものからなされる。故に、与える政治として現われる。天国は、限りなき団体によって形成されている。そして、その政治は、各々の団体における再中心、再内奥の歓喜によりなされるのである。統治するものは一人であるが、二人であり、三人として現われる。三人が元となり、その中心の一人は、ゝによって現わされ、他の二人は、○によって現わされる。○は、左右上下二つの動きの◎を為(な)すところの立体◎からなっている。統治者の心奥(しんおう)のゝは、さらに高度にして、さらに内奥に位するゝ中のゝによって統一され、統治され、立体◎をなしている。天国では、このゝをスの神と敬称し、歓喜の根元をなしている。スの神は、アの神と現われ給い、オとウとひらき給い、続いて、エとイと動き現われ給うのである。これが総体の統治神である。三神であり、二神である。ア・オ・ウは愛であり、エ・イは真である。これら天国の組織は、人体の組織と対応し、天国の一切の事象と運行とは、人体のそれに対応している。オ・ウなる愛は曲線であり、心臓である。エ・イなる真は、直線であり、肺臓に対応して三五七と脈打ち、呼吸しているのである。これらの統治者は権力を奪することなく、また指令することもない。よりよく奉仕するのみである。奉仕するとは、いかにしてよりよく融和し、善と、真との浄化と共に、悪と偽の調和をなし、これらのすべてを神の力として生かし、さらに高度なる大歓喜に至らんかと努力することである。また統治者自身は、自分たちを他の者より大なる者とはせず、他の善と真とを先とし、その歓喜をまずよろこび、己(おのれ)はその中に融け入る。故にこそ、統治者は常

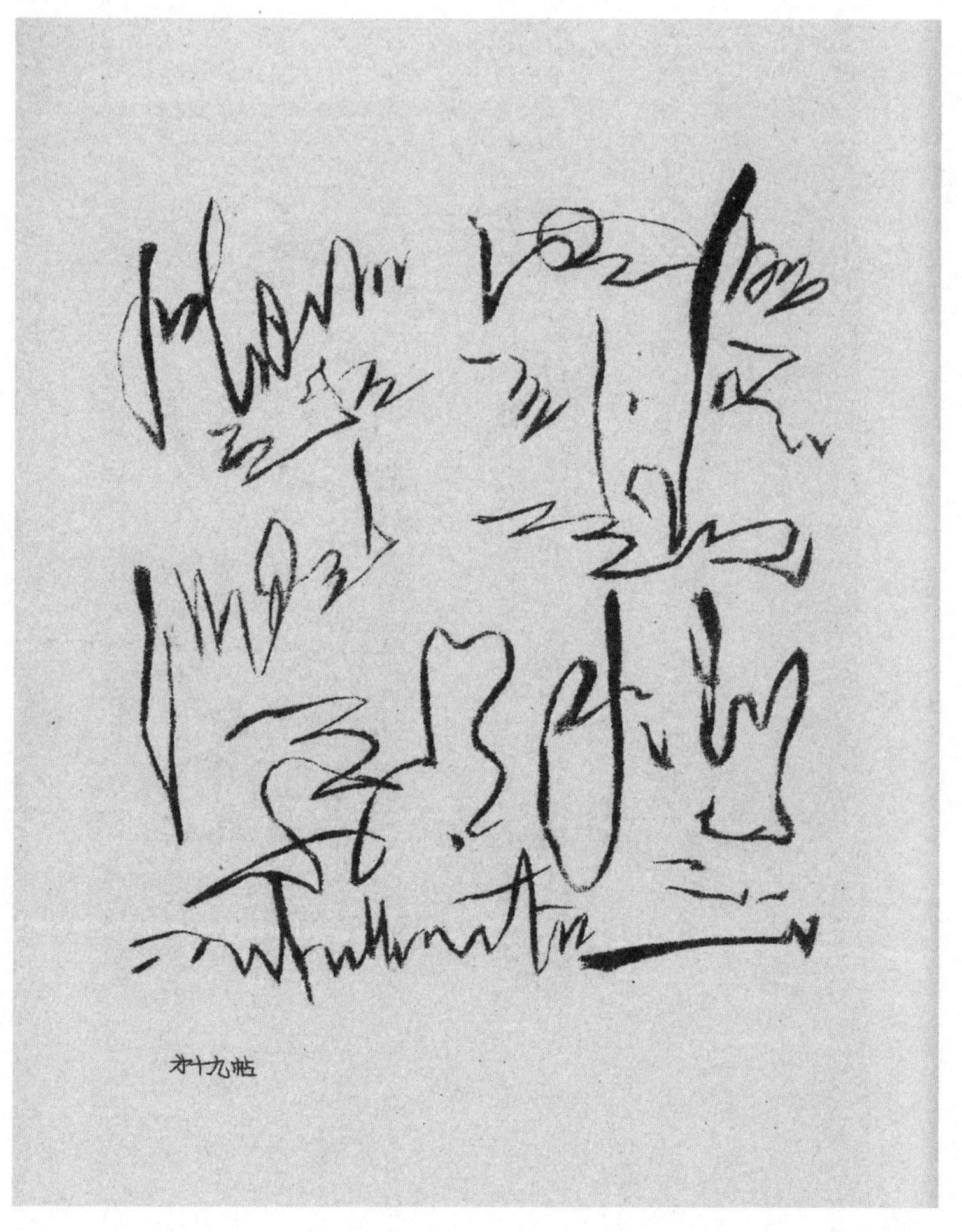
第十九帖

にその団体の中心となり、団体の歓喜となるのである。指令することは、戒律をつくることであり、戒律することが神の意志に反することを、これらの統治者は、よく知っている。天国における政治の基本は、以上のごとくであるが、さらに各家庭においては、同一の形体をもつ政治が行なわれている。

一家には、一家の中心たる主人、すなわち統治者がおり、前記のごとき原則を体している。またその家族たちは、主人の働きを助け、主人の意を意として働く。その働くことは、彼等にとって最大の歓喜であり、弥栄である。すなわち、歓喜の政治であり、経済であり、生活であり、信仰である。天国における天人、霊人たちは、常にその中心歓喜たる統治者を神として礼拝する。歓喜を礼拝することは、歓喜の流入を受け、より高き歓喜に進んで行くことである。けれども、天国における礼拝は、地上人のそれのごとき礼拝ではない。礼拝生活である。すべてと拝み合い、かつ歓喜し合うことである。与えられたる仕事を礼拝し、仕事に仕えまつる奉仕こそ、天国の礼拝の基本である。故に、各々の天人、天使の立場によって、礼拝の形式、表現は相違している。しかし、歓喜の仕事に仕えまつることが礼拝であるという点は一致している。

地上人的礼拝は、形式の世界たる地上においては、一つの生き方であるが、天国に於ける礼拝は、千変万化で、無限と永遠に対するものである。無限と永遠とは、常に弥栄えるが故に生ずるものであり、その弥栄が神の用である。森羅万象の多種多様、限りなき変化、弥栄を見て、この無限と永遠を知り、あらゆる形において変化繁殖するを見て、無限と、永遠が神の用なることを知らねばならぬ。

天国の政治は、光の政治である。天国にも地上のごとく太陽があり、その太陽より、光と熱とを発しているが、天国の太陽は、一つではなく二つとして現われている。一は月球のごとき現われ方である。一は火の現われ、火の政治であり、一は水の現われ、水の政治である。愛を中心とする天人は、常に神を太陽として仰ぎ、智を中心とする天使は、常に神を月として仰ぐ。月と仰ぐも、太陽と仰ぐも、各々その天人、天使の情動の如何(いかん)によるのであって、神は常に光と、熱として接し給うのである。またそれは、大いなる歓喜として現われ給う。光と熱とは、太陽そのものではない。太陽は、火と現われ、月は水と現われるが、その内奥はいずれもが大歓喜である。光と熱とは、そこより出ずる一つの現われに過ぎないことを知らねばならぬ。このことをよく理解するが故に、天国の政治は、常に光の中にあり、また熱の中に育ち栄え、歓喜するのである。

天国の太陽よりは、真と愛とが常に流れ出ているが、その真と、愛とは、太陽の中にあるのではなく、現われ出たものが真と見え、愛と感じられるのみである。太陽の内奥は大歓喜が存在する。故に高度の天人の場合は、愛も真もなく、はるかにそれらを超越した歓喜のゝが感じられるのみである。この歓喜のゝが、真・善・美・愛となって、多くの天人、天使たちには感じられるのである。歓喜は、その受け入れる天人、天使、霊人、地上人たちの持つ内質の如何によって千変万化し、また歓喜によって統一されるのであるということを知らねばならぬ。

（地震の巻了）

日月神示第一訳文

光の巻　第十八巻

自　昭和二十一年二月二十四日
至　昭和二十一年七月二十七日
三九七帖〜四〇四帖

第一帖（三九七）

光の巻しるすぞ、地の日月の神とは臣民の事であるぞ、臣民と申しても今の様な臣民ではないぞ、神人共に弥栄の臣民の事ぞ、今の臣民も掃除すれば地の日月の神様となるのざぞ、、自分いやしめるでないぞ、皆々神様ざぞ。もの頂く時は拍手打ちて頂けよ、神への感謝ばかりでないぞ、拍手は弥栄ざぞ、祓ざぞ、清めぞと申してあらうが、清め清めて祓ひてから頂くのざぞ、判りたか、次の五の巻の謄写は四十九でよいぞ、十は神よきに使うぞ、前のも十はよきに使うたぞ、判りたか、皆に分けるぞよ、次は十二の巻の中からよきに抜きて謄写よいぞ、二月二十四日、ひつくの神。

第二帖（三九八）

天之日月の大神様は別として　雨の神様、風の神様、岩の神様、荒の神様、地震の神様、シャカ、キリスト、マホメットの神様、百々の神様皆同じ所に御神体集めてまつりて下されよ、天の奥山、地の奥山、皆同じぞ、御神土皆に分けとらせよ。二月二十六日、朝しるすぞ、ひつくの神。

第三帖（三九九）

今の政治はむさぶる政治ぞ、神のやり方は与へぱなしざぞ、◎ぞ、マコトぞ。今のやり方では世界は治らんぞ、道理ぢゃなあ。天にはいくらでも与えるものあるぞ、地にはいくらでも、どうにでもなる、人民に与へるものあるのざぞ、おしみなく、くまなく与えて取らせよ、与へると弥栄へるぞ、弥栄になって元に戻るのざ、国は富んで来るぞ、神徳満ち満つのぢゃ、この道理判るであらうがな。取り上げたもの何にもならんのぢゃ、ささげられたものだけがまことぢゃ、乗るものも只(ただ)にせよ、田からも家からも税金取るでないぞ、年貢とりたてるでないぞ、何もかも只ぢゃ、日の光見よ、と申してあらうが、黄金(きん)はいらんと申してあろが、暮しむきのものも只でとらせよ、只で与へる方法あるでないか、働かん者食ふべからずと申す事理窟(りくつ)ぢゃ、理窟は悪ぢゃ、悪魔ぢゃ、働かん者にもドシドシ与へてとらせよ、与へる方法あるでないか、働かんでも食べさせてやれよ、何もかも与へぱなしぢゃ、其処(そこ)に神の政治始まるのぢゃぞ、神の経済あるのぢゃ。やって見なされ、人民のそろばんでは木の葉一枚でも割出せないであらうが、この方(ほう)の申す様にやって見なされ、お上(かみ)は幸(さち)でうもれるのぢゃ、余る程与へて見なされ、お上も余るのぢゃ、此(こ)の道理判りたか。仕事させて呉れと申して、人民喜んで働くぞ。遊ぶ者なくなるぞ、皆々神の子ぢゃ、神の魂(たま)うゑつけてあるのぢゃ、長い目で見てやれ、おしみなく与えるうちに人民元の姿あらはれるぞ。むさぶると悪になって来るのぢゃ、今のさま見て改心結構ぞ、そろばん捨てよ、人民神とあがめよ、神となるぞ、泥棒と見るキが泥棒つくるのぢゃ、元の元のキの臣民地(くに)の日月の神ぢゃと申してあろがな、六月十七日、かのととりの日、ひつくの神。

第四帖（四〇〇）

まつりてない時はお日様とお月様おろがめよ、マトとせよ。裁判所(しらす)いらんぞ、牢獄(ろうや)いらんぞ、法律いらんぞ、一家仲ようしたらいらんのぢゃ、国も同様ざぞ。そんな事すれば、世の中メチャメチャぢゃと申すであらうが、悪人がとくすると申すであろが、誰も働かんと申すであらうが、与へる政治だめぢゃと申すであろ、人間の小(こ)智慧(ぢえ)ぢゃ。其処(そこ)に人間の算盤(そろばん)の狂うたところ気付かんか。上に立つ人もっともっと大き心結構ぞ、算盤なしで梶とらすぞ、神の申す通りに進むのぢゃ、これが出来ねば一段さがって頭下げてござれ、余り大きな取違ひばかりぢゃぞ、悪の守護となってゐるからぢゃ、此処の道理判るまでは動きとれんのぢゃぞ。世界国々所々に世の大洗濯知らす神柱現はしてあろが、これは皆この方の仕組ぢゃから皆仲良う手引き合ってやって呉れよ。六月十七日、かのととり、ひつくの神。

第五帖（四〇一）

病神がそこら一面にはびこって、すきさへあれば人民の肉体に飛び込んでしまう計画であるから余程気付けて居りて下されよ。大臣は火と水と二人でよいぞ、ヤとワと申してあろが、ヤ、ワ、は火の中の水、水の中の火であるぞ、後はその手伝ぞ、手足ざぞ、役人自ら出来るぞ。ヤクやヤクであるぞ、今迄は神国と外国と分れてゐたが、愈々一つにまぜまぜに致してクルクルかき廻してねり直して世界一つにして自ら上下出来て、一つの王で治めるのぢゃぞ。人民はお土でこねて、神の息入れてつくったものであるから、もう、どうにも人間の力では出来ん様になったらお地に呼びかけよ、お地にまつろへよ、お地は親であるから親の懐に帰りて来いよ、嬉し嬉しの元のキよみがへるぞ、百姓から出直せよ。ミロク様とはマコトのアマテラススメラ太神様のことでござるぞ、六月十七日、ひつくの神。

第六帖（四〇二）

今に世界の臣民人民誰にも判らん様になりて上げてもおろしもならんことになりて来て、これは人民の頭や力でやってゐるのでないのざといふことハッキリして来るのざぞ。何処の国、どんな人民も成程ナアと得心のゆくまでゆすぶるのであるぞ。今度は根本の天の御先祖様の御霊統と根元のお地(つち)の御先祖様の御霊統(ごれいとう)とが一つになりなされて、スメラ神国とユダヤ神国と一つになりなされて末代(まつだい)動かん光の世と、影ない光の世と致すのぢゃ、今の臣民には見当とれん光の世とするのぢゃ、光りて輝く御代(みよ)ぞ楽しけれ楽しけれ。悪い者殺してしまふてよい者ばかりにすれば、よき世が来るとでも思ふてゐるのか、肉体いくら殺しても魂迄は、人民の力では何(ど)うにもならんであろがな。元の霊まで改心させねば、今度の岩戸開けんのぢゃぞ、元の霊に改心させず肉体ばかりで、目に見える世界ばかり、理窟でよくしようとて出来はせんぞ、それ位判って居らうが、判りて居り乍(なが)ら外(ほか)に道はないと、仕方ないと手つけずにゐるが、悪に魅入られてゐるのぢゃぞ、悪は改心早いぞ、悪神も助けなならんぞ、霊から改心させなならんぞ、善も悪も一つぢゃ、霊(たま)も身も一つぢゃ、天地(あめつち)ぢゃとくどう知らしてあろが。何んなよいこと喜ばして知らしても、聞かせても、今の臣民人民中々云ふこときかんものぢゃぞ。この道にゆかりある者だけで型(かた)出せよ、カタでよいのぢゃぞ。六月三十日、ひつぐの神。

第七帖（四〇三）

アは元のキの神の子ぞ。ヤとワは渡りて来た神の子ぞ。㋳㋻は渡りて来る神の子ざぞ。十の流れ、十二の流れと今に判る時来るぞ、三ツ巴（＊注）現はれるぞ、メリカ、もキリス、もオロシヤ、も世界一つに丸めて一つの王で治めるのぢゃぞ、外国人も神の目からはないのざぞ。今一度戦(いくさ)あるぞ。早う目覚めて、け嫌ひいたさず、仲よう御用結構ぞ。龍宮の乙姫殿、岩の神殿、荒(あれ)の神殿、世界のカタハシから愈々に取掛りなされてゐるのざから、世界の出来事気付けて、早う改心結構ぞ。⦿(ス)と二(フ)と四(ヨ)との大きいくさあると知らしてありたが、一旦(いったん)は二と四の天下になる所まで落ち込むぞ、行く所まで行きて、ナのミタマとノのミタマの和合一致出来てからスのミタマが天下統一、世界一平となるのぢゃぞ。愈々大峠取上げにかかるのざぞ。七月十九日、ひつぐの神。

＊「三つ巴」。三つの勢力が互いに対立し合っていること。紋所・文様の名。巴を三つ組み合わせて円形にしたもの。

第八帖（四〇四）

何によらず不足ありたら、神の前に来て不足申して、心からりと晴らされよ、どんな事でも聞くだけは聞いてやるぞ、不足あると曇り出るぞ、曇り出ると、ミタマ曇るからミタマ苦しくなりて天地曇るから遠慮いらん、この方に不足申せよ、この方親であるから不足一応は聞いてやるぞ。気晴らしてカラリとなって天地に働けよ、心の富士晴れるぞ、はじめの岩戸開けるぞ。早のみ込み大怪我の元、じっくりと繰返し繰返し神示よめよ、神示肚の肚に入れよ、神示が元ざぞ。今度は昔からの苦労のかたまり、いき魂でないと御用むつかしいぞ。世のたとへ出て来るぞ。神が人の口使うて云はせてあるのぢゃぞ。神国は神力受けねば立ちては行けんぞ、神なくして神力ないぞ、神なくなれば丸潰れざぞ。まわりに動く集団早うつくれよ。数で決めようとするから数に引かれて悪となるのざ、数に引かれ困らん様気付けよ。この神示とくのはタマでないと少しでも曇りあったら解けんぞ。悪に見せて善行はならん事あるぞ。この行中々ざぞ。此の世の鬼平げるぞよ。鬼なき世となりけるのざぞ。判りたか。キリスト教の取次さん、佛教の取次さん、今の内に改心結構ぞ、丸潰れ近づいて御座るに気付かんのか。同じ名の神二つあるぞ。人民三つ四つにもおろがんで御座るぞ、ふみ出すもよいなれど、神示読むのが先ざぞ。神第一ざぞと申してあらうが。暫し待て。世界のふみ出す時来るぞ。アワの様な今のふみ何にもならんぞ、時待てと申してあらうがな、この巻から謄写もならんぞ、時来る迄写して皆に分けとらせよ。七月二十七日、ひつくの神。三年のたてかへぞ。

（光の巻了）

日月神示第一訳文

まつりの巻 第十九巻

自 昭和二十一年八月八日
至 昭和二十一年八月三十一日
四〇五帖~四二七帖

第一帖（四〇五）

五つに咲いた桜花、五つに咲いた梅の花、どちら採る気ぢゃ。今迄の教ではこの道判らんぞ、益々食ふ物なく曇りてくるぞ、その国その所々で当分暮しむき出来るぞ、野見よ、森見よと申してあろ。青山も泣枯る時来ると申してあろ、海川も泣枯る時来るぞ、まだきかず我さへよけらよいと、我れよしして御座る人民神々様気の毒来るぞ、今迄は神も佛も同じぞと申してゐたが神と佛とは違ふのざぞ、十の動くが卍ぞ、卍の動くが⦿ぞ、⦿の澄みきりが⊙ぞ、神と佛と臣民とは違ふのぢゃぞ。八月八日、ひつぐの神。

第二帖（四〇六）

これまでは「いろは」でありたが、愈々一二三の力加はるぞ、「いろは」はやさしいが「一二三」は荒いから、荒事もするからその覚悟致されよ、その覚悟よいか、きたない心すててゐると、小さい心大きくなって自分でもびっくりする様な結構来るぞ。警察いらんと申してあるぞ。八月九日、ひつぐのか三。

第三帖（四〇七）

旧九月八日からの誓の言葉知らすぞ。御三体の大神様、御三体の大神様、天之日月の大神様、雨の神様、風の神様、岩の神様、荒の神様、地震の神様、地の日月の大神様、世の元からの生神様、百々の神様の大前に、日々弥栄の大息吹、御守護弥栄に御礼申上げます。この度の三千世界の御神業、弥が上にも、千万弥栄の御働き祈り上げます。三千世界の神々様、臣民人民一時も早く改心いたし大神様の御心に添ひ奉り、地の日月の神と成りなりて、全き務め果します様何卒(なにとぞ)御守護願ひ上げます。そがためこの身この霊(タマ)はいか様にでも御使ひ下さいませ、何卒三千世界の神々様、臣民人民が知らず知らずに犯しました罪、穢(けがれ)、過(あやまち)、は神直日(かんなほひ)、大直日(おほなほひ)に、見直し聞き直し下さいます様、特にお願ひ申上げます　元の神ゑみためゑみため。八月十日、ひつぐの神。

第四帖（四〇八）

世こしらへてから臣民の種うゑて、臣民作ったのであるぞ。世、こしらへた神々様は「ながもの」の御姿(おんすがた)ぞ、今に生通(いきどお)しぞ。神が見て、これならと云ふミタマに磨けたら、神から直々(じきじき)の守護神(かみ)つけて、天晴(あっぱ)れにしてやるから御用見事に仕上げさすぞ、臣民ばかりでは出来ん、三千世界の大洗濯、誰一人落したうもない神心、皆揃うておかげやりたや、喜ぶ顔見たや、遠い近いの区別なし、皆々我が子ぢゃ、可愛い子ぢゃ、早う親の心汲(く)みとれよ、八月十一日、ひつぐの神。

第五帖（四〇九）

肉体先(ま)づ苦しめたら、今度その守護神にはそれだけの見せしめせなならんことになってゐるのざぞ。神がかりでまだ世界の事何でも判ると思ふてゐる人民気の毒出来るぞ。八百八光(はっぴゃくやこう)の金神(こんじん)殿、愈々(いよいよ)にかかりなされたぞ。出雲の大神様此世(このよ)かまひなさる大神様なり、其の処得(ところえ)ないもの、人民ばかりでないぞ、三千世界の迷ふミタマに所得(ところえ)さして嬉し嬉しにまつりてやれよ、コトで慰(なぐさ)め弥栄(やさか)へしめよ、コトまつりて神の列(ツラ)に入らしめよ。その国々ぞ、あたまあたまで、まつり結構ぞ、まつり呉れよ。邪(じゃ)はらうとは邪無くすることではないぞ、邪を正しく導くことざぞ、追拂(おひはら)ふでないぞ、まつろへよ。引寄せて抱き参らせよ、取違ひならん大切事(たいせつごと)ぞ、八月十二日、ひつぐの神。

第六帖（四一〇）

取られたり取り返したりこねまわし終りは神の手に甦（よみが）へる。世の元のまし水（＊）沸（わ）きに沸く所やがて奥山移さなならんぞ。神示判る臣民二三分できたなら神愈々のとどめのさすなり。三界（さんがい）を貫く道ぞ誠まり誠の道は一つなりけり。神界の誠かくれし今迄の道は誠の道でないぞや。鬼おろち草木動物虫けらも一つにゑらぐ（＊）道ぞ誠ぞ。八月十三日、ひつくの神。

＊まし水。真清水。清水の美称。澄んだ湧き水。
＊＊「ゑらぐ」。「ゑらく」「笑らぐ」とも。喜び楽しむ。楽しんで笑う。

第七帖（四一一）

金いらん事になると申してあろが、世界の人民皆青くなって、どうしたらよいかと何処尋ねても判らん事近づいたぞ、早うこの神示（ふで）読ましてくれよ、神の心が九分通り臣民に判りたら、神の政治判るのぢゃ。与へる政治いくらでもあるぞ、一通りと思ふなよ、時と所によっていくらでもあるのぢゃ、つまることない神のまつりごとぢゃ。人民の政治神国（かみぐに）には用いられんのぢゃ、三千世界天晴れの政治早う心得（こころえ）て、まつり呉れよ。悪神の眷族（けんぞく）はまだよいのぢゃ、箸にも棒にもかからん、話の判らん動物霊に化かされて、玩具（おもちゃ）にされてゐて、まだ気付かんのか、神は何時（いつ）迄も待たれんから、こんな身魂（みたま）は一所（ひとところ）に集めて灰にするより外（ほか）ないから心得て居りて下されよ。八月十四日、ひつぐの神。

第八帖（四一二）

旧九月八日で一切（ひとき）りぢゃ、これで始（はじめ）の御用は済みたぞ、八分通りは落第ぢゃぞ、次の御用改めて致さすから今度は落第せん様心得なされよ。何も彼（か）も神は見通しざぞ、神の仕組人民でおくれん様気付けて結構致し下されよ、次の仕組、御用は集団（マトヒ）作りてよいぞ。大奥山はそのままにしておかなならんぞ、天明まだまだ神示の御用結構ぞ、アホ結構ぞ、リコウ出るとこわれるぞ。天明ばかりでないぞ、皆同様ぞ、皆リコウになったものぢゃナァ、クドウ神にもの申さすでないぞ。八月十五日、ひつぐの神。

第九帖（四一三）

上（かみ）は上、中は中、下（しも）は下、の道と定まってゐるのぢゃ、まぜこぜならん、ちゃんと礼儀作法正しく致さな神の光出ないぞ。世に落ちてゐた鏡世に出るぞ、八月十六日、ひつぐの神。

第十帖（四一四）

日本の人民の身魂（ミタマ）が九分九分九厘（くぶくぶくりん）まで悪になりてゐるから、外国を日本の地に致さねばならんから、日本の地には置かれんから、どんなことあっても神はもう知らんぞよ。八月十六日、ひつ九の神。

第十一帖（四一五）

村々に一粒二粒づつ因縁(いんねん)身魂落してあるぞ、芽生(めば)へて来るぞ。日々(にちにち)天地に、臣民お詫び結構ぞ、土おろがめよ。神国の臣民は神国の行(ぎょう)、霊国(れいのくに)は霊国の行。八月十六日、ひつぐの神。

第十二帖（四一六）

肉体ある内に身魂かまうて貰わねば、今度身魂磨けて来たら末代(まつだい)の事、末代結構ざから、それだけに大層だから、お互に手引合って、磨き合って御用結構ぞ、わけへだてならんぞ、判らん者はチョンに致すぞ。元のキのことは、元のキの血統(チスヂ)でないと判らんのぢゃ、判る者は判らなならんぞ、判らんものは判らんのがよいのぢゃぞ。何事も人民に判りかけ致さな、物事遅れるぞ。二十年おくれると申してあろが、おくれると益々苦しくなるから、おくれん様結構したいなれど、大層な肝腎(かんじん)かなめは神々様にも申されんことであるが、今の内に判って貰はねば、知らしてからでは十人並ぢゃ。それまでは神のもとのコトは申されんぞ、元の身魂に輝くぞ。八月十七日、ひつぐの神。

第十三帖（四一七）

地(くに)の秘密。地の日月(ひつぎ)の大神、黒住(くろずみ)殿、天理殿、金光(こんこう)殿、大本殿（＊）、まつり呉れよ、併せて神山にまつり結構致しくれよ。八月十八日、ひつぐの神。

第十四帖（四一八）

旧九月八日から、まつり、礼拝（らいはい）、すっくり変へさすぞ、神代（かみよ）までにはまだまだ変るのぢゃぞ。祓（はらひ）は祓清めの神様にお願ひして北、東、南、西、の順に拍手（かしわで）四つづつ打ちて祓ひ下されよ。神国の乱れ、こえキから。世界の戦争（いくさ）、天災皆人民の心からなり。人民一人に一柱（ひとはしら）づつの守護神つけあるぞ、日本真中、ボタン一つで世界動くぞ。八月十九日、ひつぐの神。

第十五帖（四一九）

旧九月八日からの当分の礼拝の仕方書き知らすぞ、大神様には、先づ神前に向って静座し、しばし目つむり、

＊「黒住殿、天理殿、金光殿、大本殿」。国家神道、神社神道と対比され教派神道とも呼ばれる、幕末、明治以降起こった神道。黒住宗忠から起こった天照大御神の御神徳を説いた黒住教、天理教、金光教。中山みきにお筆先が降り、創造神・月日親神と人間の生き方を説いた天理教。天地金乃神が降りた金光教。
　また大本（おおもと）は出口なおに「艮の金神（うしとらのこんじん）」＝「国祖・国常立大神」が神憑り、明治二十五年に開教した。なおの娘婿の王仁三郎はなおと共に教祖であり霊的巨人として世界各地の多くの人々に影響を与えた。度重なる国家からの弾圧を受けるも、それも神の経綸として日本の将来やミロクの世をも予言した。岡本天明は元大本の信者であったが、大本との相違点は、日月神示は天皇祭祀の伯家神道の流れを汲む祭祀法と言われている。

気しづめ、一揖（＊）、一拝二拝八拍手、数歌三回、終りて「ひふみ」三回のりあげ、天の日月の大神様弥栄ましませ、弥栄ましませ、地の日月の大神様、弥栄ましませ弥栄ましませとのりあげ、終って「誓の言葉」ちかへよ、終りて神のキ頂けよ、三回でよいぞ、終りて八拍手、一拝、二拝、一揖せよ。次に神々様には一揖、一拝二拝四拍手、数歌三回のりて、百々諸々の神様弥栄ましませ弥栄ましませと、宣りあげ、終りて「ちかひの言葉」ちかへよ。終りて四拍手、二拝一揖せよ。霊の宮には一揖一拝二拍手、数歌一回、弥栄ましませ弥栄ましませと宣り、二拍手、一拝一揖せよ。各々の霊様には後で「ミタマのりと」するもよいぞ。八月二十日、ひつぐの神。

＊一揖。軽くお辞儀すること。一拝は一揖よりも深いお辞儀。

第十六帖（四二〇）

日本の人民よくならねば、世界の人民よくならんぞ、日本の上の人よくならねば日本人よくならんぞ。祈る土地はつくれよ。専一、平和祈らなならんぞ、その位判って居ろが。今ぢゃ口ばかりぢゃ、口ばかり何もならんぞ、マコト祈らなならんぞ。真中の国、真中に、膝まづいて祈り事されよ。今度のおかげは神示よく読まねば見当とれんのざぞ。神はその人民の心通りに、写るのであるから、因縁深い者でも御用出来んこともあるから、余程しっかり致して居りて下されよ。八月二十日、ひつぐの神。

第十七帖（四二一）

集団のアは神示ぢゃ、ヤとワとは左と右ぢゃ、教左と教右じゃ、㋳と㋻はその補ぢゃ、教左補、教右補ぢゃ、ヤの補(タスケ)は㋻ぢゃ、ワの補(タスケ)は㋳ぢゃ、ア、ヤ、ワ、㋳、㋻が元ぢゃ、その下に、七人と七人ぢゃ、正と副ぢゃ、その下に四十九人ぢゃ、判りたか、集団(マトヒ)弥栄々々、皆御苦労ながら次の御用手引き合って、天晴(あっぱ)れやりて下されよ、集団(マトヒ)つくってよいぞ。強くふみ出せよ、くどい様なれど大奥山(もと)はそのままぢゃぞ。今度の御用は一つの分れ御用ぢゃぞ、神示よく読むのぢゃぞ、身魂(ミタマ)のしょうらい段々判りて来るぞ、万民(ばんみん)ミタマまつりの御用からかかりて呉れよ、うつし世のそれの御用、結構ひらけ輝くぞ。八月二十八日、ひつぐの神。

第十八帖（四二二）

何(ど)の身魂も我(が)の強い身魂ばかり、よくも集ったものぢゃと思ふであろが、その我の強い者がお互に我を折りて、解(と)け合って物事成就するのぢゃぞ。旧九月八日迄にすっくりとまつりかへてくれよ。真中に御三体の大神様、御三体の大神様、天之日月(あめのひつき)の大神々様、地(くに)の日月の大神々様、雨の神様、風の神様、岩の神様、荒(あれ)の神様、地震の神様、弥栄(いやさか)祀り結構ぞ、其(そ)の左に佛(ほとけ)、基(キリスト)、マホメットの神様、世の元からの生神(いきがみ)様、百々(もも)の神様、産土(うぶすな)様、よきにまつり結構致し呉れよ、その右に地(くに)の日月の神々様、灵(タマ)の諸々(モロモロ)の神様厚く祀り呉れよ。八月二十九日、ひつぐの神。

第十九帖（四二三）

龍宮の乙姫様が神力(しんりき)天晴ぞ、金神殿(こんじんどの)お手伝ひ。外国では日の出の神様、神界、幽界、現界、見定めて神示読まねば、表面(うわつら)ばかりでは何もならんぞ、気つけて結構ぞ。神がもの申す内に聞くものぢゃ、帖面切ったら申さんぞ。悪と学は長う続かん事、そろそろ判りて来るぞ。八月二十九日、ひつぐの神。

第二十帖（四二四）

神々様の大前に申上げます。此の度の岩戸開きの御神業に尚一層の御活動願ひ上げます。大神様の大御心と御心併せなされ、いと高き神の用願ひ上げます。世界の民等が日々犯しました罪、穢、過、は何卒神直日大直日に見直し聞直し下さいまして、此の上ながらの御守護願ひ上げます。これは神々様への誓であるぞ。八月二十九日、ひつぐの神。

第二十一帖（四二五）

建替が二十年延びたと知らしてあろが、建替遅くなりて、それから建直しに掛りたのでは人民丸潰れとなるから、建直し早やう早やうかかるからと聞かしてあろが、人民には中々判らんなれど、世界の動きよく見て御用結構ぞ。世の建替は水の守護、火の守護と知らしてあること忘れずに神示読めよ。所々の氏神様は日本の内で御用なさるのぢゃ。どんな集団も神示が元ぢゃ、神示で開かなならんぞ、智や学も要るなれど、智や学では開けんぞ、誠で開いて下されよ。八月三十日、ひつぐの神。

第二十二帖（四二六）

「ヤマタ」の「オロチ」を始め悪の神々様まつり呉れよ、心して結構にまつり始め下されよ。この事役員のみ心得よ、岩戸開く一つの鍵ざぞ、この巻、まつりの巻、八月三十一日、ひつぐの神。

第二十三帖（四二七）

悪が善に立ち返りて弥栄(いやさか)なる様に、取違へなき様まつり呉れよ、御用大切ぞ。八月三十一日、ひつ九の神。

（まつりの巻了）

日月神示第一訳文

梅の巻 第二十巻

自　昭和二十一年九月二十八日
至　昭和二十一年十二月十四日
四二八帖～四五五帖

第一帖（四二八）

今度の建替は敵と手握らねばならんのぢゃ、敵役の神々様人民よ早う尋ねて御座れ、この方待ちに待って居るぞ。引張ったのでは心からでないと役に立たんのぢゃ、此の神示十三の巻からは肚の中の奥まで見抜かんでは、見届けんでは見せて下さるなよ、今にいろいろと身魂集って来るから十二の巻も申し付けてある様にちゃんとしておいて下されよ。御剣の大神、黄金の大神、白銀の大神と称へまつり結構結構ぞ、結構致しまつりくれよ、オロチ、九尾、ジャキ、の三大将殿（＊）の御力まつりて弥栄よくよきに動くぞ、ひらけ輝くぞ、光の御代となるぞ。九月二十八日、一二◉。

第二帖（四二九）

代へ身魂いくらでもつくりあるぞ、心して取違ひせん様に神の心早う汲みとれよ、この方の仕組人民には判らんから、どうなることかと役員も心配なさるなれど仕上りうりう見て御座れ、めったに間違ひないのぢゃぞ。うまい口にのるでないぞ。うまい口を今に持って来るが、うまい口には誠ないから、この方三千世界の御道は誠よりないと申してあろが、真実のマコトは神示読まねば判らんのぢゃぞ。ひつぐの民の家には御神名か御神石か御神体として代表の大神様として天の日月の大神様、地の日月の大神様と称へ斎き祀り結構致し呉れよ、一の宮、二の宮等の祀り天明に知らしてあるぞ。道院殿の老祖様は中の宮の他は道院の神々様として次の宮に結構祀りてよいぞ、いづれも弥栄々々ぞ。九月二十八日、ひつ九の神様。

第三帖（四三〇）

皆の者御苦労ぞ、「世界の民の会」つくれよ、人民拝み合ふのざぞ。皆にまつろへと申してあろがな。まどひつくれつくれ、皆おろがみ合ふのざぞ、まどひのしるしは◉ぞ、おろがみ合ふだけの集団（まとひ）でよいぞ。理窟（りくつ）悪ぢゃ、こんな事云はんでも判っておろが、神示読めよ読めよ。十月八日、ひつくの神しるす。

第四帖（四三一）

この神示喰物（くいもの）に仕様（しよう）とて、出て来る者段々にあるなれど、皆あて外れて了（しま）ふぞ、アテ外れて神の目的成るぞ、役員殿ブチョウホウない様に気つけて呉れよ、まつり結構。神が預けてあるものは、あづかった人民よきに取りはからへよ、大き小さいの区別ないぞ、塵（ちり）一本でも神のものざと申してあろが、塵一本動かすに一一（いちいち）神の心聞いてやって居るとは云はさんぞ、預けるには預けるだけの因縁あるのざぞ、預かった人民よきにせよ、奥山何処へ移ってもよいと申してあろがな、神の道弥栄々々。十月十三日、ひつ九の神。

第五帖（四三二）

ニニギの命（みこと）お出ましぞ、ニニギとは富士のキの御役（おんやく）であるぞ。神がかりて世界中のこと何でも判る様に思ふてゐると、とんでもないことになるぞ、このままにしてほっておくと戦済（いくさす）んだでもなく、とどめもさせん、世界中の大難となるから早う改心結構ぞ。悪の上の守護神、中の守護神、下（しも）の守護神の改心出来ん者はいくら可愛い子ぢゃとて、ようしゃは出来んぞ、愈々天の大神様の御命令通りに神々様総掛（そうがかり）ぞ、十一月十六日、ひつ九の神。

第六帖（四三三）

雨の神、風の神、岩の神、荒の神、地震の神、百々八百万の神々様御活動激しくなったぞ、人民目開けておれん事になるぞ、出来るだけおだやかに致したいなれど、判りた臣民日々おわびお祈り結構致し呉れよ、大峠となりてからではいくら改心致しますと申しても、許してくれと申しても、許すことは出来んから、日本には日本の守護の神、支那には支那、外国には、外国のそれぞれの守護の神あること忘れるなよ。神々様持場々々清めて呉れよ。御役結構ぞ。十一月十六日、ひつ九の神。

第七帖（四三四）

四十七と四十八で世新しく致すぞ、三人使ふて三人世の元と致すぞ、三人を掘り出すぞ。世に落ちてます神々様、人民様を世にお上げせなならんぞ。悪神の国から始まって世界の大戦愈々激しくなって来るぞ。何事も清め呉れよ、清めるとはまつらふことぞ。十一月十六日、ひつくのかミ。

第八帖（四三五）

口と心と行と三つ揃ふたら今度は次にゝ入れて下されよ、ゝは神ぢゃ、神示ぢゃ、神示元ぢゃ、と申してあろが、三つ揃ふても肝腎の神示肚に入って居らんと何にもならん事になるぞ。九分九分九厘となってゐる事も判るであろが、御用勇んで仕へまつれよ。目覚めたら其の日の生命頂いたのぢゃと申してあろ、新しき生命弥栄に生(あ)れるのぢゃ。今日一日(ひとひ)神に仕へまつれよ、与へられた仕事御用ざぞ、生命ざぞ、取違ひ致すでないぞ、七月になると上の人民番頭殿、顔の色悪うなって来るぞ、八九月となれば愈々変って来るぞ、秋の紅葉(もみぢ)の色変るぞ。いくら因縁ありてもミタマ曇ってゐると今度は気の毒出来るから、今度引寄せられた人民ぢゃとて役員ぢゃと云ふて、ちっとも気ゆるし出来ん。澄(す)んだ言灵(ことだま)で神示よみ上げてくれよ、三千世界に聞かすのぢゃ、そんな事で代(ヨ)がよくなるかと人民申すであらうなれど神の申す通り、判らいでも神の申す通りにやって下されよ、三千世界に響き渡って神々様も臣民人民様も心の中から改心する様になるのざぞ、世が迫って居ることは、どの神々様人民にもよく判ってゐて、誠求めて御座るのぢゃ、誠知らしてやれよ。何も彼も一度に出て来るぞ、日増(ひまし)にはげしくなって来るぞ、どうすることも出来ん様に、悪神悪の人民手も足も出せん事に、何から何まで、何が何だか判らん事に折り重なって来るぞ、キリキリ舞ひせならん事になって来るぞ、キリキリ舞にも良きと悪(あ)しきとあるぞ、良きは結構ぢゃなあ、中々ぢゃ。十一月十六日、一二⦿。

第九帖（四三六）

肉体がこの世では大切であるから肉体を傷つけたら苦(くるし)めたら、その守護神は、それだけのめぐり負ふのざぞ、霊々と申して肉体苦しめてはならんぞ、今の人民とっておきの誠の智ないから、持ってゐる智を皆出して了(しま)ふから、上面許(うはべばか)り飾りて立派に見せようとしてゐるから、いざと云ふ時には間に合はんのぢゃ、上面(うはべ)しか見えんから、誠の事判らんから、神の云ふこと判らんのも道理ぢゃなあ。建直(たてなほし)の仕組立派に出来てゐるから心配いたすでないぞ、建替延ばしに延ばしてゐる神の心判らんから余り延ばしては丸つぶれに、悪のわなに落ちるから止(とど)めの一厘のふた、あけるから目開けておれん事になるぞ、早う知らせる人民には知らしてやれよ、先づ七人に知らせと申してあろがな。十一月十六日、一二⦿。

第十帖（四三七）

悪い事は蔭口せずに親切に気付け合って仲良う結構ぞ、蔭口世をけがし、己（おのれ）けがすのざぞ、聞かん人民は時待ちて気付けくれよ、縁ある人民皆親兄弟（はらから）ざぞ、慢心取違ひ疑ひと、我（が）が此の道の大き邪魔となるぞ、くどい様なれど繰返し繰返し気付けておくぞ。時来たら説き出すものぢゃ、親の心察して子から進んでするものぢゃ、その心よきに幸（さき）はふぞ、もの聞くもよいが、聞かんでは、判らん様では外国身魂（ミタマ）ぞ、神の臣民親の心うつして云はれん先にするものぢゃぞ。世は神界から乱れたのであるぞ、人間界から世建直して地（くに）の岩戸人間が開いて見せると云ふ程の気魄（きはく）なくてならんのざぞ。その気魄幸（さき）はふのざぞ、岩戸開けるぞ。十一月十六日、いつ九の⦿。

第十一帖（四三八）

日本の上に立つ者に外国の教（おしへ）伝へて外国魂（がいこくだま）に致したのは今に始まった事ではないぞ、外国の性根（しょうね）入れたのが岩戸閉めであるぞ、五度（ごたび）ざぞ、判りたか。それを元に戻すのであるから今度の御用中々であるぞ、中つ枝（なかつえ）からの神々様には判らん事ざぞと申してあることもガッテン出来るであろがな。この神示肚に入れて居ればどんなことあっても先に知らしてあるから心配ないのざ、ソレ出たとすぐ判るから胴すわってゐるから何事も結構におかげ頂くのざ。死ぬ時は死んだがよく、遊ぶ時には遊べ遊べ、嬉し嬉しざぞ。十一月十六日、ひつ九の神。

第十二帖（四三九）

万物の長とは神の臣民の事であるぞ。世界の人民も皆万物の長であるが、この世の神は臣民ぢゃぞ、神に次いでの良き身魂ぞ、臣民は地の日月の神様ざぞ、火の粉でやけどするなよ、気付けおくぞ。世に出てゐる守護神のする事知れてゐるぞ、元の生神様御一方御力出しなされたら手も足も出んことになるのぢゃ。神力と学力とのいよいよの力くらべぢゃ、元の生神様の御息吹どんなにお力あるものか、今度は目にもの見せねばならんことになったぞ、肉体ばかりか、魂までのうにならふやも知れんぞ、震へ上るぞ。理が神ぞ、理が神の御用ざと申してあろがな。十一月十六日、ひつくのかミ。

第十三帖（四四〇）

天の岩戸ばかりでないぞ、地の岩戸臣民の手で開かなならんぞ、誠一つで開くのぢゃ、誠のタチカラオの神、誠のウズメの命殿御用結構ぞ。ダマシタ岩戸開きではダマシタ神様お出ましざぞ、この道理判らんか、取違ひ禁物ぞ、生れ赤子の心になれば分るのぢゃぞ。今の臣民お日様明るいと思ふてゐるがお日様マコトの代のマコトのお日様どんなに明るいか見当とれまいがな。見て御座れ、見事な世と致してお目に懸けるぞ、神示読みて聞かせてやれよ、嫌な顔する人民後廻しぢゃ、飛付く人民縁あるのぢゃ、早う読み聞かす神示より分けておいて下されよ、間に合はんぞ、御無礼ない様に致し下されよ。十一月十七日、一二神。

第十四帖（四四一）

日本には五穀、海のもの、野のもの、山のもの、皆人民の食ひて生くべき物、作らしてあるのぢゃぞ、日本人には肉類禁物ぢゃぞ。今に食物（くいもの）の騒動激しくなると申してあること忘れるなよ。今度は共喰（ともぐい）となるから、共喰ならんから今から心鍛へて食物大切にせよ、食物おろがむ所へ食物集（あつ）まるのぢゃぞ。ひたすらに神にすがりてお詫びせよ、それより外に今は道なし。外国を日本の地面にせなならん、日本とにほんと取違すな。何事も神第一ぞ、神よそになすこと云ふことスコタンばかりぢゃ。分け隔てあると思ふは我（わ）が心に分け隔てあるからぢゃぞ、世界中のそれぞれの国皆氏神様、産土（うぶすな）様愈々天の命令通りにかかり下されよ、もう待たれん事に時節参りて居るぞ、世界の人民皆泥海の中に住んでゐるのぢゃぞ、元の水流して清めてやらねばならんなり、泥水を泥水と知らずに喜んでゐるので始末に困るぞ、清い水に住めん魚（うお）は誠の魚ではないのぢゃぞ。つらい役は因縁のミタマに致さすぞ。心得なされるがよいぞ。十一月十七日、ひつ九のかミ。

第十五帖（四四二）

この儘（まま）では世持ちて行かんと云ふこと判って居ろうが、所々の氏神様、今迄の様な氏子（うぢこ）の扱ひでは立ちて行かんぞ、天の規則通りにやり方変へて下されよ、間に合わんことあるぞ。血尊（とうと）べよ、血は霊であるぞ神であるぞ、血にごしてはならんぞ、血はまぜこぜにしてはならんのぢゃ、黄金（こがね）は黄金の血、白銀（しろがね）は白銀の血、黄金白銀交（ま）ぜ交（ま）ぜて別の血つくってはならんのぢゃ、外国にはまぜこぜもあるなれど、元をまぜこぜならんのざぞ、交（ま）ぜることは乱すことざぞ、学はこの大事な血乱す様に仕組てゐるのざぞ、それがよく見える様にしたのは悪神ざぞ、人民の目くらましてゐるのぢゃぞ、科学科学と人民申してゐるが人民の科学では何も出来ん、乱すばかりぢゃ、神に尋ねて神の科学でないと何も成就せんぞ、分らなくなったら神に尋ねと申してあること忘れるなよ、一に一たす二ばかりとは限らんのぢゃ、判りたか。十一月十八日、ひつ九のかミ。

第十六帖（四四三）

神代（かみよ）になりたら天地近ふなるぞ、天も地も一つになるのざぞ、今の人民には分るまいなれど、神も人も一つ、上も下も一つとなった自ら（おのづか）区別出来て一列一平（いったいら）上下出来るのぢゃ。この世にはほって置いても自然にどうにか動いて行くものざと上に立つ守護神逃げて居るが、そんな事で祭事（まつりごと）出来ると思ふてか、自然には動かんのぞ、その奥の奥の奥の〈〈〈〈キのイキから動いてゐること判るまい、人民の思ふてゐることは天地の違ひざぞ、ゝの中に又〇がありその〇に⦿があり、〈〈〈〈限り無いのざぞ。人民の研究もよいなれど研究は神ぞ、道にひたすら仕へまつれよ、おろがめよ、研究では誠のことは分らんのぢゃ、我（が）折りて判らんことは神の申すこと聞くのぢゃ、分らんでも聞いて下されよ、悪い様には致さんぞ。まつりまつりとくどう申してあらう、我（が）捨てておろがめば神のキ通じて何でも分って来るのぢゃぞ。十一月十八日、ひつ九の⦿

第十七帖（四四四）

今の人民少しは神示判って居らんと恥（はづか）しい事出来て来るぞ、なさけない事出来てくるぞ、くやしさ目の前ぞ。次の世がミロクの世、天の御先祖様なり、地の世界は大国常立（おおくにとこたち）の大神様、御先祖様なり、天の御先祖様此の世の始（はじ）まりなり、お手伝が弥栄（やさか）のマコトの元の世の生神様なり、仕上見事成就致さすぞ、御安心致されよ。天も晴れるぞ、地も輝くぞ、天地一(ひとつ)となってマコトの天となりなり、マコト地となりなり、三千世界一度に開く光の御代(みよ)ぞ楽しけれ、あな爽(さや)け、すがすがし、あな面白や、いよいよ何も彼も引寄せるからその覚悟よいか、覚悟せよ、あな爽け、あなすがすがし、四十七と四十八と四十九ぢゃ、十二月四日、七つ九のかミしらす。

第十八帖（四四五）

自分で自分のしてゐること判るまいがな、神がさしてゐるのざから、人間の頭では判らん、仕組通りに使はれて身魂(ミタマ)の掃除の程度に使はれて、使ひ分けられてゐるのぢゃぞ、早う人間心捨てて仕舞(しまふ)て神の申す通りに従ひて下されよ、それがお主(ぬし)の徳と申すものぢゃぞ、一家の為ぞ、国のためぞ、世界の民の為ざぞ、天地の御為(おんため)ざぞ。今迄になかったこと今度はするのぢゃから合点(がってん)出来んも道理ぢゃ道理ぢゃ、始めは戦(タタカイ)で、争(イクサ)で世の建替する積(つも)りであったが、あまり曇りひどいから、イクサばかり、天災ばかりでは掃除出来んから世界の家々の隅(すみ)まで掃除するのぢゃから、その掃除中々ぢゃから、戦(イクサ)許りでないぞ、家の中キチンと食物(たべもの)大切がカイの御用と申してあろがな、今度の岩戸は、あけっぱなしぢゃ、褌(ふんどし)いらんと申してあらう。十二月四日、一二⊙。

第十九帖（四四六）

四十九、天明神示書かす御役ぞ。一二三(ひふみ)となる日近づいたぞ、節分迄に皆の守護神同じ宮に祀りくれよ。まつりまつりてまつり合せ、和合して物事成就するのぞ。まつる心なき者誠ないぞ、マコト判らんぞ。靖国(やすくに)のミタマ（＊）もそれ迄に奥山に祀りくれよ、まつり替へてやりてくれよ。世界の神々様　守護神様、人民のみたま、祀りくれよ、まつり結構ぞ。節分からの誓言(ちかひ)変へさすぞ、大神様には御三体の御大神様、御三体の大神様と七回くり返せよ、それでよいぞ、神々様には弥栄ましませと五回くり返せよ、霊の宮には弥栄ましませと三回繰返せよ、それでよいぞ、弥栄ざぞ。十二月四日、ひつ九の⊙。

＊「靖国のミタマ」。国を安らかく護る為に（戦争などで闘い）亡くなった身魂。東京九段の靖国神社には（国民を護る為に戦死した）戦没者を英霊として祀っている。

第二十帖（四四七）

よくもまあ鼻高ばかりになったものぢゃなあ、四足と天狗ばかりぢゃ、まあまあやりたいだけやりて見なされ、神は何もかもみな調べぬいて仕組みてあるのぢゃから性来だけの事しか出来んから、愈々となりて神にすがらならんと云ふ事判りたら今度こそはまことに神にすがれよ、今度神にすがること出来んなれば万劫末代浮かばれんぞ。したいことならやりて見て得心行く迄やりて見て改心早う結構ぞ。ミロクの世のやり方、型出して下されよ、一人でも二人でもよいぞ、足場早うつくれと申してある事忘れたのか。尾振る犬を打つ人民あるまいがな、ついて来る人民殺す神はないぞ、ミロク様が月の大神様。十二月四日、一二⊙。

第二十一帖（四四八）

身慾信心スコタン許り、天津日嗣の御位は幾千代かけて変らんぞ、日の大神様、月の大神様、地の大神様、御血統弥栄々々ぞ。日本の人民アフンとするぞ、皆それぞれのゆかりの集団にゝ入れよ、神示ひふみとなるぞ、天明は画家となれ、絵描いて皆にやれよ、弥栄となるぞ、やさかいやさか。今度はキリスト教も佛教も何も彼も生かさなならんのぞ。早くから此の方の元へ来て居ても因縁あっても肝腎が判らんと後戻りばかりぢゃ、肝腎々々ぢゃ、学もよいが、それはそれの様なものぢゃぞ、途中の神は途中からの神、途中からの教は途中からの教、今度の御用は元のキの道ざぞ、世の元からの神でないと判らんぞ、出来はせんぞ、生れ赤児の心とは、途中からの心、教すっかり捨てて了へと云ふ事ざぞ。十二月十四日、ひつ九のかみ。

第二十二帖（四四九）

まだまだどえらい事出て来て日本の国は愈々つぶれたと云ふ処へなって来るから、皆が誠の神魂となって来んと誠の神は出ないのざぞ、誠ある処へ誠の神働くと申してあろが、誠ない処へ働く神は悪神ぢゃぞ、よう気付けてくれよ。いくら時節来たとて人民に誠ないと気の毒ばかりぢゃ、気の毒此の方嫌ひぢゃ。道は神にも曲げられん。龍神は悪神ぢゃと云ふ時来るぞ、心せよ。誠ない者今に此の方拝む事出来んことになるぞ、此の方に近よれんのは悪の守護神殿。愈々天の御先祖様と地の御先祖様と御一体に成りなされ、王の王の神で末代治める基つくるぞ。少しでもまじりけあってはならんのぢゃ、早う洗濯掃除結構ぞ。御用いくらでもあるぞ、お蔭取り徳ぢゃ。出来るだけ大き器持ちて御座れよ、皆々欲がチビイぞ、慾が小さいなあ。はなすことははなすことぢゃ、はなすとつかめるぞ。十二月十四日、一二⦿。

第二十三帖（四五〇）

これから三年の苦労ぢゃ、一年と半年と半年と一年ぢゃ。手合して拝むだけでは何にもならんぞ、拝むことは御用することざぞ、形体だけ出来ても何にもならんぞ、拝まないのは猶よくないぞ、神に遠ざかることぢゃ。

此の道、ちっとも心許せんキツイやさしい道ぞ、泰平の嬉し嬉しの道ざが、何時も剣の上下に居る心構へ結構ぞ。一の国は一の国の教、二の国は二の国の教、三の国は三の国、四の国は四の国と、それぞれの教あるぞ。道は一つぢゃ、取違ひせん様にせよ。住む家も、食ふ物も違ふのざぞ、まぜこぜならのぢゃ、皆々不足なく、それぞれに嬉し嬉しざぞ、不足ない光の世来るぞ、早う身魂相当の御用結構々々ぞ。世愈々開け行くと人民申してゐるが、愈々つまって来るぞ、おそし早しはあるなれど何れは出て来るから、神示肚に早う入れて置いてくれよ、神示まだまだ判ってゐないぞ。十二月十四日、ひつ九のかミ。

第二十四帖（四五一）

待てるだけ待ってゐるが世をつぶすわけには行かん、人民も磨けば神に御意見される程に身魂に依ってはなれるのざぞ、地の日月の神と栄えるのざぞ、何より身魂磨き結構。人気の悪い所程メグリあるのざぞ、日本のやり方違って居たと云ふこと、五度違ったと云ふ事判って来ねば、日本の光出ないぞ。表面飾るな。コメもかめばかむ程味出て来るのが磨けた身魂。中味よくなって来ると表面飾らいでも光出て来るぞ。これまでの日本のやり方悪いから神が時々、神がかりと知らしてやったであらうが、気付けてやったが気の付く臣民ほとんどないから、今度五度の岩戸一度に開いてびっくり箱開いて、天晴れ神々様に御目にかけ申すぞ、お喜び戴くのぢゃ。神示通り出て来ても、まだ判らんか。神示は神の息吹きぢゃ。心ぢゃ。口上手身振上手で誠ない者この方嫌ひぢゃぞ。とどめなるぞ。先見へるぞ、先見んのは途中からの神ぢゃ。十二月十四日、ひつ九のかミしるす。

第二十五帖（四五二）

神のそばに引き寄せても、実施に見せても、我が強いから中々に改心致さん臣民ばかり、少しは神の心察して見るがよいぞ。気の毒出来るから、少しは神の身にもなってみるものぢゃ、此の侭では気の毒なことになるから、早う守護神、節分迄に早う祀りくれよ、何事もキリキリキリと云ふ事あるぞ。世治めるは木の花咲耶姫様なり。十二月十四日、一二⦿。

第二十六帖（四五三）

金では治まらん、悪神の悪では治らん、ここまで申してもまだ判らんか、金では治らん、悪の総大将も其の事知って居て、金で、きんで世をつぶす計画ざぞ、判ってゐる守護神殿早う改心結構ぞ、元の大神様に御無礼してゐるから病神に魅入られてゐるのぢゃぞ。洗濯すれば治るぞ、病神は恐しくて這って来られんのぢゃぞ、家も国も同様ざぞ、神示幾らでも説けるなれど誠一つで説いて行って下されよ、口で説くばかりではどうにもならん、魂なくなってはならん。十二月十四日、ひつ九のかミ。

第二十七帖（四五四）

苦しむと曲るぞ、楽しむと伸るぞ、此方苦しむこと嫌ひぢゃ、苦を楽しみて下されよ、此の方に敵とう（＊）御力の神いくらでも早う出て御座れ、敵とう神此の方の御用に使ふぞ、天晴れ御礼申すぞ。世界のどんな偉い人でも、此の方に頭下げて来ねば今度の岩戸開けんぞ、早う神示読んで神の心汲み取ってミロクの世の礎早う固めくれよ。算盤（そろばん）のケタ違ふ算盤でいくらはじいても出来はせんぞ、素直にいたしてついて御座れ、見事光の岸につれて参って喜ばしてやるぞ、十二月十四日、ひつ九のかミ。

＊「敵とう」。原典は「てキ十（トー）」で、敵（てむか）う、敵対する、の意味か。

第二十八帖（四五五）

十二の流れ、六の流れとなり、三つの流れとなり、二となり一と成り鳴りて、一つになり、一つの王で治めるのぢゃぞ、弥栄の仕組、富士と鳴門（なると）の仕組、いよいよとなったぞ。ああな嬉し、あなすがすがし、富士は晴れたり日本晴れ。此の巻梅の巻と申せよ、後の世の宝と栄へるぞ。十二月十四日、一二ゝ

（梅の巻了）

日月神示第一訳文

空の巻 第二十一巻

自 昭和二十二年一月一日
至 昭和二十二年四月五日
四五六帖〜四六九帖

第一帖（四五六）

なる世、極りて扶桑（＊）みやこぞ、みち足り足りて、万世のはじめ　息吹き、動き和し、弥栄へ、展き、睦び、結ぶ、扶桑の道鳴りはじむ道、代々の道ひらき、次に睦び、マコトの道にひかり極む、新しき世、出で、みちつづき、道つづき、極みに極りなる大道、極まる神の大道、ひらく世、弥栄神、かく、千木（＊＊）高く栄ゆ世に、世かわるぞ、太神、大神、神出でまして、道弥栄極む、大道に神みち、極み、栄え、更に極む、元津日の大神、元津月の大神、元津地の大神弥栄。一月一日、ひつくのかみ。

＊「扶桑」。中国伝説の、遥か東海上の果ての太陽の昇る東方にあるという巨木。その扶桑の木が生えている所を扶桑国と云い、扶桑の蓬莱山には不老不死の東王父が棲むといわれ、しばしば崑崙山の桃源郷に棲む西王母と対比される。日本を指すともいう。

＊＊「千木」とは神社の本殿などで、屋根の棟に立てられたＸ字状の部材のこと。

第二帖（四五七）

ひふみゆらゆらと一回二回三回となへまつれよ、蘇るぞ。次に人は道真中にしてワとなり、皆の者集りてお互に拝み、中心にまつりまつり結構ぞ、節分からでよいぞ。このお道の導きの親尊べよ、どんな事あっても上に立てねばならんぞ、順乱しては神の働きないと申してあろがな。直会（＊）には神の座上につくらなならん

のざぞ　神人(かみひと)共にと申してあること未だ判らんのか、順正しく礼儀正しく神にも人にも仕へまつれよ。たばねの神は、束(たばね)の人は後からぢゃ、後から出るぞ。一月一日。一二⦿

＊「直会」とは、神様にお供えした御神酒、神饌などを祭典終了後、お下げして参列者と共にいただく事。それにより神様の恩来（みたまのふゆ）＝威力・恩恵・加護をいただく。

第三帖（四五八）

㋰神、◬神、㋰神、㋻神、㋻神、㋻かみ、㋻カミ、㋻カみ、㋻⦿、ひふみ四十九柱、五十九柱、神代の元ざぞ。あめつち御中(みなか)ムしの神、あめつち御中ムしの神、あめつちの御中ムしの神、あめつち御中ウしの神、あめつち御中あめつち御中ウしの神、あめつち御中ウしの神、あめつち御中ウしの神、あめつち御中ウしの神、あめつち御中あめつち御中天地(アメツチ)御中ムしの神、天地(アメツチ)御中ヌしの神。天地(アメツチ)のはじめ。

一月三日、一二⦿。

第四帖（四五九）

建直しの道つづき、結び、展(ひら)く、日月出で、よろづのもの　一二三(ひふみ)とみち、つづき鳴り成り、ひらく大道、真理の出でそむ中心に、マコト動きて、元津神栄ゆ、元津神は真理、真愛、大歓喜の大道ぞ、うづぞ、神々のうづぞ、ナルトぞ、人のよろこびぞ、代々の大道ぞ、真理、真愛、大歓喜は、中心にひかり、ひらき極まる道ぞ、展き極まる世ぞ、鳴り極み、ひらき、うごく大道、うごき、和し、なり、大歓喜、足りに足る世、生れ出づる世、うごき更にひらき、次々に栄え極みて、新しきはたらきの湧く次の大御代（おおみよ）の六合（くに）（＊）つづく道、つづき睦びて、富士晴れ極み、鳴門は殊（こと）にひかり出でて、大道は日神の中心にかへり、亦（また）出でて、ひらき、大道いよいよ満つ、審神、善にして悪、悪にして善なるみやこ、焼く神々、早くせよ、一月六日、ひつくのかみ。

＊「六合」。六合（りくごう）ともいい、天地と四方を合わせたもの。上下四方。全宇宙の意。

第五帖（四六〇）

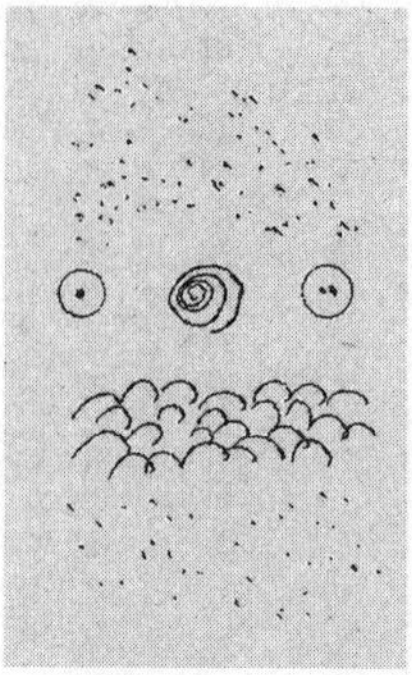

第六帖（四六一）

天之（アメ）日月神守る。天之日月の神守る。地之（クニ）日月の神守る。地の日月の神守る。雨の神、風の神、ゆわの神（＊）、

荒(あれ)の神守る。（天明白(まお)す。第五、第六帖共、一月六日の神示）

＊「ゆわの神」は、ゆわ＝ゐわで「岩の神」か？

第七帖（四六二）

これだけ細(こま)かに神示(ふで)で知らしても未だ判らんか、我(が)があるからぞ、曇りてゐるからぞ、先(ま)づ己(おのれ)の仕事せよ、五人分も十人分もせい出せと申してあろ、五人分仕事すれば判りて来るぞ、仕事とはよこと（＊）であるぞ、仕事せよ、仕事仕へまつれよ、それが神の御用ざぞ。神の御用ざと申して仕事休んで狂人のまねに落ちるでないぞ、静かに一歩々々進めよ、急がば廻れよ、一足飛びに二階にはあがれんぞ、今の仕事悪いと知りつつするは尚悪いぞ、仕事、仕事と神に祈れよ、祈れば仕事与えられるぞ、祈れ祈れとくどう申してあろが、よき心よき仕事生むぞ、嘉事(よごと)うむぞ、この道理まだ判らんのか、神にくどう申さすでないぞ。大智大理交はり、道はあきらか、大愛、大真出でひらく道、ひらきて大智、大愛　和し、交はりて、ひふみの極み、弥栄、弥栄の大道ぞ。一月十三日、ひつくのかみ。

＊「よこと」。嘉事。良事。善事。佳事。世事。

第八帖（四六三）

衣類、食物(たべもの)に困った時は龍宮の乙姫様にお願申せよ。五柱の生神(いきがみ)様にお願ひ申せば災難のがらせて下さるぞ、ゆわ、荒れ、地震、風、雨、の神様なり、いろはに泣く時来るぞ、いろは四十八ぞ四十九ぞ。神示はその時の心にとりて違はん、磨けただけにとれて違はんのであるから我の心通りにとれるのであるから、同じ神示が同じ神示でないのざぞ。悪の世が廻りて来た時には、悪の御用する身魂をつくりておかねば、善では動きとれんのざぞ、悪も元ただせば善であるぞ、その働きの御用が悪であるぞ、御苦労の御役であるから、悪憎でないぞ、憎と善でなくなるぞ、天地にごりて来るぞ。世界一つに成った時は憎むこと先づさらりと捨てねばならんのぞ、この道理腹の底から判りて、ガッテンガッテンして下されよ。三月三日、一二⦿。

第九帖（四六四）

ミロクの世に致すには神の人民お手柄致さなならんぞ、お手柄結構々々、神の人民世界中に居るぞ。この中に早くから来てゐて何も知りませんとは云はれん時来るぞ、神示よく読んでゐて呉れよ。時来たら説き出せよ、潮満ちてゐるぞ、潮時誤るなよ。早う目覚めんと、別の御用に廻らなならんぞ、ウシトラコンジン様、何事も聞き下さるぞ、誠持ってお願ひせよ、聞かん事は聞かんぞ。聞かれる事は聞いてやるぞ。神、佛、キリスト、ことごとく人民の世話もしてやるぞ。時節到来してゐるに未だ気付かんか、人民の物と云ふ物は何一つないのざぞ、未だ金や学で行けると思ふてゐるのか、愈々の蓋あいてゐるに未だ判らんか。奥山に参りて来ねば判らんことになって来るぞ。奥山、おく山ぞ、同じ奥山が、その時その時により変って来るぞ、身魂磨けただけに光り来ておかげあるぞ、この道理判るであろがな。三月三日、ひつ九のかミ。

第十帖（四六五）

此の方悪が可愛いのぢゃ、御苦労ぢゃったぞ、もう悪の世は済たぞ、悪の御用結構であったぞ。早う善に返りて心安く善の御用聞きくれよ。世界から化物出るぞ、この中にも化物出るぞ、よく見分けてくれよ、取違ひ禁物ぞ。この神示よく見てゐると、いざと云ふ時には役に立つぞ、肝腎の時に肝腎が成るぞ。元は元、分れは分れ、元と分れ、同じであるぞ、別であるぞ、それぞれに分れの集団つくってよいぞ、今日働いて今日食はならん事に皆なりて来るのざから、その覚悟せよ、上に立つ番頭殿、下の下まで目届けておらんと、日本つぶれるぞ、つぶれる前に、そなた達がつぶれるのざぞ、早う改心して誠の政治仕へまつれよ。いれものキレイにして居りたらこの方がよきに使ふぞ、今の仕事仕へて居れよ、神示腹に入れて、あせらず身魂磨き結構々々。今度は世界のみか、三千世界つぶれる所まで行かなならんのざから、くどう申してゐるのざぞ。三月三日、ひつ九のかミ。

第十一帖（四六六）

大層が大層でなくなる道が神の道ざぞ、この道中行く道、神示読みて早うガテン結構ぞ。行正しく口静かにしたら神の仕組分るぞ、因縁ある身魂が、人民では知らん結構を致すぞ。神示読んで、どんな人が来てもその人々に当る所読みて聞かすが一等ざぞ。一分と九分との戦ひぢゃ、皆九分が強いと思ふてゐるが、今度の仕組、アフンの仕組ぞ。早呑込大怪我の基と申すのは我が心通りに写るからぞ。くさい物喰ふ時来たぞ、ほんの暫ぞ、我慢よくよくせ、よくなるぞ、分れの集団の一つとして宗教も作れよ、他の宗教とは違ふヤリ方でないと成就せんぞ。大奥山はその侭ざぞ。別れざぞ、この宗教には教祖は要らんぞ、教祖は神示ぢゃ、神示がアと申してあろがな、ヤ、ワ、㋳、㋻要るぞ、なせばなる、なさねば後悔ぢゃぞ。慎ましうして神に供へてから頂けば日本は日本で食べて行けるのざぞ、理窟に邪魔されて有る物も無くして食へなくなるのは悪の仕組ぢゃ、地の金神様を金の神様と申せよ。三月三日、ひつ九のかミ。

第十二帖（四六七）

学の鼻高さん何も出来んことになるぞ、今に世界から正味が段々判りて来て、あわてても間に合はんことになるぞ、今の内に神示よく肚に入れておけよ、この道には色々と神の試あるから慢心するとすぐひっくり返るぞ、考へでは判らん、素直結構ぞ。日本には五穀、野菜、海、川、いくらも弥栄の食物あるぞ、人民の食物間違へるでないぞ、食過ぎるから足らんことになるのざぞ、いくら大切な、因縁の臣民でも仕組の邪魔になると取り替へるぞ、慢心取違ひ致すなよ、代へ身魂いくらでもあるぞ。学問の世はすみたぞ、学者は閉口するぞ、商売の世も済みたから商買人も閉口するぞ、力仕事は出来んし、共喰するより外に道ないと申す人民許りになるぞ、今迄とはさっぱり物事変るから今迄のやり方考え方変へて呉れよ、神示通り行へば其の日その時から嬉し嬉しざぞ、此処は落した上にも落しておくから、世の中の偉い人には中々見当とれんから身魂の因縁ある人には成程なあと直ぐ心で判るのぢゃぞ、苦の花咲けば皆よくなるのぞ、苦の花中々ぞ。三月三日、ひつ九のかミ。

第十三帖（四六八）

我が勝手に解釈してお話して神の名汚さん様にしてくれよ、曇りた心で伝へると、曇りて来る位判って居ろがな、神示通りに説けと申してあろが、忘れてならんぞ。履物も今に変って来るぞ、元に返すには元のキのマヂリキのない身魂と入れ替へせねばならんのぢゃ、〻が違って居るから世界中輪になっても成就せん道理分るであろがな、一度申した事はいつまでも守る身魂でないと、途中グレングレンと変る様では御用つとまらんぞ、人力屋、酒屋、料理屋、芸妓屋、娼妓屋、無く致すぞ、世つぶす基ざぞ、菓子、饅頭も要らんぞ、煙草もくせぞ、よき世になったら別の酒、煙草、菓子、饅頭出来るぞ、勝手に造ってよいのざぞ、それ商買にはさせんぞ。

旧五月五日からの礼拝の仕方書き知らすぞ。朝は大神様には一拝、二拝、三拝、八拍手。「ひふみゆらゆら。ひふみゆらゆら、ひふみゆらゆら。ひふみゆらゆら、ひふみゆらゆら、ひふみゆらゆら。（一回、二回、三回と区切って繰り返す）」ひふみ祝詞のりてから「御三体の御神様弥栄ましませ弥栄ましませ、天之日月の大神様弥栄ましませ弥栄ましませ、地の日月の大神様弥栄ましませ弥栄ましませ」、八拍手。「御三体の大神様」七回のれよ。終りて大神様のキ頂けよ、八拍手一拝二拝三拝せよ。夜は同じ様にしてひふみ祝詞の代りにいろは祝詞のれよ。三五七に切りて手打ち乍らひふみ祝詞と同じ様にのりて結構ぞ。昼は大地に祈れよ、黙祷せよ。時に依り所によりて、暫し黙祷せよ、お土の息吹頂けよ、出来れば、はだしになってお土の上に立ちて目をつむりて足にて呼吸せよ、一回、二回、三回せよ。神々様には二拝四拍手。「ひふみゆらゆら。ひふみゆらゆら、ひふみゆらゆら。ひふみゆらゆら、ひふみゆらゆら、ひふみゆらゆら。（一回、二回、三回と区切って繰り返す）」天の数歌三回唱へ。「神々様弥栄ましませ弥栄ましませ」とのりて四拍手せよ。誓は時に依りてよきにせよ。霊の宮には一拝、二拍手、天の数歌一回「弥栄ましませ弥栄ましませ」二拍手、一拝。でよいぞ、ひふみゆらゆら、いらんぞ、誓はその時々に依りてよきにせよ。各々の先祖さんには今迄の祝詞でよいぞ。当分これで変らんから印刷してよく判る様にして皆の者に分けて取らせよ、弥栄に拝みまつれよ。三月三日、いつ九の⦿。

第十四帖（四六九）

御(み)光の輝く御代となりにけり、嬉し嬉しの岩戸明けたり。あなさやけ、三千年の夜(よ)は明けて、人、神となる秋(とき)は来にけり。日月大神、キリスト大神、シャカ大神、マホメット大神、黒住大神、天理大神、金光(こんこう)大神、大本大神、老子大神、孔子大神、總(すべ)て十柱(とはしら)の大神は、光の大神として斎(いつ)き祀り結構致しくれよ、富士晴れるぞ、岩戸開けるぞ。御神名書かすぞ、ひかり教会のりとは、ひかりの大神、弥栄(やさか)ましませ弥栄(いやさか)ましませ、ひかりの大神守り給へ、幸(さきは)へ給へと、申せよ。弥栄弥栄(やさかいやさか)。四月五日、ひつくのかみ。

（空の巻了）

日月神示第一訳文

青葉の巻 第二十二巻

自 昭和二十二年四月二十六日
至 昭和二十二年八月十二日
四七〇帖～四九二帖

第一帖（四七〇）

乙姫会には別に神祀らいでもよいぞ、光の大神様斎き祀り結構いたしくれよ、皆に乙姫様の分霊さずけとらすぞ。お守り、さずけとらすぞ、光の大神様の信者には御神名さずけとらせよ、役員には御神石まつりくれよ、光の大神様の日々の御給仕には十のカワラケ（＊）にて供へまつれよ。役員七つに分けよ、大道師、権大道師、中道師、権中道師、小道師、権小道師、参道の七段階で、中道師から上は神人共ざぞ。世界の民の会は三千世界に拝み合うのざぞ、何事も神まつり第一ざと申してあろがな。大き器持ちて御座れよ、小さい心では見当とれんことになるぞ。慢心取違ポキンぞ。ミタマ何時でも変るのざぞ、次々に偉い人出て来るから神示よく読んでグングン行って進めよ、行ふ所神現はれるぞ、光の道弥栄ぞ、なせばなるのざぞ、人民どんどん行はなならんのざぞ、この神示から、ひかり教会から世に出せよ、この巻「青葉の巻」前の巻は「空の巻」とせよ。四月二十六日、ひつ九のかミ。

＊「カワラケ」は土器のこと。瓦笥とも。祭祀などに用いる素焼きの器。中世から江戸期に使われていた使い捨ての素焼きの椀、皿状の器類とされる。

第二帖（四七一）

玉串として自分の肉体の清い所供へ奉れよ、髪を切って息吹きて祓ひて紙に包んで供へまつれよ、玉串は自分捧げるのざと申してあろがな。お供への始めはムとせよ、ムはウざぞ、誠のキ供へるのざぞ、餅は三つ重ねよ、天地人(てんちじん)一体ざと申してあろがな。御神前ばかり清めても誠成就せんぞ、家の中皆御神前ぞ、国中皆御神前ざぞ、判りたか。夜寝る前に守護神の弥栄ほめよ、いたらざる自分悔いよ、修業出来た信者の守りの神道場に祀れよ、万霊(ばんれい)道場に祀れよ。役員の守りの神は本部に祀れよ、神々様本部に祀れよ。外国とは幽界の事ぞ、外国と手握るとは幽界と手握る事ざぞよ。五月十二日、ひつ九のかミ。

第三帖（四七二）

ひかり教会の教旨(きょうし)書き知らすぞ、人民その時、所に通用する様にして説いて知らせよ。

教旨天地不二(テンチフジ)、神人合一(シンジンゴウイツ)。天(アメ)は地(ツチ)なり、地(ツチ)は天(アメ)なり、不二(フジ)なり、アメツチなり、神は人なり、人は神なり、一体なり、神人(カミヒト)なり。神(シン)、幽(ユウ)、現(ゲン)、を通じ過(カ)、現、未(ミ)を一貫して神と人との大和合(ダイワゴウ)、霊界と現界との大和合をなし、現、幽、神、一体大和楽の光の国実現を以(も)って教旨とせよ。次に信者の実践のこと書き知らすぞ。

三大実践主義

弥栄実践

祓(ハラヒ)実践

⦿(マツリ)実践

大宇宙の弥栄生成化育は寸時も休むことなく進められてゐるのざぞ、弥栄が神の御意志ざぞ、神の働ざぞ、弥栄は実践ざぞ。人としては其(そ)の刹那(せつな)々々に弥栄を思ひ、弥栄を実践して行かねばならんのざぞ。宇宙の総(すべ)ては⦿となってゐるのざぞ、どんな大きな世界でも、どんな小さい世界でも、悉(ことごと)く中心に統一せられてゐるのざぞ。マツリせる者を善と云ひ、それに反する者を悪と云ふのざぞ、人々のことごとマツリ合すはもとより神(シン)、幽、現、の大和(ダイワ)実践して行かねばならんのざぞ。天地(アメツチ)の大祓ひと呼応して国の潔斎(けっさい)、人の潔斎(けっさい)、祓ひ清めせねばならんのざぞ、与へられた使命を果(はた)すには潔斎せねばならんのざぞ。かへりみる、はぢる、くゆる、おそる、さとる、の五つのはたらきを正しく発揮して、みそぎ祓を実践せねばならんのであるぞ。役員よきにして今の世に、よき様に説いて聞かして、先(ま)づ七七、四十九人三百四十三人、二千四百一人（＊）の信者早うつくれよ、信者は光ぞ、それが出来たら足場出来るのざぞ。産土(うぶすな)の神様祀りたら、信者出来たら、国魂(くにたま)の神様祀れよ、次に大国魂の神様祀れよ、世光来るぞ、五月十二日、ひつ九のかミ。

＊「七七、四十九人三百四十三人、二千四百一人」。7×7＝49、7×7×7＝343、7×7×7×7＝2401という計算になる。

第四帖（四七三）

三千年(みちとし)の富士は晴れたり、岩戸あけたり、実地ざぞ、遣直(やりなほ)し出来んのざぞ。早う足場つくれと申してあろがな、三千の足場つくったら神の光出ると申してあろうがな、足場つくれよ、アジヤ足場ぞ。足場なくては何も出来ん道理人間にも判らうがな、何より足場第一ざぞ、世界の民の会二人でやれよ、一人でしてならんぞ、くどう気つけてあらうがな。あなさやけ、あなすがすがし。六月十日、ひつ九⦿。

第五帖（四七四）

仕事、嘉(よ)事と申してあろがな、仕事マツリざぞ、自分の仕事おろそかならんのざぞ、仕事せよ、仕事仕へまつれと申してあろが、ひかり教会の本部元へ移してもよいぞ、天明表へ出てもよいぞ。愈々ぞ、皆に早う伝へて呉れよ、マツリ結構々々。七月三十一日、一二⦿。

第六帖（四七五）

へんな人が表に出るぞ、出たら気付けよ。この道開くには誠ぢゃ、誠とは嘉事(よ)ぢゃ、仕事ぢゃ、まつりぢゃ、あなないぢゃ、〆松ぢゃ（＊）、むすびぢゃ。わけへだては人間心、何が何だか判らん内に時節めぐりて元に返るぞ、神に分けへだてなし、皆一様にするぞ、お蔭やるぞ、病治してやるぞ、小さい事、大きい事、皆それぞれに御役勇んで仕へまつれよ、分け隔てと云ふ事なく一致和合して神に仕へまつれよ、和合せねば誠のおかげないぞ。先づ自分と自分と和合せよ、それが和合の第一歩、アメツチ心ぢゃぞ、すべてはそこから、生れ来るものなのぞ。八月ぐらぐら、八月二日、ひつ九の⦿。

＊「〆松」。文脈からは年始の松飾が連想される。原典では「◉◯（マ）つ」とあり、目松の可能性がある。若い松の苗木のことを蛇の目松という。

第七帖（四七六）

いやな事は我が血統(ちすじ)に致さすなり、他人傷つけてはならんなり、ひふみにも二通り、五通り、いろはにも二通り五通り、よく心得なされよ。何彼の事ひふみ、いろはでやり変へるのぢゃ、時節めぐりて上も下も花咲くのぢゃぞ。誰によらず改心せなならんぞ、この方さへ改心致したおかげで今度の御働き出来るのぢゃ、同じこと二度くり返す仕組ざぞ、この事よく腹に入れておいて下されよ。同じこと二度、この神示、神と佛のふで。八月二日、一二⦿。

第八帖（四七七）

時節には従って下されよ、逆らはず、後の立つ様致されよ、後のやり方、神示で知らしてあろがな。国々所々によって同じ集団いくらでもつくりあるのぢゃ、何れも我折って一つに集る仕組ぢゃ、天狗禁物、いづれもそれぞれに尊い仕組ぞ、又とない集団ざぞ。神の心告げる手だても各々違ふのぢゃ、心大きく早う洗濯致されよ、とらはれるなよ、とらはれると悪となるぞ。一旦治るなれど、後はコンニャクぢゃ、判らん仕組、判らならんのぢゃぞ、悪とは我よしのこと。八月二日、ひつ九⦿。

第九帖（四七八）

苦労いたさねば誠分らんなり、人民と云ふ者は苦に弱いから、中々におかげのやり様ないぞよ、欲出すから、心曇るから、我よしになるから中々に改心出来んなり、六ケ敷いぞよ。慾さっぱり捨てて下されよ、慾出ると判らなくなるぞ。大地の神の聲誰も知るまいがな、だまって静かにまつりて清めて、育ててゐるのざぞ、何もかも大地にかへるのざぞ、親のふところに返るのざぞ。次々に不思議出て来るぞ、不思議なくなりたら神の国、ミロクの国となるのぢゃ。八月三日、ひつ九⦿。

第十帖（四七九）

よき神にはよき御用、悪き神には悪き御用、自分で自分がつとめあげるのぢゃ、人になんと云はれても腹の立つ様では御用六ケ敷いぞ、腹立つのは慢心ぢゃと申してあろがな。仕組途中でグレンと変り、カラリと変る仕組してあるのぢゃ、其処に一厘の仕組、火水（＊）の仕組、富士と鳴門の仕組、結構々々大切致してあるのぢゃ。仕組変り変りて人民には判らんなり、よき世と致すのぢゃ、いくら智あっても人間心では出来ん仕組ぞ、智捨てて神にすがりて来ねば分らん仕組ぢゃ、と云ふて人間世界は人間の智いるのぢゃ、智でない智を神が与へるぞ、神人共にと申してあろがな、つとめ上げたら他にない結構な御用。八月三日、ひつ九⦿。

＊「火水」。謄写版も原典も読みは「かみ」となっている。「火水」の漢字は、「ヒ・ミツ」と読め、「秘密」とも掛けてこの文字を使っているととれる。

第十一帖（四八〇）

世界一日に見へるとは世界一度に見へる心に鏡磨いて掃除せよと云ふ事ぢゃ、掃除結構ぞ。善と悪と取違ひ申して居ろうがな、悪も善もないと申してあらうがな、和すが善ざぞ、乱すが悪ぞ、働くには乱すこともあるぞ、働かねば育てては行けんなり、気ゆるんだらすぐ後戻りとなるぞ、坂に車のたとへぞ、と申してあろがな、苦しむ時は苦しめよ、苦の花咲くぞ。世は七度の大変り、変る代かけて変らぬは、誠一つのこの花ぞ、木の花咲くは富士の山、富士は神山神住む所、やがて世界の真中ぞ。八月三日ひつ九の⦿。

第十二帖（四八一）

御神示通りにすれば、神の云ふ事聞けば、神が守るから人民の目からは危い様に見へるなれど、やがては結構になるのざぞ、疑ふから途中からガラリと変るのざぞ。折角縁ありて来た人民ぢゃ、神はおかげやりたくてうづうづざぞ、手を出せばすぐとれるのに何故手を出さんのぢゃ、大き器持ちて来んのぢゃ。神示聞きて居ると身魂太るぞ、身魂磨けるぞ。下に居て働けよ、下で土台となれよ。此処は始めて来た人には見当とれん様になってゐるのぢゃ、人の悪口此の方聞きとうないぞ、まして神の悪口。八月四日、ひつ九の⦿。

第十三帖（四八二）

同じ名の神二つあると申してあろ、同じ悪にも亦二つあるのぢゃ、この事神界の火水ぞ、この事判ると仕組段々とけて来るのざぞ、鍵ざぞ。七人に伝へよ、と申してあろ、始めの七人大切ざぞ、今度はしくじられんのざぞ、神の仕組間違いないなれど、人民しくじると、しくじった人民可哀想なから、くどう申しつけてあるのざぞ、よう分けて聞きとりて折角のエニシと時を外すでないぞ、世界中の事ざから、いくらでも代へ身魂、代りの集団つくりてあるのざぞ。尊い身魂と、尊い血統、忘れるでないぞ。型は気の毒ながらこの中から。八月四日、一二⦿。

第十四帖（四八三）

今の世は頭と尻尾ばかり、肝腎の胴体ないから力出ないぞ。従ふ所へは従はなならんのざぞ、と申してあろ、時節に従って負けて勝つのざぞ、負けが勝ちぞ、判りたか。お詫(わ)びすれば誰によらん許してよき方に廻してやるぞ、口先ばかりでなく心からのお詫び結構いたしくれよ。ダマシタ岩戸からはダマシタ神お出(い)でましぞ、と申してくどう知らしてあろがな、ダマシて無理に引張り出して無理するのが無理ぞと申すのぞ、無理はヤミとなるのざぞ、それでウソの世ヤミの世となって、続いてこの世の苦しみとなって来たのざぞ、こうなることは此の世の始(はじめ)から判ってゐての仕組心配せずに、此の方に任(まか)せおけ任せおけ。八月四日、一二⦿。

第十五帖（四八四）

世の建替と申すのは、身魂(ミタマ)の建替へざから取違ひせん様致されよ、ミタマとは身(ミ)と霊(タマ)であるぞ、今の学ある人民ミばかりで建替するつもりでゐるからタマが判らんから、いくらあせっても汗水流しても建替出来んのざぞ。天地(てんち)の秋(とき)来てゐることは大方(おおかた)の人民には分って居りて、さあ建替ぢゃと申しても、肝腎のタマが分らんから成就せんのざぞ、神示読んでタマ早う掃除せよ、世界から見るから日本が日本ぞ、もう一つ上の世界から見れば世界は日本ぞ、神国(かみぐに)ざぞ、今迄は大地の先祖の大神様の血統を落して了(しま)ふて途中からの代りの神でありたから、まぜこぜしたから世が乱れに乱れて了ふたのぢゃぞ、知らしてあらうがな、よくなっとくしてくれよ、人民も皆その通りになってゐるのぢゃ。八月四日、一二⦿。

第十六帖（四八五）

日の大神様は日の御(おん)働き、月の大神様は月の御働き、日の大神様も世の末(すえ)となって来て御神力(ごしんりき)うすくなりなされてゐるのざぞ、日の大神様も二つ、三つ、自分一人の力では何事もこれからは成就せんぞ、心得(こころえ)なされよ、神示で知らしただけで得心（とくしん）して改心出来れば大難は小難になるのぢゃ、やらねばならん、戦（いくさ）は碁（ご）、将棋、位の戦ですむのぢゃ、人民の心次第、行ひ次第で空まで変ると申してあろがな、この道理よく心得なさりて、神の申すこと判らいでも、無理と思ふ事も貫きて下されよ、これがマコトぢゃ。八月五日、ひつ九のかミ。

第十七帖（四八六）

悪く云はれるとめぐり取って貰へるぞ、悪く云ふとめぐりつくるのぢゃ。今度の建替は人間智恵の建替とは大分違ふ大層ざぞ、見当とれんのざぞ、日の神ばかりでは世は持ちては行かれんなり、月の神ばかりでもならず、そこで月の神、日の神が御一体となりなされて「ミロク」様となりなされるなり、日月（ヒツキ）の神と現はれなさるなり。「みろく」様が日月（＊）の大神様なり、日月の大神様が「みろく」の大神様なり、地（ち）の御先祖様くにの御先祖様と御一体となりなされて大日月の大神様と現はれなさるなり、旧九月八日からは大日月の大神様とおろがみまつれよ。八月五日、一二（ヒツキ）㋹。

＊「日月」。原典では記号で「◎（ヒツキ）」となっている。

第十八帖（四八七）

改心とは阿呆（アホ）になることざぞ、世界中の阿呆中々ぢゃ、中々アホになれまいがな。世界中の人民に云ふて聞かして改心さすのではキリがないから大変を致さなならんのざぞ。六ケ敷いこと申してゐるが平（ひら）とう説かねば判らんぞ、世界の説教をよく聞きてくれよ、天の教、地の導きよく耳すまして聞きとれよ、神の心段々に判りて来るぞ。この者は見込ないとなったら物云わんぞ、もの聞けん様になったら、神示いやになったら其の守護神可哀想になるのざぞ、見込なくなれば神は何も申さんぞ、今の内に神示肚（はら）に入れよ。八月五日、ひつ九のかミ。

第十九帖（四八八）

此（こ）の度（たび）の岩戸開きに御用に立つ身魂（ミタマ）ばかり選（え）り抜（ぬ）きて集めて行（ぎょう）さして御用に使ふのであるから、他の教会とは天地の違ひであるぞ、今度は人民の心の底まであらためて一々始末せねばならんなり、誰によらん今迄の様なゼイタクやめて下されよ。せねばする様せならんなり、世界のハラワタ腐（くさ）り切って居るのであるから愈々を致さねばならんなり、愈々をすれば人民愈々となるから、神がくどう気つけてゐるのざぞ。此処へは善と悪とどんな身魂も引寄せてコネ廻し練り直す所であるから、チットモ気緩（ゆる）しならん所であるぞ、ここの仕組は天の仕組と地の仕組と、カミとなりホトケとなり結び⦿（太神）と和しクニトコタチの神と現れ動き、鳴り成りてマコトの世「みろく」の代と致して、この世を神の国と致す仕組ぢゃ。今迄は天の神ばかり尊んで上ばかり見て居たから、今度は地は地の神の世と致すのぢゃ、天の神は地ではお手伝ひざと申してあろが、下見て暮せ、足元に気付けと申してあらうが、皆地の神尊び斉（いつ）き祀りて弥栄ましませ。天の教許（おしへばか）りではならず、地の教許りでもならず、今迄はどちらかであったから時が来なかったから、マコトがマコトと成らず、いづれもカタワとなってゐたのざぞ、カタワ悪ぞ、今度上下（うへした）揃ふて夫婦和して、天と地と御三体まつりてあなないて、末代の生きた教と光り輝くのざぞ。八月九日、ひつ九のかミ。

第二十帖（四八九）

己の心見よ、いくさまだまだであろが、違ふ心があるから違ふものが生れて違ふことになる道理分らんのかなあ。世界の愈々のメグリが出て来るのはこれからであるぞ、九月八日のこの仕組近付いたぞ。人民は早合点、我よしで神示よむから皆心が出て了ふて誠知らしたこと毒とならん様気づけおくぞ。薬飲んで毒死せん様に気付けよ。今は世間では何事も分らんから、疑ふのも無理ないなれど、神の仕組は何事もキチリキチリと間違ひないのざぞ。宗教聯合会も世界聯合も破れて了ふと申してあらうがな、つくった神や神の許しなきものは皆メチャメチャぢゃ、三千世界に手握る時と知らずに、他の世界、元の世界を知らんからさうなるのぢゃ、火火の世界、火火の人、水水の世界、水水の人、と交通出来るのぢゃ、人と云っても人間ではないぞ、ヒトカミざぞ、手握って三千世界に天晴れぢゃ、この道神の道ぢゃ、光の道ぢゃ、教ぢゃ、悪と悪と、善と善と、悪と善と、善と悪と握る手持ちて御座れよ、心持ちて御座れよ、びっくり嬉し箱あくぞ。八月十日、ひつ九◎。

第二十一帖（四九〇）

神が引寄せるからと申して懐手してゐては道は拡まらんぞ、弥栄とは次々に限なく喜びをふやして養って行くことざぞ、喜びとはお互に仲よくすることぞ、喜びは生きもので、形あるものぞ、色あるものぞ、聲あるものぞ、判りたか。教会つくれと申しても今迄の様な教会ではならんぞ、今迄の教会も元はよいのであるぞ、いづれも取次役員がワヤにいたしたのぢゃ、神の心からはなれて人間心となったからぢゃ。神の動きは、アヤワ㋳㋻ざと申してあろが、それをヤワ㋳㋻となしワ㋳㋻と致し、㋳㋻となし㋻㋳にして分らんことにいたしたのぢゃ、タマなくなってその上に上下、下ひっくり返ってゐると申してあらうがな、分りたか。八月十一日、ひつ九の◉。

第二十二帖（四九一）

己の知で分らん、大神様とはアベコベのこと考へてゐては逆さばかりぢゃ、神示よく読んで誠の仕組仕へ奉れよ。壁に耳あり、天井に目あり、道は一筋と申してあろ、人民と云ふ者はアレコレと沢山に目に見せては迷ふものざから、一つづつ目にもの見せて目標作って、それで引張ってやりて下されよ。一度に沢山見せたり教へたりしては迷ひ生む許りぢゃ、役員殿気付けてくれよ。この道開けて来ると敵が段々多くなって来るぞ、敵結構ぞ、敵尊べよ、敵に親切せよ、何れも神の働きぞ、敵の御役、悪も御役ぞ、敵ふへて来ると力出て来るぞ、神の仕組一切。八月十一日、ひつ九◉。

第二十三帖（四九二）

かねて見してある弥栄祈願せよ、やさかきがん、やさかきがん、やさかきがん、やさ火き火ん、やさ水き水ん、火と水の御恩、弥栄きがん、やさかのまつりぞ、やさかまつりの秘訣秘密は知らしてあらう、神示よく読めよ。これからの神示は「ひふみ」と申せよ。闇は止み、正しさのはらむ世はひらきつづき、生れ出で成るの道、月神はらみ、日神睦びなりて、一二三を息吹く神々の世、勇む大道ぞ、神むつび、和し、正して成り、月神むつび、和し、ひらき出づ、月日なりてむつび、和し、正しき道みつ、日、月、地、神、一体となりて展き、はたらき、無と現れ、愛と展きにひらき、勇みに勇む、中心より出づもの、ひらきにひらき結び、一二三と弥栄、さかゆ、中心出づ世、世は足り足りて日月地（くに）一二三四五六七八九十百千万（ヒフミヨイムナヤコトモチロ）、はじめなきはじめ。青葉の巻これまで。八月十二日、ひつ九の⦿しるす。

（青葉の巻了）

日月神示第一訳文

海の巻　第二十三巻

自　昭和二十二年八月十三日
至　昭和二十二年八月二十三日
四九三帖〜五一一帖

第一帖（四九三）

海の巻書きしるすぞ、五つに咲いたは櫻花(さくらばな)、五つに咲いた梅の花、皆始(はじめ)は結構であったが段々と時経(ふ)るに従って役員が集ってワヤにいたしたのぢゃ、気の毒ぞ、神の名汚(けが)しておるぞ。大日月(おおひつき)と現はれたら、何かの事キビシクなって来て、建替(たてかへ)の守護と建直(たてなほし)の守護に廻るから、その覚悟よいか。間違った心で信心すれば、信心せんより、も一つキビシクえらい事がみちみつようになるぞ。今に此処(ここ)の悪口申してふれ歩く人出て来るぞ、悪口云われだしたら結構近づいたのざと申してあろ、悪口は悪の白旗ざぞ。飛んで来て上にとまってゐる小鳥、風吹く度(たび)にびくびくぢゃ、大嵐来ん前にねぐらに帰って下されよ、大嵐目の前。此処は先づ苦労、その苦労に勝ちたら、己に克(か)ちたら魂(たま)磨けるぞ、段々と楽になって嬉し嬉しとなるぞ、結構な仕組、知らしたら邪魔入るなり、知らさんので判らんなり、心でとりてくれよ、世界の民の会なせばなる、なさねば後悔ぞ。八月十三日、一二⦿。

第二帖（四九四）

権小道師からは上の神の帖面(ちょうめん)につくのであるぞ、参道は仮ざからそのつもり結構ぞ。一帖(じょう)、三十帖、二帖、二十九帖と云ふ風に読み直して下されよ、三十帖一切(ひときり)として上下(うへした)まぜまぜにして上下ひっくり返して読み直してくれよ。火の守護から水の守護に変って居るのであるから水の蔭には火、火の蔭には水ぞ、この事忘れるなよ、この中には化物(ばけもの)ゐるのざぞ、化物に化(ば)かされん様におかげ落さん様に致して下されよ、神くどう気付けておくぞ。八月十三日、一二⦿。

第三帖（四九五）

今迄は神様も別れ別れで勝手にしてゐたのであるから、神様の申された事にも間違となることあったのぢゃ、今でも神様はウソを申されんのであるが、和合なく離れ離れであったから、自分の目で届くグルリは、自分の力の中では誠であっても、広い世界へ出すと間違ったことになってゐたのぢゃ、神のお示しが違ったと申して其（そ）の神様を悪く申すでないぞ、今の上に立つ人も同様ざぞ、心得なされよ。今度は愈々一致和合して、大神様の仕組結構が相（あい）判り来て、大日月の神となりなされて現はれなさるのぢゃ、判りたか、雨結構、風結構、岩結構、荒（あれ）結構、地震結構。八月十四日、ひつくのかミ。

第四帖（四九六）

出てきてから又同じ様なこと繰り返すぞ、今度は魂（たま）抜けてゐるからグニャグニャぞ、グニャグニャ細工しか出来んぞ、それに迷ふでないぞ。神示（ふで）が肚（はら）に入って血になると、何が起って来ても結構であるが、始の内は、ちょっとの事で迷（まよひ）の雲が出て悪のとりコとなって苦しむぞ、悪はないのであるが、無い悪を人民の心から生むのざぞ、悪のとりことなって苦しむが見へてゐるから、苦も結構なれどいらん苦はいらんぞ、神示よく読んで苦を楽とせよ、楽は喜びぞ、苦のハタラキが楽ぞ、楽は喜びぞ、光ぞ、神人共のまつりぞ、楽で岩戸開けるぞ、苦しんで開く岩戸は誠の岩戸でないぞ。八月十四日、ひつくのかミ。

第五帖（四九七）

今日までの御教は、悪を殺せば善ばかり　輝く御代が来ると云ふ　これが悪魔の御教ぞ　この御教に人民はすっかりだまされ悪殺すことが正しきことなりと　信ぜしことのおろかさよ、三千年の昔から　幾千万の人々が　悪を殺して人類の　平和を求め願ひしも　それははかなき水の泡　悪殺しても殺しても　焼いても煮てもしゃぶっても　悪は益々ふへるのみ　悪殺すてふ其のことが　悪そのものと知らざるや　神の心は弥栄ぞ　本来悪も善もなし　只み光の栄ゆのみ　八股おろちも金毛も　ジャキも皆それ生ける神　神の光の生みしもの悪抱きませ善も抱き　あなふ所に御力の輝く時ぞ来るなり　善いさかへば悪なるぞ　善悪不二と云ひながら悪と善とを区別して　導く教ぞ悪なるぞ　只御光の其の中に　喜び迎へ善もなく　悪もあらざる天国ぞ　皆一筋の大神の　働きなるぞ悪はなし　世界一家の大業は　地の上ばかりでなどかなる　三千世界大和して　只御光に生きよかし　生れ赤児となりなりて　光の神の説き給ふ　誠の道をすすめかし　マコトの道に弥栄ませ。

八月十五日、◉のひつ九の◉しるす。岩戸明けたる今日ぞ目出度し、次の岩戸早う明けてよ。

第六帖（四九八）

いくら利巧でも今迄の人間心では神の仕組は分らんぞ、帰るに帰れず、他を探しても根本のマコトを伝へる所はなし、泣く泣くつらい思をせねばならんぞ、くどう気つけてゐるのざぞ、慢心取違ひの鼻高さん、路頭に立たねばならんぞ。一二四　結構な日に生れたのぢゃ、この日に生れた仕事は皆よくなるぞ、この神示よく読んでくれたら何を申さんでも、何を聞かんでも、よいことになるのであるぞ、戦や天災では人の心は直らんと申してあろが、今迄のどんなやり方でも人の心は直らんぞ、心得なされよ、八月二十三日、一二⦿。

第七帖（四九九）

今度は先づ心の建直しぢゃ、どうしたら建直るのかと云ふこと、この神示読んで覚りて下されよ、今度は悪をのうにするのぢゃ、のうにするは　善で抱き参らすことぢゃ、なくすることでないぞ、亡すことでないぞ、このところが肝腎のところぢゃから、よく心にしめて居りて下されよ。この世は一つの神で治めんことには治らんぞ、ゝでくくるのぢゃぞ、人民の力だけでは治らんのぢゃぞ、一つの教となってそれぞれの枝葉が出て来るのぢゃ、今では枝から根が出て大切なミキがなくなって居るのぢゃぞ、中つ代からの神では何も出来んと申してあろがな、神と人と一つになって一つの王となるのぢゃ、上下揃ふて一つになるのぢゃ、善も悪もあなないて、一つの新しき善となるのぢゃ、王となるのぢゃぞ、八月二十三日、一二⦿。

第八帖（五〇〇）

折角神が与えたおかげも今の人民では荷が重いから途中で倒れん様に神示を杖として下されよ、イキ切れん様になされよ。一つでも半分でも神の御用つとめたらつとめ徳ざぞ、何と申しても神程たよりになるものはないと判らんのか、おかげ取り徳。破れるは内からぞ、外からはビクとも致さんぞ。天では月の大神様、ミ、ヤ、カ、ラ、ス（＊）、出て来るぞ、始末よくして下されよ、始末よく出来れば何事も楽になって来るぞ、火のタキ方から水の汲み方まで変るのであるぞ、大切なことであるぞ。うそはちっとも申されんこの神示通りに出て来るのぢゃ、先の先の先まで見通しつかん様な事では、こんなタンカは切れんのざぞ、おかげは其の心通りに与へてあるでないか。下の神が上の神の名をかたりて来ることあるぞ、それが見分けられん様では取違ひとなるぞ、十人位は神示がそらで云へる人をつくっておかねばならんぞ。八月二十三日　一二⦿。

＊「ミ、ヤ、カ、ラ、ス」。原典では「三八カ◎⦿（ミチヒラカスカミ）」

第九帖（五〇一）

マコトの改心は愈々とならねば出来んものぢゃが、出来んことも無理もきかねばこの峠越せんこともあるのざぞ。天も近うなるぞ、地も近うなるぞ、田舎に都、都に田舎が出来ると申してあろが、も少し人民に判りて来んと今びっくり箱をあけたら助かる人民一分もないぞ、早う知らしてくれよ。神せけるなれど人民中々云ふこと聞かんから物事おそくなるばかり、おそくなれば益々苦むばかりぞ。色はにほへど散るものぞ、世の乱れ神界のいろからであるぞ、気つけておくぞ。日の本の国を取らうとしても何とだましても御先祖様には何も彼も元の世から仕組してこの事判ってゐるのであるから、悪のやり方よ、早う善にまつろへよ、まつろへば悪も善の花咲くのぢゃぞ。八月二十三日、一二⦿神示。

第十帖（五〇二）

この方悪神、祟神と人民に云はれてトコトン落されてゐた神であるぞ、云はれるには云はれるだけの事もあるのぢゃ、此の方さへ改心いたしたのであるぞ、改心のおかげで此の度の御用の立役者となったのぢゃぞ、誰によらん改心致されよ。改心とはまつろふ事ぞ中行くことぞ判りたか。今度は十人並のおかげ位では誠の信心とは申されんぞ、千人万人のおかげを取りて下されよ、千人力与へると申してあろが、大事な御先祖様の血統を皆世に落して了ふて無きものにして了ふて、途中からの代へ身魂を渡りて来た身魂を、まぜこぜの世と致して、今の有様は何事ぞ、まだ判らんのかなあ、人民もぐれんぞ。八月二十三日、一二⦿。

第十一帖（五〇三）

だました岩戸からはだました神が出て、ウソの世となったのぢゃ、この道理判るであろう、ニセ神やら、だました神やら、次々に五度の岩戸締めと申してあろが、タンバはタニハ、田庭とは日の本の国ぞ世界の事ぞ、タンバとはタンバイチとは世界の中心と云ふ事ぞ、日の本と云ふ事ぞ、キミの国ざぞ、扶桑の国ざぞ、地場ざぞ、判りたか。地場を固めなならんぞ、五十鈴の川はムツの川、和合の川ぞ。社殿は八方に開く時来たら八尋殿建てて下されよ、誠の八尋殿。何も判らん無茶苦茶者が、偉ら相な名の神がかりして、何も知らん人民をたぶらかしてゐるが、今に尻尾を出して来るぞ、尻尾つかまらん内に改心して神の道に従って来いよ。八月二十三日、一二⦿。

第十二帖（五〇四）

神は人民に見へん、たよりないものであるが、たよりないのが、たよりになるのであるぞ。外国行とは幽界行の事ぞ。時節来て居れど人民心でせくでないぞ、せくとしくじるぞ。あちこちに一人、こちらに一人、と云ふ風に残る位むごい事にせななならん様になってゐるのざから、一人でも多く助けたい親心汲みとりて、早う云ふこと聞くものぢゃ。ここ迄神示通りに出てゐても、まだ判らんのか、疑ふのにも余りであるぞ。地に高天原（たかあまはら）が出来るのざぞ、天の神地に降りなされ、地の神と御一体と成りなされた大日月の神と現れなさる日となった、結構であるぞ、肉体の事は何とか分るであろが、タマは判るまい、永遠（とわ）にタマは生き通しであるから、タマの因縁の判る所はこの神示より他にはいくらさがしてもないのざぞ。八月二十三日、一二⊙。

第十三帖（五〇五）

表に出て居る神々様に和合して貰ふて世の建替にかかりて下されよ、苦労なしには何事も成就せんぞ、苦を楽しめよ。此の世を乱したのは神界から、此の世を乱した者が、此の世を直さねばならんのざぞ、この道理判るであろがな、建直の御用に使ふ身魂は此の世乱した神々様であるぞよ。秘密は秘密でないぞ、火水（ひとみず）であるぞ、明らかな光であるぞ、火水（ひみつ）のマコトを悪神にたぶらかされて判らなくなったから、秘密となったのであるぞ、秘密は必ず現はれて来るぞ。あと七つの集団（マドヒ）が出来るぞ、一には◎のしるしつけよ、この世一切のことを建替へるのぢゃ、神の道も変へるぞ、心のおき所も変へるぞ。八月二十三日、一二⊙。

第十四帖（五〇六）

何も分らん枝葉の神に使はれてゐると気の毒出来るぞ、早う其の神と共に此処（ここ）へ参りてマコトの言（コト）を聞いて誠に早う立ち返りて下されよ、マコトとは〇一二三四五六七八九十（マヒフミヨイムナヤコト）であるぞ、一二三四五六七八（ヒフミヨイムナヤ）かくれてゐるのざぞ。縁あればこそ、そなた達を引寄せたのぢゃ、此の度の二度とない大手柄の差添（さしぞ）へ（＊）となって下されよ、なれる因縁の尊い因縁をこわすでないぞ。見て見よれ、真只中（まったなか）になりたら学でも智でも金でもどうにもならん見当取れん事になるのぢゃ、今は神を見下げて人民が上になってゐるが、さうなってから神に助けてくれと申しても、時が過ぎてゐるから時の神様がお許しなさらんぞ、マコトのなってゐれば何事もすらりすらりぞ。八月二十三日、一二⦿。

＊「差添へ」は、刀に添えて腰に差す短刀。脇差。転じて付き添うこと。

第十五帖（五〇七）

学や智や金がチラチラ出る様では、マコトが磨けて居らんのぢゃ、今の法律でも、教育でも、兵隊でも、宗教でも、この世は建直らんぞ、新しき光が生れて世を救ふのぢゃ、新しき光とはこの神示ぢゃ、この神ぢゃ。七つの花が八つに咲くぞ、此の神示八通りに読めるのぢゃ、七通までは今の人民でも何とか判るなれど八通り目は中々ぞ、一厘が、かくしてあるのぢゃ、かくしたものは現はれるのぢゃ、現れてゐるのぢゃ。何でもない事が中々のことぢゃ、判りたか。八月二十三日、一二⦿。

第十六帖（五〇八）

今はなれた人民、此処がよくなったと云ふて帰る事ははづかしい事になって、帰っても変なことになるぞ、今の内に早う立ち返って御用結構ぞ。世界に、人民に判らんめづらしき事を出すぞ、皆この神の仕組であるから、変りたこと、判らん事が愈々となったら、神代(かみよ)近づいたのであるぞ。役員には神示の肚(はら)に入った者がなるのざぞ、役員の御魂（みたま）は沢山あれど、神示読まねば役員にはなれないのざぞ、なればスコタンばかり、長らく世に落ちて居たら、ゐた神々様を世にお上げせねば世はよくならんのざぞ、軽く見るから神示分らんのぢゃ、人も軽く見てはならんぞ。八月二十三日、一二⊙。

第十七帖（五〇九）

天地ひっくり返ると云ふことはミタマがひっくり返ると云ふことぞ。神示読みて聞かせよ、目も鼻も開けておられん事が、建替の真最中（まっさいちゅう）になると出て来るぞ、信仰の人と、無信仰の人と、愈々立分けの時ぢゃぞ、マコト一つで生神（いきがみ）に仕へ奉（まつ）れよ。八月二十三日、ひつ九⊙。

第十八帖（五一〇）

人民の我（が）では通らん時となった位判って居ろうがな、早よ我捨ててこの方（ほう）について参れよ、素直にいたせば楽に行けるのざぞ、大峠越せるのざぞ、時節の仕組中々人民には判るまいがな、悪抱（いだ）き参らす為には我（わ）が子にまで天のトガをおはせ、善の地の先祖まで押込めねば一応抱く事出来んのであるぞ、ここの秘密知るものは天の御先祖様と地の御先祖様より外には無いのであるぞ。我（われ）が我がと早やう出世したい様では、心変へんと人民は御用六ケ敷（むつかし）いぞ。神に分けへだてなし、へだては人民の心にあるぞ。此の道は因縁なくしては判らん六ケ敷い道であれど、此の道つらぬかねば、世界は一平（いったいら）にならんのぢゃ、縁ある人は勇んで行けるのぢゃ、神が守るからおかげ万倍ぢゃ、神の帖面間違ないぞ、思ふ様にならぬのは、ならぬ時は我の心に聞いて見るがよいぞ、神の仕組は変らねど、此の世では、人民の心次第で良（よ）くも悪くも出て来るのぢゃ、仕事は変らねど出て来るのが変るのざ、悪く変ると気の毒なからくどう申してゐるのぢゃぞ。八月二十三日、一二⦿。

第十九帖（五一一）

耳に一二三聞かするぞ、愈々耳に聞かす時ざぞ。それぞれ人に応じて時によって口から耳に肚から肚に知らしてくれよ、あなさやけ、あなすがすがし、岩戸開けたり、二十三巻で此の方の神示の終り、終りの終りぞ、後の七巻は他から出してあるのざぞ、いづれ判りて来るぞ、合せて三十の巻、それが一つの節ざぞ、天明御身に聞かすぞ、よきにはからへ、この行中々ざぞ。八月二十三日、ひつ九の⦿神示これまで。

（海の巻了）

あとがき

令和三年の夏に東京のビオ・マガジンの社長のもとへ、はらゆうこ氏を伴いお伺いしました。西社長とはもう三十年のお付き合いになるかと思いますが、久しぶりの再会に話がはずみ、時の経つのもわからなかったのです。その話しの展開から、西社長より、髙橋さんの出版社（その出版社は会社を解散しています。）から出版していた『ひふみ神示』をビオ・マガジンで出版してみませんかという話しが出ました。私は、快諾し、その場で出版が決まってしまったのです。

この際、『ひふみ神示』の元本となった謄写版の第一訳文の『日月神示』を復刻するという企画がまとまりました。居合わせたはらゆうこ氏が、旧字旧仮名遣いの難解な文書の文字入力を快く引き受けてくださりました。まるで神の仕組みのように出版に向けて動き出したのです。

私は出版社を経営していましたけれども出版原稿に目を通すことはあっても自分で原稿を執筆したことは経験がありません。今更ではありますが文章を書くということがいかに大変であるかを学びなおしているところです。

近年、『日月神示』の関連本が次々と出版されています。いずれも解釈に注目をして簡単には読めないようです。

解説でも書きましたが神の言葉は単純明快の言葉そのものでもあります。日月神示の中に八通りの解釈ができるとありますので、すべからくほとんどの人はこのメビウスの罠にはまってしまいます。ではどうしたらこの神示の世界観に入れるのでしょうか。

最近はスピリチュアルという言葉が一般化してきて癒し、瞑想、自己実現、等々の世界でいう意識のとらえ方が心理学や精神医学分野で発達をしています。

無意識の世界は広大な空間が宇宙大に広がって様々な情報にアクセスできるという一見奇異に思える世界も受け入れられるようになっています。書店の精神世界コーナーの充実もその現れでしょう。瞑想も一般化、氣についても理解が深まってきている現代において必要とされている哲学の一分野が人生哲学というものです。前出のはらゆうこ氏の提唱する世界観も重要な分野です。難解な用語や言い回しを迂回した表現が『ワクワクする』という一言にこめられたのです。この意味は感覚的におわかりになれると思います。

『日月神示』が出版された当時も、今日のワクワクという言葉以上の衝撃を世の中に与えました。宇宙に通ずる集合無意識的な異界からのメッセージが神として言葉が降ろされたのです。宇宙原初からの記憶が光透波として宇宙図書館から情報がチャネリングされ、現代に至るまで読み伝えられてきました。

宇宙の知的存在確率は、一パーセントと天才的な宇宙物理学者カール・セーガンは述べています。

宇宙開闢の時から考えれば広大無辺な宇宙を無意識世界に投影する時、無意識世界が集合的無意識世界に生成進化して一三七億年の間の様々な思念がこの地上に降り注いでいるのです。

一方で、大陸では金毛九尾の悪狐が、無数に現れて、無辜の人々を巻き込みつつだましあいの闘争をくりひろげています。

そんな中に、大東亜戦争の終結時にもたらされた岡本天明の第一訳文の謄写版『日月神示』の復刻版が出版されることは、まさしく神の仕組といえるでしょう。

＊

私もまた『日月神示』のあとがきを書いています。神の仕組は、この私にもお役を与えてくれたのでしょう。感謝しかありません。

この重要な時代に謄写版『日月神示』が上梓できたことは、ビオ・マガジンの西社長のご理解がなければ到底日の目を見なかったでしょう。西社長とのおつきあいは、かれこれ三十年になりますが、まさか、私が『ひふみ神示』を過去において出版したことを覚えていてくださったとは思いもよりませんでした。このことをきっかけにして私の人生再興録として記憶を引き出し組み立て構成をしてみようと思いました。

西社長には変わらぬ応援をいただき、編集の北川隆三郎さんには多くのアドバイスや提案を、また難解な文字入力をいとも簡単にやり遂げたピアノセラピストはらゆうこさん。装丁に作品を提供くださった前衛書家の山本光輝さん、デザイン担当の前原美奈子さん。また、一二三奏太さんには編集において多大な協力をしてもらいました。

文章が止まった時にいつも励ましていただいた精神科医の山本典子さん。私に寄り添い健康面に気を配り常にほほえみを絶やさなかったＹｏｕＴｕｂｅ番組（チャンネルさざれ石）キャスター広江めぐみさん。岐阜から日本を考えるさざれ石の会員同志。皆さん方の励ましや協力がなければ、脱稿の日を迎えることはなかったでしょう。

私が経営していた出版社の数多くの未だに出会ったことのない愛読者の皆様方にも感謝を捧げます。

岡本天明師、岡本三典さんもあたたかく見守ってくださっているに違いありません。

そして、なによりご三体の太神さまのお許しがなければ私の筆は進まなかったことでしょう。そして当時の資料も保管されていたことも奇跡に違いありません。様々な必然が重なり、今という日本の危機の時代にこの一書が捧げられたことは大変有意義なことであります。

岐阜県旧佐波村の庵にて

髙橋 守

日月神示・各巻解説

第一巻　上つ巻

昭和十九年六月に岡本天明に降りた初めの神示である。世の立替＝岩戸開きが起こることが説かれる。また、戦は、大東亜戦争の事のみならず、あらゆる宗教、国家、国民の違いを超えて起こることも述べられている。臣民人民の身魂の洗濯に将来がかかっていることが説かれている。

冒頭、有名な「富士は晴れたり日本晴れ」で始まる。「富士」の原文は「二二」と記されている。富士の他に「夫婦」とも解釈できる。富士に木花咲耶姫神を祀ること、また「大庭の富士を探して見よ、神の米が出て来るから、それを大切にせよ」という謎の神示もある。富士山を大切にする事の重要性を説き、初めの御用・仕組として「お山開き」を指示している。日本の神として、天皇陛下に受け継がれている「てん子様」「スメラ」にふれている。世の元からの約束として「ヒツグ」「ミツグ」の身魂あり、御用する身魂の登場を示唆している。

第二巻　下つ巻

第一帖から、昔から神が隠していた大切の山「蛇が岳」について触れている。また、御用を行う場所として、群馬県の榛名などの地名も出る。神のまつり方も具体的に記されている。神の姿を石に彫らせておいたこと、木の型を出したこと等なども記されている。「一二三」の仕組の次の「三四五」の仕組について書かれている。学や智恵の世は終わり、金では治らない世が来るという。世界中が「イシヤの仕組」に支配されていること、「あ」と「や」と「わ」の身魂にも触れている。世界中を神の臣民と獣とに立て分けるとある。身魂の曇りを掃除・洗濯することにより、我欲に生きることを捨て、神を祀り誠（＝誠実さ）に生きるよう改心しなければ、生き残れない神代（カミヨ）が迫っていると警告している。沢山の人々の改心を願う神の御心が窺える。

第三巻　富士の巻

この巻から甲斐の御用が出てきて、具体的にどう生活したら良いかが記されている。甲斐の御用とは「食に関すること」で肉食中心、添加物にあふれた食を改める重要性が説かれている。家の中を神前と同じように掃除して綺麗にするように示されている。さらに九十（コト）＝言葉も正すようにと示している。また、次の仕組「五六七（みろく）」が登場する。当時、日本の戦局が悪化しつつあり「江戸が火の海になる」とある。世界中から攻め寄せられ阿鼻叫喚の世となるとある。大東亜戦争のみならず、世界中を大立替し、五六七＝弥勒の世とする計画であることを明かしている。食糧も不足し苦しむことになるが、耐え忍ぶよう励ましている。

第四巻　天つ巻

立替は地上ばかりか、神界も含めてのことと述べている。世界の宗教も含めての天地がひっくり返る岩戸開きであると描かれている。「ビックリ箱」という言葉が出るが、「日月の理に還る」という意味を含んでいる。また、『日月神示』が単なる予言書ではないこと、天地のはじまりからの立替であり、人間も神も逃れられない大きなスケールが窺える。日本（にほん）の国は、一人の救世主によって救われるのではなく、二本（にほん）、つまり「二人で力を合わせて」行われること、「神と人と一体」る大切さを説いている。日本語の謎についても言及している。天之日津久神も神々の中の一柱であり、人々が生活で困ったときにはオホカムツミノ神として悩みを聞いてくださる、と記されている。「富士」と「うづ海」の対や「ひ・みつ」と「火と水」が対となっていることが説かれる。「海一つ越えて寒い国に、まことの宝隠してあるのざぞ」という謎の神示もある。

第五巻　地つ巻

「みこと」の大切さをから始まる。命、尊、詔・勅といった音の連鎖と意味を述べている。祝詞の大切さも説かれている。神示は、単なる一つの書物としてあるだけはなく、三千世界、世界全体にかかわることが説かれている。天理、黒住、金光といった宗教の背後にある霊統を、この神示が経ていることもが示唆される。現代社会は、学や智を中心とし、我よしの世となっている事を指摘し、慢心と鼻高を改める必要を説く。そのためには声を出して繰り返し神示を読むこと、それによって神示が腹に入ること。病を追い出し、身魂を磨くことができること。大峠を越える神がかかりの神力が出るともある。個人、一家や国も身魂の借銭（メグリ、カルマ）があり、早く綺麗に返済することが掃除・洗濯になると説く。この巻に「エドの仕組すみたらオワリの仕組にかからすぞ」という気になる神示がある。

第六巻　日月の巻

日の巻（第一帖～第二十七帖）と月の巻（第二十八帖～第四十帖）とから成る。古事記の神生み、国生みの記述に準じながらも、元の神の末代まで続く三千年の仕組が説かれている。また、現代の社会や政治家の「悪」にふれている。それも仕組であり、身魂が曇っているからそうなることを説き、神の臣民はどうしたらよいか、臣民の在り方を説いている。古事記では伊邪那岐神と伊邪那美神が、国生み半ばで伊邪那美命が亡くなったことを記しているが、日月の巻では、時が来たら両神がまた力合わせて共に国を創ることを約束し、それがこれから成就するかの如くな感動的な終わりとなっている。時が、いよいよ迫っているともとれる。

第七巻　日の出の巻

岩戸開きと共に、岩戸閉めが五度あった事の詳細が記されている。また素戔嗚（スサナル）の神様がこの世の罪穢れを着せられご苦労をなさったが、今回の岩戸開きの立役者であることも示されている。さらに悪の衣を着せられて節分に押し込められていた神々、特に国祖・国常立大神が鬼門の金神（こんじん）として三千年、地（土）に潜りていらしたが、今回の二度とない大立替でお出でましになることが説かれている。そしてその立替・立直の御用をなさる神々がどなたなのかも記されている。その大立替には、富も勲章も何も役に立たず、慢心と取違いが一番邪魔になり、神の国に積む徳のみが役に立つ事、そして神々を祀る方法も記されている。災難や病を逃れる息合わせの方法も記されている。

第八巻　磐戸の巻

聖書でも最終戦争として出てくる「ハルマゲドン」について言及している。このイクサが地上のみならず、タマまでのことであること、日本魂を根こそぎ抜く悪の計画で末代のことであること、その大峠を越すにはどうしたら良いのかが記されている。地軸と思われるものも動くとも記され、それと共に経済優先、物質偏重、利益優先、自分本位といった価値観もすべてひっくり返り、今までの宗教もみな倒れてしまうらしい。

第九巻　キの巻

これまで世に出ていた守護神の九分九厘までが天の賊であると説かれている。私達は、「自分の物」という所有の概念に捉われているが、それこそが天の賊と戒めている。「自分は助かりたい」と「いつ大峠が来るか？」とばかり待つ心は悪だと説いている。夫婦和合、一家和合、その精神が基であること、また私達は天地の、火と水と土の恵みによって生かされているという御恩を常に抱き、神と人とが一致団結して天国身魂となることを説いている。ここでも神示は声を立てて読むようにと説いている！

第十巻　水の巻

「ひふみ祝詞」「祓ひ祝詞」「うけいの言葉」「御先祖様の拝詞」などの重要な祝詞が記されている。興味深いのは第三帖で「とようけのおほかみさま」、第十帖で「むかつひめの神様」が記されている。古事記・日本書紀では登場しないが、とようけのおほかみは、ホツマツタヱでは天照大神の祖父である。むかつひめは、天照大神の后だ。『日月神示』が、古くからの日本の元の神からの神示である事のうかがわせる。その他の重要な神々についても記されていて、どんな神々を祀り御守護をいただくのか、はっきりと分かる。また上の歯が「火（か）」、下の歯が「水（み）」とあり、よく噛むことが説かれている。

第十一巻　松の巻

立替が、地上の人間世界のことだけではなく、神界や獣の道さえ作り変えるとある。また、「煎り豆に花咲く」とあるが、蘇生、若返りなどの生命科学にかかわる問題を説いている。世界中を揺するとあり、常識をゆすぶる展開をうかがわせる。農作物も化学的に合理的に利益優先で作るのではなく、保食（うけもち）の神様を祀らねばならぬことも記されている。松とは最初に生えた木とあるが、冬でも翠（みどり）で、年を経ても若々しくめでたい象徴にも使われている。震災にも耐え抜いた松のように、この大峠も松の心で居てほしいとの日津久の神の願いが込められている。

第十二巻　夜明け巻

夜明けの巻は終戦直前に降りた神示。「他人殺して己助かるも悪ぞ、己殺して他人助けるも悪ぞ、神無きものにして人民生きるも悪ぞ。神ばかり大切にして人民放っておくのも悪ぞ。神人ともにと申してあろが。神は人に依り神となり、人は神にして人となるのざぞ」と第一帖で説いている。日本の国土が神の肉体であり、海の水が鳥居で〆縄で今までは守られてきたことが分かる。天子様、天津日嗣皇尊大神も大切にせねばならない。しかし今や日本にも外国身魂の勢力が入り込んで危機的な状況であることは明白であろう。天の異変や訳のわからん虫や病が酷くなって来ることも記されている。第十三帖にひふみ祝詞が登場。歌や祝詞も登場する。

第十三巻　雨の巻

日月神示は予言書として捉えられ扱われがちだが、第八帖に「天災待つは悪の心、邪」とはっきりと記されている。「惟神（かんながら）」の状態になれと説き、それこそが未来（さき）も見え透き一切の心配がなくなる状態であると記されている。雨の巻ではまた「イスラ」の十二の流れの源泉（みなもと）についても触れている。この神示が、沢山の神々様の御働きの仕組であり、世界中の、神界をも含めた止（とど）めの仕組であるらしい。コトとウタがオワリ（尾張）の御用として示されている。

第十四巻　風の巻

「今度の仕組は元のキの生き神でないとわからんぞ、中津代(なかつよ)からの神々様では出来ない、わからん深い仕組ざぞ」とある。今の文明が無くなるのではなく文明は残し、カスだけ無くするようである。世界中を分け盗(と)りした偽物(にせもの)の神々にも触れている。「てんし様よくなれば、皆よくなるのざぞ。てんし様よくならんうちは、誰によらん、よくなりはせんぞ…よくなったと見えたら、それは悪の守護となったのぢゃ。神がかりよくないぞ、やめて下されよ」ともある。天地を生み出した元からの神々が出てくる。神も「人民にはひと日も、ようせん行の三千年」をなさったとある。

第十五巻　岩の巻

第一帖からスサナルの大神様の真実について記し、この世がどのように極悪神の天下になっていったかの経緯も記されている。同じ神二つずつあるとある。日本は真中の国で神の国であったのに、身魂が曇り我よしとなって渡ってきてはならぬものを渡らせてしまっている危機的状況にあるという。日本に生まれさせていただいたことには、その立替、建直し、五度の岩戸開きに因縁があることになる。借銭を払いうためには、ひつ九の神の言葉をよく聞けとある。また北が良くなるともある。

第十六巻　あれの巻

この巻は全一帖であるが、一際(ひときわ)記号の多い原文である。訳文は祝詞にも通ずるウタの形態である。霊の異字体として「灵」の文字が沢山出てくるが、「たま」「みたま」と読むと共に、「ひ」とも読む。灵・霊＝火であり、体＝水である。火(ひ)

と水で「ひ・みつ（ひみつ）」なのである。また火＝日であり、水＝月でもある。富士の仕組が不二であり、動きである◎の働きが鳴門である。岩戸開きの喜びを寿ぐ祝詞で、神々様にも聞こえる大きな声で天地に響かせていただきたい。

第十七巻　地震の巻

地震の巻の原文は各帖全て絵のみである。謄写版に於いてはそれが版画化されて載せられている。本書では天明の妻、岡本三典氏の解釈であるコスモ・テン「ひふみ神示」版を引用させていただいている。他の巻とは一味違う論理的な文体であるが、霊界の詳細、生前・生後・死後の事も詳しく記されていて興味深い。霊の言葉だからといって信じてしまうのではなく、霊界の知識や物質と霊との関係の知識も身に付けていただきたい。天国の政治についても記されている。本来、善も悪もなく大神の大歓喜の中の弥栄の中に栄ゆくということも記されている。

第十八巻　光の巻

第五帖に「病神がそこら一面にはびこって」とあるが、今こそ沢山の人々にこの神示の事を伝え福音となしていただきたい。このフミが、特定の神のみを祀るのではなく世界中の神々様を同じ所に御神体集めて祀るようにあるが、古今東西宗教戦争というものが善対悪ではなく、「どちらの神が正しいか」という「正義と正義」とが争った結果であるということを理解して欲しい。アとヤとワの身魂についても触れている。現代は高層ビルやアスファルトに覆われて土に触れる機会が極端に減ってしまったが、お地にまつろうと嬉し嬉しの元のキが甦るとある。第七帖ではイクサの行方も記されている。

第十九巻　まつりの巻

旧九月八日からの礼拝の仕方について詳しく記されている。建替は二十年延びたとあるが、それも人民を一人でも多く救いたい神の御心からであるので、三千世界の大洗濯、神示をマトとしてしっかりまつり合わせていただきたい。金も要らない与える政治の世になるようであるから、今までの学で考えたリコウも邪魔になるようであるから、我を折って身魂を磨き、神々様にまつろいて誠で岩戸を開いていただきたい。

第二十巻　梅の巻

これまでも度々出てきたが、建替には雨の神、風の神、岩の神、荒の神、地震の神という生神様が、国常立大神様と共に活動なさってくださっている。世は神界から乱れたのだそうだが、人間界は地の岩戸を開く役目がある。第十四帖には日本人には肉類禁物で、共喰いならんともあるが、昨今では臓器移植ということも共喰いの一種であろうと思う。肉食については、ここ十年を見てみても、様々な家畜の伝染病やそれに伴う薬物のリスクもある。明治以降、更には戦後日本の食肉消費量は爆増したが、昨今欧米を中心にヴィーガンが増えてきたのも時節の一つだと思われる。澄んだ言霊で神示を読み上げるとは、三千世界に聞かすことである。

第二十一巻　空の巻

第三帖と第五帖には絵がまた登場する。衣類、食物に困った時は龍宮の乙姫様にお願い申し、またウシトラコンジン様は何事もお聞き下さるようである。仕事に励みながら口と心と行を正し、神にまつろって、神示を入れて中行く道を一歩一歩歩んでいただきたい。学問の世も商売の世も済んだようである。私達の価値観の変換も求められている。第十三帖には旧五月五日からの礼拝の仕方が記されているが、「ひふみゆらゆら」も一回、二回、三回とのるように示されている。

第二十二巻　青葉の巻

ひかり教会の教旨などが記されている。「天地不二」「神人合一」というのは、神の御旨を正に表していて、私達がどう生きれば良いのか、の指標になるであろう。また三大実践主義も、「この神示が予言書で恐怖から人間の考えで災難に備える」のではなく、全人類（霊界・神界までも）の身魂の洗濯の実践を促すべく降された神示であることが分かるであろう。頭で理解出来たように思えても、実際の肚の底からの思いやその表れである行動までが変わらなければ改心とは言えない。ミロクの世とはどういうものか、そしてミロクの世になるまでにはどんな過程となるかも記されている。

第二十三巻　海の巻

第五帖に素晴らしい歌が収められている。天地に響かせていただきたい。悪を殺すのではなく「悪、抱き参らす」という御教えが示されている。神国と呼ばれる日本だが、今までは騙した岩戸から騙した神々が世に出ていたようである。この天のひつくの神が、悪神、祟神としてトコトン落とされていた、しかし世の元からの生神でもある、と素性を明かし、表に出ている神々様と和合して今度の建替が行われるという。また「マコト」とは、「〇一二三四五六七八九十」の「〇九十」であると明かし、度々出てくる「コト」と併せて考えてると興味深い。

（文　一二三奏太）

主要参考文献

『日月神示［第一譯］』　岡本天明　昭和45年6月10日
『原典　日月神示』　岡本天明　昭和51年2月9日
『改訂版　ひふみ神示』　岡本天明　コスモ・テン・パブリケーション　平成3年12月3日
『新版　ひふみ神示』　岡本天明　コスモ・ビジョン　2001年7月21日
『太神の布告』　岡本天明　平成1年2月3日　コスモ・テン・パブリケーション
『完訳　日月神示』　岡本天明、中矢伸一監修　ヒカルランド　2011年
『ひふみ新世紀』　岡本天明　コスモ・テン　2001年7月25日
『日月神示はなぜ岡本天明に降りたか』　岡本三典　徳間書店　1996年12月31日
『（日月神示　夜明けの御用）岡本天明伝』　黒川柚月　ヒカルランド　2012年
『出口王仁三郎の大予言』　菅田正昭　学研パブリッシング　2011年12月27日

写真提供

髙橋守
北川隆三郎
wikipedia

編集後記

本書にさまざまな謎、未解明な点が多数存在する。

たとえば「3S」は何を意味するのだろう？

たまたま見ていたユーチューブ番組で、近年大活躍中の林千勝さんがその謎を解いてくれた。映画の都ハリウッドでは一般大衆の愚民化政策の一貫で「スクリーン、スポーツ、セックスの頭文字をとって3Sによるプロパガンダを大正時代から行っていた」といった主旨の発言だった。なるほど。

では、本書に対比的に登場する「三エス」は何を意味するのだろう？　まだ、よく分からない。「第十三巻第九帖（三四三）」を本書の読者諸氏はぜひとも吟味していただきたい。

ちなみに本書の索引に掲げている数値はページ数ではなく、全巻通しの帖番号の数値なので注意していただきたい。第一巻の最初の帖を一として、最終巻の五一一帖までが通し番号になっている。前出の漢数字三四三をアラビア数字の３４３に変換して表記している。

冒頭の「はじめに」にも述べられているように、本書では用語用字統一の作業を放棄している。編集者としては、手抜きではないかと怒られそうだ。

しかし、たとえば「惟神」という言葉が出てくる。普通は「かんながら」と読むのだが、本書では「かむながら」「かみながら」と三つの読み方をする。

「一（ひ）たべよ、二（ふ）たべよ、食べるには噛むことぞ、噛むとはかみざぞ、神にそなへてからかむのざぞ、かめばかかむほど神となるぞ、神国ぞ、神ながらの国ぞ、かみながら仕事してもよいぞ」第十巻第六帖（二八〇）

日津久神様は、しゃれっ気があってユーモアのセンスに満ちている。このセンスは用語用字統一をしてしまうと消えてしまうのである。

文部省の国語審議委員会には怒られそうだが、そのあたりを理解していただけるとありがたい。

どちらかといえば簡略化標準化をはかってきた日本語の表記の流れからすると、まったく逆行する仕事になったといえる。しかし、本書の表記を見ると、実に自由闊達な漢字かな混じり文の可能性を感じることができた。

もちろん、その内容の重要性とともに、きわめて実験的な試みができたと感じる。

あらためて日津久之神様に感謝するところだ。

（北川隆三郎）

特殊記号（読みと通し帖索引）

す

せ

そ

た

帖通し番号索引

（身霊、洗濯、掃除等は全編にわたるため割愛した）
＊索引の数字は、頁ではなく帖の通し番号である。

岡本 天明 (おかもと てんめい)

1897年(明治30年)12月4日岡山県生まれ。

大正3年(17歳)に個展を開き画家としてスタート。大正9年大本教が買収した大正日々新聞社で美術記者となる。同年同月生れで同郷の大本教で王仁三郎の後継者といわれた出口日出麿と親友になる。

昭和19年、東京千駄ヶ谷の鳩森神社の留守神主のかたわら神霊研究中に「天之日月神」が出現。千葉の麻賀多神社末社の神と判明する。参拝したところ、いきなり自動書記現象が起こる。昭和29年5月に『謄写版 第一訳文 日月神示』を出版する。その後も『五十黙示』などの神示が続いた。1963年(昭和38年)、急逝(67歳)。

髙橋 守 (たかはし まもる)

1942年4月1日浅草生まれ。

精神世界出版社の草分け的な(株)コスモ・テンの元代表取締役社長。

平成1年2月3日に『太神の布告』を出版。岡本三典による第二訳文『ひふみ神示』を平成3年に出版した。その他、同社からは多くの精神世界関係の書籍が出版された。また、世界中のパワースポットを訪れてエネルギーワークを実施。なかでも長野県伊那市長谷の分杭峠・ゼロ磁場をマスコミに紹介、癒しのパワースポット活動に活躍した。令和4年には参政党岐阜支部役員として活躍している。

日月神示 謄写版第一訳文

2022年7月28日　第一版　第一刷

著　　者　岡本 天明
編　　著　高橋 守

発 行 人　西 宏祐
発 行 所　株式会社ビオ・マガジン
〒141-0031　東京都品川区西五反田8-11-21
五反田TRビル1F
TEL:03-5436-9204　FAX:03-5436-9209
https://www.biomagazine.jp/

編　　集　北川 隆三郎
編集協力　一二三 奏太
はら ゆうこ
デザイン・DTP　前原 美奈子
印刷・製本　株式会社シナノパブリッシングプレス

万一、落丁または乱丁の場合はお取り替えいたします。

ISBN978-4-86588-119-6 C0011